CHARLES TURGEON

LE FÉMINISME FRANÇAIS

II

L'Émancipation politique et familiale

de la Femme

OMNIA VERITAS

CHARLES MARIE JOSEPH TURGEON

(1855-1934)

Professeur d'Économie politique à la Faculté de Droit

de l'Université de Rennes

LE FÉMINISME FRANÇAIS

II

L'Émancipation politique et familiale

de la Femme

1902

Publié par

OMNIA VERITAS LTD

ℴMNIA VERITAS

www.omnia-veritas.com

11

13

AVANT-PROPOS

N*on content d'émanciper et de grandir* individuellement *la femme en réclamant pour elle une plus large accession aux trésors de la connaissance humaine, non content même de l'émanciper et de la grandir* socialement *en poursuivant son admission aux métiers et aux professions du sexe masculin, le féminisme entend qu'elle exerce une influence plus agissante et plus efficace sur les affaires de l'*État *et sur la direction du* foyer.

*C'est ainsi que l'*émancipation individuelle *et* sociale *conduit logiquement à l'*émancipation politique *et* familiale. *Devenue plus libre de s'instruire et de travailler, pourvue d'une culture intellectuelle plus soignée, investie de fonctions économiques plus indépendantes et plus rémunératrices qui la rehausseront infiniment à ses propres yeux et à ceux des hommes, il n'est pas possible que la femme ne cherche à accroître et à étendre son action dans la double sphère du gouvernement civique et du gouvernement domestique. La laisserons-nous faire ?*

*Dès maintenant, à côté de l'*émancipation intellectuelle ; pédagogique, économique *et* sociale, *dont nous nous sommes occupé dans nos premières études, les « femmes libres » inscrivent au cahier de leurs revendications l'*émancipation électorale, civile, conjugale *et* maternelle ;--et c'est, *conformément à notre plan général,*[1] *l'ordre même que nous suivrons en ce livre. Dès maintenant, pour parler avec plus de clarté, le féminisme dénonce avec humeur : 1° l'inégalité* électorale *qui accorde tout au citoyen et rien à la citoyenne ; 2° l'*inégalité *civile qui assujettit la capacité de la femme mariée à*

---

[1] Voir nos premières études sur le féminisme : l'*Émancipation individuelle et sociale de la femme*, pp. 6 et suiv.

*l'autorisation préalable du mari ; 3° l'*inégalité conjugale *qui enchaîne dans les liens du mariage légal l'épouse à l'époux ; 4° l'*inégalité maternelle *qui soumet les enfants à la puissance du père plus étroitement qu'à celle de la mère. Dès maintenant, même, d'excellents esprits ne se font pas faute de déclarer que* la condition de la femme dans la cité et dans la famille *est susceptible, en plus d'un point, d'amélioration et de progrès. Devons-nous appuyer ou combattre ces nouveautés ?*

C'est sur quoi nous nous expliquerons, en cette seconde série d'études qui complète et achève la première, avec le souci persévérant de subordonner le préjugé à la justice et de séparer, d'un geste net et franc, la mauvaise herbe du bon grain.

Rennes, 6 juin 1901.

LIVRE I

ÉMANCIPATION ÉLECTORALE DE LA FEMME

CHARLES TURGEON

CHAPITRE I

POURQUOI LA FEMME SERAIT-ELLE EXCLUE DES PRÉROGATIVES DE LA PUISSANCE VIRILE

I.--Théorie surannée de l' « office viril ».--Ses origines et ses motifs. II.--Le témoignage de la femme.--Droit ancien, droit nouveau. III.--La femme tutrice.--Extension désirable de sa capacité actuelle. IV.--Droit accordé aux commerçantes d'élire les juges des tribunaux de commerce.--Sa raison d'être. V.--Droit revendiqué par les patronnes et les ouvrières de participer a la formation des conseils de prud'hommes.--Scrupules inadmissibles.

C'est un fait d'expérience que l'émancipation économique entraîne tôt ou tard l'émancipation politique. Une fois en possession d'un rôle social plus libre et plus actif, la femme ne manquera point de réclamer sa part des prérogatives électorales. Déjà même le féminisme la revendique pour elle. A ses assises internationales de 1900, la Gauche féministe, excluant toute mesure transitoire susceptible d'affaiblir la portée de sa manifestation, a voté, par acclamation unanime, la déclaration suivante : « Le Congrès émet le voeu que les droits civils, civiques et politiques soient égaux pour les deux sexes. »[2]

Point de doute que cette motion catégorique ne rende plus d'un esprit perplexe. « Si vous rabaissez trop la condition des hommes, diront les uns, les hommes se marieront moins. »--« Si vous ne relevez pas la condition des femmes, répliqueront les autres, les femmes ne se marieront plus.» Qu'on se rassure : hommes et femmes se marieront toujours. Ce n'est pas l'accession des femmes au droit de suffrage qui empêchera le commerce des sexes d'être la douce attraction que l'on sait. La femme changée en homme par la politique, par l'instruction, par la liberté, est une métamorphose qu'il ne faut pas vouloir, sans doute, parce qu'elle serait monstrueuse, mais dont il serait peu sérieux de s'effrayer outre mesure, parce qu'elle n'éloignera jamais des fins suprêmes de la nature qu'une minorité imprudente et détraquée. Il suffit donc de combattre la chimère et l'outrance, pour empêcher qu'elles n'entament et ne pervertissent la masse des honnêtes femmes. C'est un devoir auquel nous ne manquerons point. De là notre constante préoccupation de séparer ce que nous tenons pour un droit, de ce qui nous en paraît l'excès ou l'abus. Cela fait, l'extension des droits civiques au sexe féminin n'attentera point gravement aux grâces souveraines de l'amour.

D'ailleurs, si l'inégalité est la loi de la vie, l'égalité est le rêve de l'humanité. Cet idéal est noble et bon, pourvu qu'il consiste, non pas à rabaisser ce qui est en haut, mais bien à élever ce qui est en bas ; car il nous permet alors, sans niveler les supériorités éminentes, d'établir entre les conditions, entre les classes, entre les sexes, un certain équilibre d'estime et de justice, qui empêche les forts de

---

[2] Congrès de la Condition et des Droits des Femmes : séance du samedi soir 8 septembre 1900.

grandir sans mesure et sans frein, et les faibles de diminuer jusqu'à l'effacement et de décroître jusqu'au néant. Nous aurions tort, conséquemment, de nous épouvanter d'une évolution lente, mais continue, qui tend à introduire plus d'équité dans les relations civiles et politiques des hommes et des femmes. Et c'est à retracer ce progrès ininterrompu des mœurs et des lois que nous allons premièrement nous attacher.

I

Fidèles à l'esprit de l'ancien droit, les auteurs du Code Napoléon ont refusé de faire participer la femme à la puissance publique. Était-ce de leur part méfiance instinctive ou pensée de subordination mortifiante ? Pas précisément : témoin ce passage du Discours préliminaire, où Portalis déclare contraire à l'équité toute loi de succession qui rétablirait, au profit des héritiers mâles, les anciens privilèges de masculinité. Les rédacteurs du Code civil n'étaient donc pas si hostiles qu'on le croit à l'idée de l'égalité juridique des sexes. Mais ils n'admettaient point que la pudeur permît aux femmes de se mêler à la vie des hommes : *In coetibus hominum versari*, comme Pothier disait autrefois.

Ce n'est donc point dans un esprit d'exclusion jalouse et despotique, mais par raison de convenance, par délicatesse, en un mot, par respect, que nos aïeux fermèrent au sexe féminin l'accès des fonctions publiques, conformément à la vieille règle romaine : *Feminæ ab omnibus officiis civilibus et publicis remotæ sunt*. Les rédacteurs du Code civil ont été féministes à leur manière. Mais vous pensez bien que ce n'est pas la bonne,--toute marque de déférence étant considérée aujourd'hui par les dames de la nouvelle école comme un signe d'inégalité blessante.

« Qu'à cela ne tienne ! diront les gens portés aux représailles, enlevons nos gants et gardons notre chapeau ! »--Nous avons mieux à faire. Outre qu'il serait affligeant de renoncer à la politesse, il nous paraît opportun et juste de renoncer simplement à la théorie surannée des « offices virils. »

Nous entendons par là certaines prérogatives, généralement peu enviables, qui ont été réservées au sexe masculin de temps immémorial. Sur la frontière indécise qui sépare le domaine civil du domaine politique, la tradition a placé un certain nombre de droits qui ; que *privés* par nature, ont été qualifiés *publics* par définition et tenus, comme tels, pour inaccessibles aux femmes. Ce sont les « offices virils », dont l'idée remonte à l'antiquité romaine. Par application de cette doctrine, il était défendu, hier encore, à la femme de figurer en qualité de témoin dans un acte public, comme il lui est défendu à l'heure actuelle,--à moins d'être la mère ou l'aïeule d'un mineur,--d'exercer la tutelle ordinaire ou de faire partie d'un conseil de famille. Et par analogie, la jurisprudence l'écarté pareillement des fonctions de curatrice et de conseil judiciaire.

Quel est l'esprit de ces exclusions traditionnelles ? Ont-elles pour but de grandir le rôle de l'homme et d'abaisser la condition de la femme ? Les anciens auteurs leur assignent plutôt comme motifs « l'honneur et la continence du sexe. » Il leur semble qu'à se mêler trop activement des choses de la vie extérieure, 1er femmes auraient plus à perdre qu'à gagner. En tout cas, quelle que soit la pensée qui ait inspiré la théorie de l'office viril, pensée de suspicion dédaigneuse ou de déférence amicale, son résultat certain a été de diminuer l'influence des femmes dans la société en renfermant leur activité dans la maison.

Ces incapacités ont-elles aujourd'hui encore quelque raison d'être ? Étudions-les une à une.

II

A l'encontre du témoignage de la femme, on a fait valoir cette considération que les témoins, ayant pour mission de solenniser un acte, sont des mandataires de la société revêtus d'un caractère officiel et investis d'une fraction de la puissance publique. Le droit qu'ils exercent relève donc, de la capacité politique ; et à ce titre, la femme ne saurait y prétendre.

Que cette idée ait été celle de nos législateurs, il y a vraisemblance. Certaines déclarations des rédacteurs de 1804 nous le font croire.[3] Mais n'ont-ils pas été victimes d'une illusion ? Le témoin instrumentaire n'est pas une sorte de fonctionnaire, dépositaire d'une parcelle de la souveraineté nationale, mais une simple caution chargée d'assurer l'exactitude d'une déclaration reçue par un officier public. Comment voir en son intervention une mission d'ordre politique ? Ce n'est pas le témoin qui rédige l'acte au bas duquel il appose sa signature ; ce n'est pas le témoin qui lui confère la forme authentique ou qui lui imprime la force exécutoire. Son rôle est externe : il atteste un fait. La solennité des actes est l'oeuvre des notaires ou des officiers de l'état civil, chargés par la loi de les rédiger sur la foi des affirmations produites par le témoin. L' « office » que celui-ci remplit n'est donc point d'ordre public ou politique, mais seulement d'ordre civil, d'ordre privé. Pourquoi en exclure les femmes, qui, dans le domaine de la réalité, ont généralement de bons yeux pour « en connaître » et assez de langue pour « en témoigner ? »

---

[3] Paul Viollet, *Les témoins mâles*. Nouvelle Revue historique de droit français et étranger : 1890, n° 5, pp. 715 et suiv.

A défaut de cet argument de droit, il est un argument de fait qui aurait suffi à déterminer les législateurs de 1897 à valider et à généraliser le témoignage féminin.

Puisque les femmes en étaient venues à prendre pour une injure ce qui n'était qu'un hommage, notre loi aurait eu grand tort de leur refuser le droit d'être témoins dans les actes de la vie civile. En se plaçant uniquement au point de vue de l'égalité, les anciennes exclusions ne se comprenaient guère. Si le bon Pothier repoussait le témoignage des femmes, c'est qu'il les considérait comme incapables de toute fonction civique, et que le contact trop fréquent des hommes, que suppose la vie publique, lui paraissait choquant ou périlleux pour leurs grâces et leurs vertus. Mais du moment qu'elles tiennent à traiter d'égal à égal avec les hommes, il n'y avait plus de raison d'exclure leur sexe de ce modeste office, qui consiste à jouer le rôle de témoin dans les actes civils et notariés.

Vous en doutez ? Voici une Française majeure dirigeant un commerce, un domaine ou une industrie, ayant sous ses ordres des ouvriers et des commis, des domestiques et des employés ; voici une artiste, peintre ou sculpteur, une femme de lettres appartenant à l'élite de la société, une doctoresse en médecine ou en droit, directrice d'école normale, membre du Conseil supérieur de l'Instruction publique, honorée des palmes académiques et peut-être décorée de la Légion d'honneur :--et malgré tous ses titres, cette femme, admise à jouer dans la vie un rôle utile ou prépondérant, ne serait point recevable à figurer comme témoin devant les officiers de l'état civil dans les actes de naissance, de mariage ou de décès, ni à certifier devant notaire, par sa signature, l'identité d'un comparant, d'un testateur, par exemple, fût-ce son ami ou son voisin ! Ce que le premier passant venu peut faire légalement, cette femme considérable ne le pourrait pas ? Avouez que l'inconséquence serait un peu forte.

Cela n'est que choquant : voici qui devient bouffon. Dans certains cas, la sage-femme ou la doctoresse en médecine reçoit de la loi l'injonction formelle de déclarer la naissance d'un enfant sous peine d'amende ou même de prison. Mais ne croyez point qu'elle eût pu affirmer, comme témoin, le fait même que le Code l'oblige à dénoncer comme déclarante. Il fallait faire appel à deux mâles quelconques, au commissionnaire et au cabaretier du coin, qui, sans rien savoir le plus souvent de l'événement qu'ils attestaient, appuyaient complaisamment l'acte de naissance de toute la solennité de leur témoignage aveugle. Du côté de la barbe est l'infaillibilité !

A vrai dire, des esprits chagrins, élargissant la question, se demandent avec anxiété si les femmes sont assez véridiques pour être crues sur parole. De fait, il leur est difficile de raconter exactement les choses qu'elles ont faites ou qu'elles ont vues. Il est rare qu'elles soient simplement et entièrement sincères. Une certaine fausseté n'est-elle pas d'obligation mondaine ? Est-ce trop dire même que, chez beaucoup d'âmes féminines, la dissimulation est passée en habitude ou devenue un art duquel on tire vanité ? Écoutez une conversation de salon entre femmes : que de politesses feintes ! que d'amabilités mensongères ! M. Lombroso attribue précisément à ce défaut de franchise, la répugnance des anciens peuples à recevoir en justice le témoignage des femmes.[4] D'après la loi de Manou, « la seule affirmation d'un homme sans passion est décisive en certains cas, tandis que l'attestation d'une foule de femmes, même honnêtes, ne saurait être admise à cause de la volubilité de leur esprit. » Aujourd'hui encore, paraît-il, le code ottoman décrète que « la déposition d'un homme vaut celle de deux femmes. »

---

[4] Lombroso, *La Femme criminelle*, chap. VII, p. 137-138.

Mais là, comme ailleurs, on nous assure que la valeur de la femme est en hausse.[5]

Au surplus, il serait injuste de prétendre que toutes les femmes sont fausses. Notre vieille législation elle-même n'a jamais professé vis-à-vis du sexe féminin une suspicion aussi malveillante et aussi grossière. Jamais elle n'a contesté à la femme, par exemple, le droit de témoigner devant la justice criminelle et devant la justice civile, c'est-à-dire de déposer sur des faits intéressant la fortune, l'honneur et la vie des citoyens. Et alors voyez cette nouvelle inconséquence : si l'attestation d'une femme était jugée suffisante pour envoyer un homme à l'échafaud, comment expliquer que sa signature fût jugée insuffisante pour confirmer la déclaration d'un contractant ou d'un disposant ?

La justice pénale ne peut se passer de la première, a-t-on dit, tandis que les officiers de l'état civil peuvent se passer de la seconde.--Peut-être ; avouons cependant qu'en fait de témoignage, il n'y a pas de motif légitime pour maintenir une si grande différence entre les deux cas. C'est ce que notre Parlement a compris. La loi du 7 décembre 1897 ne fait qu'une réserve : le mari et la femme ne peuvent être témoins dans le même acte. Au cas où ils y figureraient l'un et l'autre, leurs deux témoignages seront considérés comme n'en formant qu'un seul. Et pourtant, si la valeur de la femme possède une valeur propre, elle doit avoir, semble-t-il, une autorité distincte. Notre législation a craint, sans doute, les ententes frauduleuses et les connivences coupables entre les époux. Et cette diminution atteignant le mari comme la femme, le féminisme ne saurait en prendre ombrage.

L'admission du témoignage des femmes est donc une affaire gagnée. Est-ce là une si grande victoire ? Jouer le rôle

---

[5] Voir *La Femme devant le Parlement*, par M. Lucien Leduc, pp. 55 et 56, note 4.

de témoin dans la rédaction des actes publics et privés n'a rien d'extrêmement glorieux. Les hommes le tiennent moins pour un honneur que pour un dérangement et parfois un ennui. Mais puisque les dames voyaient en cette gêne un privilège enviable, pourquoi les en aurions-nous privées ? Le Code avait jugé que cet office ne constituait point, par lui-même, une fonction assez honorifique ou assez urgente pour distraire les femmes de leurs devoirs domestiques : du moment, toutefois, que les plus susceptibles s'offensaient d'être exclues de cette corvée, la loi ne pouvait persister plus longtemps à les en affranchir.

La femme a donc le droit de témoignage ; et nous devrons croire à la parole de l'» être perfide !» Attendons-nous donc à lire dans les « Notes mondaines » des journaux à la mode, qui rendent compte avec complaisance des grands mariages, les noms de femmes plus ou moins titrées, choisies comme témoins des époux à côté des traditionnels magistrats, généraux ou académiciens. Par contre, les femmes devront déférer dorénavant à l'invitation des officiers publics qui voudraient en appeler à leur témoignage. Il sera loisible aux gens facétieux de faire certifier, en cas de besoin, leur signature et leur identité par les deux plus jolies filles de leur voisinage.

En résumé, personne n'a essayé de conserver aux hommes le privilège dont le Code civil les avait investis, et qui n'avait plus de raison d'être. Ce privilège était même beaucoup moins une faveur qu'une charge. Seulement la femme « nouvelle » n'aime pas à être traitée en enfant gâtée ; et puisqu'elle voulait être témoin comme les hommes, on a bien fait de lui donner cette marque de considération morale. La seule chose qui puisse attribuer quelque prix à cette concession, c'est que la tradition en avait fait--à tort, suivant nous,--une dépendance et un attribut de la capacité politique et, qu'admise à témoigner, la femme pourra souhaiter plus logiquement d'être admise à voter.

III

Du moment que la femme ne doit plus être écartée, en tant que femme, des « offices virils », il faut pour le moins, après lui avoir accordé le droit peu enviable, d'être témoin, lui accorder le droit plus important d'être tutrice. En soi, la tutelle n'est pas une charge publique, mais une institution destinée à suppléer l'autorité paternelle. Elle a pour objet l'éducation de l'enfant et l'administration de sa fortune. Elle repose sur une fiction de paternité. Ses attributs sont d'ordre purement privé. Pourquoi en écarter la femme ? Habituellement les tuteurs sont d'excellents hommes d'affaires, mais d'assez pauvres éducateurs. L'enfant trouverait mieux, chez une tutrice, les qualités qui sont la raison même de la tutelle, à savoir la tendresse dans la protection. Aujourd'hui les femmes ne peuvent exercer cette fonction, qui leur conviendrait si bien, qu'à la condition d'être mères ou aïeules du pupille. Cependant il est fréquent qu'une soeur, une tante, une cousine même, soit, de toute la parenté, la plus attachée aux orphelins survivants, la plus désireuse de se dévouer à leur éducation, la plus capable d'administrer leur fortune. En refusant aux femmes, autres que les ascendantes, le droit d'exercer les fonctions tutélaires, la loi française leur inflige vraiment une incapacité injustifiée.

En cela, notre Code, loin d'innover, a subi, trop servilement peut-être, l'influence des anciens principes. Par tout le monde chrétien,--et chez nous particulièrement,--la condition légale de la femme est dominée encore par la conception latine qui, pour mieux préserver la modestie et la décence du sexe féminin, a contribué jusqu'à nos jours à l'éloigner des contacts et des compromissions de la vie extérieure. Rien de plus logique, étant donné ce point de vue, que de lui fermer l'accès des charges onéreuses et des postes difficiles. D'autant mieux que la tutelle est parfois obligatoire, les hommes n'ayant pas toujours la faculté de la décliner sans excuse valable ; et il a paru excessif d'imposer cette même obligation aux femmes qui ont moins la liberté de leurs mouvements, le goût et l'habitude des affaires. Ce n'est donc pas dans un esprit d'exclusion malveillante, mais plutôt par déférence sympathique, que l'article 442 du Code civil les a écartées de la tutelle, comme aussi des conseils de famille.

Maintenant que les femmes sont moins confinées qu'autrefois dans leur intérieur et qu'elles inclinent à prendre les prévenances de l'homme pour des précautions intéressées de geôlier, on pourrait, sans inconvénient, les admettre à siéger dans les assemblées de famille et leur permettre d'assumer les devoirs de la tutelle, en leur laissant toutefois la faculté de décliner ces charges et ces responsabilités. Soyons sûrs qu'en leur ménageant ces facilités d'exemption, elles n'abuseront pas des droits nouveaux qui leur seront conférés ; car elles auront tôt fait de reconnaître qu'ils constituent moins des prérogatives honorables que des fardeaux pénibles et des obligations graves. Mais du moins la tante, la bonne tante qui contribue si souvent à élever ses neveux et nièces, pourra être tutrice des petits qui se sont habitués à la regarder et à la chérir comme une seconde mère. Et de ce fait, notre loi servira utilement les fins de la nature.

IV

Où la femme contemporaine,--qui n'aime plus guère à filer la laine dans la paix et l'ombre du foyer,--se plaît encore à dénoncer la « loi de l'homme », c'est en matière d'élections professionnelles. Ouvrière ou patronne, elle entend participer à l'élection des prud'hommes qui ont mission de trancher les différends du travail ; industrielle ou négociante, elle prétend prendre part à l'élection des juges consulaires qui siègent dans les tribunaux de commerce. Et pourquoi pas ?

En cent industries considérables, telles que la couture, la lingerie, les modes, les fleurs, les confections, il n'y a que des femmes, ouvrières ou patronnes. En mille autres fabrications, dans les manufactures de tabac, dans les imprimeries, dans les grands magasins, la femme travaille en compagnie de l'homme, comme caissière, employée ou manoeuvre. Obligée de mener à ses côtés une sorte d'existence virile, on ne comprend plus que la loi civile ou commerciale lui impose une condition différente. Nous trouvons bon qu'ouvrière, elle vive de son travail et tienne ses engagements, que patronne, elle supporte la responsabilité de sa direction et fasse honneur à sa signature et à ses échéances, que, dans toutes les conditions, elle paie sa part d'impôts : bref, nous la traitons en homme pour tout ce qui est charge fiscale et obligation civile. Pourquoi la maintenir, relativement à ses droits, en une subordination inconséquente ?

N'oublions pas que l'expérience de la vie pratique l'a rendue aussi habile et aussi vaillante, et parfois plus économe, plus ingénieuse, plus commerçante que bien des hommes. Souvenons-nous encore que l'instruction l'a dotée d'une culture moyenne que bien des ouvriers ou des marchands pourraient lui envier. Égale au sexe fort en lumières, en activité, en responsabilité, pourquoi ne jouirait-elle pas, au point de vue professionnel, des mêmes prérogatives et des mêmes garanties ? Pourquoi lui refuserait-on les mêmes droits pour agir, les mêmes armes pour lutter, les mêmes appuis et les mêmes secours pour se défendre ?

Disons tout de suite qu'en matière commerciale, l'égalité est faite. Depuis la loi du 23 janvier 1898, les femmes commerçantes sont admises à concourir aux élections des tribunaux de commerce. C'est justice. Du jour où le législateur avait étendu aux élections consulaires le principe du suffrage universel et considéré le droit de vote comme une conséquence légale de la patente, la raison exigeait qu'il en accordât l'exercice aux commerçants patentés des deux sexes, indistinctement. Plaidant devant des juges, à l'élection desquels elles n'avaient pas participé, les femmes étaient placées dans un état d'infériorité choquante. Choisis seulement par les hommes, les magistrats risquaient même d'être soupçonnés de partialité vis-à-vis de leurs électeurs masculins. Une fois le principe de l'élection admis, les juges de tous devaient être élus par tous.

L'égalité entre le commerçant et la commerçante a soulevé pourtant d'étranges objections. On s'est ému à la pensée que la gardienne du foyer pût quitter son comptoir, à de rares intervalles, pour déposer dans l'urne son bulletin de vote. Le scrupule était plaisant. Les hommes ne tiennent guère à l'honneur d'élire leurs juges : dix pour cent des électeurs inscrits consentent, non sans peine, à se déranger pour le renouvellement des tribunaux de commerce. C'eût été tout profit pour la magistrature consulaire, si l'admission des femmes au scrutin avait réveillé le zèle endormi des commerçants. Cet espoir a été déçu. L'expérience toute fraîche de la nouvelle loi a montré que les femmes préfèrent, autant que les hommes, la maison de famille à la salle de vote.

D'abord, les commerçantes ont mis bien peu d'empressement à se faire inscrire sur les listes ; puis, au jour du scrutin, l'abstention a été générale. Même à Paris, il n'est guère que les dames de la Halle qui aient pris à coeur de déposer leur bulletin dans l'urne : ce qui prouve qu'en dehors de quelques personnalités bruyantes, pour lesquelles le féminisme est une profession ou une distraction, les Françaises, qui sont simplement femmes, se soucient médiocrement des revendications, même légitimes, autour desquelles on mène si grand tapage.

Ce n'est pas une raison de leur refuser ce qui leur est dû. Créancière, la femme a le droit de voter dans l'assemblée des créanciers, pour accorder, ou non, le bénéfice du concordat au débiteur failli ; actionnaire d'une compagnie ou d'une société, la femme a le droit de participer à l'élection du conseil d'administration ; et commerçante, elle n'aurait pas le droit d'élire les juges qui tiennent en leurs mains sa fortune et son honneur ? Pourquoi trouverait-on si extraordinaire l'électorat consulaire de la femme, quand on trouve si naturelle la participation des institutrices à l'élection de leurs assemblées professionnelles ?

Je sais l'objection : l'éligibilité suivra l'électorat. L'un ne va point sans l'autre. Erreur ! Les électeurs qui n'ont pas quarante ans ne sont pas éligibles au Luxembourg ; les électeurs qui n'ont pas vingt-cinq ans ne sont pas éligibles au Palais-Bourbon. Si tout le monde a le droit d'être représenté, tout le monde n'a pas le droit d'être représentant. Et c'est heureux ! On sait que la femme magistrat nous inspire peu de confiance. L'impartialité n'est pas son fort, la justice n'est pas son fait. Contentons-nous, pour le moment, d'admettre les commerçantes à choisir leurs juges sans les admettre personnellement à juger. L'expérience des dernières élections montre que ce droit de vote n'a rien qui puisse effrayer les hommes.

V

Il y a même raison d'admettre les femmes à la nomination des Conseils de prud'hommes. Cette juridiction de famille est saisie fréquemment de litiges qui intéressent les ouvrières. Sur 3858 affaires jugées par elle, en une seule année, 1360 ont concerné des femmes.[6] Ici donc, les réclamations féminines sont d'accord avec l'équité, le bon sens et l'utilité générale ; et nous les appuyons de toutes nos forces.

Sait-on qu'en 1892, la Chambre des députés, remaniant la loi sur les Conseils de prud'hommes, s'était laissée aller à voter l'électorat des femmes ? Mais après les avoir admises à élire, concurremment avec les hommes, les membres de ce tribunal professionnel, certains parlementaires trop pressés se demandèrent pourquoi les femmes ne seraient pas aussi valablement élues. A cette question, la majorité répondit par une distinction prudente et sage : « Électeurs, oui ; éligibles, non. » Toutefois, le motif qui détermina surtout nos députés est le plus amusant du monde. « Proclamez, fut-il dit, non pas seulement l'électorat, mais encore l'éligibilité des femmes ; faites qu'un beau jour certaines dames ou demoiselles soient élues : comment appellerez-vous ces nouveaux juges ? Des femmes prud'hommes ou des prud'hommes femmes ? Des prud'femmes ou des femmes prudes ? » M. Floquet lui-même, qui présidait les débats, se déclara très embarrassé pour trouver un titre à la loi nouvelle. Et l'éligibilité des femmes fut enterrée sous les plaisanteries. Nos députés ont, vraiment, beaucoup d'esprit.

L'égalité a pris sa revanche au cours de la législature suivante. Si le Sénat entre dans les vues de la Chambre des députés, les femmes pourront bientôt juger les différends qui intéressent le travail. Souhaitons qu'enfermé dans ces questions d'ordre professionnel, leur esprit de justice, dont beaucoup d'hommes se méfient, donne pleine satisfaction aux justiciables des deux sexes !

---

[6] *La Femme devant le Parlement*, par Lucien Leduc, p. 76

Quoi qu'il en soit, le Moyen Age, qui fut souvent plus libéral que notre époque, ne s'était pas arrêté à nos scrupules de fond ou de forme. Les tisserandes de « couvre-chefs » avaient une représentation professionnelle, et les patronnes qui la composaient s'appelaient bel et bien « preudofemmes ».[7] Sans même les admettre à juger, il faudrait du moins les admettre à voter, puisque les femmes employées dans l'industrie peuvent, depuis la loi du 21 mars 1881, se constituer librement en syndicats ouvriers ou patronaux. Au moment où l'on s'apprête à leur ouvrir de plus en plus largement nos bureaux de bienfaisance, nos commissions scolaires et nos administrations hospitalières, on ne comprendrait pas qu'on hésitât plus longtemps à leur concéder le droit d'intervenir dans le choix de leurs juges professionnels. Nous opposera-t-on que, pour maintenir l'harmonie dans les familles, il importe de laisser la femme en dehors des luttes électorales ? Mais ce souci de paix sociale n'a pas empêché notre Parlement d'accorder aux commerçantes l'électorat consulaire ; et s'il n'y a pas d'inconvénient à ce que la patronne exerce le même droit que le patron, on ne voit point qu'il y ait péril à ce que l'ouvrière exerce le même droit que l'ouvrier.

Plus généralement, toutes celles qui apportent à la société leur labeur quotidien dans l'industrie, le commerce ou l'agriculture, nous paraissent également qualifiées pour élire les mandataires chargés de représenter leurs intérêts et de résoudre leurs différends. Il serait juste autant que rationnel de leur accorder l'électorat aux Conseils de prud'hommes, et même aux Chambres d'agriculture dont la création est à l'étude. Sur nos 17 435 000 paysans, on compte 7 500 000 femmes, dont beaucoup dirigent une exploitation rurale. Dans l'industrie, on trouve 20 patronnes sur 100 patrons, 35 ouvrières pour 100 ouvriers. Pourquoi

---

[7] Leroy-Beaulieu, *Le Travail des femmes au XIXe siècle*, pp. 12 et suiv.

ces femmes seraient-elles privées du droit de participer, avec les hommes, à l'élection de leur représentation professionnelle ?

« Faites-leur cette grâce, nous dit-on enfin, et vous éveillerez en elles d'autres ambitions plus graves. »--Cet aveu nous livre le secret des résistances, que beaucoup d'esprits timorés opposent aux revendications les plus légitimes de la femme. A les entendre, l'électorat professionnel serait la préface et comme l'avant-goût de l'électorat politique. Les féministes, à vrai dire, y comptent bien. Ces craintes des uns et ces espérances des autres nous sont une transition à la grosse question des droits civiques de la femme : et l'étude de ce problème irritant nous entraînera forcément à d'assez longs développements.

CHAPITRE II

VICISSITUDES ET PROGRÈS
DU SUFFRAGE FÉMININ

I.--Position de la question.--Traditions juridiques et religieuses hostiles a l'Électorat politique des femmes.--La révolution a-t-elle été féministe ?--Olympe de Gouges et sa déclaration des « droits de la femme et de la citoyenne.» II.--Appels de quelques françaises au pouvoir judiciaire et au pouvoir législatif.--Les expériences américaines.--Les innovations anglaises.

En ce qui concerne le rôle politique de la femme, j'ai deux idées très arrêtées que je tiens à énoncer sur-le-champ. C'est d'abord, chez moi, une conviction solidement assise que la femme devrait être électeur au même titre que l'homme ; ensuite, et si désirable que soit le droit de voter que je réclame pour elle, j'ai la ferme assurance qu'elle n'est pas près de l'obtenir en notre libre et galant pays de France.

I

Reconnaissons tout de suite que le suffrage des femmes est une de ces nouveautés hardies qu'il est naturel de trouver dangereuses et révolutionnaires, parce qu'elles se heurtent à l'opposition immémoriale des hommes. « C'est dans l'intérêt de l'ordre et des bonnes moeurs, lisons-nous dans le beau livre de M. Gide sur la *Condition privée de la femme*, que tous les législateurs ont, comme d'un commun accord, refusé à la femme toute participation aux droits politiques. De tout temps, l'instinct des peuples a senti que la femme, en sortant de l'ombre et de la paix du foyer pour s'exposer au grand jour et aux agitations de la place publique, perdrait quelque chose du charme qu'elle exerce et du respect dont elle est l'objet.»[8] Telle est bien, en effet, l'objection traditionnelle : elle est d'ordre moral. Les stoïciens de l'ancienne Rome l'invoquèrent unanimement pour fermer aux femmes l'accès de la vie publique. Le jurisconsulte Ulpien trouvait inconvenant qu'elles exerçassent des offices virils, *ne virilibus officiis fungantur mulieres.* Une telle liberté s'accorderait mal avec la pudeur de leur sexe, *ne contra pudicitiam sexui congruentem alienis causis se immisceant.*[9] Non qu'elles manquent de jugement, ajoutait le jurisconsulte Paul, *non quia non habent judicium* ; mais la coutume s'oppose à ce qu'elles remplissent les charges civiques, *sed quia receptum est ut civilibus officiis non fungantur.*[10]

Le christianisme n'enseigne pas autre chose. D'après saint Paul, les femmes doivent être exclues des affaires publiques ; elles n'ont point à élever la voix dans les assemblées : « Qu'elles écoutent en silence et avec une pleine soumission, leur dit l'apôtre sans le moindre ménagement. Je ne leur permets pas d'enseigner ni de dominer sur les hommes ; car Adam a été formé le premier, et c'est Ève qui fut cause de la prévarication. »[11] On peut donc opposer au suffrage des femmes et la tradition romaine et la tradition ecclésiastique. Païens et chrétiens, juristes et canonistes,

---

[8] *De la condition privée de la femme*, p. 7.

[9] Loi 1, § 5, Digeste : *De postulando*, liv. III, tit. I.

[10] Loi 12, § 5, Digeste : *De judiciis*, liv. V, tit. I.

[11] *Ire Épître à Timothée*, II, 11 et suiv.

professent sur le rôle politique de la femme les mêmes sentiments peu aimables, les mêmes idées de méfiance et d'exclusion.

Et les modernes ne pensent guère autrement que les anciens. Certes, on ne peut pas dire que les scrupules juridiques et, encore moins, les objections religieuses aient embarrassé beaucoup les hommes de la Révolution ; et pourtant, malgré leur fièvre d'émancipation, ils se montrèrent peu favorables à l'accession des femmes à la vie publique. Je ne vois guère que le généreux Condorcet qui, dans son *Essai sur la constitution et les fonctions des Assemblées provinciales*, paru en 1788, ait réclamé le vote politique des femmes. En tout cas, nos féministes actuels ne peuvent s'autoriser des « grands ancêtres de 93. » Un décret spécial de la Convention interdit expressément les clubs et sociétés populaires de femmes. L'excentrique Olympe de Gouges, plus renommée par sa beauté que par ses oeuvres, avait réuni autour d'elle un petit cercle de femmes « patriotes », et c'est en leur nom qu'elle adressait aux représentants de la Nation ses discours et ses brochures. Cette agitée fut la première des féministes. Elle avait de la bravoure et aimait la franchise. Elle ne ménageait point ses contemporaines, dont « la plupart, disait-elle, ont le coeur flétri, l'âme abjecte, l'esprit énervé et le génie malfaiteur. » Mais elle rêvait justement de les relever de ces infériorités morales et intellectuelles, en réclamant pour son sexe l'éducation qu'on donnait aux jeunes gens. « Qu'on nous mette des hauts-de-chausse, écrivait-elle, dès 1788, en l'un de ses romans, et qu'on nous envoie au collège : vous verrez si on ne fera pas de nous des milliers de héros. » Plus tard, elle exposa, dans une brochure dédiée à la reine, toutes les doléances féminines. En 1791, s'adressant directement à l'Assemblée nationale, elle l'invita à compléter son oeuvre par la « Déclaration des Droits de la femme et de la citoyenne. » Et à ce propos, elle développa, en dix-sept articles, les « droits naturels, inaliénables et sacrés de son sexe. »

Voici un échantillon de cette profession de foi qui, une fois admis les principes de la Constitution nouvelle, se recommandait par la plus parfaite logique : « La femme naît libre et égale à l'homme en droits ; les distinctions sociales ne peuvent être fondées que sur l'utilité commune.--Le principe de toute souveraineté réside essentiellement dans la nation, qui n'est que la réunion de l'homme et de la femme.- -La loi doit être l'expression de la volonté générale ; toutes les citoyennes, comme tous les citoyens, doivent concourir à sa formation personnellement ou par leurs représentants.-- Elle doit être la même pour tous. Toutes les citoyennes et tous les citoyens, étant égaux à ses yeux, doivent être également admissibles à toutes les dignités, places et emplois publics, selon leur capacité et sans autres distinctions que celles de leurs vertus et de leurs talents.--La femme a le droit de monter à l'échafaud ; elle doit avoir également celui de monter à la tribune.»[12] La Révolution ne lui accorda que l'égalité devant la guillotine : arrêtée le 20 juillet 1793, Olympe de Gouges mourut courageusement.

En somme, la Constituante seule a fait mention des femmes dans le dernier article de sa Constitution, et ç'a été pour remettre le dépôt de son oeuvre à « la vigilance des pères de famille, aux épouses et aux mères.» Les femmes révolutionnaires se virent rebutées même par la Commune de Paris. A une de leurs députations le doux Chaumette criait du haut de la tête : « Depuis quand est-il permis aux femmes d'abjurer leur sexe, d'abandonner les soins pieux de leur ménage et le berceau de leurs enfants, pour venir, dans la tribune aux harangues, usurper les devoirs que la nature a départis à l'homme seul ? »[13]

---

[12] Lairtullier, *Les Femmes célèbres de 1789 à 1793*, t. II, pp. 98 et suiv.

[13] Lairtullier, *op. cit.*, t. II, p. 179.

II

Depuis lors, les femmes ont sollicité vainement leur inscription sur les listes électorales. En 1880, quelques fortes têtes refusèrent de payer leurs contributions, « laissant aux hommes, qui s'arrogent le privilège de gouverner, d'ordonner et de s'attribuer le budget, le privilège de payer les impôts qu'ils votent et répartissent à leur gré. » A cette protestation ironique, le Conseil de préfecture de la Seine répondit, le plus sérieusement du monde, que les droits politiques n'étaient point le corrélatif nécessaire de l'obligation fiscale. En 1885 et en 1893, nouvelles réclamations, nouveaux refus. Une citoyenne entêtée se pourvut en Cassation, invoquant le principe du suffrage universel et la Constitution de 1848, aux termes de laquelle, « sont électeurs, tous les Français âgés de vingt et un ans et jouissant de leurs droits civils et politiques. » Cette formule masculine, disait-elle, n'est pas exclusive du sexe féminin, conformément à cette vieille règle d'interprétation : *Pronunciatio sermonis in sexu masculino ad utrumque sexum plerumque porrigitur.* La Cour de cassation rejeta le pourvoi, en s'appuyant sur l'esprit de la loi et la pratique constante du suffrage viril.[14]

Battues devant les autorités judiciaires, les femmes se sont tournées, de guerre lasse, du côté du pouvoir législatif. Sans obtenir du Parlement la reconnaissance de leurs droits politiques,--et elles ne l'obtiendront pas de sitôt !--leur persévérance, toutefois, a été partiellement récompensée. On a vu, en effet, qu'une loi du 23 janvier 1898 avait conféré aux femmes commerçantes le droit d'élire les juges des tribunaux de commerce ; et en 1901, la Chambre des députés leur a concédé une faculté analogue pour les élections des conseils

---

[14] Cassation : Chambre civile, 16 mars 1885, Dalloz, 1885, I, 105 ;--21 mars 1893, Dalloz, 1893, I, 555.

de prud'hommes. Mais il est à craindre que ce projet ne reste
en détresse au Sénat. A part cette double démonstration,
dont la dernière est platonique, les féministes françaises
n'ont pas encore,--les malheureuses,--de victoires positives à
inscrire sur leur drapeau.

Comment ne pas les plaindre, quand on songe que
certaines femmes américaines possèdent et exercent les
droits politiques depuis un quart de siècle ? Et si heureux ont
été les résultats de cette réforme libérale, que la
représentation du Wyoming a décidé d'en faire part au
monde entier. Lisez plutôt : « Attendu que, sans l'aide d'une
législation violente et oppressive, sans causer aucun
dommage, le suffrage féminin a contribué à bannir de l'État
la criminalité, le paupérisme et le vice ; qu'il a assuré la paix
et l'ordre dans les élections et donné à l'État un bon
gouvernement ; que, depuis vingt-cinq ans de suffrage
féminin, aucun comté de l'État n'a dû établir de refuge pour
les pauvres ; que les prisons sont à peu près vides, et qu'à la
connaissance de tous, aucun crime n'a été commis dans
l'État, si ce n'est par des étrangers :--par ces motifs, le
parlement de Wyoming décide que les résultats de son
expérience seront transmis à toutes les assemblées
législatives des nations civilisées, en les engageant à octroyer
à leurs femmes les franchises politiques dans le plus bref
délai possible. »[15]

Ce manifeste est à méditer. Est-il croyable que
l'immixtion des femmes dans les affaires publiques ait eu de
si admirables effets, sans que la pudeur de leur sexe en ait été
sérieusement atteinte ? Que faut-il donc penser de la vieille
maxime : *Verecundia sexus non permittit mulieres se virorum
immiscere coetibus* ? Ce qui fut nécessaire aux femmes
d'autrefois serait-il inutile aux femmes d'aujourd'hui ? Après

---

[15] Maurice Lambert, *Le Féminisme*, p. 26.

tout, le temps marche si vite qu'il est difficile d'admettre que le monde reste en place.

Sait-on qu'à l'heure actuelle, dans la plus grande partie de l'Australie, les femmes jouissent de l'électorat politique, et que citoyens et citoyennes y votent sur un pied de complète égalité ? que, plus près de nous, en Angleterre, les femmes sont électeurs pour les conseils de comté qui correspondent à nos conseils généraux, électeurs et même éligibles pour les conseils de district qui rappellent nos conseils d'arrondissement ? Sans aller jusqu'au droit de représentation parlementaire, pourquoi n'admettrait-on pas chez nous, comme de l'autre côté de la Manche, la coopération de la femme lettrée aux commissions scolaires, et même la participation de la femme contribuable aux élections municipales ? Bien plus, le mercredi 3 février 1897, le Parlement anglais s'est prononcé, à une majorité de 71 voix, en faveur de l'admissibilité des femmes à l'électorat politique.

Je sais bien que l'Angleterre n'est pas un pays de suffrage universel ni de service militaire obligatoire, et que ces différences de situation ne permettent pas d'étendre à la France, par simple analogie, l'initiative qu'ont prise nos voisins d'Outre-Manche. Ajoutons que la Chambre des Lords ne semble point partager les vues de la Chambre des Communes. Mais si la question de l'électorat féminin n'est pas encore résolue en Europe, elle a cessé, du moins, d'être un problème de philosophie sociale pour entrer dans les réalités vivantes de la politique.

CHAPITRE III

LE SUFFRAGE UNIVERSEL
ET L'ÉLECTORAT DES FEMMES

I.--Tactique habile des anglo-saxonnes.--En France, le suffrage universel ne remplit pas sa définition.--Pourquoi les françaises devraient être admises à voter. II.--Exclure la femme du scrutin est irrationnel et injuste.--Égalité pour les hommes, inégalité pour les femmes. III.--L'exemption du service militaire justifie-t-elle l'incapacité politique du sexe féminin ?--Que le vote soit un droit ou une fonction de souveraineté, les femmes peuvent y prétendre.

I

L a question de l'émancipation politique des femmes a été fort bien posée par les Anglaises et les Américaines ; et c'est une raison de plus pour qu'elle fasse son chemin. Les Anglo-Saxonnes ont distingué d'abord entre l'électorat et l'éligibilité, se bornant sagement à réclamer le droit de voter sans prétendre, pour l'instant, au droit de représentation. En effet, beaucoup de ceux qui inclinent à laisser les femmes participer largement à nos élections, éprouvent, par contre (et c'est mon cas), toutes sortes de répugnances à les voir jouer un rôle actif dans nos assemblées délibérantes. Ensuite, procédant par une gradation méthodique, le féminisme anglo-américain s'est

53

attaché à démontrer que les femmes ont intérêt et qualité pour prendre part aux élections communales ; puis, ce premier droit acquis, il a revendiqué leur coopération aux élections provinciales ; enfin, ce second point gagné, il s'est appliqué à réclamer le droit de voter pour les assemblées législatives. La question en est là. Savez-vous plus habile tactique et plus adroite diplomatie ? Et il y a des gens qui prétendent que les femmes n'ont pas l'esprit politique !

Notons, en outre, que cette marche progressive, ce sens pratique des difficultés et des résistances, ce goût de l'action prudente et mesurée, n'a pas empêché la femme anglo-saxonne d'apercevoir que la commune, la province et l'État ne sont, au fond, que trois circonscriptions plus ou moins larges de la société politique, et que le droit d'électorat pour la première emporte logiquement le droit d'électorat pour les deux autres. Qu'il s'agisse donc de nos élections municipales, départementales ou législatives, la femme française n'a qu'un seul et même argument à présenter, un argument très simple, mais très fort, puisqu'elle le tire du principe le plus démocratique, le plus égalitaire de notre constitution républicaine : j'ai nommé le suffrage universel, qui gouverne aujourd'hui presque toutes nos élections politiques.

Beaucoup en gémissent ; mais combien peu le discutent encore ? Imagine-t-on pourtant une institution plus mal nommée ? Peut-on la dire universelle sans dérision ou sans duperie, lorsqu'elle exclut la moitié des membres de la société ? En réalité, notre prétendu suffrage universel d'aujourd'hui n'est qu'un suffrage restreint, un privilège viril, un monopole masculin. Avons-nous donc de bons motifs pour en réserver exclusivement la jouissance au sexe fort ? Pas du tout ; et voilà bien où l'argumentation féministe est embarrassante.

Si discutable qu'il soit en théorie, le suffrage universel est considéré aujourd'hui comme la base des gouvernements démocratiques. Taine en a formulé très heureusement la raison d'être dans les termes suivants : « Que je porte une blouse ou un habit, que je sois capitaliste ou manoeuvre, personne n'a le droit de disposer sans mon consentement de mon argent ou de ma vie. Pour que cinq cents personnes réunies dans une salle puissent justement taxer mon bien ou m'envoyer à la frontière, il faut que, tacitement ou spontanément, je les y autorise ; or, la façon la plus naturelle de les autoriser est de les élire. Il est donc raisonnable qu'un paysan, un ouvrier, vote tout comme un bourgeois ou un noble ; il a beau être ignorant, lourd, mal informé, sa petite épargne, sa vie sont à lui et non à d'autres ; on lui fait tort, quand on les emploie sans le consulter de près ou de loin sur cet emploi. »[16]

Si telle est bien l'idée fondamentale du suffrage universel, qui ne voit qu'elle est aussi démonstrative en faveur du droit électoral des femmes qu'en faveur du droit électoral des hommes ? Qu'il s'agisse, en effet, de la commune, du département ou de l'État, il n'est pas juste que les femmes en supportent les charges sans être appelées à les consentir, sans participer conséquemment à l'élection de ceux qui les établissent ; il n'est pas juste qu'elles soient privées du droit de défendre leur épargne et la vie de leurs enfants, parce qu'elles portent une robe au lieu d'une blouse ou d'un habit.

Lorsqu'une femme paie dans une commune les taxes syndicales, on l'admet à concourir à l'élection du syndicat ; lorsqu'elle détient le nombre réglementaire d'actions fixé par les statuts, elle a le droit de séance et de vote aux assemblées générales de la Compagnie du Nord ou de la Banque de

---

[16] H. Taine, *Du Suffrage universel et de la manière de voter* ; Paris, 1872, in-12, p. 8.

France.[17] Et la femme possédant quelque fortune propre et inscrite au rôle des contributions, la veuve ou la célibataire maîtresse de sa personne et de ses biens, réclamera vainement,--fût-elle fixée dans la commune depuis plus de vingt ans,--son inscription sur les listes électorales ! N'est-il donc pas de la plus élémentaire équité que cette femme, qui participe a toutes les charges de sa ville, concoure de même à la nomination du conseil qui l'administre ?

Française, elle est justiciable du Code civil et du Code pénal ; commerçante, elle doit faire honneur à sa signature sous peine de faillite ; locataire, elle doit payer exactement son loyer sous peine de saisie ; contribuable, elle doit supporter sa part des impôts sous peine de poursuite. Soumise, en un mot, aux obligations et aux charges sociales, pourquoi serait-elle déclarée inadmissible aux droits électoraux qui en sont le correctif et la compensation ? Puisque nous la considérons comme pleinement responsable de ses actes au point de vue privé, pourquoi serait-elle traitée en incapable par la loi politique ? Pourquoi la société lui imposerait-elle des devoirs sans lui conférer, par une juste réciprocité, les droits que les hommes peuvent invoquer en retour ? « Puisque vous trouvez notre argent bon à prendre, diront-elles, vous devez prendre aussi notre avis. C'est un des premiers principes de votre droit public que nul n'est obligé de payer ses contributions, s'il ne les a d'abord librement discutées et consenties par l'intermédiaire de ses représentants. Faites donc que nous votions, ou nous refusons de payer nos impôts. » Qu'est-ce que les hommes peuvent bien répondre à cette argumentation pressante ?

Diront-ils (c'est le raisonnement réactionnaire) que le suffrage universel est une institution malfaisante, exécrable,

[17] Gabriel Alix, *L'électorat municipal et provincial des femmes*. Réforme sociale du 1er novembre 1896, p. 625.

et qui n'existe pas encore dans tous les pays d'Europe ? que, si en France on l'a concédé aux hommes, ce n'est pas une raison pour en investir les femmes, et qu'eu égard aux jolies conséquences qu'il a produites, il serait folie de l'étendre et sagesse de le restreindre ? C'est un peu la façon de penser de M. Brunetière, qui ne voit aucune nécessité à remettre une arme chargée aux mains de qui ne sait point la manier.

Certes, je me déciderais facilement à refuser tout droit politique aux femmes, si je pouvais croire que le suffrage universel fût une institution de passage, une fausse divinité que les peuples brûleront après l'avoir idolâtrée. Mais puisqu'il n'est pas douteux que l'avenir est à la démocratie, comment s'imaginer qu'il ne soit pas au suffrage universel ? Si absurde et si déplorable qu'il puisse paraître, le vote populaire est l'instrument nécessaire,--et d'ailleurs perfectible,--des sociétés futures. Et le jour même où la France a proclamé le suffrage universel de nom, sans le rendre universel de fait, il était à prévoir que la logique, qui est la raison des simples et la loi déterminante des foules, l'étendrait graduellement à tous les hommes et à toutes les femmes, hormis seulement les interdits et les indignes.

Et cette idée est en marche. Qu'elle progresse plus lentement dans l'ancien monde que dans le nouveau, à cela rien d'étonnant. Les Anglaises même voteront chez elles bien avant que les Françaises votent chez nous. Il n'est point de pays plus attaché que le nôtre à ses habitudes et à ses préjugés. Mais quelque lenteur qu'une idée mette à se vider de son contenu, il est inévitable que la *chose* tende à s'accorder avec le *mot*. Je crois donc, avec M. Faguet, que, suivant la loi générale du développement logique, le suffrage universel remplira tôt ou tard sa définition et sera un jour le « suffrage de tous ».[18] C'est une question de temps.

II

Si encore la loi française avait établi des distinctions parmi les électeurs du sexe masculin, on comprendrait, à la rigueur, qu'elle écartât les femmes du scrutin. Mais au point de vue politique, le savant et l'ignorant jouissent des mêmes privilèges : citoyens, leur titre est de même valeur ; égaux, leur vote a le même poids. Tous les hommes se valent devant l'urne et devant la Constitution. C'est pour en arriver là que nous avons fait nos Révolutions ! Or, estimant l'inégalité négligeable entre les hommes, pouvons-nous la juger suffisante à l'effet d'exclure toutes les femmes des droits que nous réputons « inaliénables et imprescriptibles » ? Reconnaissant pour notre égal le plus médiocre, le plus obtus de nos frères, avons-nous le droit de repousser la plus distinguée, la plus illustre de nos soeurs ? Admettant toutes les incapacités masculines, sommes-nous excusables d'exclure toutes les capacités féminines ? « Comment ! disait une femme de tête, c'est moi qui paye l'impôt foncier, et ce sont mes fermiers qui votent ? »[19]

Les Américaines ont su mettre à profit ces anomalies avec une ingénieuse finesse. A l'Exposition de Chicago, une lithographie tirée à des milliers d'exemplaires, représentait Miss Frances Willard, la très populaire et très zélée présidente de l'Association de tempérance, entourée d'un peau-rouge, d'un idiot, d'un forçat et d'un fou furieux, avec cette légende explicative : « La femme américaine et ses égaux en politique. » On ne saurait se trouver en plus

---

[18] Émile Faguet, *Mesdames au vote !* Écho de la semaine du 28 novembre 1897, p. 522.

[19] Mlle Pauline de Grandpré, *Les élections*. Revue encyclopédique du 28 novembre 1896, p. 862.

mauvaise compagnie. Le nègre vote à toutes les élections, et la femme blanche ne le peut pas encore ! Voilà qui doit révolter l'amour-propre des Américaines.

Pour revenir à l'Europe, une femme peut être reine de Grande-Bretagne ou reine de Hollande, et la plus fine, la plus intelligente, la plus instruite des Françaises n'aurait pas le droit d'exprimer une opinion politique ! Il est vrai qu'en France, d'après la loi salique, les femmes seraient exclues du trône ; et Mrs Fawcet voit précisément dans l'hommage rendu à la capacité féminine par la Constitution anglaise, et aussi dans l'éclat du long règne de la reine Victoria qui en a été la conséquence, une explication des développements rapides du féminisme en Angleterre. Mais, bien que vivant en République, nos Françaises ont, grâce à Dumas fils, un argument plus spirituel à faire valoir en faveur du suffrage féminin : « Quand je pense, disait ce grand prédicateur de théâtre, que Jeanne d'Arc ne pourrait pas voter pour les conseillers municipaux de Domrémy dans ce beau pays de France qu'elle aurait sauvé ! »[20]

Sans sortir du présent, il reste étrange que, dans un pays où le premier rustre venu est électeur, notre mère, notre soeur et notre femme ne le soient pas. En leur infligeant cette incapacité électorale, notre loi les assimile, ni plus ni moins, au failli, à l'aliéné et au criminel. Et l'on comprend que, sous le coup de cette interdiction de voter, les plus fières s'approprient, à notre endroit, cette déclaration féministe que Beaumarchais a mise dans la bouche de Marceline : « Leurrées de respects apparents, dans une servitude réelle, traitées en mineures pour nos biens, punies

---

[20] Lettre d'Alexandre Dumas à Mme Maria Cheliga Loewy. *Revue encyclopédique* du 15 décembre 1895.

en majeures pour nos fautes, nous n'obtenons de vous qu'une considération dérisoire. »[21]

Aussi bien connaissons-nous des esprits aristocratiques qui, tout en nourrissant les plus fortes préventions contre le suffrage universel, inclinent aux revendications du féminisme politique. Tel M. Paul Bourget, qui écrivait, à la date du 15 novembre 1893, à une des femmes les plus distinguées du Canada : «Je n'aperçois pas une bonne raison pour priver les femmes du droit de vote en des pays où l'on professe la théorie, qui paraîtra insensée à nos descendants, du suffrage universel. Du moment qu'un illettré vote comme un lettré, un domestique comme son maître, un paysan comme un bourgeois, puisqu'il n'est tenu compte ni des différences d'éducation, ni de celles de capacité, ni même de l'intérêt général, pourquoi la femme du paysan, celle du domestique et celle du bourgeois, n'auraient-elles pas voix au chapitre, au même titre les unes que les autres et que leurs maris. Leurs suffrages ne seraient ni plus incompétents ni plus imprudents, et peut-être leur amour pour leurs enfants et leur sens de l'économie domestique les rendraient-elles plus sages sur certains points : les lois d'éducation, par exemple, et les impôts. »

On ne saurait mieux dire. Comme l'homme, la femme fait partie d'une société civile et politique. Intéressée au bon ordre, à la paix, à la fortune de l'État, il est illogique et injuste de lui imposer les charges publiques sans lui reconnaître les prérogatives électorales. Citoyenne par les devoirs qu'on lui impose, elle mérite de l'être par la reconnaissance des droits qu'on lui refuse.

Et notez que cette reconnaissance du droit de suffrage ne serait, au fond, qu'une restitution. Le passé fut plus libéral

---

[21] Préface du *Mariage de Figaro*.

que le présent. En vertu du principe terrien, les femmes nobles prenaient part anciennement aux élections provinciales et même à la nomination des États généraux. L'électorat féminin ne serait donc pas une si grande nouveauté, puisqu'il ne ferait que renouer et élargir une véritable tradition historique.[22]

III

« Vous oubliez, me dira-t-on, que la femme est affranchie du service militaire, et que son exclusion des droits politiques est précisément la rançon de cette exemption. Si l'homme seul est électeur, c'est que seul il est soldat. Puisque vous aimez la logique, ayez le courage d'enrégimenter les femmes ! »--Ce n'est pas nécessaire. On voudra bien d'abord remarquer que cette objection n'a qu'une portée toute momentanée : le service militaire obligatoire pour tous les hommes n'existe ni en Angleterre ni en Amérique. En France même, il n'a pas toujours été la loi du recrutement. Bien plus, rien ne s'oppose à ce que l'ancien système de l'armée professionnelle remplace un jour ou l'autre, quand la situation extérieure le permettra, le système actuel de la nation armée. Le temps n'est pas loin où les jeunes gens, qui pouvaient se payer un remplaçant, conservaient néanmoins leur pleine capacité électorale. Aujourd'hui encore, les prêtres, les professeurs, les instituteurs, les diplômés de certaines écoles, sont soustraits à la presque totalité du service militaire, sans que leur droit de suffrage en soit amoindri.

Est-ce que, par ailleurs, l'impôt du sang n'est point compensé, du côté des femmes, par les charges si lourdes de la maternité ? Bonaparte disait un jour à la veuve du

---

[22] Laboulaye, *Recherches sur la condition civile et politique des femmes*, p. 443, note 3.-- Lucien Leduc, *La Femme devant le Parlement*, p. 283, notes 2 et 4.

philosophe Condorcet : « Je n'aime pas que les femmes s'occupent de politique. »--» Vous avez raison, général ; mais dans un pays où on leur coupe la tête, il est naturel qu'elles aient envie de savoir pourquoi.» La Française d'aujourd'hui pourrait ajouter : « Dans un pays où l'on prend les enfants aux mères pour les envoyer se faire tuer aux frontières ou dans les colonies, les femmes ont bien le droit de savoir pourquoi.» On leur dit : « Ne vous plaignez pas de votre incapacité politique : vous ne payez pas l'impôt du sang.» Elles ont une bonne réponse à faire : « Nous le payons dans la personne de ceux qui nous sont le plus chers, fils, frères, époux et amis : ce qui n'est pas moins dur que de l'acquitter par soi-même. Si nous sommes dispensées du service militaire, nous sommes condamnées en revanche à toutes les douleurs de l'enfantement. Si nous ne faisons pas la guerre, nous faisons des soldats !» On comprend maintenant le mot de Michelet : « Qui paie l'impôt du sang ? La mère.» Inutile de transformer toutes les femmes en vivandières pour leur permettre de revendiquer valablement l'exercice du droit électoral.

Et maintenant, nous pouvons aborder, en manière de conclusion, cette vieille controverse d'école : le vote est-il une *fonction* ou un *droit* ? A vrai dire, cela m'est bien égal.

Si l'on tient l'électorat pour une fonction publique, la loi doit en investir seulement les plus dignes et les plus capables de l'exercer ; et partant notre constitution politique a le devoir, et de la conférer sur-le-champ aux femmes instruites qui ne peuvent que l'honorer par leur caractère et leur talent, et de l'enlever bien vite à tant d'hommes ignorants ou malhonnêtes qui en font le plus sot usage ou le plus honteux trafic.

Si l'on admet, au contraire, que l'électorat soit un droit, alors nul membre du corps social ne saurait en être dépossédé. Tant que le gouvernement a été l'apanage de quelques privilégiés, on pouvait comprendre que les femmes ne fussent point recevables à en revendiquer le bénéfice ; mais du jour où la volonté générale a remplacé la volonté monarchique, du jour où les pouvoirs politiques sont devenus l'émanation et l'expression du consentement populaire, la souveraineté, procédant de tous, doit appartenir à tous.

Et alors, de deux choses l'une : ou l'électorat est une fonction de souveraineté, et cette fonction ne doit être conférée qu'aux personnes capables de l'exercer, hommes *ou* femmes ; ou bien l'électorat est un droit de souveraineté, et ce droit doit être reconnu à tous ceux qui composent la volonté générale, hommes *et* femmes.

Car il n'y a pas moyen de prétendre que la souveraineté soit d'essence masculine. Sa nature est double : elle est, en quelque sorte, mâle et femelle. En d'autres termes, la souveraineté ne découle pas exclusivement, soit des hommes, soit des femmes, mais du peuple entier, de tous les membres de la nation, de l'ensemble des hommes et des femmes. D'un mot, elle est bisexuelle. Cela étant, la conclusion s'impose : tous souverains, tous électeurs !

CHAPITRE IV

PLAIDOYER EN FAVEUR
DE LA FEMME ÉLECTRICE

I.--A-t-elle intérêt a voter ?--La politique démocratique intéresse les femmes autant que les hommes.--Le bulletin de vote est l'arme des faibles. II.--En faveur des droits politiques de la femme.--Sa capacité.--Sa moralité.--Son esprit conservateur. III.--Opinions de quelques hommes célèbres.--Résistances intéressées.--Les femmes sont-elles trop sentimentales, et trop dévotes pour bien voter ?

I

Tout concourt à justifier le *droit* des femmes au suffrage politique. Reste à savoir si elles ont vraiment *intérêt* à l'exercer. On nous objectera sans doute, à ce propos, que l'exercice des droits électoraux ne saurait être mis au rang des béatitudes ; que jouer un si petit rôle officiel est de médiocre conséquence ; qu'il y a de plus grandes joies et de plus pures jouissances sur la terre que d'introduire, de temps en temps, un bulletin dans l'urne sous l'oeil soupçonneux de trois citoyens vigilants appelés scrutateurs ; que ce plaisir est si peu du goût de tout le monde que beaucoup d'hommes,--et des meilleurs,--y renoncent sans privation, sans souffrance ; qu'en fin de compte, voter ne fait pas le bonheur. Vienne donc le jour où toutes les femmes seront électrices, il y aura quelques politiciennes de plus, et pas une mécontente de moins.

On nous dira encore, avec une grâce insinuante, que, dépourvue du droit de suffrage et placée même sous puissance de mari, la femme est maîtresse, quand elle le veut, d'exercer une certaine influence sur les affaires de sa ville ou de son pays. Souveraine de ce petit royaume qu'on appelle le ménage, elle n'est point dénuée de tout moyen d'agir sur les déterminations et le vote de son mari ; et ce pouvoir modeste, sans éclat, mais sans responsabilité, fait d'une femme intelligente et fine l'Égérie du foyer. Grâce à cette influence discrète, la femme moderne, sans rien sacrifier de ses devoirs d'épouse et de mère, remplit un peu, dans les affaires politiques, l'office d'un monarque constitutionnel : elle règne, mais ne gouverne pas. Qu'elle reste donc la maîtresse de la maison et le bon génie de la famille : c'est le voeu de ceux qui professent le culte de la femme et le mépris de la politique.

Le malheur est (ce sera notre réponse) que la femme d'aujourd'hui n'a plus autant qu'autrefois le droit et le moyen de se désintéresser des choses de la politique. Depuis que le peuple émancipé a pris en main la direction de ses propres affaires, depuis que le suffrage universel a subordonné notre fortune, notre famille, notre vie, à cette force anonyme, irrésistible, irresponsable, qui est le nombre et qui s'affirme par une simple majorité si souvent précaire et instable, la politique est devenue la préoccupation et le devoir de tous. Est-ce qu'une femme de tête ou de coeur peut rester indifférente à la question de savoir si l'impôt dévorera le fruit de son travail, si une législation révolutionnaire confisquera ses biens héréditaires, si la puissance redoutable de l'État empiétera sans cesse sur les droits de la famille ? Les Françaises auraient grand tort, en vérité, de se reposer sur leurs maris ou sur leurs pères du soin de conjurer ces périls. Un seul exemple : l'immense majorité des femmes de

France était hostile à la laïcisation des écoles, et leurs hommes l'ont faite.

D'ailleurs, il ne faut pas croire qu'en toute chose l'intérêt des deux sexes soit identique. Actuellement, l'ouvrier et l'ouvrière de l'industrie ont des intérêts, non seulement distincts, mais absolument contraires. « Nous avons aujourd'hui mille raisons de voter, diront les femmes. D'abord, c'est par milliers que nous travaillons de nos mains pour gagner notre vie. Est-il donc inutile de plaider nous-mêmes la cause de notre labeur, de notre sexe, et de manifester nos opinions, nos besoins, nos griefs, par ce même bulletin de vote que la loi a mis précisément en ce but aux mains des hommes ? Est-il superflu de prendre la défense de notre épargne contre vos gaspillages financiers, la défense de nos enfants contre votre pédagogie stupide, la défense de nos consciences contre votre intolérance sectaire ? » A cela, point de réponse.

Aurons-nous enfin le triste courage de refuser le droit de voter à la femme parce qu'elle a le malheur d'être plus faible que l'homme ? Ce serait aggraver une inégalité de nature par une injustice de la loi. Voter est aujourd'hui le seul moyen légal d'affirmer ses droits et de défendre ses intérêts. Plus la personne humaine est menacée, plus elle a besoin d'être protégée. Dans notre société, le bulletin de vote est l'arme des faibles et des opprimés. Dénier au sexe féminin le droit de suffrage, c'est lui refuser le droit de légitime défense. L'expérience politique et parlementaire atteste que les législateurs font surtout les lois pour ceux qui font les législateurs. L'*intérêt* conspire donc avec le *droit* en faveur de l'électorat des femmes.

II

Si chère que nous soit la logique, notre intention toutefois n'est point de lui sacrifier l'intérêt public. Que l'on nous démontre que le vote des femmes est préjudiciable à la *nation* ou à la *famille*, et nous renoncerons sans regret à leur émancipation électorale.

Invoquant d'abord l'intérêt national, on nous assure que les femmes sont moins capables que les hommes d'exercer le droit de suffrage. Elles n'ont point l'intelligence des affaires, ni le discernement réfléchi, ni le sang-froid. De complexion nerveuse et sensible, elles s'émeuvent plus facilement et plus vivement que nous. Les mouvements populaires, le fanatisme religieux ou politique, l'enthousiasme, l'effroi, la colère, exercent sur leur âme des ébranlements soudains, des entraînements regrettables. Esclaves de leurs nerfs, elles n'émettront que des votes de sentiment ou de passion. C'est pourquoi, si favorable qu'il fût à la femme, Michelet estimait que « la politique lui est généralement peu accessible, » parce qu'il y faut « un esprit généralisateur et très mâle. »

Nous pourrions répondre de suite que les femmes ont montré souvent un véritable talent de gouvernement, et que, pour ne parler que du passé, des reines comme Élisabeth d'Angleterre, Marie-Thérèse d'Autriche et la grande Catherine de Russie ont fait assez belle figure dans le monde.[23] Stuart Mill[24] prétendait même que toutes les femmes mises à l'épreuve du pouvoir s'étaient montrées à la hauteur de leur tâche. Mais ne citons pas avec trop de complaisance l'administration de quelques grandes

---

[23] Appleton, *De la situation sociale et politique des femmes dans le droit moderne*, p. 15.

[24] Stuart Mill, *L'Assujettissement des femmes*, traduction Cazelles, pp. 117 et suiv.

souveraines : on nous répondrait par le mot de la duchesse de Bourgogne à Mme de Maintenon : « Savez-vous, Madame, pourquoi une reine gouverne mieux qu'un roi ? C'est que, sous une reine, c'est d'ordinaire un homme qui dirige, tandis que, sous un roi, c'est généralement une femme. »

Mettons que l'observation soit juste : elle n'est pas, après tout, si désavantageuse pour le sexe féminin. « L'orgueil de l'homme repousse le mérite, dit Joseph de Maistre, et l'orgueil de la femme l'appelle. » Quelle excellente disposition pour bien voter ! Seriez-vous donc si surpris que le suffrage des femmes fût plus éclairé, plus prudent et plus pratique que le nôtre ?

Ne faisons pas les fiers. Si les femmes ne sont pas, à l'heure qu'il est, plus intelligentes que les hommes, elles sont peut-être plus instruites. Je veux bien que, dans les classes prétendues dirigeantes, nous tenions encore la prééminence de la culture et du savoir ; mais, en revanche, dans les classes populaires, il est bien difficile de refuser à l'ouvrière plus de finesse, plus d'ouverture d'esprit, plus de largeur de coeur qu'à l'ouvrier. La paysanne elle-même a l'intelligence plus éveillée, plus meublée, plus cultivée que le paysan. A la ville et surtout à la campagne, tandis que le *maître* commande, la *maîtresse* inspire et gouverne ; en sorte que, dans les masses profondes du suffrage universel, notre loi a exclu précisément du vote la partie la plus clairvoyante de la population française. Voulons-nous donc avoir un corps électoral plus éclairé ? Comprenons-y les deux sexes. L'adjonction des femmes, c'est l'» adjonction des capacités. »

De plus, la femme du peuple est d'une moralité supérieure à celle des hommes de sa condition. Nous avons eu déjà l'occasion de citer les statistiques criminelles, qui établissent que le nombre des délinquants mâles dépasse considérablement le chiffre des condamnations encourues par les femmes. A quelles gens le pays doit-il faire appel, de préférence à tous autres, lorsqu'il s'agit de choisir les législateurs, sinon aux membres de la société qui respectent le mieux les lois établies ? Or, tandis que nous fermons l'accès du scrutin aux femmes honnêtes et vertueuses, nous y admettons,--hormis seulement les criminels,--tous les hommes sans foi ni loi, tous les débauchés, tous les alcooliques. C'est de l'insanité pure. Qu'on ne dise point, après cela, que le suffrage des femmes est contraire à la tranquillité publique, car nous serions trop manifestement autorisé à user du même argument contre le suffrage des hommes et même à réclamer l'abolition du régime parlementaire qui permet à nos faiseurs de politique de mener autour de nous un si scandaleux tapage.

III

Les hommes sont donc mal fondés à se prévaloir contre les femmes d'incapacité intellectuelle ou d'incapacité morale. Et comme elles ont le sens de l'ordre et le goût de la bonne administration, veuillez croire qu'elles tiendront un moindre compte des couleurs, des manifestes, des vociférations ou des vocalises d'un candidat que de sa valeur propre et de son honnêteté personnelle. Transportant aux affaires de l'État leurs qualités de bonnes ménagères, elles n'auront pas de peine à se montrer plus fidèles au scrutin, plus libres dans leur choix et surtout plus scrupuleuses, plus sévères que nous sur les questions d'honneur et de probité, si bien qu'il se pourrait que la bonne politicienne nous guérît du mauvais politicien.

C'était l'espérance d'Émile de Girardin qui saluait dans l'électorat des femmes « l'avènement d'une politique plus haute, plus profonde et plus large, de moins en moins révolutionnaire, et de plus en plus sociale. » L'*Égale de l'homme*, d'où j'extrais cette idée, fut une réponse à l'*Homme-Femme* d'Alexandre Dumas ; et l'on peut croire que l'opuscule de Girardin ne fut pas étranger à la conversion du grand dramaturge qui, après avoir persiflé les revendications féministes, les exalta soudain dans les *Femmes qui tuent* et les *Femmes qui votent*. Et nous avons aujourd'hui pour garant de leurs prévisions le progrès des moeurs politiques dans les heureux pays où fleurit, par exception, l'électorat féminin. Rendant compte des résultats de la loi du 12 décembre 1869 qui, dans l'État de Wyoming, a reconnu aux femmes le droit de vote en matière politique, le juge John Kingman conclut que « l'influence générale du suffrage féminin a été d'élever le niveau moral et intellectuel de la société et d'assurer l'élection des hommes les plus capables. »[25] Et je vous prie de croire que les femmes de là-bas ne négligent rien pour faire triompher la candidature qu'elles soutiennent. « Elles ont sur nous tant d'avantages ! » disait un journaliste américain.[26]

Faut-il craindre, par ailleurs, que leur sentimentalisme et leur dévotion ne les entraînent à des votes et à des choix inconsidérés ? « Elles seront mauvaises gardiennes de l'honneur national, a-t-on dit. Faites qu'une guerre soit juste et nécessaire : elles y refuseront leur adhésion. »[27] De fait, les femmes se sont associées en grand nombre aux ligues de la paix. Leur coeur, si riche de pitié, se soulève naturellement contre les horreurs de la guerre. Beaucoup de féministes,--et des plus notoires,--sont de chaleureux adeptes de la cause humanitaire. Mais, à tout prendre, lorsqu'il s'agit de déchaîner la guerre, mieux vaut un coeur timide qu'un coeur léger. Bienheureux les pacifiques ! Il n'y a pas trop de mains

---

[25] Ed. Villey, *Le Mouvement féministe contemporain*, p. 15.

[26] Ostrogorski, *La Femme au point de vue du droit public*, pp. 71 et s.

[27] Duverger, *De la Condition politique et civile des femmes*, p. 62.

sur la terre pour élever au-dessus des peuples jaloux et querelleurs le rameau d'olivier.

Apôtre de la paix internationale, la femme servirait également la cause de la paix intérieure. D'esprit conservateur, ayant le sens de l'ordre et le goût de l'économie, la bonne ménagère française répugnerait à la violence des partis extrêmes ; et comme son éducation chrétienne la voue très généralement à la défense des traditions sociales, elle fournirait par ses votes un appoint considérable à la politique modérée.

« Vous y êtes ! interrompront certaines gens ; elles ne nommeront que des curés ou des congréganistes. »--Et après ? Si vous leur accordez le droit de vote, c'est, j'imagine, pour les laisser libres de voter à leur convenance et non point pour leur imposer je ne sais quel mandat impératif. Le prêtre et l'évêque ne sont point, d'ailleurs, si déplacés dans une assemblée délibérante : tout ce qui touche au culte et aux oeuvres d'éducation et d'assistance rentre au premier chef dans leur compétence et leur mission. Que si la soutane d'un candidat cachait, par hasard, plus d'ambition et d'égoïsme que de dévouement à la chose publique, la clairvoyance des électrices aurait tôt fait de le découvrir et leur confiance ne tarderait pas à se porter sur de plus dignes et de plus méritants. Il n'est pas si facile qu'on le croit de conquérir l'âme des dévotes. Beaucoup, dans le nombre, sont indépendantes et frondeuses : demandez à MM. les Curés ! Les meilleures chrétiennes n'excluront point les laïques et ne voteront qu'à bon escient. Mme Marguerite Durand estime même que, si les femmes se montrent trop accessibles aux influences religieuses, ce sera pour un temps si court que l'Église, qui a la vie longue, ne tient pas, chez nous, à en faire l'expérience. »[28] A qui fera-t-on croire, en

---

[28] Voir la *Fronde* du vendredi 14 septembre 1900.

tout cas, que leurs suffrages seraient moins libres que ceux de nos cantonniers et de nos ivrognes ? Et puis, il n'est guère possible que leurs choix soient pires que les nôtres.

Je n'ai point, du reste, la simplicité de penser que l'esprit sectaire puisse s'accommoder de mes idées et se ranger à mes conclusions. « L'habileté avant la justice, » voilà le mot d'ordre de ceux qui placent l'intérêt de parti au-dessus des droits de la personne humaine. « Quand la Française aura nos opinions politiques, disent-ils, nous lui permettrons de voter. Pas avant ! » On me pardonnera de ne point discuter cette manière de voir : je la tiens pour aussi décisive que misérable ; car elle subordonne cyniquement la cause des faibles à l'utilité égoïste des forts.

Chapitre V

Objections des poètes et des maris

I.--Si la vie publique risque de gâter les grâces de la femme.--Vaines appréhensions. II.--Si l'électorat des femmes risque de désorganiser la société domestique--Craintes excessives. III.--Comment concilier les droits politiques de la femme avec les droits politiques du mari ?--Du peu de gout des Françaises pour l'émancipation électorale.

E n justice et en raison, les femmes ont le *droit de* voter ; les femmes ont *intérêt* à voter ; les femmes ont *qualité* pour voter. Que peut-on bien encore leur opposer ? Deux objections curieuses : celle des poètes et celle des maris.

I

Les premiers vous diront avec des larmes dans la voix : « De grâce, ne laissez pas les femmes s'approcher de l'urne électorale : vous allez nous les gâter. Ce sont des êtres charmants, des créatures délicates, qui perdraient leurs grâces et leurs qualités à se mêler des affaires publiques. Qu'elles restent neutres en politique pour conserver leur empire et leur souveraineté sur les hommes ! »

A ces galants scrupules, Alexandre Dumas avait une plaisante réponse : « Croyez-vous, disait-il, que la bicyclette les rende gracieuses ? »[29] Ce n'est pas le scrutin, d'ailleurs, qui en fera des hommes. L'exercice du droit de citoyen n'a rien de bien rude. Il n'est pas nécessaire, pour y exceller, d'un long et pénible entraînement. Serait-ce donc qu'en se rendant à la mairie, une ou deux fois tous les trois ou quatre ans, pour déposer dans l'urne un petit carré de papier, les femmes risquent de prendre des allures de portefaix ? Certes, une telle métamorphose serait haïssable, si le vote la rendait possible. Mais il n'est pas croyable qu'à choisir entre les radicaux ou les modérés et à voter pour Pierre ou pour Paul, les femmes perdent les grâces de leur sexe.

Aussi des gens plus graves, jugeant cette raison insuffisamment raisonnable, ont repris le vieil argument, suivant lequel il n'est pas bon que la femme soit mêlée au mouvement et au sans-gêne de la vie publique. Comment concilierait-elle ses devoirs de retenue, de modestie, de pudeur, avec les compromissions et les brutalités d'une campagne électorale ? Est-ce dans les réunions publiques qu'elle apprendra le beau langage, l'urbanité, la douceur, toutes qualités qui sont l'honneur de son sexe ? Parviendra-t-elle à bannir des luttes politiques la violence et la grossièreté que nous y mettons ? N'y perdra-t-elle pas, au contraire, la décence que nous lui envions ? Il est plus sûr pour elle de réserver aux siens « les trésors de sa douce et sage parole, les soins, le dévouement et les consolations dont la famille a besoin. »[30]

Loin de nous la pensée de conseiller aux femmes de faire le coup de poing dans les réunions publiques. Mais on peut être électeur « sans descendre, comme dirait M.

---

[29] Lettre à Mme Maria Chéliga.

[30] Duverger, *De la Condition politique et civile des femmes*, p. 58.

Prudhomme, dans l'arène des partis.» Une salle de vote n'est pas nécessairement un mauvais lieu. Le contact des électeurs est-il si odieux et si démoralisant ? Une mondaine évaporée n'est-elle pas plus brouillée avec son foyer que ne le sera jamais une femme admise au scrutin ? Que si l'on conservait des craintes pour la « respectabilité » des électrices, rien n'empêcherait de les admettre à voter par correspondance ou par procuration, à moins encore qu'on affecte au scrutin deux salles distinctes, l'une pour les dames, l'autre pour les hommes.

Mais c'est faire bien des façons pour une chose toute simple. En Amérique et en Australie, là où l'intervention des femmes dans les élections politiques est de fait et de droit, leur participation au vote n'occasionne ni embarras ni scandale. Elles s'acheminent au scrutin pour déposer leur bulletin de vote, comme elles vont chez le percepteur acquitter leur feuille d'impôts ou chez le banquier toucher leurs coupons de rente, le plus tranquillement du monde. Et tous les partis reconnaissent que leur influence a été profitable au bien public. On leur fait particulièrement honneur des améliorations apportées à la loi des pauvres, à la répression de l'alcoolisme, à l'administration des hôpitaux, des asiles, des prisons, des écoles et des établissements pénitentiaires. Pourquoi l'extension du vote électoral aux femmes françaises ne nous vaudrait-il pas les mêmes bénéfices ?

Impossible, du reste, d'enfermer les femmes d'aujourd'hui dans un gynécée et de les condamner à filer la laine sous le manteau de la cheminée. Si l'on voulait interdire à leur sexe la fréquentation des hommes dans les lieux publics comme au bon vieux temps, ce n'est pas la salle de vote qu'il faudrait leur fermer, mais aussi et surtout les magasins, les usines, les bureaux, les postes et les télégraphes, toutes les fonctions industrielles et commerciales. Autant supprimer leur liberté d'aller et de venir, leur droit de vendre et d'acheter !

Il ne s'agit point, par contre, de déchaîner imprudemment le suffrage universel parmi les femmes, comme on l'a déchaîné brusquement, en 1848, parmi les hommes. On pourrait les admettre d'abord, par mesure d'acheminement, au vote municipal, quitte à étendre peu à peu leur capacité électorale. Mais quelles que soient les dispositions transitoires admises, nous ne pouvons souscrire à celle qui consisterait à réserver le droit de suffrage aux femmes veuves ou célibataires. Ce privilège offenserait la raison et la justice. Il ne faut point que les beaux titres d'épouse et de mère deviennent une cause de défaveur et d'infériorité. A trop avantager les femmes de condition indépendante qui jouissent, dans la vie, d'une plus grande somme de libertés civiles, on courrait le risque de discréditer le mariage. Et puis, les pères et les mères ne sont-ils pas plus intéressés que quiconque à la bonne gestion des affaires publiques ? Comprendrait-on que les droits politiques fussent l'apanage exclusif des veufs et des vieux garçons ? Plus rationnel assurément serait l'attribution d'un double suffrage aux chefs de familles, hommes ou femmes. En un pays où la population décroît, il serait fou d'avantager le célibat.

II

Nous arrivons au gros argument des maris. Il ne faut pas désorganiser la société domestique sous prétexte de mieux organiser la société politique. « Puisque la femme a un maître, a écrit Jules Simon, elle ne peut avoir dans l'État les droits de citoyen. » Et encore : « La famille a un vote : si elle en avait deux, elle serait divisée ; elle périrait. » En effet, l'expérience de chaque jour atteste combien les discussions politiques creusent entre les hommes de profondes et regrettables divisions. N'appréhendez-vous point que, les mêmes causes produisant les mêmes effets, la politique n'introduise dans les ménages des dissentiments et des querelles qui, en exaspérant les incompatibilités d'humeur, ne manqueraient point de dissocier et de rompre bien des unions ?

Supposez que l'un des conjoints soit royaliste ou conservateur, et l'autre radical ou socialiste ; faites-les voter, à titre égal, aux mêmes élections : la paix du foyer en sera-t-elle affermie ou troublée ? Imaginez-vous la gaieté de leurs conversations ? Les voyez-vous s'exercer, en tête-à-tête, aux libertés publiques, en épuisant l'un contre l'autre toutes les richesses du langage parlementaire ? N'est-il pas à craindre, même, que ces disputes conjugales ne se poursuivent jusqu'à la mairie, devant l'urne, sous les yeux du public ? Entre époux quelque peu animés de l'esprit de contrariété, la vie ne sera plus tenable. Le divorce a déjà trop d'aliments pour qu'il soit prudent de lui fournir le prétexte inépuisable des dissentiments électoraux. La politique est ce qui nous divise le plus ; ne l'installons pas au foyer ! « Le vote des femmes ne simplifierait pas nos difficultés, écrit Marion, il les doublerait. »[31] Et la paix des ménages en serait gravement troublée. Voulez-vous introduire dans le Code le divorce pour incompatibilité d'humeur électorale ?

Franchement, nous ne croyons pas à cette aggravation des hostilités entre mari et femme par la malfaisance de la politique. De nos jours, les époux sont divisés sur des questions autrement graves que celles du choix d'un maire ou d'un député. Combien de fois leur dissentiment porte sur les idées fondamentales de la destinée, sur la foi à une autre vie, sur les devoirs de religion ? Car il n'est pas rare de voir un libre-penseur épouser une dévote ; et c'est à l'occasion de

---

[31] *La Psychologie de la femme*, p. 302.

l'éducation des enfants surtout que les divergences religieuses peuvent s'aigrir et s'envenimer. Eh bien ! si graves que soient ces oppositions de vues et de croyances, si troublants que soient ces malentendus de conscience et ces antagonismes de doctrine, on trouve moyen de s'arranger. Les femmes vont tranquillement à la messe, tandis que les maris vaquent à leurs affaires. Leur serait-il plus difficile de voter, l'un pour les radicaux, l'autre pour les conservateurs, sans se meurtrir ou s'invectiver ?

D'autant mieux que, s'il est possible d'empêcher les femmes de voter, il n'est pas au pouvoir de la loi de les empêcher de penser. En réalité, elles se sont occupées et s'occuperont toujours de politique ; elles s'en occupent et s'en préoccupent même de plus en plus ; elles lisent les journaux, discutent les événements et, faute de pouvoir exercer quelque influence sur leur direction par un libre suffrage, les ambitieuses et les habiles recourent à l'intrigue pour assurer le triomphe de leurs idées ou de leurs amis. Au lieu de politiquer tortueusement dans les coulisses, n'y aurait-il pas avantage à ce qu'elles puissent manifester leurs opinions au grand jour ?

On paraît craindre que la coquetterie des femmes ne soit un nouvel élément à la corruption électorale. Mais la beauté ne court pas les rues. On redoute les influences féminines, celles du regard, de la toilette, le contact de deux mains se rencontrant dans l'urne ; on tremble à la seule pensée que les résultats d'un scrutin puissent dépendre du pli d'une lèvre et de la grâce d'un sourire. Mais à qui fera-t-on croire que le suffrage masculin n'obéit présentement qu'à la droite et saine raison ? On assure que les femmes prendront conseil de leur confesseur, de leur époux ou de leur ami, c'est-à-dire d'un homme dont elles doubleront le suffrage. Mais nos électeurs d'aujourd'hui sont-ils insensibles aux influences de leurs parents, aux sollicitations de leurs voisins ? Les promesses ou les faveurs n'ont-elles jamais prise sur leurs déterminations ? J'ai l'idée que si, avant le scrutin, les femmes cherchent à éclairer leur conscience, elles songeront moins que les hommes, étant plus honnêtes, à vendre leur vote.

On nous dit encore que l'électorat des femmes ne serait sans danger qu'au cas où l'union morale serait complète, et que, revendiqué comme arme de combat, il ne peut tendre qu'à les séparer de leurs pères, de leurs frères et de leurs maris. Ou les femmes voteront pour nous, et leur suffrage sera inutile, ou bien elles voteront contre nous, et c'en sera fait de la paix sociale. Mais si l'harmonie des esprits était parfaite et le gouvernement sans défaut, le vote masculin lui-même serait superflu. Et quant à croire à une coalition monstrueuse de la totalité des femmes contre la totalité des hommes, c'est du pur enfantillage. Au surplus, toutes les objections que l'on élève actuellement contre l'électorat féminin--invasion de la politique dans les ménages, rivalités des individus et des classes, agitation, opposition, corruption,--on les a formulées jadis contre le suffrage universel des hommes. Et finalement, puisque le vote personnel est une nécessité de la démocratie, il est logique, il est juste de fournir à la femme, comme à l'homme, le moyen de défendre ses intérêts et ses droits.

Faisons remarquer, par ailleurs, à ceux qui, redoutant l'ingérence des femmes dans la politique, prophétisent les pires extravagances, qu'il n'est pas impossible que l'émulation des vues, des ambitions et des efforts mette plus d'équilibre dans la société, sans soulever pour cela plus de conflits dans la famille. Car, après tout, il n'est pas juste de présumer qu'en matière électorale le mari et la femme seront nécessairement en désaccord, et que, par suite, la politique soit la plus grande ennemie du mariage. Bien qu'admises à voter, les femmes ne cesseront point de plaire et d'aimer. Jamais l'amour de la politique ne fera renoncer une Française à la politique de l'amour.

III

Mais si l'amour persiste, que deviendra le respect de l'autorité maritale ?--Je réponds : l'union de l'homme et de la femme est une alliance ; et, comme toute alliance, elle ne doit comporter ni domination qui asservit, ni sujétion qui annihile. Chacun des deux alliés garde sa personnalité, sa conscience, son moi. L'épouse n'est point le satellite de l'époux, ni son reflet, ni son ombre, ni son écho,--toutes expressions qui ont été employées par les « antiféministes » pour signifier l'absorption nécessaire de la femme par le mari. Après comme avant le mariage, la femme est une personne devant l'État comme devant Dieu. En épousant un homme, elle n'abdique point son individualité. Le mari qui la traiterait en inférieure commettrait un crime de lèse-humanité. Bien qu'elle soit autre que lui, elle ne cesse point d'être, en raison et en religion, une âme égale à la sienne.

Que l'homme se persuade donc que, s'il est et doit rester le chef de la famille, il n'est pas et ne peut pas être, en politique, le maître absolu de sa femme. Ne laissons ni décapiter la puissance maritale ni annuler la personnalité féminine. De même que l'autorité morale du père n'est pas un obstacle au suffrage des fils qui ont atteint l'âge de la majorité, ainsi le mariage est incapable de faire perdre à l'épouse ses droits de citoyenneté. Nulle contradiction, conséquemment, à la laisser voter : le droit du mari électeur n'est point, en soi, la négation du droit de la femme électrice. Et qu'on ne voie point là un vote en partie double, sous prétexte que les époux ne font qu'un. Car cette unification ne saurait aller jusqu'à la suppression de la personnalité de l'épouse. L'union des vies n'est pas la confusion des âmes.

Que si, enfin, la femme a omis, pendant des siècles, de revendiquer ses droits électoraux, laissant à son compagnon la vie publique, gardant pour elle les occupations domestiques, cachant au foyer, par modestie ou par fierté, ses trésors de courage, de tendresse et de bonté, il serait injuste de triompher contre elle de son silence et de son inaction. Lentement elle a pris conscience de son rôle et de son pouvoir ; lentement elle s'est aperçue qu'elle portait le monde, qu'elle l'enfantait, qu'elle relevait, et que son influence ne répondait qu'insuffisamment à sa puissance. Dès les premiers pas qu'elle a hasardés au dehors, convaincue de sa force autant que frappée de son inexpérience, elle a pensé que, si elle chancelait, c'est qu'elle était demeurée trop longtemps immobile et enfermée. Et elle s'est mise avec ardeur à cultiver son intelligence, à exercer sa liberté. Aujourd'hui, les plus hardies manifestent la volonté de participer à la vie sociale et d'agir sur la vie politique autrement que par les fils qu'elles donnent à la communauté ; et elles appuient leurs prétentions du plus démonstratif des arguments, en montrant, par leurs efforts et leurs succès dans les examens qu'elles subissent et dans les emplois virils qu'elles envahissent, des aptitudes sérieuses pour la plupart des rôles que l'homme s'était jusqu'ici réservés.

En ce qui concerne la France, toutefois, il serait excessif de dire que le mouvement est général. Beaucoup d'esprits estiment que nos moeurs politiques sont trop basses et trop rudes pour qu'il soit expédient d'y associer les femmes. Et quand nous leur répliquons que l'accession de celles-ci au corps électoral lui apporterait un élément de lumière et de sagesse, ils refusent de nous croire, alléguant, non sans raison, que la très grande généralité des femmes ne réclame pas le suffrage politique. L'observation est juste. Pressées par les exigences de la vie, les Françaises aspirent moins à l'émancipation politique qu'à l'émancipation économique. Elles ont volontiers le « travail agressif » ; elles se flattent de nous expulser de nos positions les plus solides, sans se douter que leur coopération électorale serait plus utile à leur cause,--et à la chose publique,--que l'envahissement, souvent inconsidéré, des professions masculines.

CHAPITRE VI

À QUAND LE VOTE DES FRANÇAISES ?

I.--Hostilité des uns, indifférence des autres.--Ou est la femme forte de l'Évangile ? II.--L'électorat des femmes et leur éligibilité.--Du rôle politique de la femme de quarante ans. III.--Dangers de la vie parlementaire.--Point de femmes députés.--Le droit d'élire n'implique pas nécessairement le droit d'être élu.

Nous persistons à croire que les femmes ont une place à prendre dans notre droit public, sans amoindrissement pour les hommes, sans dommage pour elles-mêmes. Et chose curieuse, cette nouveauté, que nous jugeons la plus raisonnable, la plus utile, la plus légitime, est précisément, comme nous venons de le dire, la moins désirée par les deux sexes !

I

De cette indifférence, il est deux raisons. D'une part, les partis politiques qui disposent en ce moment du pouvoir, si convaincus qu'ils soient du bon droit des femmes, en redoutent les effets pour eux-mêmes. Faire voter les Françaises, n'est-ce point livrer la République aux catholiques ? Et à cette perspective terrifiante, comme nous disait une fine dévote,-- » toutes les loges maçonniques frémissent d'épouvante.» D'autre part, les conservateurs, paralysés par des siècles de préjugés et d'apathie, hésitent à prendre en main la cause de l'électorat féminin. Ils sont animés de si farouches préventions contre le suffrage universel qu'ils n'ont point le courage d'en tirer toutes les conséquences, dussent-ils les premiers bénéficier de celles-ci. Méfiance de la gauche, pusillanimité de la droite, tel est le secret du peu de goût que nos hommes politiques témoignent pour le suffrage féminin.

Mais on sent bien, de part et d'autre, que les femmes ne pourront pas être traitées longtemps comme une quantité négligeable. Leur refuser le droit de vote, c'est renier les principes de la Révolution, dont se réclame le parti avancé, ou trahir les intérêts de la conservation sociale, auquel se voue le parti modéré. Et comme pour réussir à gauche ou à droite, il faut, suivant le mot de Mirabeau, que « les femmes s'en mêlent, » nous voyons les partis en présence rivaliser de coquetterie et multiplier les avances pour les attirer et les convertir à leurs idées. Nos conservateurs attendront-ils que les femmes françaises aient cessé d'être chrétiennes, pour revendiquer en leur faveur le droit de participer aux élections communales, départementales et législatives ? Mon avis est qu'ils ne feraient point une si mauvaise affaire en étendant la capacité politique de leurs mères, de leurs femmes et de leurs soeurs.

S'il leur faut des voix plus autorisées que la mienne, qu'ils veuillent bien prêter l'oreille aux déclarations des plus hauts représentants du clergé catholique à l'étranger, moins timorés en cela,--étant plus libres,--que leurs « éminentissimes collègues » de l'épiscopat français. C'est le cardinal Vaughan, primat d'Angleterre, qui acquiesce expressément à la coopération des femmes aux affaires publiques ; c'est le célèbre prélat américain, Mgr Ireland, archevêque de Saint-Paul, qui terminait une conférence faite à Paris par ces mots : « Il ne faut pas désespérer du monde si les femmes obtiennent le droit de suffrage. »[32]

Nous qui réclamons pour la femme toute la justice et rien que la justice, nous sommes convaincu que, pour peu que les Françaises veuillent fermement être électrices, elle le seront. Le voudront-elles ? Tout est là. Il serait pénible de constater que la discipline catholique les a domestiquées et amollies à ce point, qu'elles ne puissent relever la tête aussi fièrement que les Anglo-Saxonnes et tenter de nous sauver de nos misères en se libérant de leur inertie et de leur infériorité. C'est trop déjà que des républicains libéraux comme Jules Simon aient pu s'étonner de l'inconcevable résignation, avec laquelle les chrétiennes de Franco ont accepté la politique des décrets et des laïcisations. Où sont donc les femmes fortes de l'Évangile ?

II

Par un dernier scrupule que nous tenons à dissiper, d'aucuns inclineront peut-être à refuser aux femmes l'électorat politique dans la crainte qu'il ne soit un acheminement à leur éligibilité. « A peine mises en possession du droit de vote, dit-on, elles réclameront le droit de représentation. Dès qu'elles seront électrices, elles voudront être élues. Leur ouvrirez-vous débonnairement les mairies, les conseils généraux, le Parlement, toutes les fonctions officielles du gouvernement ? »

Les Américaines n'en doutent pas. Il est quelques États où elles siègent déjà dans les assemblées communales ; et l'on ne voit pas, pour le dire en passant, qu'elles s'acquittent de leurs devoirs plus mal que les hommes. On

---

[32] *Journal des Débats* du 20 juin 1892.

nous certifie même que leur présence n'a produit que de bons effets : plus d'ordre, plus de tenue chez leurs collègues masculins, plus d'exactitude aux séances, plus de fermeté dans la répression de l'ivresse et de la débauche.[33] Ainsi Mgr Ireland nous assure que, dans l'État de Wyoming, une femme ayant été élue maire, tous les cabarets du district furent, dès le lendemain, fermés par son ordre.[34] Voilà un bel exemple d'audace que je prends la liberté de recommander à nos magistrats municipaux. On comprend maintenant que l'élection d'une femme à la présidence de la République paraisse aux féministes d'Amérique la chose la plus naturelle du monde.

Sans nourrir des espérances aussi hardies, le féminisme de France n'est pas exempt de toute ambition politique. Non contentes de s'asseoir, en élèves studieuses, sur les bancs des écoles supérieures ou même de participer, en citoyennes utiles, à l'élection des juridictions professionnelles et des assemblées locales, certaines dames,--peu nombreuses du reste,--brûlent déjà de siéger au Parlement. Il faut à ces fortes têtes la tribune de la Chambre des députés. Quant au Sénat, c'est une trop vieille institution pour qu'elle puisse exciter leur envie. L'ambitionner serait avouer son âge. Il sera temps de revendiquer cette douce retraite lorsqu'on aura blanchi sous le harnais politique.

En revanche, il serait urgent, paraît-il, d'inoculer un peu de gravité féminine à notre Chambre des députés, si nous voulons opposer un contre-poids efficace à son esprit aventureux et dépensier. Est-ce que les femmes ne seront pas plus ménagères des deniers publics ? Elles seraient sûrement plus décoratives. Une assemblée, qui eût compté parmi ses membres Mme Récamier ou Mme de Staël, en

[33] Villey, *op. cit.*, pp. 14 et 15.
[34] *Journal des Débats* du 20 juin 1892.

aurait été grandement embellie et honorée. N'a-t-on pas dit que la France, avec sa sensibilité, son enthousiasme et ses engouements idolâtres suivis d'accablements désespérés, était une nation « femelle » ? Raison de plus pour admettre les femmes à la représentation nationale. Attendons-nous donc à voir un jour, dans l'agitation incohérente d'une campagne électorale, quelque noble ambitieuse se présenter comme champion du « féminisme parlementaire ».

Sera-t-elle jeune et jolie ? On en peut concevoir quelque doute, cette fonction ne convenant guère, d'après les féministes eux-mêmes, qu'à la femme de quarante ans. Jusque-là, les servitudes du sexe et les devoirs de la maternité retiennent l'épouse à la maison. Mais à quarante ans, la femme arrive au tournant de la vie. C'est, pour elle, l'âge critique, l'âge mûr, l'âge où l'on baille, l'âge où l'on s'ennuie. A ce moment, les petits ayant pris leur volée, rien ne l'empêchera, nous assure-t-on, de se consacrer tout entière aux affaires de son pays.

Cette conception du rôle politique de la femme sur le « retour » est nouvelle. On sait d'ailleurs que dans notre société actuelle organisée « par les hommes et au profit des hommes », la femme est appréciée surtout comme épouse et comme mère. Si elle n'a, pour beaucoup, qu'une valeur de beauté pendant la première moitié de sa vie, il lui est loisible d'acquérir, dans la seconde, une valeur propre d'intelligence et d'activité sociale. Et voilà un fruit mûr pour la députation.

Mme Edmond Adam a traité ce point avec une particulière autorité. « Ce qui m'a toujours choqué chez l'homme, dit-elle, c'est le profond dédain avec lequel il traite les femmes qui ont atteint la maturité. » Et elle remarque avec malice que c'est pourtant à cet âge qu'elles gouvernent le mieux leur maison, leur industrie, leur commerce, et leur mari par-dessus le marché. Voici sa conclusion : « Veuillez reconnaître, Messieurs les maîtres, qu'une femme qui ne tient plus à plaire et qui n'est plus absorbée par les soins de la famille, est encore bonne à quelque chose, qu'elle peut rendre des services sociaux, produire au point de vue de l'art, du métier, de l'industrie, et que ce temps, qu'elle peut employer en dehors du ménage, représente au moins les deux tiers du temps qui lui est ordinairement accordé de vivre, ce qui vaut la peine d'en parler. »[35]

III

Que valent ces considérations variées en faveur de l'éligibilité de la femme quadragénaire ? Pas grand'chose.

Il est vrai que, passé l'âge critique, les femmes ont chance de vivre plus longtemps que les hommes, et qu'alors, par une métamorphose assez générale, l'instinct maternel fait place en leur coeur à une raison tranquille, sérieuse et prudente, à toutes les qualités requises pour la direction d'une famille. En vieillissant, leur esprit acquiert de la netteté, de l'étendue, de la pondération, de la sûreté. Elles se donnent moins au sentiment qu'à la réflexion ; et par là, elles se rapprochent vraiment de la constitution masculine. Pourquoi leur refuserions-nous, à cet âge de sagesse où elles deviennent plus aptes à remplir les offices virils, le droit de jouer un rôle politique susceptible de tourner à l'avantage du pays ?

Nous voyons à cela quelques inconvénients.

D'abord, il est excessif de prétendre que la femme de quarante ans soit toujours une force disponible et mûre pour la politique. On oublie les malaises, les sujétions, les affaiblissements du retour d'âge, et les soucis, les

---

[35] *Revue encyclopédique* du 28 novembre 1896, p. 842-843.

préoccupations de l'intérieur, les grands fils à établir, les petits-enfants à gâter, la famille à présider, à soutenir, à conseiller. Est-ce là une vie de loisirs et de liberté ? Par ailleurs, même en admettant que la vocation parlementaire s'éveille exactement chez la femme à quarante ans révolus, on n'imagine guère qu'elle puisse s'improviser à jour fixe femme d'État, pas plus que « préfète » ou « avocate », ingénieur ou médecin. Il faut à toutes ces fonctions une longue préparation qui n'est point compatible avec les tâches sacrées,--et combien absorbantes !--qui incombent à l'épouse et à la mère. Vous représentez-vous cette ménagère héroïque piochant le budget en allaitant son nouveau-né ? Hélas ! elle devra choisir entre ceci ou cela. A elle aussi, la bifurcation s'imposera de bonne heure. Ou elle délaissera la politique, ou elle négligera sa maison. Toute femme ambitieuse, ayant le sentiment ou l'illusion de sa supériorité et voulant se faire un nom dans les affaires publiques, sera perdue pour le mariage.

Et voilà bien ce qui nous inquiète le plus dans l'invasion de nos fonctions par les femmes intellectuelles. Obligé de reconnaître que les nécessités économiques les portent vers des emplois et des métiers qui ne semblent pas toujours faits pour elles, nous avons souscrit sans trop de réticences, comme on peut s'en souvenir, à l'élargissement de leur activité sociale. Mais dès qu'il nous apparaît avec évidence qu'une profession aurait pour conséquence inévitable de les éloigner de leur royaume naturel, de les détourner de leur office sacré, alors notre devoir est de leur en fermer la porte. Voilà pourquoi nous hésiterions à ouvrir le Parlement aux femmes. Si elles y pénètrent, elles feront le siège de toutes les fonctions administratives les moins conformes à leurs fonctions domestiques. Ainsi donc, point de femme éligible. On peut dire cette fois, avec M. Faguet, que « toute politicienne de plus serait une mère de moins. »[36]

« Faites mieux, dira-t-on, fermez la salle de vote : l'air qu'on y respire n'est pas plus sain que celui du Parlement. »-- Permettez : les deux situations ne sont pas comparables. Rien de plus absorbant, de plus démoralisant que la députation, tandis que le vote est un acte individuel et momentané. Il y a fonction continue dans le premier cas, et simple visite intermittente à la mairie dans le second. Et comme l'électorat des femmes n'implique point, dans notre pensée, leur éligibilité, l'exercice du droit de suffrage sera inoffensif, étant désintéressé. Point de danger qu'elles soient entraînées aux excès et aux bassesses de la vie parlementaire, puisqu'il ne leur sera point donné de faire tourner leur vote au profit de leurs ambitions et de leurs intérêts personnels.

Notez bien que, si nous écartons les femmes du Parlement, ce n'est point parce que nous les jugeons indignes de lui, mais parce que nous le jugeons indigne d'elles, tant le niveau moyen de notre représentation nationale nous paraît inférieur ! Nous avons le pressentiment que leur sexe se trouverait mal des compromissions et des chocs de la politique militante. Qui ne sait l'action déprimante et malsaine qu'elle exerce sur les hommes ? Serait-il prudent d'y exposer la décence et l'honneur des femmes ? Pour ma part, je verrais à regret nos mères, nos filles, nos soeurs, entrer dans la cage aux fauves d'une assemblée législative ou descendre dans la fosse aux ours d'un conseil municipal. Nos moeurs démocratiques sont telles qu'une honnête femme ne saurait s'y mêler sans souffrance et sans amoindrissement.

---

[36] *Mesdames au vote !* Écho de la Semaine du 28 novembre 1897, p. 522.

Joignez que la grossièreté est contagieuse et que, les femmes étant loquaces, ardentes, opiniâtres, nos dames parlementaires seraient tenues de hurler avec les loups, au risque de s'attirer les plus vertes répliques. Au Congrès des socialistes allemands tenu à Stuttgard en octobre 1898, les femmes prirent part aux discussions avec vigueur et fracas. A un moment, elles menèrent un si terrible tapage que, pour les faire rentrer dans le silence, un congressiste dut leur crier à pleins poumons : « Allez-vous bientôt finir votre sabbat, sorcières ? » En démocratie, avec le mépris grandissant de la politesse et des bienséances, les fonctions publiques deviendront de moins en moins accessibles aux honnêtes femmes. Un doux poète canadien, M. Louis Fréchette, leur a dit gentiment :

« Le poids d'un tel fardeau sur de frêles épaules
Pourrait bien les faire ployer.
Mesdames, croyez-moi, ne changeons pas de rôles :
Restez les anges du foyer. »[37]

Il n'y a qu'un remède à la grossièreté qui envahit nos moeurs politiques : laissons voter les femmes. Elles sont très capables d'exiger de leurs candidats qu'ils respectent la civilité puérile et honnête.

On insiste : « Elles voteront pour elles et non pour nous. Vous ne leur ferez pas comprendre qu'elles peuvent être électrices sans pouvoir être élues. »--A cela, nous avons une réponse décisive. Sous un régime de suffrage universel, le droit de participer à l'élection des assemblées politiques n'entraîne pas nécessairement le droit de s'y faire élire. Si le principe de la souveraineté du peuple exige que tous les membres de la nation puissent se faire représenter dans ses conseils, il ne réclame aucunement que tous les électeurs

---

[37] *Le Coin du feu*, Revue de Montréal, décembre 1893.

puissent s'élever eux-mêmes à toutes les fonctions représentatives. Tandis que tous les citoyens doivent avoir la faculté et le moyen de voter, il est bien évident que tous ne sont pas en situation ni en droit d'être députés, sénateurs, ministres ou Président de République.

Ne réclamons donc pour les femmes que ce qui leur est dû. A outrepasser la limite des revendications permises, on compromettrait, du reste, les plus légitimes et les plus désirables réformes. Et puis, on verra plus tard ! Si notre Parlement s'assagit et se civilise, si surtout il devenait un jour la véritable représentation des intérêts généraux de la nation, croyez-vous que quelques femmes de mérite et de talent n'y feraient pas bonne figure et bonne besogne ?

Et maintenant, à quand la Française électrice ? Pas tout de suite. Nos conservateurs, qui pourraient bénéficier de ses votes, sont trop poltrons et trop énervés pour élargir en sa faveur le suffrage universel qu'ils détestent ; et nos démocrates, qui idolâtrent celui-ci à condition d'en profiter, se garderont bien de mettre le bulletin de vote aux mains des femmes par peur des couvents et des curés.

Mais,--pour conclure,--qu'on veuille bien retenir ceci, que la logique des idées est irrépressible ; qu'elle agit lentement, mais inévitablement, sur l'esprit des foules ; qu'il répugne à la simple raison que toute une catégorie de personnes réputées habiles à choisir librement des mandataires pour la direction de leurs affaires privées, soit déclarée inapte à élire des mandataires pour l'administration des affaires publiques, de telle sorte que la plénitude de la capacité civile se heurte en un même individu à la plus complète incapacité politique.

Qu'on veuille bien encore observer qu'il apparaîtra de plus en plus clairement à la conscience du grand nombre que la femme, ayant en soi sa fin et sa dignité, est une personne qui ne doit pas être soumise à des lois qu'elle ne fait pas, à des impôts qu'elle ne vote pas, à un gouvernement qu'elle ne consent pas ; qu'en l'excluant de nos comices électoraux, il n'est pas vrai que la loi soit l'expression de la volonté générale, ni que les gouvernants soient la représentation légitime des gouvernés ; bref, que, dans notre pays de suffrage universel où l'homme le plus médiocre est mieux traité que la femme la plus distinguée, rien n'est moins « universel » que le principe électif de notre démocratie républicaine.

Et choquée de ces illogismes criants, blessée de ces inégalités injustifiables, l'opinion publique finira bien un jour par se dire qu'après la suppression des privilèges de rang, de caste et de naissance, il lui reste à abolir la dernière aristocratie survivante, l'aristocratie de sexe. Qu'importe que les esprits qui s'ouvrent prématurément à ces idées ne soient aujourd'hui qu'une infime minorité ? Demain, grâce à la toute-puissance de la logique que rien n'arrête, ils seront légion. « Les majorités ne sont que la preuve de ce qui est, écrivait à ce propos Alexandre Dumas ; les minorités sont souvent le germe de ce qui doit être et de ce qui sera. »[38]

Lors même que l'avenir, faisant retour à la sagesse, renoncerait aux incohérences aveugles du suffrage d'aujourd'hui pour confier aux plus dignes et aux plus capables la mission de choisir les représentants de la nation, le féminisme politique aurait encore sa raison d'être et devrait réclamer l'accession des femmes d'élite au corps électoral. Mais ce serait trop beau : l'avenir n'est pas aux privilèges du suffrage restreint.

---

[38] *Les Femmes qui tuent et les Femmes qui votent*, p. 115.

Le courant égalitaire est trop violent pour revenir en arrière. A-t-on jamais vu les eaux d'un fleuve remonter vers leur source ?

En tout cas, le dilemme suivant reste entier : ou le suffrage universel est une ineptie dangereuse, et l'on ne comprend pas qu'il soit étendu à tous les hommes, même les plus niais ; ou bien le suffrage universel est un principe admirable et un immense bienfait, et alors il est inconcevable qu'on en ferme l'accès à toutes les femmes, même les plus éminentes.

LIVRE II

ÉMANCIPATION CIVILE
DE LA FEMME

CHAPITRE I

LA CRISE DU MARIAGE

I.--On se marie tard, on se marie moins, on se marie mal.--Calculs égoïstes des jeunes gens.--Calculs égoïstes des jeunes filles.--Calculs égoïstes des parents. II.--Le flirt.--Son charme.--Son danger. III.-- Instruction et célibat.--Pourquoi la jeune fille « nouvelle » doit faire une femme indépendante.--Anglaises et Françaises. IV.--Ménages ouvriers.--Diminution des mariages et des naissances dans la classe populaire. V.--Les tentations de l'amour libre.--Raisons d'espérer.-- Bonnes épouses et saintes mères.--Le féminisme parisien et l'antiféminisme provincial.

C'est une heureuse nécessité pour la femme, aussi bien que pour l'homme, de préférer les douces fins de l'amour et les intérêts suprêmes de l'existence aux calculs et aux soucis de la politique. A l'entrée de la vie libre et agissante, l'apprentissage terminé ou l'instruction reçue, lorsque l'heure est venue de gagner son pain et d'assurer son avenir, ce qu'il faudrait aux jeunes filles sérieuses qui n'ont pas le désir d'exposer leur vertu à d'inquiétantes aventures, c'est moins un sénateur ou un député à élire, qu'un brave homme à épouser. Mieux vaut courir à deux les chances périlleuses de l'existence que de traîner son indépendance et son isolement à travers le monde, sans consolateur et sans appui. Mais contrariées par les hasards du sort, pressées par les exigences de leur condition ou déclassées par leur éducation même, nos demoiselles trouveront-elles un compagnon sortable à l'heure opportune ? Cette question est de nature à faire battre douloureusement bien des coeurs.

Actuellement, le mariage présente des difficultés que nos pères n'ont pas connues. On se marie tard, on se marie moins, on se marie mal.

I

C'est un fait constant que nos contemporains de France se marient tard. L'âge des chimères est passé très généralement quand ils entrent en ménage. Il s'ensuit que la raison, plus que l'amour, préside aux unions d'aujourd'hui. Est-ce un bien ? Est-ce un mal ?

Il est assez rare, au moins, que les nouveaux époux éprouvent l'un pour l'autre une folle passion. Le romanesque ne s'épanouit que dans les coeurs jeunes et dans lès âmes tendres. Un mariage d'inclination n'est possible qu'entre gens qui ne connaissent point trop la vie. Il faut être un peu écervelé pour croire à l'éternité de l'amour. La sagesse consiste à ne demander à ce monde que le bonheur qu'il peut donner. Celui-là seul a chance d'être heureux en ménage qui, disposé à se contenter d'une félicité relative, rencontre chez son conjoint le même caractère indulgent et les mêmes ambitions modestes. Seulement cette modération est un fruit de l'expérience, et les jeunes gens n'en ont guère. Est-ce pour ce motif qu'ils ont pris l'habitude de réfléchir si longtemps avant de se marier ?

Des unions tardives, aujourd'hui si nombreuses, il est de meilleures explications. C'est d'abord l'encombrement des carrières. Que de difficultés pour se faire de bonne heure une « situation » ! Avec l'obligation du service militaire et le stage préparatoire aux professions libérales, un jeune homme ne peut guère songer que vers la trentaine à fonder une famille, s'il veut avoir l'assurance de la nourrir et de l'élever convenablement.

Ces préoccupations n'ont rien, en soi, que de parfaitement honorable. Le malheur est qu'on les exagère. Au lieu même de songer aux enfants à naître, jeunes gens et jeunes filles ne songent souvent qu'à eux-mêmes. Dans leurs soucis, le présent tient plus de place que l'avenir ; et leurs inquiétudes familiales se transforment en calculs égoïstes. D'aucunes, qui se sentent au coeur le besoin d'aimer, ne reculeraient point sans doute devant un mariage modeste et accepteraient de faire le bonheur d'un honnête homme plus riche de courage que d'argent, si la crainte de l'opinion, la peur du monde et de ses critiques, n'avaient pris sur les âmes faibles un empire tyrannique. Telle femme qui, dans l'intimité du ménage, abdique toute coquetterie et toute vanité, se prend à souffrir d'une robe mal taillée, quand elle aperçoit sur sa voisine un corsage fait à la dernière mode.

Et, circonstance aggravante, les parents encouragent fréquemment cette faiblesse. Dés qu'ils voient leur fille chargée des devoirs sacrés de la maternité et privée peu à peu des douceurs et des gâteries dont ils ont entouré sa jeunesse, ils la plaignent comme une sacrifiée et accusent tout bas le mari de l'avoir rendue malheureuse.

Où est la simplicité de nos grands-parents ? Les appétits de jouissance nous font prendre en terreur ou en aversion les obligations essentielles de l'existence. Combien peu savent modérer leurs désirs ! Combien perdent jusqu'à l'habitude d'équilibrer leur budget ! À mesure que les dépenses augmentent, les revenus diminuent. Plus grands sont les besoins, plus chère est la vie. Nos jeunes bourgeois ont de si grands goûts qu'ils appréhendent de voir un jour la misère s'asseoir à leur foyer ; et ils s'attardent dans l'isolement égoïste du célibat. Les mariages précoces deviennent de plus en plus rares. Nos petits-neveux auront quelque peine à fêter leurs noces d'or.

De braves gens leur disent : « Mariez-vous ! c'est la loi de nature. » Ils répondent : « Attendons ! c'est la loi de sagesse. » Et l'opinion est ainsi faite qu'elle leur permet de satisfaire à la fois la prudence et l'instinct. Il faut bien que jeunesse se passe ! Ceux qui connaissent les tristes dessous de la vie, assure-t-on, n'en feront pas moins d'excellents maris. Avec trop de retenue, un grand garçon devient un grand nigaud.

C'est stupide ; c'est immoral. Et tandis que l'opinion ferme les yeux avec indulgence sur la conduite du jeune homme, elle les ouvre avec méfiance sur les moindres actions de la jeune fille. On surveille ses démarches, on suspecte ses relations, on lui impose la réserve et l'ignorance, alors qu'on accorde à l' » autre » la liberté jusqu'à la licence. Tolérance aveugle pour celui-ci, sévérité rigoureuse pour celle-là : voilà l'équité du monde !

II

En attendant qu'on se marie le plus tard possible pour faire une fin honorable, on se livre dans la belle société à un flirt étourdissant. Triste compensation ! Si l'on marivaude davantage, on s'épouse moins. Où est le profit ? Comme nos esthètes mystiques cultivent la piété sans la foi, ainsi nos élégants et nos élégantes poursuivent l'émotion sans l'amour. On sait que le propre du flirt est de rester à moitié chemin du désir, de tempérer les attachements du coeur par le détachement de l'esprit, de jouer avec le tendre amour comme on joue avec une rose dont l'éclat nous attire et le parfum nous grise, au risque de se piquer les doigts aux épines. Il n'est point de jeu plus passionnant pour une coquette. Songez donc : se laisser courtiser sans espérance, sourire aux compliments sans les payer de trop graves complaisances, provoquer les galanteries en refrénant les audaces, goûter les joies de la séduction en se moquant du séducteur, en deux mots, s'offrir sans se donner : voilà ce qui s'appelle « flirter ». Entre parenthèses, pourquoi ne dirions-nous pas « fleureter » ? Le mot serait plus joli, étant moins anglais. A-t-on oublié que nos pères faisaient leur cour en contant fleurettes ?

Mais ces petits exercices ont leur danger. Non pas, j'imagine, que le flirt soit un passe-temps désagréable entre jeunes femmes qui ont de la grâce et jeunes hommes qui ont de l'esprit. Je conseillerai toutefois aux mères de famille de le surveiller du coin de l'oeil. A ce jeu captivant, plus d'une joueuse risque de perdre sa fraîcheur d'âme, surtout lorsque le partenaire est un peu lourd ; et cette espèce n'est pas rare.

Et puis, il ne faut pas badiner avec le flirt. Cette parodie de l'amour peut se transformer, grâce aux familiarités du « cyclisme » et du « lawn-tennis », en sentiment sérieux. Il est si facile de dépasser les limites, assez mal tracées, de ce badinage mondain ! Un beau jour, le coeur se trouve pris, et la comédie de l'amour, commencée dans un éclat de rire, se terminera, comme un drame de passion, dans les sanglots et les larmes.

Mais les fortes têtes vouées au féminisme se flattent d'échapper à ces défaillances puériles et de pratiquer largement envers les hommes l'indépendance du coeur. Amantes de la science, elles ne connaîtront point les trahisons et les douleurs des amours humaines. Pauvre vieux mariage ! Il est impossible que le flirt le remplace, et il est douteux que l'instruction le favorise.

III

A la vérité, ce qu'on appelle pompeusement l'
« ascension intellectuelle de la femme » semble incompatible
avec les obligations de l'épouse et de la mère. Dès l'enfance,
on initie la future compagne de l'homme aux connaissances
les plus indigestes. On accable de mépris la bonne et tendre
éducation de famille. Il est tout simple qu'après plusieurs
années d'un pareil entraînement cérébral, ces demoiselles
préfèrent les exercices de la pensée à toutes les autres joies
de la vie, et surtout les libertés douteuses du célibat aux
devoirs austères de la famille. Quand elles ont pris goût à
l'étude et à l'indépendance, la moindre obligation leur
apparaît comme un amoindrissement d'elles-mêmes. Ne leur
parlez point de mariage : une créature, qui tient à son
autonomie, ne saurait accepter d'être la servante d'un
homme, une repasseuse, une cuisinière, une gardeuse
d'enfants. Car la femme dans le mariage reste, à leurs yeux, le
type de la bonne à tout faire. Une de ces orgueilleuses
célibataires écrivait à M. Hugues Leroux : « J'ai vingt-huit
ans. Je ne suis pas mariée ; je n'ai pas voulu l'être. Je
m'aperçois qu'un peu d'argent, un peu de culture, la passion
de la musique, le goût du voyage, la certitude que les
hommes ne sont pas une humanité supérieure ni les femmes
une humanité inférieure, forment comme la chaîne d'un
paratonnerre qui met à l'abri d'un coup de foudre. »[39] C'est
entendu : l'Extrême-Gauche féministe nourrit peu
d'inclination pour le mariage.

Quant aux jeunes filles qui aspirent simplement et
sincèrement à fonder une famille, elles n'y apportent plus,
elles aussi, les mêmes dispositions d'esprit que leurs
devancières. Elles ont l'intelligence plus curieuse, plus

---

[39] *Nos filles*, IX : Simplicité et snobisme. Le *Figaro* du jeudi 7 octobre 1897.

précoce, mieux renseignée sur des choses qu'il était de règle jadis de leur celer jusqu'au mariage. Les conversations de salon, la lecture des journaux, le commerce de leurs frères, les bruits qui circulent autour d'elles, joints à tout ce qu'elles entrevoient et à tout ce qu'elles devinent, les ont déniaisées avant l'âge des justes noces. Notre monde est peu favorable à la conservation de l'innocence. Les petites « oies blanches » se font rares.

En même temps que le milieu ouvre prématurément l'intelligence des jeunes filles, l'instruction qu'elles reçoivent les rend plus confiantes en elles-mêmes, et aussi plus personnelles, plus combatives, plus ambitieuses. Que peut bien être le mariage aux yeux de ces petites délurées ? Basé sur l'esprit de soumission au mari et de dévouement aux enfants, il choque leurs idées d'indépendance et de domination. C'est en vain que le sacrement garde officiellement son aspect de sacrifice et que, même à la mairie, la nouvelle mariée est remise aux mains de l'époux avec des engagements d'obéissance. Les droits du mari font rire, à l'heure qu'il est, bien des femmes. Le nombre croît tous les jours, même dans les meilleurs ménages, de celles qui, secrètement convaincues de l'égalité des époux, s'embarrassent fort peu de l'autorité du chef de famille.

Symptôme curieux : le mariage est envisagé par la plupart des jeunes filles comme un état de liberté. Elles n'y voient que l'affranchissement de la tutelle maternelle, le droit de sortir seules et de faire acte de maîtresses de maison.

A ce propos, je ne sais guère de contraste plus frappant que celui de la jeune fille française et de la jeune fille anglaise : la première, retenue dans la famille, surveillée par le père ; couvée par la mère ; la seconde, libre de ses mouvements, de ses sorties, de ses amitiés, de son coeur. Survient le mariage : changement de rôles. La jeune fille anglaise passe sous la dépendance du mari ; elle devient la gardienne du foyer, les moeurs l'assujettissant à un rôle modeste. Devenue femme, au contraire, la jeune fille française conquiert mille et mille libertés ; si bien qu'on peut dire que les jeunes filles anglaises se rangent en se mariant, tandis que les nôtres ne songent, en prenant un mari, qu'à s'émanciper de leur mieux. Cette aspiration atteste éloquemment que le joug marital, en France, n'est pas très pénible à supporter. Elle sert à expliquer, du même coup, pourquoi le féminisme s'est développé beaucoup plus rapidement en Angleterre que dans notre société française.

En somme, la jeune femme se dédommage chez nous de la contrainte que les moeurs imposent à la jeune fille. Combien peu envisagent, en se mariant, les responsabilités et les charges du futur ménage, les peines et les devoirs de la future famille ! Quelle mère a le courage d'avertir sa fille des épreuves qui l'attendent ? Sans l'éloigner du mariage, qui reste la condition normale de la femme, on ne devrait pas lui laisser l'idée qu'on se marie seulement pour s'amuser. Combien de demoiselles ne prennent un mari que par espoir de jouissance et de liberté ? C'est une fâcheuse illusion. Car, les déceptions venues, la mésintelligence éclate et les divorces se multiplient.

IV

Si des classes riches, où se manifestent ces préoccupations de luxe et ces velléités d'indépendance, nous descendons aux classes laborieuses, les symptômes d'anarchie et de décomposition ne nous paraîtront ni moins nombreux, ni moins tristes. Il est vrai que, soustraites par leur misère même aux calculs des ménages plus fortunés, les petites gens de la ville et des champs se marient plus souvent par convenance personnelle et par simple attraction. En revanche, ces unions sont fréquemment troublées par l'inconduite de la femme ou la brutalité du mari. Que de ménages ouvriers qui affichent le mépris le plus lamentable de la dignité humaine ! Que de prolétaires avinés qui crient volontiers : « Mort aux tyrans ! » et battent leur femme sans miséricorde ! Je ne sais rien de plus triste et de plus cruel que la condition de l'ouvrière obligée de disputer à l'ivrognerie du mari, par des prodiges de patience, de câlinerie ou de fermeté, l'argent du ménage et le pain des enfants, trop heureuse si, en le poursuivant de cabaret en cabaret, elle réussit par instants à ramener son homme à la conscience de ses devoirs !

Constatation plus grave encore : les unions illégitimes se multiplient dans les basses classes. Après s'être dispensé des formalités religieuses, on se désintéresse des formalités légales. Toutes ces solennités sont coûteuses ou gênantes : à quoi bon s'imposer un dérangement inutile ? Et l'on s'habitue, dans le peuple, à s'accoupler sans cérémonie.

Ce désordre tend même à se généraliser par suite de l'émigration des campagnes vers les villes. Pour ne citer qu'un chiffre, 655 000 jeunes gens des deux sexes ont, pendant dix ans, de 1882 à 1891, quitté leur village pour aller chercher fortune dans les grands centres.[40] Combien de ces déracinés ont grossi le nombre des déclassés, des malades, des mendiants, des criminels et des prostituées ? Cet exode est une cause incessante de démoralisation : moins de mariages, moins de naissances. Un enfant est un malheur qu'on essaie de prévenir systématiquement. D'où il suit que, les campagnes se dépeuplant et les villes se dépravant, la natalité rurale diminue sans que la natalité urbaine augmente.

Or, voici qu'aux pauvres femmes déçues et ulcérées, qui pleurent leurs espérances évanouies et leur indépendance perdue, le féminisme révolutionnaire se présente avec des

---

[40] Henri Lannes, *Revue politique et parlementaire* de février 1895.

paroles de liberté, leur montrant l'affranchissement de la passion comme l'idéal et la condition même de l'affranchissement de leur sexe. Point de femme libre sans l'amour libre. Et de fait, l'émancipation absolue de l'être féminin est incompatible avec les anciennes moeurs et les anciennes institutions, qui servent encore de soutien à la famille contemporaine. Et qui oserait dire que, tombant sur des âmes aigries et mûres pour la révolte, ces mauvaises semences ne lèveront pas en moissons de haine et d'anarchie ?

Femmes de France, sachez donc où l'on vous mène : bien que l'abolition du mariage vous fasse encore hausser les épaules, veuillez retenir qu'elle est l'aboutissement logique du féminisme avancé. On vous dira que le mariage est une invention de la tyrannie masculine ; qu'en affirmant la « suprématie du mâle sur la femelle », il assure la domination du fort sur le faible ; qu'en liant la femme pour la vie à son seigneur et maître, il est destructif de la spontanéité des sentiments, il viole les droits de la personne humaine et condamne l'épouse domestiquée au mensonge et à l'asservissement. On vous dira que ce contrat inique et absurde, dernière survivance de la barbarie antique qui faisait de la femme une proie, un bétail, une chose, a été fort habilement consacré par le Code et fort complaisamment béni par l'Église ; qu'en nature et en raison, la femme n'appartient pas à l'homme, mais à elle-même ; que, si la loi et la religion l'ont injustement livrée à un despote, elle a toujours le droit de se reprendre ; qu'ayant un coeur, elle peut en user ; qu'ayant une intelligence et une volonté, elle doit les exercer ; en un mot, que le mariage est indigne d'un être libre. Vous devinez la conclusion : il est temps que les jeunes filles ne se laissent plus traîner à l'autel comme des brebis à l'abattoir. A elles de proclamer l'émancipation de l'amour !

V

Puisque nous sommes obligé de constater que, soit dans les milieux élégants et mondains, soit dans les agglomérations populaires et urbaines, l'opinion devient hostile ou indifférente aux antiques formes du mariage ; puisque, du haut en bas de l'échelle sociale, les liens de la famille légitime tendent à se relâcher ou à se rompre, devons-nous en conclure que l'institution du mariage court des risques sérieux ?

A notre avis, il serait excessif de parler d'un « krach » du mariage, tant que notre bourgeoisie provinciale, catholique ou protestante, restera fermement attachée à la tradition chrétienne. Qu'il y ait crise, soit ! Mais prononcer le mot de faillite, c'est trop dire. Entre le luxe démoralisant de l'aristocratie d'argent et l'avilissement inconscient des malheureux, au-dessous des somptuosités de la surface et au-dessus des bas-fonds de la misère, il existe, à Paris même et dans les grandes villes, une réserve immense de familles honnêtes, fortes et unies, où, grâce à la survivance des moeurs d'autrefois, la femme reste la gardienne des coutumes, du respect des ancêtres, de l'esprit même de la race. Vouée à toutes les tâches de fidélité, elle se dit qu'» étant la plus aimable, elle doit être, en même temps, suivant le mot de Portalis, la plus vertueuse. »

Là où le foyer apparaît comme un sanctuaire, c'est que la femme en est demeurée la chaste prêtresse, attentive à développer et à perpétuer ce que l'homme crée, c'est-à-dire le sang et les qualités de la famille, le génie et la conscience de la nation. Or, ils sont légion, dans notre France bourgeoise et rurale, les braves gens qui, indifférents aux revendications féministes, suivent instinctivement la loi de la vie et continuent de croître et de multiplier. Comme les autres, ils ont leurs difficultés et leurs épreuves ; mais ils les affrontent avec résolution et les supportent avec courage. Si parfois l'on se querelle de mari à femme, le désaccord est sans fiel, sans haine, sans rancune. Ceux même qui se disputent du matin au soir se réconcilient du soir au matin. Ce sont encore ces ménages simples, francs, robustes, moins exempts de rudesse que de mélancolie, qui nous offrent les plus nobles exemples de soumission au devoir quotidien.

Les petites maîtresses, auxquelles le moindre froissement de l'existence arrache des cris lamentables et dont les entrailles se refusent à porter la vie, véritables courtisanes qui usurpent devant la loi et devant l'Église l'auguste nom d'épouses, devraient prendre pour modèle ces femmes vaillantes, de condition modeste, qui, dans leurs flancs, vigoureux et féconds, portent avec joie l'espérance de la future humanité et, fidèles au mari, dévouées aux enfants, savent être épouses et mères et se tuent à la peine, obscurément, allègrement, religieusement, par esprit de devoir et par amour du sacrifice. Le monde les ignore, et elles soutiennent le monde. Elles sont dignes de vénération, et le féminisme extrême s'en moque ou s'en offusque. Quand on a tant de droits individuels à exercer, tant de devoirs sociaux à remplir, est-il séant de s'enfermer étroitement au foyer et de circonscrire son activité aux vulgaires occupations du ménage, de borner son ambition à la pratique des traditionnelles vertus de famille ? Le féminisme avancé n'a guère que du dédain pour la femme d'intérieur qui, du reste, le lui rend bien.

Cela même est tout à fait rassurant. Vivre en toute indépendance avec intensité et avec fracas, afficher et ébruiter son existence au lieu de la transmettre, telle est la préoccupation suprême des féministes à la mode. Ces créatures ont perdu le sens de la modestie. Elles sont indiscrètement orgueilleuses ; elles ne peuvent se résigner à vivre comme tout le monde ; et cette soif de paraître et ce besoin de briller sont tout naturellement surexcités par l'air malsain et surchauffé de Paris.

Mais en province, dans cette bourgeoisie laborieuse où la famille est plus honnête et plus unie, où l'on prend la vie comme elle vient, de bonne grâce, au jour le jour, sans aigreur, sans rancoeur, le féminisme excessif des intellectuelles et des névrosées n'a pas la moindre raison d'être. Comment pourrait-il s'acclimater dans un air aussi pur, dans un milieu aussi sain ? Il faut à cette plante maladive l'atmosphère chaude des salons et le fumier des grandes villes. Qu'il pousse et fructifie à Paris, rien de plus naturel : la corruption ambiante facilite sa germination et son épanouissement. Mais dans le terroir épais et lourd de nos provinces, au grand soleil, au plein vent, dans le sillon profond où les fortes générations de France jettent gaiement la graine féconde qui doit nourrir le monde, cette fleur de décadence n'a aucune chance de lever et de grandir. On a donc eu raison de dire que la bonne terre de province, où font souche nos familles bourgeoises et rurales, ne convient pas du tout à la culture du féminisme « libertaire ». Là est le salut.

CHAPITRE II

POUR ET CONTRE L'AUTORITÉ MARITALE

I.--Des pouvoirs du mari sur la femme.--Ce qu'ils sont en droit et en fait.--L'homme s'agite et la femme le mène. II.--A quoi tient l'affaiblissement du prestige marital.--Bonté, naïveté, vulgarité ou pusillanimité des hommes.--Qu'est devenue l'élégance virile ? III.-- La puissance du mari est d'origine chrétienne.--Doctrine de la bible et des pères de l'église.--Égalité spirituelle et hiérarchie temporelle des époux. IV.--Déclarations de Léon XIII.--Le dogme chrétien a inspiré notre droit coutumier et notre droit moderne.

Sans aller jusqu'à l'union libre qui les écoeure, sans même acquiescer au divorce qui les effraie, beaucoup de femmes mariées honnêtes et éclairées, des bourgeoises sérieuses, des mères de famille, des chrétiennes même, commencent à réclamer à leur profit la revision de leur constitution matrimoniale. Elles acceptent pleinement le mariage indissoluble, convaincues que celui-ci est encore la seule source de bonheur pour leur sexe. Elles se plaignent seulement des pouvoirs excessifs que la loi accorde au mari sur leur personne et sur leurs biens ; elles protestent contre l'autorité maritale et réclament la libre disposition de leur fortune. Ces revendications portent, comme on le voit, sur deux points connexes qui sont : 1° les pouvoirs du mari sur la femme ; 2° les pouvoirs du mari sur la dot. Pour plus de clarté, nous les discuterons séparément.

I

C'est un propos courant chez les femmes que l'autorité maritale est un pouvoir abusif ; que l'homme, en se mariant, n'a qu'un but : former, façonner, dresser la compagne de son choix, détruire en elle les manières et les habitudes qui lui déplaisent, insuffler à son idole une âme conforme à la sienne, bref, la faire ou la refaire à son image et à sa ressemblance.

Pour jouer ainsi au créateur, il faut que l'homme puisse traiter la femme de main de maître. C'est pourquoi les lois, qu'il a faites à son profit exclusif, l'ont armé des prérogatives redoutables de la puissance maritale. Si l'on en croyait ces dames, Shakespeare aurait exprimé dans la « Mégère apprivoisée » le rêve secret de tous les maris, lorsqu'il met dans la bouche de Petruchio ces paroles impérieuses : « Catherine, allons ! n'ayez pas l'air grognon. Je veux être maître de ce qui m'appartient. Catherine est mon bien. Elle est ma maison, mon mobilier, mon champ, ma grange, mon cheval, mon âne, ma chose. » L'esprit masculin rapporte tout à soi, et l'autorité maritale ramène tout à l'homme. Que devient, à ce compte, la dignité de la femme ? Ainsi compris et pratiqué, le mariage est la domestication de la femme par le mari.

Cela, je le nie absolument. Prenons le mariage tel qu'il est, dans l'immense majorité des cas : est-ce que la femme est si asservie et le mari si despotique ? Est-ce que, dans la vie réelle, la toute-puissance est nécessairement du côté de la barbe ? Est-il si rare que l'épouse fasse la loi à son homme ? De fait, en bien des ménages, la femme exerce tous les attributs du pouvoir et cumule tous les avantages de la souveraineté. Elle est un maire du palais qui régente, d'une main ferme, son roi fainéant. Et cela est si vrai que M. Jean Grave,--dont on connaît l'âme anarchiste si prompte à s'alarmer des moindres abus d'autorité,--ne prend pas au sérieux la puissance maritale ; il la juge plus nominale que réelle.[41] Combien il a raison !

A qui fera-t-on croire que les «prérogatives masculines» sont universellement oppressives pour la femme ? Le mari d'aujourd'hui est devenu si conciliant, si débonnaire, son autorité s'est,--particulièrement dans la classe riche,--si adoucie et si relâchée, qu'il serait vraiment excessif de prétendre que l'épouse végète et tremble et plie sous un joug intolérable. En combien de foyers le mari n'a-t-il gardé que le simulacre du pouvoir, image du monarque constitutionnel qui règne et ne gouverne pas ? Nos moeurs conjugales sont ainsi faites, en bien des milieux, que les femmes pourraient prendre officiellement la couronne sans que leur empiétement cause la moindre révolution. Elles exercent déjà la réalité du commandement. Elles ont usurpé la place du maître. Elles prennent toutes les décisions, elles tranchent toutes les questions avec un ton de souveraineté qui n'admet pas de réplique, ne laissant au père de leurs enfants que la ressource d'agréer leurs volontés impératives. L'homme s'agite et la femme le mène.

Oui ; l'autorité maritale est, plus souvent qu'on ne pense, une pure fiction décorative. Savez-vous comment les Normands, qui passent pour avoir l'esprit fin et clairvoyant, définissent le mariage : «Une femme de plus et un homme de moins.» Chez eux, l'épouse s'appelle la «bourgeoise», ou encore la «maîtresse» ; et je vous prie de croire qu'elle ne se laisse pas marcher sur le pied. En général, il n'est plus guère de Françaises qui se soumettent docilement à l'adoration aveugle du principe masculin en la personne du fiancé ou du mari. Mme Necker a eu raison de dire : «Ce qui prouve en faveur des femmes, c'est qu'elles ont tout contre elles, et les

---

[41] *La Société future*, chap. XXII, p. 328.

lois et la force, et que, cependant, elles se laissent rarement dominer. »[42]

II

Ce changement dans les idées et dans les moeurs tient à deux causes : à la bonté et à la faiblesse de l'homme. Je vous prie, Mesdames, de ne point jeter les hauts cris : ceci n'est pas un paradoxe.

Avec la meilleure foi du monde, les femmes s'imaginent détenir le monopole de la bonté. Pure exagération ! Nous admettons qu'elles sont plus tendres que nous, étant plus impressionnables et plus sensibles. Et en cela, elles marquent sur notre sexe une véritable supériorité. Mais la bonté n'est pas impossible aux hommes. Il y a mieux : quand un homme se mêle d'être bon, il l'est pleinement, il l'est sottement. Dites d'un de vos amis dans un salon : « Ah ! quel brave garçon ! C'est la crème des hommes ! » Il est rare qu'il ne se trouve pas quelque femme pour vous répliquer : « Ne m'en parlez pas : il est si bon qu'il en est bête ! Sa femme le mène par le bout du nez. » Ce qui prouve deux choses : d'abord, que certaines femmes ne sont pas dignes des excellents maris qu'elles ont et qu'elles bousculent ; ensuite, qu'une trop grande bonté chez l'homme est, aux yeux du beau sexe, un signe de faiblesse et d'abdication.

On me dira peut-être que le mari est un niais de se laisser régenter par sa femme.--Pas toujours. Il est des cas où, la lutte étant impossible, la soumission vaut mieux dans l'intérêt des enfants. Lorsqu'une femme autoritaire a usurpé irrémédiablement le pouvoir marital et pris, envers et contre

---

[42] *Opinions des femmes sur la femme.* Revue encyclopédique du 28 novembre 1896, p. 840.

tous, l'habitude du commandement, le mari fait preuve de haute sagesse et d'abnégation admirable,--tant que cet effacement, bien entendu, est compatible avec les intérêts et la dignité de la famille,--en acceptant un rôle modeste et une attitude subalterne. Il faut que la douceur ait son représentant au foyer. Puisque la mère tranche du maître, il est désirable que le père joue, auprès des enfants, le rôle de mansuétude et de conciliation qu'elle abdique malheureusement. Et même, lorsque cette fonction de paix et d'union est remplie avec tact par un homme d'esprit, elle donne, aux yeux du public, à celui qui s'y résigne et s'y dévoue un charme qui rehausse infiniment sa valeur personnelle. « Bienheureux les doux, car ils posséderont la terre ! »

Mais il arrive souvent que la bonté dégénère en mollesse et en pusillanimité. Malheur aux maris qui, non contents d'être bons comme le pain blanc, sont tout en pâte, tout en mie ! Ceux-là sont destinés, les pauvres ! à être mangés. Avec l'habitude de l'homme moderne de ne vivre que pour la femme, de n'agir que par la femme, avec la hantise de la beauté et l'adoration de la chair qui ont pris possession des têtes les plus intellectuelles, il faut s'attendre à voir se multiplier le mari-vassal qui, pris d'une sorte de crainte révérentielle en présence de son idole, l'interroge du regard, et avant de parler, pour savoir s'il doit ouvrir la bouche, et avant de se taire, pour savoir s'il doit la fermer. Et cet innocent est convaincu que la femme n'est pas encore assez libre, assez souveraine ; il a comme un remords de se tenir debout devant elle ; il prosternerait volontiers aux pieds de sa « maîtresse » toute sa dignité, toute sa volonté, toute sa virilité.

Certes, il est bon d'avoir l'âme chevaleresque et de prendre à coeur les intérêts de la femme. Mais il ne faudrait pas que, pour remplir cette galante mission, l'homme renonçât à toute fierté, à toute autorité. Défendez les droits de la femme, si vous voulez, mais ne sacrifiez pas les nôtres. N'ayez pas surtout la mauvaise idée de briser son prétendu joug en nous forgeant des chaînes plus lourdes et plus humiliantes. Ces exagérations nous aliéneraient les sympathies et le respect des femmes, au lieu de nous les conquérir.

A qui revient, en effet, la responsabilité du mouvement féministe ? A l'homme, sans doute. Il y a sur ce point une belle unanimité contre nous. Mais lequel de nos actes l'a motivé ? Ici, l'on ne s'entend plus. Les uns invoquent les progrès de la démocratie hostile à tous les privilèges et follement éprise d'égalité. D'aucuns avancent qu'appelée à produire les preuves de sa légitimité, la suprématie de l'homme a paru aux femmes trop mince et trop discutable pour mériter les droits qu'on lui confère. Suivant d'autres, enfin, la véritable cause du mouvement d'émancipation auquel nous assistons, serait moins le mauvais usage de notre puissance que la volontaire abdication de notre autorité. Et c'est l'avis de beaucoup de femmes distinguées. « Il n'en coûterait point à notre sexe d'être soumis, disent-elles, s'il avait l'assurance d'être efficacement protégé. Mais dans la classe riche comme dans la classe pauvre, la puissance virile est incapable de nous donner la sécurité ou l'agrément. » Qu'est-ce à dire ?

Depuis que le machinisme a mis fin au vieux système patriarcal, l'ouvrier a trouvé moins facile de pourvoir à l'entretien de sa femme ; et avouant son impuissance à la faire vivre, il a souffert qu'elle quitte le ménage et entre à la fabrique. De là, une atteinte grave au prestige du mari. Dans les milieux bourgeois ou élégants, l'homme n'a pas mieux su jouer son rôle et soutenir son personnage. Absorbé dans la préoccupation de ses aises, il s'est laissé envahir par la vulgarité, la rudesse, la grossièreté ; il est sans goût et sans grâce ; il est plat, lourd, maussade, inélégant. Ce pitoyable souverain a renoncé même à relever son titre par la distinction et l'éclat du costume ; il s'habille d'une façon ridicule. Par une coïncidence digne de remarque, il a perdu les façons galantes d'autrefois en même temps qu'il perdait le goût des chamarrures somptueuses. Est-il possible que la femme considère l'homme comme un héros, s'il renonce aux apparences, aux manières d'un héros ?

La guerre des sexes a-t-elle donc pour cause l'invasion de la triste redingote et du veston déplaisant ? Point d'autorité possible, après tout, si elle n'est rehaussée par le prestige de la couleur et l'élégance des formes. C'est la loi de nature. Est-ce que, chez nos frères les animaux, le mâle ne se met pas en frais de coquetterie pour en imposer à la femelle ? Et nous nous étonnons que les femmes marquent une si vive inclination pour le pantalon rouge et les épaulettes de nos officiers ! Quel malheur que les pauvres civils ne puissent revêtir leurs anatomies d'étoffes esthétiques et variées ! S'ils manquent d'autorité, c'est qu'ils manquent de panache.

Il n'est qu'une conclusion à ces récriminations mi-sérieuses, mi-plaisantes : soyons justes, bons, chevaleresques, mais sans faiblesse et sans platitude. Veillons à garder notre prestige ; n'abdiquons point notre autorité. Les femmes ne nous sauraient aucun gré d'un aussi lâche abandon. Au surplus, la puissance maritale, bien comprise, peut leur être utile autant qu'à nous. Il ne s'agit que de s'entendre sur son principe et ses limites. C'est à quoi nous allons nous appliquer sans jactance et sans partialité.

119

III

En ce qui concerne la puissance du mari sur la femme, notre législation, simple reflet des idées religieuses, est la consécration laïque du mariage chrétien.

Au sens évangélique, le mérite spirituel d'un homme n'est pas supérieur à celui de la femme. Si hautes que soient les fonctions auxquelles notre sexe est appelé, si merveilleuses que soient ses entreprises et ses oeuvres, il se peut que l'humble besogne d'une pauvre servante vaille mille fois plus aux yeux de Dieu que les découvertes d'un savant ou les exploits d'un héros. La sainteté est la seule chose qui compte au tribunal du Christ. Au point de vue de la conscience, il ne saurait y avoir de différence entre l'homme et la femme ; car tous deux, pris individuellement, participent de la même manière aux bienfaits de la création et de la rédemption, aux trésors de la grâce et aux promesses du salut. On connaît la belle parole de saint Paul : « Vous êtes tous enfants de Dieu par la foi en Jésus-Christ. Il n'y a plus ni Juif ni Grec ; il n'y a plus ni esclave ni homme libre ; il n'y a plus ni homme ni femme ; car vous êtes tous un en Jésus-Christ. »[43] Ainsi, mariée ou veuve, esclave ou libre, la femme vaut l'homme ; et c'est par l'affirmation de cette égalité de valeur spirituelle que le christianisme l'a relevée dans l'esprit des peuples civilisés.

Mais ce relèvement s'est accompli doucement, sans secousse, sans bouleversement, sans faire violence à la nature, sans rompre brusquement avec les coutumes humaines, en conservant à la femme sa vocation d'auxiliaire et au mari la suprématie de direction. Le christianisme a toujours répugné à l'égalité terrestre des époux ; il la remet à

---

[43] *Épître aux Galates*, III, 26 et 28.

plus tard, ou mieux, il ne l'admet qu'entre les âmes, en ce qui regarde l'oeuvre du salut et la conquête du ciel. C'est à quoi saint Pierre fait allusion en ces termes : « Vous, maris, demeurez avec vos femmes en toute sagesse, les traitant avec honneur comme le sexe le plus faible, puisqu'elles hériteront comme vous de la grâce qui donne la vie. »[44]

En outre, pour ce qui est de la société ecclésiastique et de la société civile, l'Église tient l'égalité absolue pour un péril. De fait, elle a toujours repoussé l'ingérence des femmes dans le sacerdoce, se rappelant,--bien que le concours des premières chrétiennes ait contribué puissamment à la diffusion de l'Évangile,--que le Christ ne leur a pas dit comme aux hommes : « Allez ! Enseignez les nations ! » Le prince des Apôtres se préoccupait lui-même de modérer leur zèle. « Soyez soumises à vos maris, leur disait-il, afin que, s'ils ne croient point à la parole, la conduite de leurs femmes les gagne sans la parole, lorsqu'ils viendront à considérer la pureté de vos moeurs jointe au respect que vous aurez pour eux. Telle Sarah, dont vous êtes les filles, obéissait à Abraham, l'appelant son seigneur. »[45]

A cette hiérarchie dans le ménage, qui implique la prééminence de l'homme et la subordination de la femme, les docteurs assignent les plus lointaines origines. En ordonnant que la femme soit voilée, pour mieux marquer la suprématie de l'homme, saint Paul s'exprime ainsi : « Adam a été créé le premier ; ensuite, ce n'est point Adam, mais Eve qui a été séduite par le serpent. » Aux yeux des canonistes, ces deux raisons établissent l'infériorité temporelle du sexe féminin.

---

[44] *Ire Épître de saint Pierre*, III, 7.

[45] *Ibid.*, III, 1, 2 et 6.

Retenons, d'abord, le récit de la création. Après avoir tiré le corps d'Adam du limon de la terre, Dieu dit : « Il n'est pas bon que l'homme soit seul ; donnons-lui une aide semblable à lui. » On a bien lu ? Une « aide », c'est-à-dire une auxiliaire. Puis Dieu prend une côte d'Adam pour en former la femme. Et le premier homme s'écrie : « Voilà l'os de mes os, la chair de ma chair ! » Et le texte ajoute : « Elle s'appellera *Virago* parce qu'elle a été tirée de l'homme ; c'est pourquoi l'homme quittera son père et sa mère et s'attachera à sa femme ; et ils seront deux en une seule chair. »

Ces fortes images expriment admirablement les rapports des sexes, tels que Dieu les a voulus. L'homme sort des mains du Créateur, et la femme sort de l'homme par une opération divine. Ils ont même origine : l'acte d'un Dieu. Ils ont même destinée sur la terre et même récompense après la mort. Leur dignité, leur valeur, leur spiritualité est égale. Nulle différence de corps ni d'âme, puisqu'ils sont vraiment une seule chair ceux qui n'ont qu'un même coeur. Et se retrouvant en Ève, Adam ne pouvait manquer de l'aimer. « Que le mari rende donc à sa femme la bonne volonté qui lui est due, écrit saint Paul, et que la femme en use de même envers son mari. » Car ils s'appartiennent devant Dieu. « La femme n'a pas son propre corps en sa puissance, mais il est en celle du mari ; et le mari de même n'a pas en sa puissance son propre corps, mais il est en celle de la femme. »[46] Seulement, l'apôtre ajoute : « La femme vient de l'homme et non l'homme de la femme. »[47] Créée de Dieu, la femme conserve donc l'individualité de son être et la responsabilité de sa conscience ; elle possède la plénitude de la nature humaine. Mais, sortie de l'homme, elle doit à son époux une affectueuse subordination. Égaux devant Dieu, les deux

---

[46] *Ire Épître aux Corinthiens*, VII, 3 et 4.

[47] *Ibid.*, XI, 8.

sexes ont été marqués d'un signe distinct et investis d'une vocation différente.

La chute originelle n'a fait qu'aggraver ces distinctions et ces disparités. Adam a péché par Ève, l'amour de la femme ayant prévalu en son coeur sur la loi du Créateur. Satan, au dire des théologiens, savait l'homme moins crédule et partant moins faillible ; aussi s'adressa-t-il à la femme. Celle-ci, en persuadant le premier homme, enseigna le mal ; et c'est pour ce motif que l'apôtre saint Paul interdit aux femmes d'enseigner dans l'Église. Donnée à l'homme pour l'aider dans le bien, la femme l'induit en tentation et l'entraîne au péché. Destinée à être son auxiliaire, elle devient son mauvais génie. Et Dieu porte contre elle cette sentence : « Tu seras sous la puissance de ton mari, et il te dominerai. »[48] La révolte des sens et les turpitudes de la chair, les chaînes de l'amour et les douleurs de l'enfantement, tels seront les châtiments.

Heureusement que le mal, qui, suivant le mot de Tertullien, « était entré dans le monde par la femme comme par une porte ouverte, » devait être réparé par la Vierge de qui naîtrait le Sauveur des hommes. Témoin cette parole de Jéhovah au serpent : « Je mettrai l'inimitié entre toi et la femme, entre sa race et la tienne ; elle t'écrasera la tête et tu chercheras à lui mordre le talon. »[49] Dès lors, à la femme régénérée, l'homme devra le respect et la justice ; car elle est le coeur de la famille, si l'homme en est la tête. Il ne faut pas séparer ce que l'Éternel a uni. « Dieu, suivant saint Jean Chrysostome, ne charge point l'homme de tout le fardeau de la vie et ne fait pas dépendre de lui seul la perpétuité du genre humain. La femme aussi a reçu un grand rôle, afin qu'elle soit estimée. » Saint Paul avait déjà dit, avec sa netteté

---

[48] *Genèse*, III, 16.

[49] *Ibid.*, III, 13.

habituelle : « Il n'y a point de femme sans l'homme, ni d'homme sans la femme, et tous deux viennent de Dieu. »[50]

Cette doctrine des Pères impose une borne à l'orgueil masculin et couvre d'un rempart la faiblesse féminine. Saint Jean Chrysostome en induit les attributions diverses des deux sexes : « Le partage est sagement établi, de manière que l'homme vaque aux affaires du dehors et la femme à celles du dedans ; dès que cet ordre est interverti, tout se trouble, tout est bouleversé. » Saint Paul en a tiré de même les règles qui doivent présider aux rapports des époux. Après avoir reconnu que « l'homme est le chef de la femme, comme Jésus-Christ est le chef de l'Église, » et que « l'homme est l'image de la gloire de Dieu, tandis que la femme est la gloire de l'homme, »[51] le grand Apôtre veut que « la femme obéisse au mari comme au Seigneur, » et aussi que « le mari aime sa femme comme le Christ aime son Église. »[52] Et ailleurs : « Que la femme soit soumise à son mari, comme il convient. Et vous, maris, aimez vos femmes, et ne soyez point rigoureux envers elles. »[53]

IV

De saint Pierre à Léon XIII, la doctrine des papes sur la dignité spirituelle et le rôle auxiliaire de la femme n'a point varié. Sans doute, l'homme s'est efforcé bien souvent de faire tourner sa suprématie en domination. Mais contre les abus de la puissance maritale, l'Église n'a jamais cessé de protester avec fermeté. Je n'en veux pour preuve qu'un fragment de sermon, d'une curieuse forme populaire, que

---

[50] *Ire Épître aux Corinthiens*, XI, 11-12.

[51] *Ibid.*, XI, 3 et 7.

[52] *Épître aux Ephésiens*, V, 22-25.

[53] *Épître aux Colossiens*, III, 18 et 19.

j'emprunte au franciscain Berthold de Ratisbonne, qui vivait au XIIIe siècle. Pour mieux initier son auditoire aux obligations du mariage chrétien, le frère missionnaire suppose qu'un assistant lui adresse cette objection : « Frère Berthold, tu prétends que les femmes doivent être soumises à leur mari ; donc je puis faire de la mienne ce que bon me semble et la traiter comme il me plaît ? »--» Non, non, réplique le moine, si tu veux entrer dans le royaume des cieux ! Ton couteau est à toi : t'en serviras-tu pour te percer la gorge ? Ton jambon est à toi : en manges-tu le vendredi ? Ainsi de ta ménagère : elle est à toi, tu es à elle ; mais vous ne devez point offenser ensemble la loi divine, car vous seriez bannis du Paradis. »[54]

Avec plus d'élévation de langage, le grand pape Léon XIII ne conçoit pas autrement les devoirs respectifs des époux. On lit dans l'Encyclique du 10 février 1880 : « L'homme est le prince de la famille, le chef de la femme ; mais celle-ci, chair de sa chair, os de ses os, ne doit pas le servir comme une esclave ; elle est sa compagne soumise, mais respectée. Si l'homme s'applique à imiter le Christ et si la femme sait imiter l'Église, leur tâche, à tous deux, sera rendue facile par le secours de l'amour divin qui les soutiendra. »

Ces idées ont passé successivement dans notre législation coutumière et dans notre législation civile. Pothier, notre vieux jurisconsulte classique, tenait pour « contraire à la bienséance publique que l'homme, constitué par Dieu le chef de la femme, *vir est caput mulieris,* ne fût pas le chef de la communauté des biens. » Et plus près de nous, un commentateur du Code civil, Marcadé, formule l'esprit de nos institutions matrimoniales en termes à peu près identiques : « L'épouse doit soumission au mari, selon le

---

[54] *Sermons du franciscain Berthold,* édition Gabel, t. III, pp. 1 et suiv.

précepte de saint Paul : *Mulieres viris suis subditae sint.* » Le
dogme chrétien a donc inspiré l'ancien et le nouveau droit
français.

Que faut-il penser de cette législation traditionnelle ?
L'excellent Condorcet n'hésitait pas à la regarder comme un
abus de la force. « Parmi les progrès de l'esprit humain les
plus importants pour le bonheur général, nous devons
compter l'entière destruction des préjugés, qui ont établi
entre les deux sexes une inégalité de droits funeste à celui
même qu'elle favorise. » A parler franchement, l'égalité
absolue appliquée aux droits respectifs des époux me paraît
d'un optimisme chimérique, et je vais, sans plus tarder, m'en
expliquer de mon mieux.

CHAPITRE III

Point de famille sans chef

*I.--L'article 213 du Code civil.--Son fondement rationnel.--
Pourquoi les femmes s'insurgent contre l'autorité maritale.--Curieux
plébiscite féminin. II.--Le fort et le faible des maris.--La maîtrise de
la femme vaudrait-elle la maîtrise de l'homme ?--La Femme-
homme. III.--L'égalité de puissance est-elle possible entre mari et
femme ?--Point d'ordre sans hiérarchie.--L'égalité des droits entre
époux serait une source de conflits et d'anarchie. IV.--Répartition
naturelle des rôles entre le mari et la femme.--Puissance de celle-ci,
pouvoir de celui-là.--La volonté masculine.--A propos du domicile
marital.--La « maîtresse » de maison. V.--Le secret des bons
ménages.--Par quelles femmes l'autorité maritale est encore agréée et
obéie.--Avis aux hommes.*

I

Sans que nous soyons animé d'une dévotion
superstitieuse à l'égard de notre loi écrite, il nous est
impossible de ne point reconnaître qu'elle a du bon.
D'après l'article 213 du Code civil, « le mari doit protection à
sa femme, la femme obéissance à son mari. » De ces deux
obligations corrélatives, dont l'une est la condition de l'autre,
Portalis, un des rédacteurs du Code Napoléon, donne

l'interprétation suivante : « Ce ne sont point les lois, c'est la nature même qui a fait la loi de chacun des deux sexes. La femme a besoin de protection parce qu'elle est plus faible ; l'homme est plus libre parce qu'il est plus fort. La prééminence de l'homme est indiquée par la constitution même de son être qui ne l'assujettit pas à autant de besoins. L'obéissance de la femme est un hommage rendu au pouvoir qui la protège, et elle est une suite de la société conjugale qui ne pourrait subsister si l'un des époux n'était subordonné à l'autre. »

Ainsi, d'après le texte même de l'article 213 et le commentaire du plus autorisé de ses auteurs, le devoir d'obéissance n'est imposé à la femme qu'en vue du devoir de protection imposé au mari ; ou, plus clairement, si le mari a le droit d'être obéi, c'est parce que la femme a le droit d'être protégée. Nos obligations de défense sont donc la condition et la mesure de nos pouvoirs de commandement.

Cela est-il si déraisonnable ? Nous reconnaissons que la soumission risque d'être pénible, lorsqu'elle est requise au profit d'un mari que la femme juge moins intelligent qu'elle, ou moins noble, ou moins riche, ou seulement moins distingué ; nous voulons bien qu'il lui soit difficile de voir en cet inférieur un guide, un conseil, un appui.--Mais, Madame, à qui la faute ? Il fallait mieux choisir. N'accusez pas le Code, mais vous-même, ou plutôt papa et maman, qui n'ont point su trouver pour leur fille un prince charmant.

Que l'obéissance soit quelque peu mortifiante pour une femme qui se sent supérieure à son seigneur et maître ; qu'elle soit, au contraire, naturelle et facile et douce pour l'épouse qui trouve en l'époux de son choix une certaine prééminence intellectuelle et morale : encore une fois, cela est vraisemblable. Par malheur, pour faire bon ménage, la supériorité, même évidente, de l'homme ne suffit pas. Il faut encore que sa compagne la reconnaisse et l'accepte ; et cette clairvoyance modeste et cette soumission sage sont moins communes qu'on ne le pense.

Nous n'en voulons pour preuve qu'un plébiscite organisé en 1896 par une revue de famille. Interrogées sur cette question de la sujétion légale de la femme mariée, 6 512 lectrices ont répondu ; et, sur ce total, 963 seulement ont acquiescé au devoir d'obéissance que notre loi leur impose. Il s'en est trouvé 5 549 pour protester contre l'observation de l'article 213. Mais, tandis que 740 ont préconisé la rébellion ouverte (scènes, cris, larmes, évasion du domicile conjugal) pour se soustraire à une aussi affligeante humiliation, les autres, au nombre de 2 934, ont recommandé les moyens diplomatiques (souplesse, ruse, ténacité, feinte douceur et longue patience) pour atteindre le même but. Sans prendre au pied de la lettre cette consultation plus ou moins sérieuse, il s'en dégage néanmoins une certaine répugnance à l'obéissance et, corrélativement, une aspiration vague et hasardeuse à l'émancipation conjugale qui n'est pas faite pour nous rassurer sur l'état d'âme des femmes mariées.[55]

II

C'est le moment de confesser avec humilité que, même en exceptant les monstres (ces dames nous feront-elles la charité de tenir ceux-ci pour une minorité ?) le caractère des hommes n'est point exempt d'aspérités, de brusquerie, de rudesse, d'âpreté même, qui peuvent blesser les délicatesses et les susceptibilités féminines. Mais sous ces apparences rébarbatives, sous cette raideur de verbe et d'allure, sous cette écorce dure et sèche, est-il donc impossible de trouver un fond de loyauté, de franchise, de

---

[55] *Annales politiques et littéraires* du 9 août 1896, p. 86.

sincérité, de noblesse, de générosité, capable de faire oublier, avec un peu d'amour, les rugosités de l'enveloppe ? Nous sommes impatients et autoritaires : c'est entendu. Si nous supportons vaillamment l'infortune, en revanche, nous faiblissons étrangement devant la douleur physique. Une fièvre nous abat, un malaise nous effraie. Ce nous est un supplice d'entendre gémir ou pleurer autour de nous. Quel homme pourrait veiller au chevet d'un enfant ou d'un malade comme la mère de famille ou la soeur de charité ?

Mais l'homme ne reprend-il point sa supériorité dans les longs efforts, dans les labeurs pénibles du corps et de l'esprit ? Nous ne sommes point parfaits, soit ! Mais les femmes le sont-elles ? Que celles qui inclineraient trop facilement à voir en l'homme un être égoïste et méchant, prennent la peine d'observer qu'il travaille, qu'il peine, qu'il lutte pour le foyer. Même dans le peuple, sont-ils si rares ceux qui, sûrs de trouver chez eux un ménage propre et réjouissant, une femme avenante et gaie, préfèrent leur famille à l'auberge et au cabaret ?

Voudrait-on, par hasard, intervertir les rôles et remplacer la maîtrise de l'homme par la maîtrise de la femme ? Le remède serait pire que le mal. Une femme autoritaire ne l'est jamais à demi. C'est un tyranneau domestique. Rien de plus déplaisant que cette créature d'humeur dominante et de caractère impérieux, qui usurpe, en son intérieur, le rôle du père. Ses éclats de voix et ses grands airs blessent comme une anomalie. Nous associons si étroitement la douceur à la grâce féminine, la rudesse et l'emportement lui sont si contraires, qu'une parole dure et brutale dans la bouche d'une femme nous choque autant qu'un blasphème sur les lèvres d'une dévote. Et pourtant, c'est une tristesse de le dire, il y a des femmes revêches et acariâtres. La moindre contradiction les offense et les irrite. Personnelles, orgueilleuses, violentes, on les voit ramener insensiblement à elles toutes les choses du ménage, tous les intérêts de la famille, apostrophant les domestiques, secouant les enfants, maltraitant le mari.

Le pauvre homme, chassé peu à peu de toutes ses attributions, décapité de son prestige, commandé comme un inférieur, humilié devant les siens, quand il n'est pas malmené en public, prend souvent le parti héroïque de se taire et de s'effacer en considération des enfants qu'une rupture blesserait pour la vie, trop heureux si son silence n'est pas interprété comme une injure et sa longanimité prise pour de la pure sottise ! Devenue maîtresse absolue de son intérieur, madame tranche, gronde, crie. C'est un frelon dans la ruche. Donnez-lui toutes les qualités que vous voudrez, de l'ordre, de la décision, de l'économie ; supposez-la charitable aux pauvres, secourable aux malheureux : son esprit de domination contre nature lui fera perdre tous ses mérites aux yeux du monde. Et c'est justice ; car elle fait le malheur des siens. S'en rend-elle compte ? On peut en douter. Son moi s'épanouit avec une sorte d'inconscience. Admettons qu'elle opprime son mari et tyrannise ses gens sans le vouloir, sans le savoir. Il n'en reste pas moins que découronnée des grâces de la douceur, cette femme, moins rare qu'on ne le pense, a quelque chose d'hybride : on dirait un être hors nature qui n'est plus « Madame » et n'est pas encore « Monsieur ». C'est la femme-homme. Dieu vous en garde !

Et le féminisme avancé tend précisément à multiplier ce type insupportable. Voici une jeune fille à marier : elle a tous ses brevets ; elle parle couramment l'anglais ou l'allemand, et à peu près le français ; elle excelle dans la musique et cultive l'aquarelle. Tous les sports lui sont familiers : elle valse à ravir, monte comme un hussard, nage comme un poisson et pédale infatigablement sur tous les chemins. Mais la jeunesse passe et Mademoiselle s'ennuie. Il faudrait lui trouver un bon mari ; c'est, à savoir, un brave garçon qui sache tenir un ménage, surveiller la cuisine, soigner les enfants et, au besoin, raccommoder les bas. Où trouverez-vous cet imbécile ? Plus la jeune fille se virilise imprudemment, moins elle se mariera facilement.

« Vous vous méprenez, me dira-t-on, sur les tendances du féminisme conjugal. Il ne s'agit point de subordonner l'homme à la femme, pas plus que la femme ne doit être subordonnée à l'homme. Ce que nous demandons, c'est l'égalité.»--Je n'en disconviens pas ; mais est-elle possible ? La chose paraîtra douteuse à quiconque voudra bien rechercher l'esprit de ce nivellement de puissance entre les époux.

III

D'après les idées nouvelles, les époux sont deux unités indépendantes, moins unies que juxtaposées. Entre ces deux souverains autonomes, comment l'entente, la paix, la vie seraient-elles durables. C'est un fait d'expérience qu'entre deux forces également éprises de leur liberté, les conflits aboutissent à la guerre intestine. Le dualisme n'a jamais produit que la lutte et le désordre. En politique, il conduit les peuples au schisme et à la sécession ; appliqué au mariage, il multiplierait entre les époux les causes de rupture et les occasions de divorce. Voyez-vous ces deux êtres rivaux ayant mêmes droits devant la loi et attachés l'un à l'autre par une même chaîne ? « L'amour la rendra légère, » nous dit-on.--Mais l'amour passe et, privés de ce doux trait d'union, il est à prévoir que les conjoints, demeurés face à face sans vouloir désarmer, finiront par se tourner le dos pour mieux sauvegarder leur très chère indépendance.

Il n'y a pas d'ordre possible sans une certaine hiérarchie. Mettez que les père et mère aient sur leurs enfants les mêmes prérogatives : si l'accord cesse, c'est la confusion, le conflit aigu, la guerre s'installant au foyer ; c'est la vie commune rendue impossible ; c'est la paix du ménage irrévocablement troublée. Quand deux individus, qui se croient égaux en droit et en force, se disputent et se heurtent, le duel est terrible. Pour éviter les coups et les violences, il n'est plus qu'un moyen : se séparer.

Mme Arvède Barine a très bien vu ce danger. « Comment le mariage pourrait-il subsister quand personne, dans un ménage, n'aura le dernier mot ? quand deux époux seront deux puissances égales, dont aucune ne pourra contraindre l'autre à capituler ? » C'est une belle chose de se révolter contre les servitudes du mariage sans amour ; mais, pour se prémunir contre les collisions inévitables de l'égalité conjugale, il faut être prêt à se réfugier dans l'union libre. Là, du moins, dès qu'on ne s'entend plus, on se lâche sans cérémonie.

Le « féminisme matrimonial » marque donc, de la part de la femme, une tendance à oublier son sexe pour établir entre les conjoints, non pas l'union à laquelle les convie naturellement leur diversité, mais une égalité séparatiste, un isolement hautain, dont ne sauraient bénéficier ni la confiance ni l'amour. Il n'y a pas à s'y méprendre : c'est une guerre de sécession qui commence. Que le rêve des libertaires vienne à se réaliser, et le mariage sera le rapprochement ou plutôt le conflit de deux forces égales, avec plus d'orgueilleuse raideur chez la femme et moins d'affectueuse condescendance du côté de l'homme. Et quand ces deux forces, rapprochées par une inclination passagère, se heurteront en des luttes que nulle autorité supérieure ne pourra trancher, il faudra bien rompre, puisque personne ne voudra céder. Pauvres époux ! pauvres enfants ! pauvre famille !

A ce triste régime égalitaire, le mari gagnera-t-il, du moins, de voir diminuer ses charges et ses responsabilités ? Pas le moins du monde. L'esprit de la femme est ainsi fait qu'elle gardera les honneurs et les réalités du pouvoir, sans vouloir en assumer les ennuis et les dommages. Dés qu'une opération entreprise par son initiative aura mal tourné, soyez sûrs qu'elle en rejettera tous les torts sur le mari. « Tu me l'avais conseillé. »--« Allons donc ! »--« Il fallait m'avertir, alors ! » Toute l'équité féminine tient en ces propos ingénieux. Les femmes veulent être maîtresses de leurs actes, avec l'espoir d'en garder tout le profit, s'ils réussissent, et d'en répudier toute la responsabilité, s'ils échouent.

L'égalité de puissance entre mari et femme ? j'en nie la possibilité même. C'est l'équilibre instable. Allez donc bâtir là-dessus une maison et une famille ! En toute association conjugale, il y a communément un des époux qui suggestionne l'autre, et l'intimide et le gouverne. N'en soyons point surpris : cette hiérarchie des forces est voulue par la nature. Il est des caractères doux et faibles dont c'est le partage, et souvent même l'agrément, d'obéir. Aux autres, c'est-à-dire aux énergiques, aux sanguins, aux violents, appartient le commandement. Si vous le leur refusez, ils le prennent, en accompagnant, au besoin, leur ordre souverain d'un geste décisif. Ce sont les dépositaires de 1' « impératif catégorique ».

Tout est pour le mieux, quand le plus puissant des deux, mari ou femme, est en même temps le plus capable et le plus digne. Mais combien il est déplaisant de voir l'intelligence réduite en tutelle, et quelquefois en servage, par la volonté tranchante d'un conjoint qui tient son autorité du tempérament plus que de la raison ! Et pourtant, si cet intérieur n'est rien moins qu'idéal, encore peut-il se soutenir et durer, puisqu'il a un maître. En réalité, l'union la plus malheureuse est celle où ni le mari ni la femme ne veulent céder. C'est une lutte de tous les instants.

Et voilà précisément où nous conduirait l'égalité des droits entre les époux ! Malheur au ménage où il n'y a ni meneur ni mené, ni volonté prééminente ni volonté subordonnée, où les deux conjoints ont la prétention de commander toujours et de ne jamais obéir ! On s'y dispute d'abord, on se sépare ensuite. La rupture est fatale. Ainsi l'égalité des époux, fondée sur l'égalité des droits, nous mènerait directement à des conflits douloureux et à un divorce inéluctable. Sans doute, cette égalité de puissance serait d'une réalisation difficile, parce que l'inégalité est partout dans les forces, dans les tempéraments, dans les caractères. Mais là où elle parviendrait à opposer les époux l'un à l'autre, elle aboutirait à l'anarchie. Je la tiens conséquemment pour deux fois malfaisante, en ce qu'elle contrarie la nature et en ce qu'elle dissout la famille.

IV

Quels sont donc, en raison et en justice, les principes qui doivent présider aux relations respectives des époux ?

La femme n'est ni supérieure ni inférieure à l'homme ; elle n'est pas davantage son égale : elle est autre. Et puisque la loi a pour objet de garantir à chacun les moyens de développer régulièrement sa personnalité, afin de lui permettre de remplir utilement sa destinée,--aux différences de complexion organique qui distinguent naturellement l'homme de la femme, doit correspondre une différence de fonction engendrant une différence de droit entre les époux.

Or, considérés en leur condition normale qui est le mariage, l'homme et la femme n'y tiennent point de la nature mêmes rôles et mêmes attributions. Au sexe fort, la charge des lourds travaux, de la défense commune et des relations extérieures ; au sexe féminin, l'administration du ménage et le gouvernement du foyer : telle est l'organisation rationnelle de la famille. Celle-ci est une sorte de petit État, qui ne se comprend pas sans un ministre des affaires étrangères et sans un ministre de l'intérieur. L'ordre est à ce prix.

Confinée dans les choses de la maison, la femme mariée n'en exerce pas moins un rôle si essentiel, qu'en élevant ses enfants on peut dire qu'elle forme les hommes et prépare l'avenir de la nation. C'est en cela même qu'elle est, suivant le mot de Sénèque, toute-puissante pour le bien, ou pour le mal, *mulier reipublicae damnum aut salus.*

Mais, si net que soit le partage des fonctions entre les deux pouvoirs masculin et féminin, des conflits sont possibles. Qui aura le dernier mot ? Il ne nous paraît pas vraisemblable qu'en un sujet si pratique, le monde entier se soit trompé en attribuant la prééminence au mari. Dans les questions domestiques, si menues et si compliquées, qui doivent être tranchées rapidement et à toute heure sous peine de chaos, il ne suffit pas de déclarer que le mari sera maître en ceci et la femme souveraine en cela, chacun ayant sa part d'autorité limitée minutieusement par le contrat ou par la loi. Il y a mille questions connexes et indivisibles qui surgissent chaque jour entre les époux et qui ne relèvent pas, en elles-mêmes, de l'un plutôt que de l'autre. En ces matières mixtes, le principe de la séparation des pouvoirs n'est plus de mise, sans compter qu'ici la séparation du commandement affaiblirait la famille. N'est-il pas écrit que toute maison divisée contre elle-même périra ? Il faut donc au gouvernement conjugal un « président du conseil » ; et, pour ce poste prééminent, l'universelle tradition désigne le mari. Nous pensons qu'elle est sage.

Pourquoi ? Parce que la volonté de la femme est moins ferme que celle de l'homme. Sans doute, cette raison psychologique a parfois été fort exagérée. « La femme est plutôt destinée à l'homme, et l'homme destiné à la société ; la première se doit à un, le second à tous. » Cette pensée d'Amiel est excessive. Si la nature faisait un devoir à la femme de se perdre dans le rayonnement de l'homme de son choix, il s'ensuivrait que, hors du mariage, elle ne compte pas : conclusion cruelle pour celles qui n'ont point rencontré d'homme au cours de leur vie solitaire. Sont-elles si coupables, si inutiles, les isolées, les dédaignées, qui n'ont pu connaître les joies et les épreuves du mariage ? Et puis, même mariée, la femme a mieux à faire que d' « absorber sa vie dans l'adoration conjugale ». Et pourvu que l'homme ait un peu de coeur ou d'esprit, il ne lui demandera point un pareil anéantissement. Concevoir la femme comme un simple reflet de l'homme, obliger l'épouse à marcher obscurément dans l'ombre de son seigneur et maître, c'est témoigner vraiment à la personnalité féminine une médiocre confiance et une plus médiocre estime.

Par bonheur pour le sexe féminin (c'est une remarque déjà faite), la bonté,--pas plus que la justice,--n'est étrangère au sexe masculin. Je dirai plus : un homme doux et fort, brave et bon, me paraît le plus bel exemplaire de l'humanité supérieure. Mais, observation intéressante : les femmes nous sont plus reconnaissantes de la fermeté que de la douceur. George Éliot a écrit qu' « elles n'aiment pas à la passion l'homme dont elles font tout ce qu'elles veulent, » parce qu'elles sentent bien qu'on ne s'appuie que sur ce qui résiste.

En réalité, la femme veut moins fermement que l'homme. Même quand elle échappe à l'empire des mobiles passionnels, des impressions et des impulsions instinctives, même quand elle obéit à des motifs conscients, raisonnés, réfléchis, elle a besoin d'une volonté amie qui la soutienne. Au cas où ses idées et ses décisions ne lui sont pas inspirées par son milieu, par l'opinion ambiante, par la coutume, par la tradition, elle va souvent les demander à un parent, à un prêtre, à un confident. Les plus fortes ont besoin d'être aidées. A de certains moments, il leur faut un appui moral, une volonté, une autorité qui décide pour elles. C'est surtout quand le père vient à disparaître, qu'elles sentent et qu'elles confessent leur faiblesse. Alors, elles rendent hommage à la puissance maritale. Les plus vaillantes, observe Marion, « font le grand effort de vouloir par elles-mêmes, de conduire seules toute leur maison, toute leur vie ; mais c'est là une suprême fatigue, et elles en font l'aveu touchant dans l'intimité, pendant que le monde admire leur courage. »[56] A défaut du mari, combien de mères sont impuissantes à diriger leurs grands enfants ? Qui n'a reçu leurs confidences éplorées ? L'autorité de l'homme a du bon. Seulement, le principe posé, il faut avoir le courage d'en tirer les conséquences. Prenons un exemple.

Beaucoup s'offensent de ce que la loi française oblige les femmes à n'avoir qu'un domicile : celui du mari. L'article 214 du Code civil dispose, en effet, que « la femme est obligée d'habiter avec le mari, et de le suivre partout où il juge à propos de résider. » Mais du moment que celui-ci est le chef du ménage, il faut bien que l'épouse demeure sous son toit et loge à la même enseigne. C'est logique et c'est décent. D'autant plus que la loi ajoute, à titre de compensation, que « le mari est obligé de la recevoir et de lui fournir tout ce qui est nécessaire pour les besoins de la vie, selon ses facultés et son état. »

Voudrait-on, par hasard, imposer au mari le domicile de sa femme ? Mais la question serait moins résolue que renversée. Après avoir subordonné l'épouse à l'époux, on assujettirait l'époux à l'épouse. C'est le système des représailles. Nous n'en voulons point. Les conjoints pourront-ils se choisir deux domiciles distincts ? Mais ce serait là vraiment une séparation de corps anticipée. Sans compter qu'un ménage divisé contre lui-même est condamné à périr. L'éloignement des parents détruirait immanquablement l'unité du foyer. Enfin les enfants seront-ils domiciliés chez le père ou chez la mère ? Et pour n'avantager ni l'un ni l'autre, auront-ils, eux aussi, un domicile séparé ? Pauvres petits !

---

[56] *Psychologie de la femme*, p. 229-230.

Conclusion : la loi a été sage en fixant au domicile du mari le domicile de la mère et des enfants. C'est là, en effet, qu'est le centre des intérêts et des affaires, le centre de la clientèle et de la famille. Certes, nous n'ignorons point que la femme a souvent d'excellentes raisons de fuir le domicile marital. Mais lorsque sa vie ou son honneur est en danger, les tribunaux n'hésitent pas à lui permettre de chercher ailleurs un asile plus sûr et plus moral. Quant à la forcer, *manu militari*, à réintégrer le domicile conjugal, il est avéré que ce droit n'est exercé par les maris qu'avec une extrême discrétion, et appuyé par la police qu'en des cas d'une extrême rareté.

Ce régime hiérarchique implique-t-il la diminution et la déchéance de l'épouse ? Certaines femmes se plaignent d'être enfermées, « cristallisées » dans leurs devoirs d'intérieur par l'accablante autorité du mari. La tradition leur pèse. Elles se révoltent, quand on a l'imprudence de leur rappeler qu'aux beaux temps de la République, la matrone romaine, l'épouse selon le coeur des patriciens, gardait la maison et filait la laine.

Pourquoi, ce rôle serait-il devenu risible ou déshonorant ? Point de vie de famille possible sans un foyer habitable. Pour attirer et retenir l'homme et les enfants au logis, il faut qu'ils soient sûrs d'y trouver la concorde et la paix, le ménage rangé et la vaisselle luisante, l'ordre et la propreté qui sont la parure, pour ne pas dire le luxe des maisons pauvres ; et c'est à la femme d'y pourvoir. Sa fonction naturelle est de veiller à la discipline de l'intérieur, à l'entretien du foyer, à la bonne tenue des enfants, à la régularité des repas, à l'exactitude et à la décence de la vie de famille. Elle doit être la fée du logis. Il n'est pas possible qu'à respirer chaque jour ce bon air, l'homme le plus désordonné ne prenne peu à peu de meilleures habitudes. On sait que l'épargne est la première condition de l'aisance ; et si le père apporte l'argent, il incombe à la mère de le conserver. Femme sans ordre, ménage sans pain.

M. Lavisse disait naguère en termes excellents : « Il faut à la maison ouvrière la dignité de la femme modestement bien élevée. Quand cette dignité, une dignité douce, bien entendu, qui ne se montre pas, qui se laisse seulement sentir, une dignité de violette,--est accompagnée de grâce et de patience, elle est très puissante. »[57] C'est qu'au fond du coeur le Français, citadin ou paysan, bourgeois ou manoeuvre, est fier de sa femme. Il lui rend justice et honneur, quand elle le mérite.

Dans nos intérieurs, la mère est vraiment souveraine ; et son autorité bienfaisante s'étend sans difficulté au mari, aux enfants et aux aides, parce que là, dans l'intimité du foyer, elle s'exerce dans son domaine naturel. En France, la femme est, par fonction et par définition, la « maîtresse de maison ». Vienne le jour où, poussée par des idées d'indépendance excessive, elle se répandra au dehors sous prétexte de mieux épanouir son individualité, que deviendra, je le demande, le foyer déserté ? Une ruine inhabitable où la famille négligée, désunie, ne trouvera ni le repos ni le bon exemple.

V

Voulez-vous connaître le secret des bons ménages ? Chacun des époux reste à sa place, le mari commandant sans en avoir l'air, la femme obéissant sans en avoir conscience. Ils sont si étroitement liés qu'ils ne font qu'un coeur et qu'une âme. Ils réalisent le mariage parfait. N'oublions pas que les conjoints doivent se donner l'un à l'autre, sans

---

[57] Discours prononcé à la distribution des prix de l'orphelinat des Alsaciens-Lorrains, *Journal des Débats* du 22 juin 1896.

restriction, sans distinction. Le mariage est un engagement bilatéral, un échange, un don mutuel. Aucun des époux ne devient la chose, le domaine de l'autre, ou, s'il le devient, c'est à charge de réciprocité. Si donc on tient absolument à ce que le mariage engendre une sorte de droit d'appropriation, il importe d'ajouter qu'il fait du mari une propriété de la femme comme il fait de la femme une propriété du mari. « Elle est à lui, il est à elle, » disait le franciscain Berthold. En résumé, ils s'appartiennent l'un l'autre, à la vie, à la mort, *ad convivendum, ad commoriendum*.

Cela étant, un bon ménage suppose une alliance de bonnes volontés qui se respectent, se ménagent, se supportent, se conseillent et s'aiment réciproquement, un échange continu de concessions mutuelles et de mutuel appui, une association si étroite d'esprit, de coeur et d'activité qu'au besoin l'un des conjoints pourrait remplacer l'autre, sans trouble, sans froissement, sans conflit. Ce ménage idéal est aussi puissamment armé qu'il est possible pour supporter le poids de la vie. Et je veux croire que les femmes françaises ne se refuseront point, de gaieté de coeur, à le prendre pour modèle ; sinon, elles tourneraient le dos au bonheur.

Sans doute, nous avons revendiqué et conquis successivement tant de libertés, bonnes ou mauvaises, qu'il serait puéril de nous étonner que certaines femmes agitées veuillent prendre part au partage. Mais faut-il en conclure que le sexe tout entier s'apprête à réclamer, à son tour, toutes les libertés que nous avons prises ? Que non pas ! J'ose dire que l'immense majorité des femmes françaises se contente ou s'accommode de nos institutions matrimoniales existantes. Elles ne réclament, ainsi que nous le verrons plus loin, que des tempéraments ou des corrections de détail très acceptables.

Il y a d'abord les femmes qui ont reçu une forte éducation religieuse, femmes des plus dignes et des plus respectables, qui remplissent courageusement leurs devoirs d'épouse et de mère à tous les degrés de l'échelle sociale. Celles-là ne sont point travaillées de si grandes velléités d'indépendance, et elles sont innombrables en nos provinces de France. Ces bonnes chrétiennes n'ont aucun goût pour les revendications audacieuses et les plébiscites tapageurs ; ou, si elles prennent part à ces derniers, c'est pour adresser à leurs soeurs plus turbulentes un rappel à l'ordre comme celui-ci : « Je pense que le Code a grandement raison de dire que la femme doit obéissance à son mari, puisque Notre-Seigneur Jésus-Christ l'a dit avant le Code et a imposé cette obéissance aux femmes chrétiennes, bien avant que Napoléon l'ait imposée aux femmes françaises. Celles-ci donc n'ont pas lieu de se montrer surprises ou humiliées d'un article qui ne les oblige devant la loi qu'à ce à quoi elles sont déjà obligées devant Dieu. »[58] C'est le langage de la sagesse chrétienne. Et comme notre législation du mariage n'est vraiment que la consécration civile de la vieille conception dogmatique, il se trouve qu'en cette matière délicate la religion est le plus ferme appui de la loi.

A côté de ces femmes religieuses d'esprit et de coeur qui obéissent par principe, il en est d'autres qui, moins attachées aux commandements de l'Église, obéissent pourtant sans contrainte, sans regret, par habitude. C'est le cas de toutes celles qui ont le bonheur d'appartenir à des familles unies dont le chef est aimé estimé, respecté. Façonnées par l'exemple, elles obéissent à leur mari comme elles ont vu leur mère obéir à leur père, le plus naturellement du monde, avec une docilité confiante dont elles ne se sentent aucunement diminuées.

---

[58] *Annales politiques et littéraires* du 9 août 1896, p. 86.

Enfin, sans être dévotes ni routinières, il est des femmes qui ont le secret d'obéir, non plus par devoir religieux ou par soumission héréditaire, mais bien par calcul diplomatique et suprême habileté. Elles se sont dit que le plus facile moyen de se plier à un commandement, c'est encore de se faire ordonner précisément ce qu'on désire. Cette tactique n'exige que de la souplesse, et beaucoup de femmes y excellent.

On voit que les maris de France ont chance de conserver leurs droits à la direction de leur famille. Mais qu'ils n'en prennent point orgueil : ce n'est pas d'hier que les femmes gouvernent les gouvernants. Le vieux Caton s'en plaignait amèrement. Pour n'avoir rien d'officiel, leur suggestion est décisive, leur influence prépondérante. Laissant à l'homme l'apparence du pouvoir et la responsabilité de l'action, elles restent ses inspiratrices pour le bien ou pour le mal. Se souvenant du mot de Mme de Staël : « Un homme peut braver l'opinion, une femme doit s'y soumettre, » elles ne s'affichent point, elles s'insinuent. Si nous faisons les lois, elles nous les imposent en faisant les moeurs. Dans la vie privée, la femme française est toute-puissante, quand elle le veut. Aussi bien ne réclame-t-elle point tant de droits, se sachant en possession de tant de privilèges ! Et si l'on excepte une minorité bruyante, le plus grand nombre ne se soucie point de l'égalité conjugale dans la crainte de s'aliéner les faveurs masculines. A cette question : « Quelle est la base unique du bonheur des femmes ? » Mme Campan répondait : « La douceur de leur caractère. » Et Mme de Maintenon, qui se connaissait en diplomatie, ajoute dans ses *Mémoires* : « Pour les femmes, la douceur est le meilleur moyen d'avoir raison. »[59]

---

[59] *Opinions de femmes sur la femme.* Revue encyclopédique du 28 novembre 1896, p. 840.

Quoi qu'on puisse penser de l'autorité maritale (et nous persistons à croire qu'elle est souvent plus apparente que réelle), les hommes ont un sûr moyen de la conserver et même de la raffermir. Se faire une conscience plus nette du devoir de protection déférente qui leur incombe vis-à-vis des femmes ; se montrer dignes des prérogatives masculines par l'action et la volonté, par l'énergie et le sang-froid, par la loyauté, l'honneur et la bonté ; travailler, peiner, souffrir sans trop de plaintes et sans trop de défaillances ; opposer à la vertu, à la vaillance, à la fierté des femmes, une fierté, une vaillance, une vertu suréminentes : voilà le secret d'être maître chez soi sans amoindrissement pour personne.

Ce n'est point par l'emportement et la violence, en criant haut et en gesticulant fort, que nous maintiendrons notre suprématie. La primauté du verbe et du poing est méprisable. L'autorité de la loi ne sauverait pas même l'autorité de l'homme, le jour où celle-ci serait sérieusement menacée. Nous ne resterons supérieurs en droit à la femme que si nous savons lui rester supérieurs en fait, c'est-à-dire en valeur et en caractère. A bon entendeur, salut !

Au reste, comme l'abus se glisse dans les meilleures choses, il nous suffira que l'autorité maritale soit aux mains d'un incapable ou d'un indigne pour que nous lui apportions (on le verra bientôt) toutes les restrictions nécessaires.

CHAPITRE IV

À PROPOS DE LA DOT

I.--Le mal qu'on en dit.--Les mariages d'argent.--Récriminations féministes et socialistes. II.--Peut-on et doit-on supprimer la dot ?-- Le bien qu'elle fait.--La femme dotée est plus forte et plus libre. III.- -Mariage sans dot, mariage sans frein.--Filles à plaindre et parents à blâmer.--Éducation à modifier.

I

À toute époque, la dot a servi de prétexte aux plus violentes attaques contre nos institutions matrimoniales. Aujourd'hui plus que jamais, par un effet de ce penchant à l'exagération qui se remarque en toute société mal équilibrée comme la nôtre, il n'est personne qui ne puisse lire ou entendre les plus folles ou les plus furieuses diatribes contre les mariages d'argent. Il semble que l'union de l'homme et de la femme ne soit plus en France qu'une juxtaposition de fortunes, un arrangement commercial, une combinaison mercantile, une simple affaire ; car, si l'homme fait la chasse à la dot, la femme fait la chasse à la position : deux calculs qui se valent. N'est-ce pas se vendre également que de chercher dans un mari les avantages de son rang ou de briguer chez une jeune fille la grosse somme et les espérances ? Et l'on va jusqu'à dire que les parents, qui subordonnent le mariage de leurs enfants à de pareilles préoccupations, méritent le nom d' « entremetteurs ». Le monde, en d'autres termes, a fini par commercialiser l'acte le plus sacré de la vie, le don de soi-même, que l'amour seul a le privilège de justifier et d'ennoblir.

On est étonné de retrouver ces jugements sommaires et excessifs sous la plume d'écrivains sérieux. « La peste du foyer moderne, écrit M. Lintilhac, c'est l'épouse dotée. La dot dégrade l'épouseur d'abord. Elle déprave l'épouse ensuite. » D'autres font remarquer, par un rapprochement plein de délicatesse, que le mari est « l'Alphonse patenté du foyer ». Prendre une maîtresse qui vous plaît et l'entretenir, est un cas pendable. Prendre une femme qui vous déplaît et se faire entretenir par elle, est au contraire d'une moralité courante. Qui expliquera cette contradiction ? Ce que l'opinion tient pour un déshonneur en dehors des justes noces, paraît le plus simple du monde après la cérémonie. Aussi Mme de Marsy, la distinguée présidente du « Ladie's Club » de Paris, traite la dot de « coutume humiliante pour la femme » et en réclame instamment l'abolition pure et simple, cette abolition lui paraissant « un premier pas vers le bonheur. »[60]

Cette suppression absolue s'imposerait d'autant plus à notre époque, qu'au sentiment des outranciers du féminisme révolutionnaire, la dot transforme le mariage en un pur trafic esclavagiste. On nous dira, par exemple, qu'il n'est rien de plus immoral que de renoncer, moyennant finances, à son honneur et à sa liberté, que c'est une chose abominable d'acheter l'amour et la maternité au prix du sacrifice de sa personne et de sa dignité. On ira jusqu'à trouver « la condition de la matrone plus abjecte que la profession de la courtisane, puisque celle-ci ne prête que son corps et peut toujours se reprendre, tandis que l'honnête femme se livre

---

[60] Lettres citées par M. Joseph Renaud dans la *Faillite du mariage*, p. 70-71.

tout entière et pour jamais. »[61] D'où il faudrait conclure que la plus vertueuse des mères de famille est, par le fait de sa dot, moins digne de respect que la dernière des dévergondées.

C'est de l'extravagance pure. Sans tomber en ces excès de langage, les jeunes filles de bonne maison ne sont pas rares qui pensent opposer à l'institution de la dot de plus sérieuses et plus réelles objections. Témoin cette confidence qui nous fut faite : « Je ne suis pas assez riche pour me marier. Les jeunes gens d'aujourd'hui savent compter. Nos petits talents, nos petits mérites, l'instruction, la beauté même, ne servent pas à grand'chose. Il n'est pas jusqu'à notre nom qui ne soit pour nous une étiquette négligeable, puisque nous le perdons en nous mariant. Combien nos frères sont plus heureux ! S'ils n'épousent plus des bergères, ils ont la ressource, quand ils sont titrés, d'anoblir des fermières ou des marchandes. »

Enfin de bons esprits, s'inspirant de l'intérêt général, proposent d'abolir la dot sous prétexte que cette suppression ranimerait toutes les forces épuisées du pays. Ils nous assurent que, débarrassés du souci d'amasser la dot de leurs enfants, les époux auront toute facilité de se payer le luxe d'une nombreuse famille, et que le mariage, affranchi des considérations d'argent, redeviendra, au grand profit de la morale, l'union désintéressée de deux âmes et de deux vies. Voulez-vous résoudre la crise du mariage ? C'est bien simple : supprimez la dot.

---

[61] Benoît Malon, *Le Socialisme intégral*, t. I, chap. VII, pp. 361-363.

II

Mais, au fait, est-il si facile de supprimer la dot ? Cette institution n'est pas seulement l'oeuvre de la loi ; elle est entrée profondément dans nos moeurs. Et s'il est aisé de modifier le Code, il n'est pas aussi simple de corriger un peuple de ses mauvaises habitudes. L'usage est une citadelle inexpugnable : la dot s'y est installée depuis des siècles ; nulle réforme législative ne l'en délogera de sitôt. Le temps, qui fait les coutumes, peut seul les défaire ; et le temps n'est jamais pressé. Nous ne croyons point à la disparition prochaine de la dot.

Il y a mieux. La dot est-elle une si grande coupable ? Je sais bien qu'il est de bon ton de l'attaquer au nom du pur amour ; je sais encore qu'elle rend trop rares les mariages d'inclination et trop fréquents les mariages d'argent, au détriment de l'idéalisme sentimental cher aux âmes tendres qui voudraient unir les plus dignes aux plus belles. Mais,-- sans rappeler que la dot permet quelquefois aux laides de se relever de leur disgrâce imméritée,--on ne réfléchit pas assez qu'elle a plus fait que toutes les lois d'émancipation pour la dignité, pour la liberté, pour l'autorité de la femme mariée. L'homme qui accepte une dot en se mariant aliène une part de sa puissance. Comptable des deniers de sa femme, il a les mains liées. Dans une de ses comédies, Plaute prête à l'un de ses personnages cette apostrophe fameuse : « Pas de dot ! pas de dot ! Avec sa dot, une femme vous égorge. Je me suis vendu pour une dot. » C'est pourquoi Solon, désireux d'accomplir de grandes choses, abolit la dot, assujettit la femme au mari et la cloîtra dans le gynécée. Et du coup l'Athénienne perdit sa liberté.

L'apport d'un patrimoine propre à la société conjugale investit naturellement l'épouse d'un certain pouvoir de contrôle sur les actes du mari ; il lui confère, en outre, un peu de cette considération qui s'attache à la fortune. D'autre part, la femme dotée ne peut plus être traitée comme une charge, comme un passif pour le ménage. Ayant versé son enjeu à la partie, elle a le droit de se dire personnellement intéressée aux pertes et aux gains. En augmentant sa coopération effective, la dot contribue donc à accroître le prestige et l'autorité de la femme.

Cela est surtout visible dans la petite bourgeoisie commerçante. Là, vraiment, l'égalité est faite entre mari et femme. Ayant grossi de son bien le fonds commun, participant de ses deniers aux charges du ménage et aux opérations du négoce, elle en tire argument pour surveiller la gestion du mari. Aussi bien est-elle, au sens plein du mot, son associée. Elle est dans le secret des affaires et participe aux travaux du magasin ; elle tient les écritures et apure les comptes ; elle préside à la caisse, prépare les inventaires, discute le budget, réduit souvent les dépenses et trouve le moyen de faire des économies. Plus d'une s'entend merveilleusement au commerce. Combien même sont l'âme de la maison ?

La dot permet donc à la femme de s'occuper plus activement et plus directement des intérêts de la famille, en l'autorisant à surveiller l'administration de son conjoint. Elle lui fournit un argument, un appui ; un rempart pour se mieux défendre contre les empiétements possibles de la puissance maritale.

III

Oui, la dot a du bon. Qui ne sait que, dans la société actuelle, l'argent est le grand libérateur ? A ce propos, M. Jean Grave, dont on connaît les aspirations anarchistes, exprime cette idée que les protections de la loi sont plus à la portée des femmes riches que des femmes pauvres, les premières ayant la faculté de se libérer, moyennant finances, des liens mêmes du mariage.[62] Les poursuites en divorce et en séparation sont,--je n'ose dire moins lentes, car elles ne sont rapides pour personne,--mais plus faciles pour celle qui paie bien que pour celle qui paie mal. Que de démarches, que d'ennuis pour obtenir l'assistance judiciaire ! Combien illusoire et dangereuse est l'action d'une femme pauvre contre un mari sans le sou qui peut la quitter à volonté et la rouer de coups à l'occasion !

Actuellement, la dot est la meilleure garantie du respect de la personnalité féminine. Elle permet à la femme de choisir un peu son époux. Qu'on la supprime, et l'épouse retombera plus faible et plus misérable sous la loi de l'homme. Prise pour elle seule, apportant au ménage ses grâces à entretenir et son appétit à satisfaire, êtes-vous sûr que le mari ne la tiendra jamais pour un passif, pour une charge sans compensation ? Supprimez la dot, et la femme sera plus étroitement liée au mari. Comment s'en séparer, puisque, n'ayant rien apporté, elle n'aurait rien à reprendre ? Supprimez la dot, et la femme sera plus strictement assujettie au mari ; car celui-ci, pourvoyant seul aux dépenses du ménage, voudra augmenter ses pouvoirs en proportion de ses obligations. Ne devra-t-elle pas tout subir, puisqu'il la nourrira ? De ce jour, confesse M. Jules Bois lui-même, « elle n'a plus de sort, plus de vie propre, je la vois plus dénuée de destinée que le chien de la maison qui saura bien, mis à la porte, vivre dans la rue. »[63] A mariage sans dot, femme sans force et mari sans frein.

Comme on le voit, la dot confère à la femme mariée plus d'autorité, plus de sécurité, plus d'indépendance. Beaucoup me répondront que c'est acheter bien cher un

---

[62] *La Société future*, ch. XXII, p. 339.

[63] *L'Ève nouvelle*, p. 156-157.

mari et que, pour en avoir un de quelque qualité, il faut y
mettre un prix de plus en plus élevé. Comment, d'ailleurs, ne
serait-on pas attristé de voir un si grand nombre de filles
agréables et méritantes aspirer vainement au mariage, faute
d'argent à offrir aux épouseurs ? Rien de plus mélancolique
que l'histoire de la demoiselle sans dot qui vieillit sans être
recherchée. Ses amies, plus fortunées, se marient les unes
après les autres : elle seule n'est point demandée. Chaque
hiver, ses parents la traînent de salon en salon. Les jeunes
gens la font danser volontiers, car elle est spirituelle et
touchante ; mais ils épousent les autres, celles qu'on ne
regarde pas et dont la richesse fait passer la laideur ou la
sottise. Comme elle ne manque point de sérieux et de
réflexion, elle sait le peu qu'elle vaut et la solitude qui
l'attend, et elle s'attriste. Puis vient l'arrière-saison. Les
inconnus l'appellent « madame » ; et cette appellation
respectueuse la fait pleurer, car elle n'a ni mari à gronder, ni
enfants à chérir et à caresser. Et insensiblement le vide et
l'oubli se font autour d'elle. C'est une vie perdue. Il faut une
grande âme pour ne point s'en aigrir. De fait, beaucoup de
vieilles filles se résignent à la sainteté avec grâce et
mélancolie. Je les admire.

Mais à qui la faute ? Beaucoup moins à l'institution de
la dot qu'à l'éducation disproportionnée que les parents ont
la détestable habitude de donner à leurs filles. On les pare,
on les fête, on les gâte ; on leur inculque des goûts de luxe et
des habitudes de frivolité, qu'elles seront incapables de
satisfaire plus tard. Et lorsqu'elles sont devenues mariables,
on est tout surpris d'apprendre que la famille ne peut offrir
qu'une dot plus ou moins maigre, insusceptible de soutenir
le train de vie auquel le père et la mère les ont accoutumées.
Si encore mademoiselle avait le courage, en se mariant, de
faire peau neuve, de couper court à la dépense, de se
contenter, par exemple, de deux toilettes par an, au lieu de
s'en donner deux par saison ! Mais coquette on l'a faite,
coquette elle restera. Combien de dots passent en bijoux et

en colifichets, au lieu de subvenir, suivant leur définition, aux charges du ménage ? Lorsqu'un jeune homme à marier dénombre les magasins en flânant par les rues les plus commerçantes de sa ville, et qu'il observe qu'en moyenne sept boutiques sur dix concernent la toilette et le luxe de la femme, il ne peut s'empêcher de se dire que celle-ci coûte trop cher à vêtir et à orner, et qu'avec les modestes revenus de son travail il lui serait impossible de payer les robes et les chapeaux de Madame.

Sans proscrire l'instruction qui doit être plus soignée aujourd'hui qu'autrefois, la première chose à faire pour une fille qui veut trouver un mari, c'est de revenir bravement à l'ancienne simplicité, de remettre en honneur les travaux domestiques, de se préparer à une vie sérieuse, vaillante et dévouée, d'instaurer en son coeur un idéal d'honneur et de vertu qui fasse dire d'elle aux épouseurs : « Voilà une jeune fille qui sera courageusement attachée à son ménage et à ses devoirs ! Elle est digne d'être la mère de mes enfants. » Il n'y a de vie conjugale, honorable et sûre, que celle qui repose sur un travail méritoire, conforme à la condition de chacun. Que les parents élèvent leurs filles en conséquence, et le mariage sans dot ne tardera pas à refleurir dans nos classes aisées.

Les femmes sont donc mal venues à se plaindre de la dot : leur coquetterie l'a rendue de plus en plus nécessaire. Avec des goûts plus modestes et des aspirations moins élevées, les jeunes filles se marieraient plus aisément.

Cela est si vrai que la dot elle-même excite de moins en moins les appétits des jeunes gens de la bourgeoisie, tant le mariage leur fait peur ! Nos demoiselles (on ne saurait trop le répéter) ne sont pas assez pratiques, simples, sérieuses. Ourler des mouchoirs ou surveiller une omelette, une crème, un rôti, semble tout à fait indigne d'une créature intelligente. En dehors des « talents d'agrément », dont les candidats au mariage ont raison de faire peu de cas, qu'est-ce qu'elles savent ? qu'est-ce qu'elles font ? La vérité nous oblige même à dire que, dans un certain monde, la plupart ne sont bonnes qu'à s'amuser. Dressées au plaisir, elles entendent vivre pour le plaisir. Habituées à tuer le temps sans profit pour elles-mêmes et pour les autres, elles considèrent la vie comme un carnaval sans fin. Or, nos jeunes gens savent ce qu'une mondaine évaporée coûte à la bourse du mari, ce que le plaisir apporte aux âmes vaines de tentations et de chagrins, ce que la dignité du foyer y perd, ce que le dévergondage des moeurs y gagne. Ils se disent qu'entre le coût de la vie et le taux de leurs appointements l'équilibre serait vite rompu, que longs et infructueux sont les débuts d'une carrière libérale et que bon nombre d'emplois publics nourrissent maigrement leur homme ; et à ces jeunes gens qui ont plus d'esprit de calcul que de chaleur d'âme, le mariage devient un épouvantail. Encore une fois, à qui la faute, sinon moins à la dot qu'aux femmes elles-mêmes qui l'ont rendue nécessaire afin d'entretenir leur luxe et de soutenir leur vanité ?

Au surplus, la dot n'est guère attaquée que par celles qui n'en ont pas. Quant aux femmes pourvues de ce précieux avantage, elles ont aujourd'hui la prétention d'en jouir pour elles seules, de l'administrer, dépenser, dévorer même, si le coeur leur en dit, sans l'autorisation du mari. N'est-il pas juste que l'épouse qui apporte la galette, comme dit le bon peuple, la garde ou la mange ? Nous touchons ici à une question subsidiaire des plus actuelles et des plus irritantes, que nous n'avons ni le moyen ni l'intention d'éluder.

CHAPITRE V

DU RÉGIME DE COMMUNAUTÉ LÉGALE

I.--Une revendication de l'» Avant-Courrière».--Pourquoi les gains personnels de la femme sont-ils aujourd'hui à la merci du mari ?--La communauté légale est notre régime de droit commun. II.--Remèdes proposés.--Abolition de l'autorité maritale.-- Séparation des biens judiciaires.--Substitution de la division des patrimoines à la communauté légale. III.--Pourquoi nous restons fidèles à la communauté des biens.--Ce vieux régime favorise l'union des époux.--Point de solidarité sans patrimoine commun.--Méfiance et individualisme : tel est l'esprit de la séparation de biens. IV.--La communauté légale peut et doit être améliorée.--Restrictions aux pouvoirs trop absolus du mari.--Ce qu'est la communauté dans les petits ménages urbains ou ruraux. V.--La séparation est un principe de désunion.--Point de nouveautés dissolvantes.--Dernière concession.

O n pense bien que notre intention n'est pas de traiter cette grosse question en juriste minutieux. Une pareille étude serait ici fastidieuse et déplacée. M. d'Haussonville, qui se récuse à ce sujet avec trop de modestie, a raison de dire que c'est la partie « la moins récréante de tout le Code. » Aussi bien aurons-nous suffisamment rempli notre dessein, si nous parvenons à faire comprendre, sans trop d'efforts, aux personnes les moins versées dans les choses du droit, ce qu'exige actuellement une protection plus efficace des intérêts pécuniaires de la femme mariée.

I

Une association féministe constituée pour défendre les intérêts généraux du sexe faible, l'*Avant-Courrière*, dont Mme Schmahl est l'habile et zélée présidente, a pris en main une revendication très sérieuse et très pratique à laquelle la sympathie publique semble désormais acquise. Il s'agit du droit pour les femmes mariées de disposer des gains provenant de leur travail personnel. Cette innovation intéresse six millions de femmes, dont plus de quatre millions d'ouvrières. Je n'en sais point de plus équitable ni de plus urgente.

Il n'est aucune femme qui soit moins à l'abri des abus de la puissance maritale que la femme ouvrière. Qu'est-ce qui n'a connu un de ces petits ménages où le mari, bon ouvrier tant qu'il est à jeun, fête copieusement le lundi, et parfois même le mardi, pour marquer sans doute combien il est affranchi de la superstition du dimanche ? Tout l'argent de la semaine passe en ces bombances hebdomadaires, pendant qu'au logis la mère et les petits meurent de faim et tremblent de peur ; car chacun sait que l'argumentation d'un ivrogne est toujours frappante. Et à ce père de famille, incapable ou indigne de gérer le petit pécule qui doit faire vivre la maison, le Code civil laisse le maniement absolu des ressources du ménage. Bien plus, vouant le salaire de la semaine à un gaspillage certain, il interdit à la femme d'y mettre la main, fût-ce pour le disputer au cabaretier. Et c'est le pain de la famille !

Il y a mieux encore : forcée de travailler de son côté pour entretenir le foyer et nourrir les enfants, la femme touche une rémunération laborieusement gagnée. Nombreuses sont les ouvrières dont le salaire est nécessaire pour équilibrer le budget de chaque semaine.

Mais ne croyez point qu'étant son oeuvre, ce gain personnel sera son bien. Dans un accès de mauvaise humeur, le mari peut le réclamer comme sien. Et tel est effectivement son droit. On a vu des hommes, forts de l'autorité que leur accorde la loi, faire main-basse sur les gains de leur femme, pour l'obliger à réintégrer le domicile conjugal, d'où les violences l'avaient chassée. Battre sa femme et l'affamer ensuite, c'est trop. Comment expliquer de pareilles infamies ?

Voici la clef de ce petit mystère d'iniquité.

On sait que la population ouvrière ne recourt presque jamais à l'intervention coûteuse du notaire avant de se présenter devant Monsieur le maire et Monsieur le curé. A quoi bon, d'ailleurs, un contrat de mariage pour qui n'apporte au ménage que son coeur et ses hardes ? Or, en l'absence de conventions matrimoniales écrites, c'est le régime de la communauté légale qui détermine les relations pécuniaires de la femme et du mari. Si bien qu'on a pu dire que la communauté légale est, par une présomption du Code, le contrat de mariage de ceux qui n'en font point. Hormis les époux riches ou aisés qui adoptent expressément un régime différent, la communauté légale est donc aujourd'hui la règle des ménages français.

On voit par là que la question qui nous occupe est d'ordre général. Elle n'intéresse pas seulement l'ouvrière forcée de travailler pour subvenir aux besoins de son intérieur, mais encore la femme mariée qui exerce, sans y être contrainte par la nécessité, la profession d'employée, d'institutrice, d'artiste ou d'écrivain. Cette femme est-elle maîtresse de son gain ? Peut-elle en disposer ?

Non, si elle est mariée sous le régime de la communauté, qui, en l'absence de contrat de mariage, est le régime de droit commun imposé légalement aux époux. Et notons qu'en France, où la propriété est morcelée, il n'est que 32 mariages sur 100 dans lesquels les époux prennent soin de « passer par-devant notaire » des conventions matrimoniales. Restent 68 unions pour 100 dans lesquelles les conjoints, s'étant mariés sans contrat, sont réputés communs en biens. A Paris, on compte environ 285 contrats pour 1 000 mariages dans les quartiers riches, tandis que la moyenne atteint à peine le chiffre de 60 pour 1 000 dans les quartiers pauvres.[64]

Il suit de là que le régime de communauté, présumé par la loi en l'absence de contrat, gouverne la très grande majorité des familles françaises. Et par ce régime, le mari est institué « seigneur et maître » des biens de la communauté. Et par « biens communs » on entend tout ce qui doit alimenter, par destination, le budget domestique et, au premier chef, les salaires gagnés par les deux époux. Le mari a donc le droit de toucher lui-même le produit du travail de sa femme, de le dissiper, de le manger, de le boire. Il lui est loisible pareillement de disposer à son gré des meubles du ménage, de les engager, de les vendre, de les briser. Placé par la loi à la tête de la communauté, le mari ouvrier est un petit monarque absolu. Rien de mieux, quand il est digne de sa toute-puissance ; mais s'il en abuse ?

---

[64] *La femme devant le Parlement* par Lucien Leduc, p. 97, note 2.

II

Remarquons tout de suite que l'abolition pure et simple de l'autorité maritale serait un remède pire que le mal. Tant que le mariage sera une association, tant qu'il sera préféré à l'union libre, il lui faudra une cohésion qui suppose une hiérarchie, une force d'unité qui suppose un chef. Que ce chef soit le mari ou la femme, peu importe ; mais ce sera nécessairement l'un des deux. Et puisque la femme n'a pas encore réclamé le commandement pour elle et l'obéissance pour l'autre, il est naturel de conserver à l'époux la puissance maritale, sauf à garantir l'épouse contre les excès qui peuvent en résulter. Comment y parvenir ?

La femme, dira-t-on, a un moyen efficace de se soustraire à la tyrannie dépensière du mari : c'est la séparation de biens judiciaire. Si elle souffre trop de la gestion malhonnête ou malhabile de son époux, qu'elle s'adresse au tribunal : celui-ci, après examen, disjoindra les patrimoines et la réintégrera dans la direction de sa fortune.-- Joli remède, en vérité ! Sans doute, les biens une fois séparés, la femme aura la disposition exclusive de ses propres salaires. Mais pour en arriver là, que d'ennuis, que de démarches, que d'interruptions de travail, que de journées perdues, que de dérangements, que de scènes, que de périls ! D'abord, une instance en séparation de biens équivaut, en l'espèce, à une déclaration de guerre à laquelle le mari répondra souvent par la violence. Ensuite, la séparation de biens implique une procédure lente et compliquée qui, pour être gratuite, doit être précédée elle-même de l'assistance judiciaire. Voyez-vous une ouvrière réduite, pour se défendre contre son homme, à s'empêtrer longuement dans cet appareil de protection ? Joignez que la séparation de biens est de peu d'utilité à qui n'a pas de biens. En réalité, la séparation judiciaire ne fonctionne avantageusement qu'au

CHARLES TURGEON

profit des époux plus ou moins fortunés. Elle accable les
pauvres plus qu'elle ne les aide.

Comment donc restituer à la femme la libre
disposition des fruits de son travail ? Il est une solution
radicale qui agrée fort aux féministes : elle consisterait à faire
de la séparation de biens le droit commun des familles
françaises. Au lieu de la prononcer par jugement dans les cas
désespérés, elle dériverait de la loi elle-même et, comme
telle, serait préventive. Sous ce régime, tous les époux mariés
sans contrat conserveraient le maniement de leur fortune
personnelle.

Il est remarquable que tous les groupes féministes,
depuis l'extrême-droite jusqu'à l'extrême-gauche, font des
voeux, plus ou moins absolus, en faveur de la séparation de
biens. Une féministe chrétienne nous assure que, si les
hommes, connaissant mieux la loi, usaient de tous les droits
qu'elle leur confère, « la société conjugale serait inhabitable
pour la femme.»[65] C'est pourquoi, à l'heure qu'il est, le
séparatisme conjugal l'emporte dans tous les Congrès à
d'écrasantes majorités. D'où vient ce mouvement
d'opinion ? Des pouvoirs souverains que le Code civil donne
au mari sur la communauté.

Sous ce régime, en effet, les époux sont trop
inégalement traités. Le mari peut presque tout, la femme
presque rien. Celle-ci n'est pas même investie d'un droit de
contrôle sur la gestion de celui-là ; ce qui a fait dire que la
femme est associée moins actuellement qu'éventuellement à
son mari. Il faudra qu'elle accepte la communauté, lors de la
dissolution du mariage, pour consolider ses droits sur le
patrimoine commun. « Remarquez, je vous prie, s'écrie Mme

___

[65] Rapport de Mlle Maugeret sur la situation légale de la femme. *Le Féminisme chrétien*, mai 1900, p. 144.

Oddo Deflou, l'immoralité d'une disposition qui condamne la femme à attendre, pour réaliser ses espérances, que son mari soit mort.[66] Le régime de communauté est un « trompe-l'oeil ». Au lieu d'associer les époux, il sacrifie les intérêts de la femme aux caprices de l'homme.

Par contre, la séparation de biens est le régime le plus favorable à l'indépendance de la femme, celle-ci conservant en ce cas la gestion et la jouissance de sa fortune. Aussi ne peut-elle s'en prévaloir aujourd'hui qu'à la condition de le stipuler expressément dans son contrat de mariage. Grâce à quoi, l'autorité maritale est réduite à son minimum de puissance. Madame peut s'obliger sur tout son patrimoine pour tout ce qui concerne l'entretien de ses biens. Mais hors de là, elle doit obtenir encore l'autorisation maritale pour disposer, à titre onéreux ou gratuit, de ses immeubles, de ses valeurs et même de son mobilier,--l'aliénation d'un meuble n'étant valable, d'après la jurisprudence, qu'autant qu'elle est nécessitée par les besoins de l'administration. En plus de cette réserve, le mariage exerce sur les droits de l'épouse cette autre conséquence inévitable, que les charges du ménage se répartissent entre les époux, d'après une proportion déterminée par le contrat ou fixée, à son défaut, par la loi au tiers des revenus de la femme.

L'épouse, d'ailleurs, est toujours libre de laisser à son conjoint la gestion de sa fortune, et cette délégation confiante est de règle dans les bons ménages. Mais le mari ne peut invoquer aucun droit de mainmise sur les biens de la femme pour empêcher celle-ci de reprendre, à son gré, leur administration.

Clair, simple, franc, sans embûches pour les tiers, sans tentations d'usurpation pour les époux, ce régime

---

[66] Rapport lu au Congrès des OEuvres et Institutions féminines, en 1900.

contractuel a pour lui, ajoute-t-on, une présomption de faveur décisive : c'est, à savoir, son expansion continue à travers le monde civilisé. Admise comme régime légal de droit commun, la séparation de biens consacrerait (c'est le voeu des féministes) l'» autonomie de la femme mariée». Au lieu d'être la loi exceptionnelle de quelques-uns en vertu d'une convention matrimoniale expresse, on souhaite conséquemment qu'elle devienne, en vertu d'une prescription législative, la loi générale de tous les ménages qui se forment sans contrat.

III

Et pourtant, toutes ces considérations ne parviennent pas à nous détacher de notre vieux régime de communauté.

Les conjoints séparés de biens sont désunis pécuniairement. La division des patrimoines suppose la méfiance. En faire la règle générale des mariages, c'est relâcher les liens de la vie commune et, par suite, affaiblir l'unité du foyer domestique. Pour être secourable aux femmes mal mariées, convient-il d'édicter une loi nuisible aux bons ménages ? Imaginez-vous deux époux portant le même nom, habitant le même toit, ayant même chambre, même lit, même vie, et se tenant l'un à l'autre ce joli langage : « Nous avons marié nos personnes, car cela est de petite conséquence ; quant à marier nos patrimoines, en vérité, cela serait trop grave. Nos biens resteront propres. Corps et âme, nous nous sommes donnés tout entiers : n'est-ce pas assez ? Pour ce qui est de nos fortunes particulières, c'est-à-dire propres à chacun de nous, il sera défendu à Monsieur de mordre dans le morceau de Madame et à Madame de grignoter la portion de Monsieur. » Et ce régime de méfiance serait la loi commune des époux français ! Il est la prudence même : c'est convenu. Est-il, par contre, suffisamment conjugal ? Lorsqu'on s'entend bien entre mari et femme, la communauté vaut mieux que la distinction des biens. Alors le pécule domestique figure une pomme indivise qu'il est doux de conserver ou même de croquer ensemble. L'union des bourses complète et affermit l'union des coeurs.

Notez que ceux qui s'inspirent de l'intérêt particulier de la femme, beaucoup plus que de l'intérêt général de la famille, ne peuvent substituer au régime légal de communauté que le régime dotal ou la séparation de biens. Quant au régime dotal, il met les deux conjoints en suspicion. Il protège la dot et contre la femme et contre le mari. Il fait des biens dotaux une masse indisponible sur laquelle aucun des époux n'a le droit de porter la main. Par excès de prudence, il tient la femme pour incapable de gérer sa fortune et le mari pour indigne de suppléer sa femme. C'est un régime de méfiance mutuelle et d'inaliénabilité gênante. Beaucoup d'hommes refusent de l'accepter, et le féminisme a la sagesse de ne le point recommander.

Toutes ses préférences vont à la séparation de biens. Bien de plus simple en apparence : à chaque époux son patrimoine. Aujourd'hui, la loi suppose qu'en l'absence de conventions, les époux mettent en commun la propriété de leurs biens mobiliers et les revenus de leurs biens fonciers. N'est-il pas plus vraisemblable de supposer qu'en l'absence de conventions, « chacun entend garder ce qui lui appartient ? » Vienne, après cela, le divorce, la séparation ou la mort : les fortunes seront vite partagées, n'ayant jamais été confondues. Plus de liquidations onéreuses et interminables. « Comme on n'aura jamais rien embrouillé, il n'y aura rien à débrouiller. »[67]

---

[67] Rapport déjà cité de Mme Oddo Deflou sur le régime des biens de la femme mariée.

Mais nous ne pouvons nous résoudre à renoncer au régime de communauté par amour de la simplification. Dans la pensée d'un grand nombre de féministes, la séparation de biens est liée à une conception matrimoniale que nous ne pouvons faire nôtre, et qui consiste à alléger les époux de toutes les obligations susceptibles de les attacher l'un à l'autre. On veut faire du mariage une sorte de manteau de voyage que l'homme et la femme puissent librement, à tout moment de la route, rejeter d'un simple coup d'épaule, afin de courir plus à l'aise où bon leur semble et avec qui leur plaît.

Quoi qu'on dise, il est plus vraisemblable, et en tout cas plus moral, de croire que les époux, en se mariant, veulent se donner réciproquement ce qu'ils ont de biens mobiliers. Pourquoi leur prêter des vues égoïstes, des pensées soupçonneuses et des desseins restrictifs ? Point d'union vraie sans vie commune et, partant, sans patrimoine commun. Ériger le régime de séparation en loi générale, c'est présumer la contrariété, la rivalité des intérêts, le désaccord et la désunion des volontés, tandis que la communauté légale suppose l'entente des esprits et favorise la communion des âmes par le rapprochement des fortunes.

On s'offre à nous citer « nombre de couples unis, soit de la main droite, soit de la main gauche, dont l'accord et l'affection sont réels et profonds, quoique les fortunes soient distinctes. » On se demande même si ces couples ne sont pas justement heureux, parce que leurs biens sont séparés, la séparation de biens ayant ce mérite d'introduire dans le commerce conjugal un peu de ce désintéressement que l'on appelle avec pompe « les lettres de noblesse de l'amour. »-- Nous répondrons à Mme Oddo Deflou que les exemples, dont elle s'autorise, sont impuissants à prouver que la séparation l'emporte, en thèse générale, sur la communauté. Plus étroits seront les liens qui attachent les époux l'un à l'autre, plus inséparables, plus indivisibles même seront les intérêts qui les enchaînent, et plus conforme sera leur union aux voeux de la nature et aux fins supérieures de la famille qui sont, non pas de diviser, mais de marier et de fondre, autant que possible, deux êtres en un seul. N'oublions pas que la famille est le noyau essentiel, la cellule fondamentale des sociétés ; que ce n'est pas l'individu, mais le couple humain, qui assure au monde le renouvellement et la perpétuité. Il est donc anticonjugal et antisocial à la fois de distendre ou d'affaiblir les liens pécuniaires des conjoints.

Cela est si vrai que la communauté absolue, la communauté intégrale, là communauté universelle de tous les biens mobiliers et immobiliers serait le régime idéal des époux. Cela est si vrai, même pour les partisans de la division des patrimoines, que « les bons ménages ont toujours vécu et vivront toujours en communauté (c'est Mme Oddo Deflou qui l'avoue), et que la séparation de biens, fût-elle devenue le régime légal, ne sera pour eux qu'un vain mot. » Oui, la communauté des volontés, des aspirations, des vies et des biens, unanimement tendue vers un même but, voilà le mariage idéal ! Cela étant, n'est-il pas d'une souveraine imprudence de dissocier par avance les personnalités et les intérêts ?

On croit se tirer d'affaire par cette boutade : « La loi n'est faite que pour les mauvais ménages ; les bons n'en ont pas besoin. »--On oublie que la loi est faite pour tout le monde, pour tous les époux, pour tous les ménages, et que les dispositions qu'elle prend au profit des mauvais peuvent tourner au dommage des bons. Il en est d'une loi imprévoyante comme de l'alcool mis à la portée de tous les passants : elle induit en tentation les âmes faibles, de même que le cabaret attire et empoisonne les désoeuvrés et les imprudents. Devenue légale, la séparation deviendrait, quoi qu'on dise, un redoutable agent de désunion et d'égoïsme. Singulier esprit de législation que celui qui consiste à légiférer pour des cas particuliers, en vue de situations exceptionnelles, pour des gens devenus souvent malheureux par leur propre faute, au risque de troubler, par les innovations que l'on décrète, la paix des bons ménages et l'ordre même des familles !

N'affaiblissons point, par des mesures de division préventive, les pensées de solidarité qui doivent présider au mariage ! Moins étroitement enchaînés seront les coeurs, moins intimement confondus seront les patrimoines, et moins fort et moins durable sera le foyer. *Duo in unum* ! telle est la perfection conjugale. Socialement parlant, toute mesure préméditée qui s'éloigne de ce but est mauvaise, au lieu que tout ce qui s'en rapproche est louable. Présumer entre époux la séparation de biens, c'est tourner le dos à l'idéal du mariage. Qu'est-ce, après tout, que cette séparation, sinon le divorce des intérêts, facilitant, préparant, appelant le divorce des personnes ? C'est pourquoi je m'étonne que le féminisme catholique se soit laissé entraîner,--par surprise, sans doute,--à ces nouveautés fâcheuses.

On semble croire que le régime de communauté ne peut jamais tourner qu'au préjudice de la femme, qu'il est pour les maris un instrument d'usurpation et une source d'enrichissement malhonnête, et que ceux qui ont le triste courage d'en user sont de vulgaires fripons. Lisez ceci : « La critique la plus sanglante que l'on puisse faire, c'est précisément de montrer qu'un ménage qui vit suivant la loi ne peut jamais être un bon ménage, et qu'aucun mari, je ne dirai pas galant homme, mais simplement honnête homme, ne consentirait à se prévaloir des prérogatives qu'elle lui confère. » Comme s'ils n'étaient pas légion, dans nos provinces et nos campagnes, les braves gens qui font fructifier, avec zèle et probité, l'avoir commun que la loi a confié à leur honneur et à leur activité ! Non, tous les chefs de communauté ne sont pas les escrocs ou les filous qu'on imagine. En exerçant, même à la lettre, les pouvoirs qu'ils tiennent de la loi, ils ont conscience d'être les économes fidèles et les loyaux défenseurs de la fortune commune.

N'oubliez donc pas que, dans l'état présent des choses, la femme elle-même est grandement intéressée au maintien de la communauté. Aujourd'hui, les professions les mieux rétribuées, les métiers les plus lucratifs, sont aux mains des hommes ; et tous les revenus qui en proviennent tombant dans le fonds commun, la femme en recueille la moitié. On dirait vraiment que le partage de la communauté se solde toujours par un déficit, que la femme n'en retire aucun avantage, et que tout ce qu'elle apporte à la caisse est immanquablement dévoré par le mari !

« La tutelle de l'homme, assure-t-on, est trop onéreuse ; » et l'on invoque, en ce sens, « les aspirations de toutes les femmes éclairées. »--Mais ces autorités nous sont suspectes, convaincu que nous sommes que, dans certains milieux, on ne tient pour femmes éclairées, pour femmes supérieures, que les indépendantes et les frondeuses, dont c'est l'état d'esprit,--inquiétant et injuste,--de souffrir de toutes les prééminences masculines, fussent-elles les plus nécessaires à la famille et les plus profitables à l'épouse. Ne prêtons pas seulement l'oreille aux doléances des malheureuses qui souffrent du régime de communauté : elles ont le verbe haut et la récrimination amère, tandis que les femmes qui tirent profit de notre droit commun n'en soufflent mot. Qu'il y ait de mauvais maris : c'est entendu. Mais il serait étrange qu'il n'y eût point de mauvaises femmes ! Trouvez-vous équitable de faire porter à un sexe tout entier le poids des fautes de quelques-uns ? Défendons plutôt le mariage contre l'individualisme qui l'envahit. Repoussons la séparation de biens qui divise ; gardons la communauté qui unit. Et enfin, comme toute chose humaine est indéfiniment perfectible, recherchons les côtés faibles ou dangereux de notre régime légal pour les amender avec justice et impartialité.

IV

Loin de nous, en effet, l'idée que la communauté française soit un régime idéalement parfait. Durant le mariage, la femme commune n'est qu'une associée éventuelle, sans autorité et presque sans contrôle. D'où ce mot de Stuart Mill : « Je n'ai aucun goût pour la doctrine en vertu de laquelle ce qui est à moi est à toi, sans que ce qui est à toi soit à moi. »[68] Oui, le Code civil donne au mari des pouvoirs presque absolus sur la communauté ; et il se rencontre des hommes qui en profitent pour grever de dettes les biens communs sans cause suffisamment justifiée.

On ne manque point, bien entendu, de développer d'une façon saisissante les suites dommageables et douloureuses que peuvent entraîner, pour la femme, les fautes d'un mari incapable et les excès d'un mari indigne. Personne ne saurait les voir d'un oeil indifférent. Voici ce qu'en dit très littérairement Mme Oddo Deflou : « A la ruine de cette prétendue communauté sur laquelle elle n'a pas plus de pouvoirs qu'une étrangère, à l'effondrement des plus légitimes espérances que, dans sa naïveté de jeune fille, elle avait basées sur la vie à deux, la femme assiste les mains liées, et je ne connais pas de spectacle plus navrant que son désespoir impuissant, si ce n'est celui des efforts timides et inutiles qu'elle tente parfois pour se sauver du naufrage. » Et puis, sait-elle ce qui se passe, surtout quand les affaires vont mal ? « Croit-on qu'elle ait alors grand courage à grossir par ses privations une bourse qu'elle ne voit pas ; à économiser, quand elle ignore ce que devient le fruit de ses économies ; à composer, sou par sou, un petit pécule, alors que près d'elle des sommes importantes sont peut-être jetées par les fenêtres du plaisir et de la débauche ? » Si sombre qu'elle

---

[68] *L'assujettissement des femmes*, traduction française de Cazelles, p. 115.

soit, cette peinture est vraie, à condition qu'on n'en fasse point une règle générale. Mais ces situations exceptionnelles sont-elles sans remède ?

Retenons, d'abord, que la future épouse, qui a peur de ne point s'accommoder de la communauté légale, a un moyen très simple de s'y soustraire préventivement, grâce au principe de la liberté des conventions matrimoniales. Libre à elle de se placer par contrat sous un autre régime. Que si elle omet de le faire, il est inexact que la communauté légale, qui la régit à défaut de stipulations contraires, sacrifie, autant qu'on le dit, ses intérêts et ses droits. Pour rétablir l'équilibre entre les époux, notre législateur s'est appliqué à corriger l'excès de puissance du mari par des responsabilités graves, et l'excès de dépendance de la femme par des privilèges considérables ; de telle sorte que la communauté éveille l'idée d'un patrimoine indivis destiné à un partage équitable.

On se plaint de ce que le régime de communauté ne lie pas assez étroitement la femme au mari, la première n'étant pas immédiatement associée au second, mais ayant seulement l'espoir de le devenir. *Non socia, sed sperat fore*, disaient nos vieux auteurs. Mais ce reproche ne s'explique guère de la part de gens qui appellent de tous leurs voeux la séparation de biens. Et si le Code suspend, au cours du mariage, la vocation et les droits de la femme, s'il évite de la traiter comme l'associée du mari jusqu'à la dissolution de l'union conjugale, c'est pour mieux sauvegarder ses intérêts en lui permettant de répudier la communauté, quand celle-ci est onéreuse, ou de l'accepter lorsqu'elle la juge avantageuse. Est-il juste de retourner contre le régime de communauté les précautions qu'il édicte en faveur de la femme ?

Que si l'on objecte maintenant que ces garanties sont insuffisantes ou tardives et que, pendant le mariage, la femme est impuissante à conjurer les gaspillages du mari, nous pouvons répondre qu'elle a le moyen de se délier les mains en demandant la séparation de biens judiciaire. On nous répliquera que c'est un remède coûteux et lent, souvent illusoire, toujours douloureux : je l'accorde. Aussi bien suis-je acquis, par avance, à tous les amendements possibles qui, sans nuire à l'unité de direction du ménage et sans ouvrir la porte à des discussions tracassières, accorderont à la femme un certain contrôle sur les opérations du mari et obligeront celui-ci, dans la liquidation de la communauté, à rendre compte, au moins à grands traits, de la cause et de l'étendue des dépenses faites ou des engagements pris. Pour nous, le progrès n'est pas dans la suppression de la communauté ; mais, celle-ci maintenue, fortifiée, agrandie même, s'il est possible, nous souscririons volontiers à un amoindrissement rationnel de l'autorité maritale. Et comme l'étude de ces restrictions désirables nous entraînerait trop loin, nous nous contenterons d'indiquer par un exemple l'esprit qui doit les animer.

Pourquoi tout acte grave, qui intéresse le présent et l'avenir de la famille, ne serait-il pas consenti par l'un et l'autre des époux ? Pourquoi, par une conséquence nécessaire, n'accorderait-on pas à la femme certains pouvoirs sur les biens communs ? Pourquoi n'associerait-on point plus étroitement les deux conjoints dans la gestion de la communauté ? Celle-ci n'exige pas nécessairement le monopole du gouvernement au profit du mari. La propriété du patrimoine restant commune aux époux, rien n'empêche d'admettre la femme à certaines attributions conservatrices. Loin donc d'instituer la séparation de biens comme régime de droit commun, nous croyons plus conforme à l'esprit du mariage de convier la femme à un partage d'autorité et de remanier nos lois de façon qu'elles confèrent, en certains cas, des prérogatives identiques aux deux époux, cumulativement.

Ainsi, d'après le Code portugais, le mari n'est que le gérant du patrimoine commun. De là une sorte d'égalité de puissance, bien faite pour réjouir le coeur des féministes. Mais par cela même qu'elle tempère l'autorité du mari en respectant la communauté, cette égalité ne se résout pas en individualisme nuisible à l'harmonie conjugale ; car il est stipulé que, pour les actes de grande importance, les époux ne peuvent agir l'un sans l'autre. C'est l'égalité dans la plus étroite solidarité. Ni le mari ni la femme ne peut aliéner ou hypothéquer un bien commun sans le concours de son conjoint ; et l'époux qui s'oblige sans l'assentiment de l'autre, n'engage que sa part dans la communauté. Ce système ingénieux provoque et garantit une réciprocité d'égards, un échange de confiance, qui ne peut que resserrer les liens de l'association conjugale.

Et cette mesure, ayant l'avantage de renforcer la situation de la femme commune, permettrait peut-être, du même coup, d'alléger ou même de supprimer sans inconvénient l'hypothèque légale qu'elle possède sur les biens de son mari, et dont souffre grandement le crédit du ménage. C'est pourquoi nous proposons que les biens communs ne puissent être aliénés qu'avec le consentement des deux époux. Cette innovation serait, tout à la fois, une protestation contre la communauté actuelle où l'homme est le maître, contre le régime dotal où les deux époux ensemble ne le sont pas, et contre la séparation de biens où chacun l'est à sa manière, sans entente et sans union.

Pour ce qui est enfin des petites gens des campagnes et des villes qui, faute de contrat, sont placées sous le régime de communauté légale, nous ne voyons pas en quoi la séparation leur serait profitable. N'ayant rien en se mariant qu'un maigre mobilier, l'avoir commun ne comprend guère que les revenus du travail quotidien, les économies de chacun et les petites acquisitions du ménage. Cette modeste communauté sera vraiment sans danger si nous parvenons à protéger, comme on le verra plus loin, les salaires et les gains personnels de la femme contre les gaspillages du mari. Cela fait, il est difficile de contester que ce régime soit excellemment approprié aux besoins et aux intérêts de la classe moyenne, de la classe rurale et de la classe ouvrière. Point d'union véritable entre les époux, s'il n'existe au moins entre le mari et la femme une bourse commune. Ce lien de coopération dans la bonne et la mauvaise fortune est l'âme même du mariage. Pourquoi le supprimer ? Cette communauté d'épargne et d'accumulation fait merveille dans les campagnes ; c'est elle qui remplit les bas de laine de nos ménages paysans. Il serait injuste, il serait dangereux de disjoindre totalement les intérêts pécuniaires de la femme et du mari. Formées par le travail de chacun, les économies de la famille doivent appartenir indivisément à tous deux.

Sans doute, la communauté peut se solder par des pertes, au lieu de se résoudre en bénéfices. Mais la femme ayant le droit de renoncer à la communauté lorsque celle-ci est obérée, quel dommage peut-elle souffrir ? Sans doute encore, le mari sera le gérant de cette modeste communauté ; mais puisque nous lui enlevons la faculté d'aliéner les biens communs sans le consentement de sa femme, puisque nous revendiquons même pour celle-ci (nous nous en expliquerons tout à l'heure) le droit de recevoir et de placer, hors la présence et sans le concours du mari, les gains provenant de son travail, quel risque peut-elle courir ? Ce qui reste alors de la puissance maritale ne saurait léser gravement les intérêts de la femme mariée.

Et dans ce système, du moins, la séparation reste ce qu'elle doit être : un régime d'exception. Cela étant, point de changement dans le droit commun des époux de France. Nous diminuons les pouvoirs de l'homme sur la communauté sans décapiter l'autorité maritale, sans diviser la famille contre elle-même ; nous instituons, l'une à côté de l'autre, deux autorités qui se soutiennent mutuellement, la femme surveillant, contrôlant et complétant même, en certains cas, la puissance du mari ; plus brièvement, nous préférons l'entente des volontés et l'union des pouvoirs à la séparation des bourses et des biens.

V

Pour calmer les appréhensions que la division des patrimoines éveille en notre esprit, on nous assure que la femme remettra souvent aux mains du mari l'administration de sa fortune, et qu'elle ne reprendra l'exercice de ses droits qu'autant que son mandataire aura perdu sa confiance.--Mais c'est en vain ; car ces délégations et ces reprises de pouvoirs donneraient lieu à des marchandages, à des intimidations, à des discussions qui mettraient en péril la paix du ménage. Quel homme, un peu soucieux de sa dignité, consentirait à accepter une autorité aussi précaire ? Le gouvernement d'un foyer ne doit pas être le prix des complaisances, des faiblesses et des capitulations. Consenti par intérêt comme une récompense, retiré par caprice comme une punition, il serait une cause d'abaissement pour la moralité conjugale.

Et puis (nous y revenons), ériger la séparation de biens en régime de droit commun, n'est-ce pas faire entendre qu'en règle générale le mari est un agent de désordre, un instrument de dissipation et de ruine ? Et nous maintenons que cette généralisation outrageante est l'injustice même. Pourquoi imposer la séparation de biens aux femmes dont les maris sont laborieux, rangés, économes, bons travailleurs et bons administrateurs ? Au surplus, la séparation de biens n'est pas un régime aussi simple qu'on l'imagine. Pour éviter que les meubles des époux se mêlent et se confondent en une masse indivise, un inventaire est nécessaire. Pense-t-on que les petites gens recourront à cette formalité coûteuse ? Ce serait pure naïveté. Et à défaut d'un état estimatif qui les sépare et les individualise, les modestes patrimoines mobiliers de la femme et du mari deviendront chose commune aux yeux des tiers.

Il n'est que les ménages aisés qui soient à même de pratiquer la séparation de biens. Et ne croyez pas que la paix domestique puisse y gagner ! Que si, en effet, la femme obtient la libre disposition de sa fortune, le mari conserve, de son côté, la libre disposition de la sienne. On ne veut pas, j'imagine, que celui-ci entretienne la famille à lui seul et trouve bon que sa douce moitié garde tout son bien pour elle. Du jour où les ressources provenant du travail et les économies amassées par l'épargne de l'un et de l'autre ne seront plus mises en commun, il faudra bien pourtant que les conjoints contribuent aux charges du ménage. A cet effet, un prélèvement sur leurs gains ou leurs revenus respectifs sera nécessaire pour faire vivre la maison. Sera-t-il d'un tiers ? ou plus ? ou moins ? Quelle sera la forme ou la quotité de cette contribution ? La fixerez-vous à forfait et immuablement pour tous les ménages ? Ne craignez-vous point qu'elle soit trop faible pour les uns et trop forte pour les autres ? En logique et en équité, elle devrait être proportionnée à la consistance, généralement inégale, de l'avoir respectif des époux ; mais comment l'adapter aux variations incessantes, aux fluctuations inévitables de la fortune personnelle des conjoints ? Et si l'un est riche et l'autre pauvre ! Enfin croit-on que chacun paiera toujours sa quote-part avec régularité ? Est-ce trop dire que ce règlement de compte soulèvera périodiquement des difficultés et des disputes sans nombre ? Non, la séparation de biens n'est pas aussi simple qu'on le pense.

Tout cela nous confirme en cette idée qu'au lieu de séparer les époux en opposant leurs intérêts, il importe plutôt de resserrer leur union conjugale en resserrant leur union économique. Dans la classe laborieuse où l'on se marie sans contrat, la vie est inséparable du travail et de l'économie. C'est donc dissocier la vie commune que de séparer l'avoir masculin de l'avoir féminin. Si l'on veut perpétuer dans les ménages peu fortunés le sentiment de la prévoyance et de la solidarité, il convient d'assurer à l'activité et à l'épargne des deux époux un même stimulant, l'idée de communauté,--*individua vitae consuetudo.*

Au reste, depuis un siècle, sous l'influence des vieilles coutumes qui furent le berceau de notre communauté légale, nous nous sommes habitués à cette indivision, à cette mutualité des intérêts entre époux. Elle constitue historiquement notre régime national ; elle est devenue la base de notre ordre familial ; elle s'accorde le mieux avec nos traditions et nos moeurs. Elle constitue même un régime démocratique ; car, si la séparation de biens et le régime dotal peuvent convenir aux classes riches ou aisées, la communauté des épargnes et des acquisitions sert mieux les intérêts des petites gens, en élargissant le crédit de la femme et du mari par la concentration des économies et la formation d'un pécule domestique.

Il demeure que, dans son acception populaire, la communauté légale est, comme l'a dit en excellents termes M. Goirand, « une sorte de mise en commun des ressources des époux en vue de satisfaire aux charges du ménage ; c'est la constitution d'une sorte de patrimoine familial dans lequel le chef puise à son gré pour satisfaire aux besoins de chacun ; c'est, au plus haut degré, la confusion, l'identification des intérêts entre les époux au profit de l'oeuvre commune. »[69] Et par cela même qu'elle unit étroitement les intérêts pécuniaires des époux, la communauté a semblé à nos coutumes d'abord, à notre législation ensuite, le seul régime qui fût en harmonie parfaite avec le mariage dont c'est le propre d'unir deux personnes et deux vies. L'indivision des biens complète et parfait l'unité des vues et le rapprochement des âmes. Gardons, en l'amendant, notre vieux régime de

---

[69] Cité par M. Lucien Leduc dans *La Femme devant le Parlement*, p. 165.

communauté : tout compte fait, il nous sera utile et bienfaisant.

Ce qui ne veut pas dire, hélas ! que nos législateurs aient la sagesse de le conserver, même avec les corrections désirables que nous avons proposées plus haut ou que nous proposerons plus bas. S'il faut s'en affliger, peut-on en être surpris ? L'individualisme envahit le monde : pourquoi n'usurperait-il pas le foyer ? Nous luttons avec obstination contre le courant des mauvaises moeurs. Nous portons au vieux mariage français un attachement passionné. Nous croyons fermement que, sans l'esprit de communauté,--qui n'est que l'esprit de solidarité,--c'en est fait de l'esprit de famille. Et en même temps que certaines femmes l'attaquent furieusement en haine de l'autorité maritale, qualifiée par elles de « désordre public »,[70] des hommes se rencontrent, surtout dans la classe riche, qui s'en détournent peu à peu dans l'espoir de mieux secouer le joug de leurs femmes, dont le luxe immodéré dévore le patrimoine commun.

Comment la séparation de biens, avec un tel concours d'alliés, ne l'emporterait-elle point sur la communauté, même adoucie et remaniée ? Si donc une transformation doit s'opérer dans la loi qui gouverne les ménages français, nous souhaitons au moins qu'on substitue à la communauté actuelle, non pas la séparation toute seule, toute froide et toute nue, mais la communauté réduite aux « acquêts », qui entre de plus en plus dans les habitudes contractuelles des classes bourgeoises. En d'autres termes, il faut que les revenus des biens, les gains du travail et le produit des économies de chaque conjoint constitue l'avoir indivis du ménage. C'est notre dernière concession. Point de maison véritablement unie sans un lien, si minime soit-il, d'épargne, de coopération, de mutualité pécuniaire entre les époux.

---

[70] Voir notamment le rapport déjà cité de Mme Oddo-Deflou.

CHAPITRE VI

PROTECTION DES SALAIRES ET DES GAINS DE L'ÉPOUSE COMMUNE EN BIENS

I.--Projet de réforme.--Droit pour la femme de disposer de ses salaires et de ses gains.--Intervention nécessaire du tribunal.--Une amélioration facile a réaliser. II.--Droit pour la femme de déposer ses économies a la Caisse d'épargne.--Innovation incomplète.--L'épouse doit avoir, a l'exclusion de l'époux, le droit de retirer ses dépôts. III.-- Abandon du foyer par le mari.--Droit pour la femme de saisir-arrêter les salaires de son homme.--Droit réciproque accordé au mari a l'encontre de la femme coupable. IV.--Étrange revendication.--Le salariat conjugal.--Est-il possible et convenable de rémunérer le travail de la femme dans la famille ?

Tandis que, d'une part, le régime dotal, soupçonneux et restrictif, semble fait pour les classes riches où la femme apporte une dot plus ou moins considérable qu'il a paru naturel de lui réserver, pourvu qu'elle en manifeste la volonté par une clause expresse de son contrat de mariage ; tandis que, d'autre part, la communauté conventionnelle d'acquêts convient particulièrement aux classes moyennes de la bourgeoisie commerçante qui, privées de gros capitaux, associent surtout, en se mariant, leur travail, leur industrie et leurs économies à venir ; en revanche, la communauté légale des biens est le régime le mieux approprié aux classes laborieuses, urbaines et rurales, ordinairement dénuées de fortune patrimoniale et pour lesquelles, avec un petit mobilier destiné à garnir le foyer naissant, la main-d'oeuvre quotidienne est la principale et souvent la seule source de revenus. C'est à bon droit qu'elle est devenue notre régime légal. Restons-lui fidèles ; et si les protections actuellement établies en faveur de la femme commune en biens sont insuffisantes, tâchons de les accroître et de les perfectionner. Telle a été notre conclusion.

I

Or, en plus des améliorations déjà proposées, il en est une sur laquelle tous les féministes sont d'accord, et qui, à notre sentiment, mérite de passer sans retard dans nos lois. Une des personnalités les plus distinguées de l'enseignement juridique, M. Glasson, a pu dire que « si la législation du Code civil protège efficacement la femme lorsque le ménage possède une certaine fortune, elle n'est pas faite pour la femme de l'ouvrier. »[71] Il convient donc de l'adapter équitablement aux intérêts des travailleurs.

La première mesure de protection à prendre au profit de la femme du peuple, honnête, courageuse et prévoyante, c'est de lui donner les moyens de défendre ses gains propres contre le gaspillage du mari. Tel est l'objet d'une proposition de loi en date du 9 juillet 1894, due à l'initiative de M. Goirand, député des Deux-Sèvres, et adoptée le 27 février 1896 par la Chambre des députés. En voici la disposition essentielle : « Quel que soit le régime adopté par les époux, la femme a le droit de recevoir sans le concours de son mari les

---

[71] *Le Code civil et la question ouvrière*, p. 58.

sommes provenant de son travail personnel et d'en disposer librement. »

Ce projet ne substitue point la séparation de biens à la communauté. Il se borne à limiter le droit d'administration maritale et à conférer à la femme sur les fruits de son travail les mêmes droits que le mari exerce sur les autres biens de la communauté. Cette innovation ne fait donc point échec aux droits des tiers, puisqu'elle se contente de transporter à la femme sur ses bénéfices personnels les pouvoirs d'administration dont le mari mésuse pour le malheur de la famille. Elle mérite la plus entière approbation.

Mais comment la femme pourra-t-elle invoquer ce droit de libre disposition sur ses salaires propres et ses gains professionnels ? L'admettrons-nous à les toucher de plein droit ? ou bien l'obligerons-nous à solliciter de la justice l'autorisation de les recevoir ? Dans le premier cas, sa prérogative sera légale ; dans le second, elle sera judiciaire. La Chambre des députés s'est appropriée la première solution, qui est plus simple et plus rapide. Par contre, ceux qui pensent qu'il ne faut mettre le mari en suspicion, réduire ses droits et démembrer ses pouvoirs, qu'autant que la nécessité en est absolument démontrée, n'hésitent point à exiger l'intervention préalable du tribunal. Est-il possible de poser en principe que tous les maris sont d'abominables dissipateurs ? C'est pourquoi deux maîtres éminents, MM. Jalabert et Glasson, font dépendre d'un jugement l'extension de la capacité féminine. Sans demander la séparation de biens, la femme devra donc obtenir de la justice le droit de toucher elle-même les produits de son travail, en prouvant que le mari met en péril, par son inconduite, les intérêts du ménage. Ainsi le droit de la femme est subordonné à la constatation d'un point de fait dont l'examen, pour être impartial, doit être confié nécessairement aux tribunaux.

J'inclinerais volontiers à cette solution s'il m'était démontré, qu'en ménageant les susceptibilités des maris, elle protège efficacement les intérêts des femmes. Malheureusement, l'épouse devra, pour faire siens ses gains professionnels, intenter une action en justice. Il lui faudra, dans tous les cas, si simplifiée que soit la procédure, si réduites que soient les dépenses et les lenteurs, obtenir des magistrats une séparation de biens partielle, une petite séparation judiciaire à l'usage des pauvres gens. C'est un procès à plaider, une lutte à soutenir, d'où peuvent surgir des conflits violents au foyer conjugal. Atténuez tant que vous voudrez les frais et les délais : vous ne supprimerez pas la mauvaise volonté du mari, vous ne sauvegarderez point la paix du ménage. Votre loi de protection,--qui est une loi de classe, une loi d'exception,--aura le défaut d'attendre que le mal soit déclaré pour y porter remède. Faisons mieux : prévenons l'abus et supprimons les procès.

Très bien, nous dit-on. Rien de plus aisé que d'organiser en faveur de l'ouvrière un système de préservation anticipée qui, laissé à la discrétion des parties intéressées, n'aura point la gravité d'une disposition légale séparant de plein droit les salaires et les gains de tous les époux français. A cette fin, M. le professeur Cauwès a proposé les mesures de précaution suivantes : avant le prononcé de l'union, sur l'interpellation de l'officier de l'état civil, la femme pourra déclarer que, bien que n'ayant point fait de contrat, elle entend se réserver la faculté de toucher elle-même le produit de son travail, à condition de contribuer pour sa part aux charges du ménage. L'acte de célébration mentionnera la réserve de la femme et l'acquiescement du mari, et sa publicité préviendra suffisamment les tiers. Dans la pensée de son auteur, ce procédé de défense préventive aurait pour avantage de réserver à la femme ses moyens d'existence, sans qu'il lui soit

besoin de dresser à grands frais un contrat de mariage par-
devant notaire.[72]

Nous objecterons simplement que cette déclaration de
la femme risque de troubler, dès la première heure,
l'harmonie du ménage, qu'inspirée par un désir
d'indépendance ou par une pensée de défiance et d'hostilité
vis-à-vis du futur mari, elle a le malheur d'éveiller et de
consacrer les sentiments égoïstes des époux dès le premier
jour de leur association conjugale. Sans doute, on peut
répondre que ces précautions individualistes ne seront pas
imposées par une loi impérative à toutes les unions, mais
seulement abandonnées à la libre volonté des parties, et que
la pensée étroite et jalouse qu'elles manifestent est la suite
nécessaire de toute séparation de biens : ce qui n'a pas
empêché le législateur de permettre aux époux de stipuler
par contrat de mariage ce régime de division soupçonneuse.
Pourquoi ce qui est permis en grand devant notaire ne serait-
il pas licite, en petit, devant le maire, puisque cette demi-
séparation contractuelle n'atteindrait que les salaires
personnels et les bénéfices propres de la femme ouvrière ?

Au fond, suivant nous, cette réforme n'aurait qu'un
avantage assez minime : celui de rendre accessible aux
classes pauvres le principe de la liberté des conventions. Et
j'ai l'idée que la femme ouvrière repousserait presque
toujours cette mesure de protection préventive, soit parce
qu'à la veille des noces, en ce temps des illusions fraîches et
vivaces, elle aura pleine confiance en l'honnêteté de son
futur époux, soit parce qu'elle appréhendera que son fiancé
ne prenne ses désirs d'indépendance pour une manifestation
de méfiance prématurée, ou même pour une déclaration de
guerre intempestive. Et à défaut de cette réserve faite

---

[72] Paul Cauwès, *De la protection des intérêts économiques de la femme mariée*, pp. 17, 18 et
suiv.

expressément devant l'officier de l'état civil, sera-t-elle déchue du droit de réclamer plus tard, si l'inconduite du mari l'y contraint, la libre disposition des sommes provenant de son travail ?

Si l'on veut protéger efficacement la femme et, en même temps, la dispenser de plaider, c'est-à-dire de mettre en mouvement l'appareil énorme, coûteux et lent de la justice humaine, il n'est que de lui accorder de plein droit, sans instance préalable, sans procès, sans jugement, le droit de toucher ses gains personnels, lorsque son intérêt lui conseillera de les sauvegarder contre les dilapidations de son mari. Cette solution, adoptée par la Chambre des députés, est la plus pratique, la plus franche, la plus économique. Nous faisons des voeux pour que le Sénat la consacre, à son tour, le plus tôt possible. Point besoin conséquemment d'ériger la séparation de biens, qui n'est que le divorce des patrimoines, en régime de droit commun. Une innovation plus modeste suffit : que la loi reconnaisse seulement à la femme le droit de toucher le produit de son travail et d'en disposer librement, et cette restriction apportée à la toute-puissance, parfois malfaisante, du mari, amendera suffisamment la situation pénible que le Code Napoléon a faite imprudemment à la femme ouvrière.

II

Toutefois cette réforme partielle en impliquerait une autre, non moins urgente. Maîtresse de ses salaires, la femme mariée le sera-t-elle de ses économies ? La logique et la prudence le voudraient ainsi. D'où il suit que la femme, qui jouit maintenant de la faculté de se faire ouvrir un livret personnel par les Caisses d'épargne sans l'assistance de son mari, devrait avoir également, à l'exclusion de celui-ci, le droit de retirer les sommes qu'elle a précédemment déposées. Or, la loi du 9 avril 1881 n'a pas osé faire échec, sur ce point, au pouvoir marital. C'est une inconséquence fâcheuse.

Quel est aujourd'hui le droit d'une ménagère économe ? Opérer des versements et reprendre ses dépôts sans l'assistance du mari. Mais il n'y a point là une extension de la capacité juridique de la femme mariée aussi large qu'on pourrait le croire, le mari conservant sur les apports effectués ses droits de chef de la société conjugale. La femme n'a donc pas la libre disposition de l'épargne dont elle a eu l'initiative méritoire. Veut-elle retirer son argent ? L'article 6 de la loi de 1881 distingue : elle peut le faire sans le concours du mari ; elle ne le peut pas contre son opposition. Et cette faculté de veto risque d'être, aux mains d'un homme peu scrupuleux, un moyen d'intimidation vexatoire ou même de spéculation malhonnête.

Bien plus, l'article 16 de la loi du 20 juillet 1895 a confirmé au mari le droit de toucher seul le montant du livret ouvert au nom de sa femme, si son régime matrimonial l'y autorise ; et c'est le cas de la communauté légale qui, en l'absence de contrat de mariage, gouverne la plupart des ménages français. Conséquence : la femme commune en biens est libre de placer ses économies en son nom, et son seigneur et maître a le droit de les reprendre à volonté. Pour rester maîtresse de son livret, il faut que le mari en ignore l'existence. C'est inviter la femme à le lui celer. De fait, elle parvient souvent à se faire délivrer un carnet en son nom de jeune fille. Avait-elle besoin de cet encouragement à la dissimulation ?

Singulier moyen de favoriser l'épargne et d'améliorer la condition des ouvrières ! Voici une brave femme mariée à un ivrogne, à un paresseux, à un débauché : jour par jour et sou à sou, elle amasse l'argent du terme ou la réserve destinée à l'imprévu des mauvais jours. Qu'elle ne s'avise pas de porter son petit magot à la Caisse d'épargne : il n'y serait pas en sûreté. Son mari pourrait, avec la complicité de la loi, se l'approprier à tout instant. Est-il sage de condamner une femme à cacher ses laborieuses économies, sans possibilité d'en tirer le plus minime intérêt, pour les soustraire à la rapacité d'un époux indigne ?

L'épargne du pauvre est sacrée. Les femmes ont raison de demander à la loi de la mieux défendre. Que leur servirait de pouvoir toucher leurs salaires, si elles n'ont pas le droit de toucher leurs économies ? En cela, leurs revendications sont essentiellement conservatrices. Et nous les appuyons d'autant plus volontiers que plus souvent la femme du peuple fait preuve de vertus domestiques qui la placent bien au-dessus de la femme du monde. Autant la première sait épargner l'argent du ménage, autant la seconde excelle généralement à le dépenser. Mieux que personne, l'ouvrière réalise l'adage célèbre d'Aristote : « L'affaire de l'homme est d'acquérir, celle de la femme est de conserver. » La protéger, c'est à la fois défendre les enfants et sauvegarder la famille. Accordons-lui donc, à l'exclusion du mari, le droit de retirer librement les dépôts qu'elle a confiés à la Caisse d'épargne. On a souvent comparé celle-ci à une tirelire : n'est-il pas juste que la ménagère, qui l'a remplie, ait seule la faculté de l'ouvrir ? Ne permettons pas au mari de s'en emparer, de la briser, de la vider. Ce qu'il faut constituer au profit de la femme du peuple, c'est un « pécule » inviolable.

Mais il reste entendu que les biens acquis par la femme avec ses gains personnels, comme aussi le total de ses économies particulières, continueront d'appartenir à la communauté. Si donc, entre mari et femme, nous admettons, dans une certaine mesure, la *séparation des pouvoirs*, nous ne voulons à aucun prix de la *séparation des patrimoines*. A ce propos, reconnaissons qu'en fait, eu égard aux formalités gênantes dont la pratique a entouré l'opposition maritale, le nombre des comptes ouverts aux femmes mariées par les Caisses d'épargne est devenu considérable, tandis que celui des remboursements obtenus par les maris est resté infime. Ajoutons enfin que la loi du 20 juillet 1886 sur la Caisse nationale des retraites pour la vieillesse, et la loi du 1er avril 1898 relative aux Sociétés de secours mutuels, ont permis à la femme d'effectuer des versements sans l'autorisation du mari. Elles nous sont un témoignage encourageant de l'état d'âme de nos législateurs, puisqu'elles nous les montrent désireux de protéger efficacement la femme ouvrière contre les dissipations d'un époux indigne.

III

Mais il est une faute maritale plus grave que l'inconduite et le gaspillage : c'est l'abandon. La laisserons-nous sans réparation ? La commission parlementaire, chargée d'examiner la proposition de M. Goirand, ne l'a pas voulu. Elle a fait agréer par la Chambre des députés une disposition additionnelle, dont l'idée première appartient à MM. les professeurs Jalabert et Glasson. « En cas d'abandon par le mari du domicile conjugal, la femme peut obtenir du juge de paix l'autorisation de saisir-arrêter et de toucher des salaires ou des émoluments du mari une part en proportion de ses besoins et du nombre de ses enfants. Le même droit appartient au mari, en cas d'existence d'enfants, si la femme ne subvient pas spontanément, dans la mesure de ses facultés, aux charges du ménage. »

En cas d'abandon, le mari peut donc être partiellement destitué des droits qu'il a normalement sur ses gains personnels. Et pour permettre à la femme de les saisir sans trop de frais ni trop de lenteurs, le projet en question organise une procédure simple, expéditive et peu coûteuse. Nous ne ferons à ce projet qu'une critique. Il ne soumet le mari aux poursuites de la femme que dans le cas où il abandonne le domicile conjugal, tandis que la femme est exposée aux poursuites du mari dès qu'elle refuse de supporter sa part des charges du ménage. Cette distinction blesse le sentiment d'égalité. Que d'abord les déserteurs, mari ou femme, commettant même faute, subissent même traitement : c'est justice. Et ensuite pourquoi ne pas permettre à la femme de saisir-arrêter une portion des salaires du mari qui refuse de prendre sa part des charges de la famille ? Les mêmes responsabilités appellent les mêmes sanctions ; les mêmes défaillances exigent les mêmes corrections.

Qu'opposerait-on au droit de saisie-arrêt exercé par la femme ?

En contractant mariage, l'homme s'impose le devoir de subvenir aux besoins de sa compagne, aux frais de nourriture, d'entretien et d'éducation des enfants. Que le mari vienne à manquer à ces obligations sacrées, qui lui sont imposées par les articles 203, 212 et 214 du Code civil, et la femme, dont les salaires sont ordinairement minimes, sera dans l'impossibilité d'y pourvoir. Est-ce que le Code civil ne doit pas contraindre l'homme, qui faillit à ses devoirs, à faire un emploi moral de ses gains ? Par définition, la loi est la conscience de ceux qui n'en ont pas. En manquant d'ailleurs à ses obligations de chef de la famille, le mari coupable a volontairement abdiqué ses droits de chef de la communauté. On aurait tort de laisser le commandement à qui donne l'exemple de l'inconduite et de la lâcheté.

Qu'opposerait-on, maintenant, au droit de saisie-arrêt exercé par le mari ?

Les époux se doivent mutuellement secours et assistance. Leurs devoirs sont réciproques. La femme doit contribuer, pour sa part, aux charges communes. Or, s'il y a des maris qui compromettent par leurs excès les ressources de la famille, il est des femmes qui ne se font point faute de les gaspiller par leurs folies. L'équité veut donc que l'homme et la femme ne puissent soustraire leur gain propre à sa destination ménagère, et que les deux époux aient pareillement le droit de se rappeler l'un et l'autre au premier devoir du mariage. La réciprocité est ici de stricte justice. On ne saurait armer la femme en désarmant le mari. Donnons donc à l'un et à l'autre même secours et même sanction.

Tout au plus doit-on restreindre, comme l'a fait la Chambre des députés, le droit de saisie-arrêt du mari au cas où il y a des enfants, pour ce motif qu'en l'absence de postérité, les salaires du mari suffisent généralement à son entretien, et qu'il serait contraire à la dignité de l'homme de réclamer, à son profit personnel, une part des salaires de la femme. En fait, le droit de saisie-arrêt sera souvent d'un exercice difficile. Comment atteindre l'époux coupable ? Quel moyen de mettre la main sur les gains d'un mari qui se dérobe ? Quel père oserait toucher sa part des profits d'une mère qui se vend ?

IV

Sur tous les points qui précèdent, nous estimons que les revendications du féminisme sont d'une parfaite justice et d'une réalisation facile. Où le dissentiment commence entre lui et nous, c'est lorsqu'il oppose les époux l'un à l'autre, sans autre but que de séparer leurs intérêts pécuniaires au risque de désunir leurs coeurs et leurs vies. Si âpres sont, en de certains milieux, ces pensées de division et d'indépendance, que plusieurs Cercles d'études féministes ont mis à l'ordre du jour de leurs délibérations l'évaluation par la loi et la rémunération par le mari des travaux domestiques de la femme. Il ne s'agit plus de garantir à celle-ci les gains qu'elle réalise en dehors du ménage, mais de lui assurer le paiement des services ménagers qu'elle rend au père et aux enfants.

187

Cette idée est, sans contredit, la chose la plus neuve et la plus extravagante qui ait été proposée pour rajeunir et améliorer le mariage. Renchérissant sur la séparation de biens, jugée sans doute insuffisante, les congressistes de Londres ont discuté sérieusement, en 1899, « la question du salaire de la femme par le mari. » On a pu lire, en 1900, au programme de la Gauche féministe, un article ainsi conçu : « Évaluation du travail ménager de la femme. » Nous ne rions pas : « Le travail de la femme dans la famille doit être évalué. » Comment ? Les uns prennent pour base « le taux des salaires professionnels, pour les différents travaux de la maison ; » les autres parlent d'attribuer à la femme, en rétribution de ses fonctions ménagères, « la propriété exclusive de la moitié des objets mobiliers qui garnissent le foyer. »[73] Mais cette évaluation est arbitraire, le travail de la femme variant en qualité et en quantité, selon la situation sociale du ménage. C'est pourquoi, jusqu'ici, la question a été ajournée, faute de solution pratique.

Je crois bien ! Si vous indemnisez la femme de son travail domestique, refuserez-vous au mari toute récompense pour les besognes qu'il accomplit à la maison et pour les gains qu'il est seul, en bien des cas, à réaliser au dehors ? Sinon, que deviendrait l'égalité ? Conçoit-on qu'en plus du ménage qu'il soutient, l'homme soit obligé de payer sa femme comme une mercenaire ? Nous avions cru jusqu'à ce jour que le travail industriel de l'homme et le travail ménager de la femme avaient pour destination commune de faire vivre la famille ; que celui de l'épouse était la contre-partie et la compensation de celui de l'époux, avec cette différence que la ménagère fournit sa contribution en prestations manuelles, tandis que le mari verse à la communauté l'argent de ses gains professionnels.

---

[73] *La Fronde* du 7 septembre 1900.

Seulement, vous n'évaluerez jamais avec exactitude et, par suite, avec justice le travail de la femme dans son ménage. A vrai dire, lorsqu'une ouvrière remplit fidèlement ses devoirs d'épouse et de mère, lorsqu'elle sait pratiquer, à force d'économie, l'art difficile de partager un sou en quatre, son travail n'a pas de prix. Et j'ajoute que ce n'est pas à elle que la pensée serait jamais venue de s'en faire payer par son mari. D'autre part, il y a de mauvaises ménagères. Dédommagerez-vous le mari de ce qu'elles n'ont pas fait, ou bien le forcerez-vous à les rémunérer de ce qu'elles auraient dû faire ? Toutes vos évaluations seront fautives, à moins que la femme ne soit payée par le mari à l'heure ou à la journée, comme la domestique gagée par le maître. Ce serait plus logique et plus simple. Mais quel amoindrissement du rôle de l'épouse et des fonctions augustes de la mère !

Franchement, je ne sais rien de plus fou et de plus dégradant que ce mercantilisme conjugal. S'imagine-t-on un mari qui abrite, habille et nourrit sa femme, obligé légalement, par surcroît, à la rémunérer de ses services quotidiens ? A-t-on réfléchi qu'en ce cas la logique et l'équité réclameraient encore que Monsieur eût le droit et le pouvoir de forcer Madame à les lui rendre. « Puisque je paye, dira-t-il, servez-moi. Il m'en faut pour mon argent ! » Ce serait la domesticité étendue au mariage. Et à ce régime de contrainte salariée, la femme aurait plus à perdre qu'à gagner. Car, si la loi actuelle oblige le mari à subvenir aux besoins de sa compagne, je ne sais aucun moyen légal de contraindre la femme à s'occuper convenablement de son ménage. Qu'elle engage une domestique incapable de faire la cuisine, qu'elle abandonne ses enfants à une nourrice grossière ou inhumaine, qu'elle coure les magasins ou pédale sur les grands chemins au lieu de surveiller son intérieur, le mari ne peut user que de persuasion pour la ramener à une plus juste conception de ses devoirs.

Et c'est au moment même où l'on dénonce si amèrement les mariages d'argent, qu'on nous propose de convertir les relations les plus sacrées, celles des mari et femme, celles des père et mère, en simple affaire commerciale ! Voyez-vous deux époux tenant un compte-courant de leurs services réciproques et balançant avec ponctualité, l'un contre l'autre, leurs dépenses et leurs recettes ? On ne songe pas qu'il est impossible de monnayer la tendresse et le dévouement, et que le dévouement qui ne se donne pas sans compter n'est plus le dévouement, et que l'amour qui se vend et s'achète au jour le jour n'est qu'une vile prostitution. Ne parlons donc pas de la rémunération des services que les époux se rendent réciproquement pour leur bien-être mutuel. Ce serait la ruine de toutes les vertus conjugales. Ne rabaissons point au niveau d'un calcul égoïste et d'un marchandage quotidien les innombrables devoirs domestiques, que mille et mille générations de femmes nobles et pures se sont honorées de remplir avec une tendre et courageuse abnégation. Si jamais ce genre de spéculation s'installait au foyer, l'affection en sortirait bien vite, chassée par les discussions de salaire. C'est corrompre le mariage que d'en faire une société marchande et de transformer deux époux solidaires en deux mercenaires rivaux et soupçonneux.

Le salariat de la femme n'est pas même la contre-façon misérable de la dot, puisque les apports des époux sont fixés, une fois pour toutes, avant le mariage et restituables à sa dissolution. Et puis, chose essentielle, la dot de la femme, comme le travail du mari, dont elle est l'équivalent et la compensation, est affectée, par définition, à un but commun qui est le soutien du ménage et l'éducation des enfants. Mais investir la femme d'un droit de créance destiné à la rémunérer de tous les soins dont elle condescend à entourer son mari et ses petits, c'est la regarder comme étrangère à la famille et créer, pour la durée du mariage, des intérêts contraires et des vues antagoniques là où toute législation bien inspirée doit tendre à fonder une étroite communauté d'efforts, de dévouement, de confiance et d'affection.

Revenons, pour conclure, aux réformes sérieuses. D'accord avec les différents groupes féministes, nous avons revendiqué, sous certaines conditions, pour la femme mariée : 1° le droit de disposer des salaires et des gains provenant de son travail ; 2° le droit de retirer, à l'exclusion du mari, les économies qu'elle a déposées à la Caisse d'épargne ; 3° le droit de saisir-arrêter, en certains cas, les salaires de l'époux coupable.

Mais ces réformes sont-elles suffisantes ? Il arrive souvent, dans les ménages peu fortunés, que sans délaisser le foyer domestique, le mari plonge les siens dans la misère par son inconduite habituelle ou son ivresse incurable. En cet état des moeurs ouvrières, est-il admissible que l'époux indigne conserve intégralement ses droits et ses pouvoirs de chef de la famille ? Cet ordre d'idées nous amène à la grosse question de l'incapacité légale de la femme mariée.

CHARLES TURGEON

192

CHAPITRE VII

L'INCAPACITÉ CIVILE
DE LA FEMME MARIÉE

I.--En quoi consiste cette incapacité légale ?--Ses atténuations.--Sa raison d'être.--Vient-elle de l'inexpérience ou de l'infériorité du sexe féminin ? II.--Fondement rationnel.--Unité de direction dans le gouvernement de la famille.--Convient-il d'abolir l'incapacité civile de la femme mariée ? III.--Élargissement désirable de la capacité des femmes.--Suppression de l'autorisation maritale dans les cas de divorce, de séparation de corps et même de séparation de biens.--Un dernier voeu.--La puissance maritale est-elle une fonction inamovible ?

L'égalité civile des deux sexes cesse dans les rapports conjugaux : en s'engageant dans les liens du mariage, la femme aliène une partie de ses droits et se soumet à une sorte d'incapacité temporaire. « Mais (c'est une remarque de Paul Gide) cette incapacité, si même elle mérite ce nom, n'est pas inhérente au sexe ; elle n'a point sa cause dans la nature physique ou morale de la femme, mais dans la

193

puissance maritale, c'est-à-dire dans un fait extérieur et accidentel. »[74]

I

En quoi consiste l'incapacité légale de la femme mariée ? En ceci que la femme ne peut valablement procéder à des actes juridiques sans y être autorisée par son mari ou par la justice. Veut-elle intenter une action devant un tribunal ou y défendre, veut-elle conclure un acte extrajudiciaire, donner, aliéner, hypothéquer, acquérir à titre onéreux ou gratuit : la loi française exige, pour la validité de tous ces actes de la vie civile, « le concours du mari dans l'acte ou son consentement par écrit. »[75]

Exceptionnellement, trois causes peuvent restreindre les prérogatives du mari et augmenter, plus ou moins, les droits de la femme. D'abord, celle-ci a pu se réserver expressément, dans son contrat de mariage, la gestion de son patrimoine personnel. Même en l'absence de cette clause, elle a pu obtenir contre l'époux dissipateur la séparation de biens judiciaire et rentrer dans l'administration de sa propre fortune. Enfin, elle a pu employer sa dot à des opérations commerciales, en vertu d'une autorisation générale qui lui restitue en matière de négoce sa pleine capacité civile.[76]

Ajoutons que si, en principe, la femme est incapable de contracter sans autorisation du mari, elle n'est pas discrétionnairement abandonnée à l'autorité de son époux, puisqu'elle peut être habilitée par la justice au refus injustifié de ce dernier, et que, même pour certains actes qui

---

[74] Paul Gide, *Étude sur la condition privée de la femme*, p. 465.
[75] Code civil, articles 215, 217, 218, 219 et 1124.
[76] Code civil, articles 223, 1449, et 220.

impliquent une volonté entièrement libre et spontanée, tel que le testament, elle n'est soumise à aucune autorisation, ni maritale ni judiciaire. Il est donc difficile de voir dans la puissance du mari un droit d'omnipotence tyrannique.

Telle qu'elle a été organisée par le Code civil, l'incapacité légale de la femme mariée semble donc dériver du fait même du mariage. Elle commence et finit avec lui. Beaucoup en demandent la suppression. Si hardie que paraisse cette revendication, on voudra bien remarquer que l'*autorisation* et l'*autorité* du mari sont deux choses distinctes, que celle-ci est le principe de celle-là, et qu'on peut tendre à restreindre la première, qui ne concerne que les intérêts pécuniaires de la femme, sans abolir la seconde, qui s'exerce sur sa personne même. Une loi qui supprimerait absolument l'autorité maritale serait une loi de combat, tandis qu'une réforme qui s'en prend seulement à l'autorisation maritale peut être une réforme de progrès.

Au surplus, l'antique conception de l'incapacité de la femme mariée a lentement évolué, et ce n'est pas aujourd'hui un mince problème que de découvrir sa véritable raison d'être. Les motifs anciennement allégués ne nous suffisent plus. Et cela même atteste un grave changement dans les idées et les moeurs.

Dira-t-on que l'incapacité civile de l'épouse n'est qu'une suite de l'incapacité naturelle de la femme, de cette légèreté incorrigible, de cette inexpérience incurable,-- *imperitia aetatis et fragilitas sexus*,--dont parlaient avec dédain nos vieux auteurs ? Mais notre loi tient une fille majeure pour aussi capable qu'un homme adulte ; et il serait inconvenant de prétendre que le mariage a le fâcheux effet de la dépouiller, du jour au lendemain, de sa liberté consciente et de sa volonté réfléchie, à tel point qu'il serait impossible à une femme de passer aujourd'hui, sans l'assistance de son mari, le même acte juridique que, fille, elle pouvait passer la veille en toute liberté.

Verra-t-on dans cette incapacité spéciale une conséquence de la dépendance nécessaire de la femme qui doit, en toute chose, obéir à son mari, seigneur et maître du ménage ? Il est de fait que nos anciennes coutumes ne mettaient pas en doute la suprématie de l'époux et la subordination de l'épouse, et que cette idée traditionnelle de la prééminence du sexe masculin fut présente à l'esprit des législateurs de 1804. Portalis, le premier d'entre eux, se moque des « vaines disputes sur la préférence ou l'égalité des sexes. »[77] Le Premier Consul n'aurait point manqué de leur rappeler, au besoin, qu'» un mari doit avoir un empire absolu sur les actions de sa femme.» On connaît de lui ce mot cruel : « Il faut que la femme sache qu'en sortant de la tutelle de sa famille, elle passe sous celle de son mari.» C'est l'esprit du vieux droit quiritaire. Mais comment expliquerons-nous que l'autorisation de la justice puisse suppléer parfois à l'autorisation du mari ? Si l'incapacité de la femme mariée est un hommage rendu à la puissance maritale, on ne conçoit pas qu'un tribunal puisse en relever l'épouse contre le gré de l'époux. Dépendance ou fragilité du sexe, voilà qui ne satisfait guère l'esprit des modernes.

Portalis, d'ailleurs, ajoutait ceci : « L'obéissance de la femme est une suite nécessaire de la société conjugale, qui ne pourrait subsister, si l'un des époux n'était subordonné à l'autre.» Avant lui, Cambacérès avait pris soin d'expliquer que l'égalité de puissance et la diversité des opinions sur les plus petits détails entraveraient perpétuellement l'administration commune.[78] Ici transparaît déjà l'esprit nouveau. La tendance actuelle incline à voir dans l'incapacité

---

[77] Séance du Conseil d'État du 16 ventôse an XI. Locré, t. II, p. 396.

[78] Fenet, I, p. 156.

de la femme un moyen de prévenir les conflits de volonté par la prédominance du mari, naturellement désigné pour ce rôle d'arbitre souverain par sa connaissance des affaires et son expérience de la vie. L'autorisation maritale s'explique donc suffisamment par la nécessité d'assurer l'unité de direction dans la gestion des intérêts de la famille. Si donc l'épouse est incapable, ce n'est plus en considération de la suprématie de l'homme, ni en vue de l'inexpérience de la femme, mais en faveur du ménage et des enfants.

II

Il semble bien que nos législateurs soient entrés récemment dans ces vues. Une loi du 6 février 1893 a rendu à la femme séparée de corps sa pleine liberté civile. Jusqu'à cette époque, l'incapacité de l'épouse survivait à la séparation de corps qui relâche les liens du mariage sans les briser ; il en résultait pour la femme l'obligation très humiliante et très dure de mendier l'autorisation et de subir la puissance d'un homme, auquel rien ne la rattachait plus, ni l'affection, ni l'intérêt. De là des scènes pénibles qui rendaient illusoire tout espoir de réconciliation,--sans compter que certains maris trafiquaient odieusement de leur autorisation nécessaire.

Afin de couper court à ces abus, le nouvel article 311 du Code civil a décidé que la séparation de corps a pour effet, comme le divorce, de « rendre à la femme le plein exercice de sa capacité civile, sans qu'elle ait besoin de recourir à l'autorisation de son mari ou de justice. » Cette solution nouvelle prouve assez que l'incapacité de la femme mariée dérive, aux yeux des modernes, non pas du mariage qui subsiste, mais de la vie commune qui est interrompue par la séparation de corps.

Comment, du reste, parler sérieusement aujourd'hui de la supériorité de l'homme et de l'infériorité de la femme ? Sur dix maisons de petit commerce qui prospèrent, neuf le doivent à l'intelligente coopération de la femme. La prédominance du sexe fort s'est imposée d'abord ; on l'a justifiée ensuite. Elle a commencé par être un fait ; elle a fini par être un droit. Et ce droit lui-même s'est épuré. Il en a été du gouvernement domestique comme du gouvernement politique : leur fondement a varié. Présentement, l'autorité ne se légitime plus par l'intérêt de celui qui l'exerce, mais bien par l'utilité de celui qui la subit. Loin d'être un instrument de domination, la puissance du mari, comme celle du père, comme celle du « prince », est tenue pour un instrument de protection qui ne se justifie que par ses bienfaits.

Convient-il maintenant d'abolir radicalement l'incapacité de la femme mariée ? En ce sens, M. Michelin, député de Paris, a déposé sur le bureau de la Chambre, le 27 octobre 1895, une proposition tendant à laisser aux époux le soin de régler souverainement leur capacité respective par une clause de leurs conventions matrimoniales. L'innovation serait grave, puisque l'article 1388 du Code civil interdit aux futurs époux de déroger par contrat de mariage aux « droits qui appartiennent au mari comme chef. »

Y a-t-il donc avantage à n'admettre la subordination d'un époux à l'autre, dans le gouvernement des intérêts pécuniaires, qu'autant qu'elle sera contractuelle, c'est-à-dire volontaire ? Aucun. Voyez-vous des fiancés discutant leurs attributions hiérarchiques et leurs droits de prééminence avant d'entrer en ménage ? Quelle pomme de discorde ou quel marché de dupe ! Le plus épris sera toujours enclin à sacrifier ses intérêts et le plus habile toujours porté à défendre et à exagérer les siens. D'ailleurs il serait puéril de convier les futurs époux à régler préventivement leur puissance ou leur sujétion. Dès aujourd'hui, et malgré la loi, la division des pouvoirs ne se fait qu'après la cérémonie, tacitement, au cours du mariage, sans accord préalable. Car il ne suffit pas, on le sait, que le mari soit, de droit, le chef de la famille pour être, en fait, le maître obéi et incontesté.

En outre, nous tenons pour dangereux de dissocier par anticipation les intérêts des époux, en accordant à chacun d'eux, dans l'administration séparée de leur fortune, une indépendance absolue. Mieux vaut s'efforcer de ramener à l'unisson toutes les contrariétés possibles en exigeant, dans certains cas, le concours de leurs deux volontés. C'est pourquoi nous avons proposé plus haut que tout acte, qui intéresse gravement la fortune commune, soit consenti expressément par l'un et l'autre des époux.

III

En ce qui concerne spécialement l'autorisation maritale, puisqu'elle ne repose plus sur la suprématie du sexe fort ni sur l'imbécillité du sexe faible, nous ne voyons pas qu'elle soit sacrée, inéluctable, intangible. N'ayant qu'un but, qui est d'assurer l'unité de direction nécessaire à la bonne administration du ménage, le pouvoir qu'elle implique pourrait très bien être remis aux mains de la femme, lorsque celle-ci fait preuve de prudence et d'habileté. Il arrive souvent qu'une autorisation générale relève l'épouse commerçante de toute incapacité : pourquoi refuserait-on au mari la faculté d'habiliter sa femme aux actes de la vie civile, en lui donnant le mandat, au cours du mariage, de gérer la fortune commune et de diriger les affaires du ménage ? On ne voit point que ce qui fonctionne si bien en matière commerciale puisse engendrer de moins heureuses conséquences en matière civile. Il conviendrait donc d'étendre les cas d'autorisation générale, en stipulant que celle-ci sera toujours révocable. Bien plus, lorsque le mari est absent ou interdit, la raison veut que la femme soit dispensée de toute autorisation préalable. Pourquoi entraver son action par la nécessité de recourir à l'autorisation supplétive du tribunal ? Lorsqu'une femme fait preuve d'honnêteté et d'habileté, elle mérite un peu moins de défiante sollicitude et de gênante protection.

L'incapacité de la femme devrait même cesser totalement là où commence l'indignité du mari. Lorsque celui-ci est pourvu d'un conseil judiciaire, condamné à la prison, mis en faillite ou en liquidation, lorsqu'il déserte le foyer ou déshonore la famille, en tous ces cas de déchéance morale ou pénale, la femme devrait être relevée de son incapacité et placée à la tête du ménage. N'est-elle pas, par définition, le suppléant, le substitut de l'époux incapable ou indigne ? On cite notamment des cas d'abandon monstrueux où le mari, ayant passé la frontière, se rit de la mère et des enfants, reste sourd à toutes les sommations et inaccessible à toutes les procédures. Quand le chef de la famille forfait à ses devoirs, la révocation est de rigueur. C'est une sorte de mauvais prince qu'il faut déposer au plus vite.

Enfin, il nous paraît que la séparation de biens judiciaire devrait conférer à la femme la même capacité que la séparation de corps. Pour justifier la différence que la loi du 6 février 1893 a maintenue, on allègue que la communauté d'existence disparaît dans la séparation de corps et subsiste dans la séparation de biens. Soit ! Et pourtant, lorsqu'il s'agit d'une simple question d'ordre pécuniaire, n'est-il pas contradictoire de soumettre la femme séparée de biens, pour les actes de disposition qui excèdent ses pouvoirs d'administration, à l'autorisation d'un mari reconnu judiciairement incapable de diriger les affaires communes ?

En un mot, sans abolir radicalement l'autorisation maritale, nous faisons des voeux pour l'élargissement de la capacité civile de la femme. Allons plus loin : est-ce assez de suspendre ou même de supprimer, dans certains cas limités l'*autorisation* maritale ? Ne convient-il point de s'attaquer au principe d'où elle découle, c'est-à-dire à l'*autorité* maritale elle-même ?

Pourquoi pas ? Si la raison veut que, dans le mariage, l'homme ait le gouvernement des affaires et des personnes de la famille, elle n'exige point qu'il la garde, au préjudice de la mère et des enfants, quand il s'en montre indigne. En ce cas, l'intérêt de tous commande qu'on lui enlève la direction du foyer pour la transmettre à la femme. Lorsqu'un cocher heurte son attelage à toutes les bornes et verse sa voiture dans toutes les ornières, n'est-ce point prudence et sagesse de lui enlever les guides ? On voudra bien remarquer qu'il ne s'agit plus seulement, dans notre pensée, de libérer l'épouse d'une suprématie malfaisante, mais de dépouiller le mari de tous les pouvoirs dont il mésuse, pour les confier expressément à la femme. Ce serait une petite révolution de palais que l'inconduite du « seigneur et maître » justifiera plus d'une fois. Quand un ministre gouverne mal, on le relève de ses fonctions, et l'administrateur déchu redevient un administré subalterne. Pourquoi l'époux incapable ou malhonnête ne subirait-il pas le même sort ? La puissance maritale serait-elle donc une qualité intransmissible, une fonction inamovible ? Soutiendrait-on, sous notre démocratie, que la puissance maritale est semblable à la puissance royale, dont les femmes étaient écartées par la loi salique ?

Conformément à nos idées, une loi du 24 juillet 1889 a déclaré que l'autorité paternelle ne peut tourner, aux mains d'un père indigne, en mauvais traitements ni en spéculations infâmes. Après avoir protégé l'enfant, pourquoi ne point protéger la femme ? On n'hésite plus aujourd'hui à transporter la puissance paternelle à la mère : pourquoi ne point transmettre la puissance maritale à l'épouse ? L'autorité du mari est-elle plus sacrée que celle du père ? Autre analogie : l'article 124 du Code civil permet à la femme, en cas d'absence de son mari, d'opter pour la continuation de la communauté et de prendre en mains l'administration des biens. Pourquoi un jugement de déchéance, prononcé contre le mari convaincu d'imbécillité ou d'indignité, ne pourrait-il pas investir la femme d'un même droit d'option et d'un même pouvoir de direction ?[79] Le gouvernement du ménage doit appartenir au plus digne. Nous accorderions donc à la femme une action en déchéance de la puissance maritale contre l'époux coupable ou dément, avec faculté pour le juge de transmettre à la demanderesse tous les droits qui appartiennent au défendeur en sa qualité de chef de la famille.

Confucius disait fort irrévérencieusement : « L'homme est à la femme ce que le soleil est à la lune. Il dirige et elle obéit ; et c'est ainsi que règne l'harmonie. » D'accord. Mais lorsque le soleil brûle au lieu d'éclairer, n'est-il pas naturel qu'on lui préfère la douceur du clair de lune ? C'est pourquoi toutes les fois que le gouvernement du mari devient stupide ou malfaisant, nous proposons de transporter ses pouvoirs aux mains plus sages et plus honnêtes de la maîtresse de maison. Il n'est point de règle humaine qui ne comporte des exceptions inévitables.

En dernière analyse, ce qu'il faut réprimer chez l'homme, c'est l'excès de pouvoir et l'abus du droit. Les esprits modérés nous feront peut-être l'honneur de convenir que les nombreux amendements, dont nous venons de les entretenir, atteignent ce but en relevant la capacité civile de la femme sans décapiter tous les maris de leurs prérogatives nécessaires. Quant aux féministes intransigeants, il est à croire qu'ils trouveront ces améliorations insignifiantes et parfaitement inutiles. Pourquoi s'attarder à des corrections

---

[79] Paul Cauwès, *De la protection des intérêts économiques de la femme mariée*, p. 20.

de détail ? A quoi bon retoucher notre loi matrimoniale ? Le mal étant plus profond, le remède doit être plus radical. En 1900, tandis que la Gauche féministe discutait la question de la communauté légale, un congressiste, peu satisfait des demi-mesures proposées, fit remarquer qu'il était insuffisant de briser « quelques barreaux de cette prison qu'on appelle le mariage. » Couper seulement les liens qui nous entravent les pieds, en respectant ceux qui nous enchaînent la tête et les bras, est une préoccupation de naïf ou une besogne de poltron. C'est à l'institution matrimoniale elle-même que les esprits vraiment libres doivent, paraît-il, s'attaquer résolument. Et l'homme courageux, dont je parlais tout à l'heure, réclama l'abolition pure et simple du mariage. Suivons-le sur ce terrain.

LIVRE III

ÉMANCIPATION CONJUGALE DE LA FEMME

CHAPITRE I

L'AMOUR CONJUGAL

I.--Traditions chrétiennes du mariage.--Son fondement : devoir ou plaisir ?--Il ne doit se confondre ni avec la passion qui affole, ni avec le caprice qui passe. II.--L'amour-passion : ses violences et ses déceptions.--Le mariage sans amour : son abaissement et ses tristesses. III.--Instinct mutuel d'appropriation.--Rites solennels de célébration.--L'amour conjugal est monogame.--Que penser de l'indissolubilité du mariage ? IV.--C'est une garantie prise par les époux contre eux-mêmes.--L'accord des âmes ne se fait qu'à la longue.--Exemples pris dans la vie réelle.--A quand l'amour sans lien ?

I

L e Livre fameux de Stuart Mill, l'*Assujettissement de la femme*, repose sur cet axiome que « le mariage est, à présent, le seul esclavage reconnu par les lois. » Cette parole a trouvé de l'écho un peu partout, même en France. On nous affirme que, d'après le Code civil, la femme est la servante du mari. Il y a deux lois dans notre loi, dit-on : l'une pour les hommes, l'autre pour les femmes.

Et notre société contemporaine accepte cette inégalité criante ! A qui la faute, sinon à l'atavisme chrétien, à l'héritage obscur des ancêtres qui, prolongeant en nous leur vie morale, sentent et pensent, à notre insu, dans nos âmes ébranlées vainement d'un désir confus d'intégral affranchissement ? Qui nous débarrassera de la servitude des idées religieuses ? Après s'être émancipés du joug de la foi, les incroyants auront-ils le courage de s'affranchir des scrupules de la morale « sacramentelle » ?[80] Et de fait, un certain féminisme s'applique passionnément à déchristianiser l'institution matrimoniale.

Il nous semblait pourtant qu'en épurant et en sanctifiant le mariage, la religion du Christ n'avait point amoindri et maltraité la femme. Il est vrai que Jésus ne permet à ses fidèles ni la polygamie ni le divorce. On lit dans l'Évangile selon saint Mathieu : « Au commencement, Dieu a créé un homme et une femme, un seul couple. C'est pourquoi l'homme quittera son père et sa mère et s'attachera à sa femme. Ils ne seront plus deux, mais une seule chair. Donc, que les hommes ne séparent point ce que Dieu a uni. Le mari qui abandonne sa femme pour en épouser une autre et la femme qui abandonne son mari pour en épouser un autre, commettent un adultère. »[81] Cette parole a restitué au mariage, dans l'intérêt des deux époux, l'honneur et la sécurité.

Par ailleurs, en admettant même que le christianisme n'ait rien de divin, il faudrait reconnaître au moins qu'il a valu à la femme, en la personne de Marie, mère de Jésus de Nazareth, d'incomparables hommages et la glorification magnifique de la pureté féminine et de la dignité maternelle. Aussi Marie est devenue le modèle de la femme et la protectrice bénie de la famille chrétienne. Et s'autorisant de

---

[80] Joseph Renaud, *La Faillite du mariage*, p. 44.

[81] *Saint Mathieu*, XIX, 3-10.

ce grand exemple, saint Paul a proclamé que « les femmes se sauveraient par leurs enfants. »[82]

Plus tard, l'ancienne chevalerie, qui s'obligeait par serment à défendre le bon renom des dames, avait en particulière dévotion « la très douce Mère de Dieu ». De là une littérature qu'on a justement appelée « marianique », où les chevaliers-poètes célébraient leur « chère Dame », la « benoîte » Vierge Marie. Mais on sait que ce culte de la femme ne fut pas toujours aussi mystique ni aussi épuré. Il n'en reste pas moins que ç'a été le grand honneur de l'Église de maintenir le droit de la femme à la liberté, au respect et à la vertu, à l'encontre de la corruption des moeurs et des passions sensuelles des princes. « Pendant tout le moyen âge, écrit le comte de Montalembert, le pontificat des Pères de la chrétienté se passa en luttes continuelles, afin de garder l'indissolubilité du mariage contre les prétentions déraisonnables des grands seigneurs féodaux. » Et ces luttes pourraient bien recommencer contre les partisans du libre amour et de la libre jouissance !

« Toutes les questions sur le droit des femmes, sur les relations entre maris et femmes, n'existent que pour les personnes qui ne voient dans le mariage qu'un plaisir. » Cette parole de Tolstoï jette sur les équivoques du « féminisme conjugal » une clarté directe et franche. Il y a un abîme entre le sensualisme, né du désir charnel, qui ne voit rien au-delà des joies de la possession, et l'esprit des noces légitimes qui assigne à l'union des corps et des âmes la préoccupation suprême des enfants à naître et de la famille à fonder. Tandis que la passion s'acharne exclusivement à la poursuite d'une sensation actuelle et fugitive, le mariage subordonne celle-ci à l'avenir de la race et au peuplement du foyer. En deux mots, on ne se marie pas seulement pour le plaisir, on ne se

---

[82] *Épître à Timothée*, II, 15.

marie pas uniquement pour le présent. Le mariage ne doit se confondre, ni avec la passion sensuelle qui affole, ni avec la capricieuse amourette qui passe. Il veut plus de raison et aspire à plus de durée.

II

Et d'abord, il n'est pas désirable que la passion préside au mariage, parce que les sens y ont plus de part que le coeur. La passion, en effet, est fantasque et violente : elle ressemble à un orage. Elle fait même plus de blessures qu'elle ne cause de joies. Elle est absorbante, ombrageuse, inquiète, dominatrice ; elle veut posséder l'objet aimé tout entier, sans que celui-ci ait le droit de retenir quoi que ce soit de lui-même ; elle est jalouse des amis, des livres, des bêtes, auxquels le partenaire adoré--et persécuté--a le malheur de donner un peu de son coeur. Les femmes ne sont pas rares qui éprouvent cette fièvre d'amour. Ce sont des malades dangereuses. Quiconque est pris et serré dans l'étau d'une passion aveugle est un être à plaindre. S'il ne s'arme d'un courage surhumain pour secouer le joug qui l'étouffe, il tombera de défaillance en défaillance, de l'amour à la faiblesse, de la faiblesse à la lâcheté, jusqu'à l'abandonnement de soi-même, jusqu'à la dégradation de tout son être : c'est un suicide lent.

Que s'il veut réagir, se révolter, se reprendre, quelles luttes et quelles souffrances ! Je ne voudrais pas souhaiter, même à un ennemi, le mariage d'une affection douce avec un amour-passion. C'est l'union de deux choses inconciliables. Liez une créature ardente et fébrile, tout feu, tout flamme, tout désir, avec une autre capable seulement de tendresse raisonnable, où entrent surtout la condescendance amicale et l'instinct protecteur, et vous aurez un ménage d'enfer. Sans doute, entre gens qui s'aiment d'une flamme égale et modérée, les disputes ne sont pas rares. Mais entre un amoureux fou et un amoureux sage, il y a discord mental, incompatibilité absolue, déchirement continuel. Ils vivent ensemble sans se comprendre, ils respirent le même air sans s'accommoder l'un à l'autre. Ce sont des étrangers qui couchent dans le même lit, sans pouvoir se communiquer leurs pensées, sans pouvoir connaître et goûter leur âme. De l'un à l'autre, point d'entente possible : ils s'enferment en eux-mêmes, se torturent, se martyrisent jusqu'au jour de la séparation inévitable. Ce qui fait que bon nombre de mariages d'inclination tournent mal, c'est précisément que la passion y préside exclusivement, soit d'un côté, soit de l'autre, ou même des deux à la fois ; et la passion ne fonde rien de solide, parce qu'étant faite surtout de désir, elle est incohérente et folle. Je le répète : la passion est une fièvre délicieuse et pernicieuse, dont il est souvent plus facile de mourir que de guérir.

Non qu'il faille, grand Dieu ! se marier sans amour. Ne laissons pas s'aggraver le discrédit où déchoit insensiblement le vrai, l'honnête, le pur amour, l'amour conjugal ! Le mariage n'est pas seulement l'union de deux vies, de deux bourses, mais avant tout l'union de deux coeurs. Sinon, il ne mériterait pas d'être défendu. Se marier sans amour, quelle misère ! Comme si l'amour n'était pas le sourire de la vie ! Il n'est que son rayonnement pour éclairer la beauté des choses. Si tant de gens passent à côté des merveilles de l'univers sans les voir ni les sentir, n'est-ce point que leur âme solitaire ne s'est jamais éclairée de cette lumière intérieure, qui rend plus présentes et plus chères aux coeurs aimants les splendeurs de la nature et de la vie ? Il suffit d'aimer pour trouver le ciel plus bleu, l'air plus léger, la terre plus clémente, plus parée, les hommes meilleurs et les femmes plus parfaites. Ayez le coeur en joie, et vous verrez le monde en fête. L'amour est un magicien charmant qui anime, colore, et embellit l'existence. Ne le bannissons point du mariage.

Mais cet amour doit être plus réfléchi que la passion, et plus sérieux qu'une amourette. A l'homme et à la femme qui veulent fonder une famille, il faut une affection mutuelle, profonde, solide. On ne se marie pas seulement pour soi, on se marie aussi pour l'autre. Sans réciprocité consentie et partagée, le mariage est lésionnaire et malheureux. On ne se marie pas davantage pour six mois ou pour six ans, mais pour toujours. Il s'agit là d'une liaison à vie, et non d'un caprice passager. Sans desseins de long avenir, sans promesses de durée, sans garanties de fidélité, le mariage est fragile et précaire. Enfin, avant toute autre considération, le mariage doit être contracté en vue des enfants à naître et du foyer à fonder. Cessons donc de le regarder comme le dénouement d'une intrigue habile ou le couronnement d'un simple désir. Qu'il ne soit ni la fin d'un long célibat pour les hommes, ni la fin d'un roman aventureux pour les femmes, ni surtout l'aboutissement et l'assouvissement de la passion pour les uns ou les autres ! Le mariage est le commencement d'une famille ; il lui faut des gages d'avenir et des assurances de perpétuité.

III

C'est pourquoi, peut-être, l'amour conjugal ne suppose pas seulement l'instinct de possession, mais encore l'instinct d'appropriation. Il faut que les époux se sentent bien l'un à l'autre, pour aujourd'hui et pour demain, sans réserve, sans partage, sans retour, et maintenant et toujours. Et ce sentiment de confiance et de sécurité doit être réciproque. Là est l'essence et l'honneur du mariage chrétien.

Autrefois l'homme cherchait à réaliser cette assurance par la force, à son profit exclusif. On sait que, dans les temps anciens, la femme fut généralement attribuée à l'homme par droit de conquête ou par droit d'achat. Butin vivant soumis aux violences du rapt ou proie charnelle exposée sur les marchés d'esclaves, elle dut subir servilement, durant de longs siècles, la loi du vainqueur ou de l'acquéreur devenu son souverain maître.

Aujourd'hui les deux époux se donnent et s'appartiennent l'un à l'autre. Qu'on ne s'offense point de ce langage : George Sand a écrit elle-même que « l'amour est un esclavage volontaire auquel la femme aspire par nature. » Et l'homme, pareillement. Quiconque est porté vers le mariage par des sentiments honnêtes, se sent las de son indépendance et prêt à aliéner une part de soi-même au profit de l'être aimé. C'est avec joie qu'il se donne et qu'il se lie. Et comme il ne s'agit point là d'une relation fortuite et brève, mais d'une convention à vie, les deux futurs conjoints ont une si pleine conscience de la gravité de l'acte décisif qui va les attacher l'un à l'autre, qu'ils aiment à l'entourer d'éclat et de splendeur. Ils sentent en même temps leur tendresse si supérieure aux caprices de l'instinct, ils voient si bien que leur mariage n'est pas seulement la conjonction de deux organismes, mais aussi l'union plus complète et plus durable de deux existences, qu'ils souhaitent de prendre à témoin de leur amour le ciel et la terre et de solenniser leur consentement par quelque noble consécration publique. Les rites qui, dans presque toutes les civilisations humaines, notifient et sanctionnent les noces légitimes de l'homme et de la femme, ne sont donc point une artificielle improvisation des lois civiles et religieuses ; ils sont nés bien plutôt d'un entraînement spontané, d'une impulsion générale ; et bien qu'ils aient été jadis avilis par des usages sacrilèges, ils ne sont pas moins l'expression d'un mouvement du coeur et d'un besoin de nature. Si l'on demande maintenant pourquoi les époux manifestent, en s'unissant, ce voeu d'unité et cette préoccupation de perpétuité qui sont de l'essence du mariage, nous tirerons du coeur humain lui-même une observation importante.

L'amour est monogame. Il ne se partage point ; il se donne tout entier. Notre coeur est ainsi fait qu'il n'a jamais qu'une seule affection en un même moment. Il lui serait impossible de mener de front deux passions. L'amour est exclusif. Ce qui ne veut point dire que son objet ne puisse varier successivement. Seulement, quand un nouvel amour détrône et expulse le premier, celui-ci est comme effacé, annihilé, aboli. Il ne compte plus. Encore une fois, il est contre nature que deux affections également amoureuses puissent se juxtaposer en une même âme. L'amour véritable répugne au partage. Tout ou rien, voilà sa devise. Mais le coeur humain s'arrange très bien des affections successives. Il est volage. Et si troublants sont ses transports et si prestigieux ses artifices, qu'il se persuade naïvement que son amour actuel est son premier, son unique amour.

Nous montrerons plus loin que c'est le malheur du divorce de favoriser puissamment ces étranges illusions, et de servir de la sorte les fins de l'amour libre. Faites que les unions monogamiques puissent être librement dissoutes par consentement mutuel, au gré des parties intéressées, ainsi que se font déjà les divorces en divers pays du monde, et la famille stable d'aujourd'hui aura vécu. Alors tous les amants seront époux. Pour combien de temps ? Cela dépendra de l'amour qui les unit. « Le mauvais de la famille actuelle, a-t-on dit, ce n'est pas la monogamie, qui est la forme la plus digne de l'union des sexes, mais plutôt la quasi-indissolubilité légale. »[83]

Cette parole d'un socialiste modéré nous montre assez que, pour le moment, l'attribut du mariage le plus menacé est la perpétuité. Et pourtant le respect des liens matrimoniaux est de nécessité publique. Toute société est directement intéressée à la stabilité des familles ; et le

[83] B. Malon, *Le Socialisme intégral*, t. I, chap. VII, p. 373.

mariage indissoluble a précisément pour but de lui assurer la continuité, la durée, la solidité, sans lesquelles nul peuple ne saurait vivre et prospérer. Les liens volontaires qu'il consacre ne sont point faits pour les bons ménages qui se soutiendraient naturellement sans leur appui, mais pour les médiocres qui sont légion, et dont l'ébranlement et la dissolution jetteraient autour d'eux le scandale, le trouble et la confusion. Au fond, le mariage est une garantie que les époux prennent contre eux-mêmes dans l'intérêt des enfants et, conséquemment, dans l'intérêt de la société elle-même.

IV

A bien y réfléchir même, on ne tarde guère à se convaincre que tous les gens mariés ont besoin de cette « assurance » préventive. Je ne crois pas faire injure aux meilleurs ménages en affirmant qu'à la suite d'un froissement grave ou d'un désaccord passager, ils ont été tentés plus d'une fois, au fond du coeur, de se déprendre et de se désunir.

Supposons un mariage qui réunisse toutes les conditions de bonheur : est-on sûr qu'il sera heureux ? Non. Les femmes se trompent qui lui demandent avidement, non pas seulement la sécurité, la dignité, mais encore la plénitude des joies terrestres. S'il faut mettre de l'amour dans le mariage, c'est à condition de n'en point chasser la raison et de songer à l'avenir autant qu'au présent, aux enfants autant qu'à soi-même. Pourquoi faut-il que beaucoup de jeunes filles soient élevées et entretenues dans cette idée que l'époux est fait pour leur donner la félicité, que leur béatitude dépend d'un homme, et que celui-ci doit réunir à cette fin toutes sortes de mérites introuvables ? Avec les qualités qu'on exige du mari rêvé, un dieu ne serait pas capable de faire un époux sortable. Quand les femmes se persuaderont-elles qu'on ne réalise point à volonté le bonheur de qui que ce soit, même en l'aimant de tout son coeur, pour cette bonne raison que notre bonheur vient de nous-mêmes beaucoup plus que des autres ?

En réalité, il n'est pas de ménage qui n'ait,--un peu plus tôt ou un peu plus tard,--ses préoccupations, ses tourments, ses épreuves. Les meilleurs époux ne sont mariés véritablement qu'après plusieurs années de vie commune, non exempte de froissements d'amour-propre. Les prémisses du mariage sont un trompe-l'oeil ; la légendaire « lune de miel » n'est qu'une comédie galante qu'on se joue l'un à l'autre. L'harmonie de deux âmes ne s'improvise point. On peut s'aimer dès la première rencontre ; on ne s'accorde qu'à la longue. Le coup de foudre peut rapprocher les coeurs ; il ne fond point les caractères. L' » unisson » suppose un stage de concessions réciproques et de bienveillante condescendance.

Cela étant, est-ce trop dire que peu de ménages se condamneraient aux obligations du support mutuel, s'ils pouvaient, à tout instant, sortir du mariage par une porte largement ouverte sur le monde ? En tout cas, à se croire et à se sentir liés pour la vie, il leur est plus facile de se plier aux devoirs de leur condition et d'acheter, au prix de quelques sacrifices préalables, un peu de paix et de bonheur pour l'avenir.

Voici, par exemple, une mère de famille entendue à tous les soins domestiques, appliquée à l'administration de son intérieur, tenant son rang avec dignité, sans effacement ni ostentation, respectée de tous et faisant honneur à son mari. Aux premiers temps de sa vie nouvelle, il lui est peut-être échappé dans l'ombre, sinon des larmes, du moins bien des soupirs. Mais à mesure que s'écoulent les jours et les années, à mesure que se forment plus de liens et que se nouent plus d'obligations, son âme s'ouvre mieux à la véritable conception des devoirs de ce monde ; et pendant qu'elle se dépense pour le bonheur des siens et court, vigilante et affairée, d'un berceau à l'autre, elle se dit que les petites pensionnaires sont folles qui rêvent la vie tout en bleu ou tout en rose ; que le seul moyen de couper court aux vaines imaginations, c'est de remplir simplement son devoir, et qu'on fait son bonheur sur la terre moins en cherchant sa félicité propre qu'en travaillant activement à celle des autres.

A ce propos, parlons un instant de la femme intelligente mariée à un mari vulgaire. C'est l'histoire de Mme Bovary ; et ce que le chef-d'oeuvre de Flaubert a suscité de tentations dans l'âme aigrie des femmes qui se jugent supérieures à leur mari, les confesseurs pourraient seuls le dire ! Afin de se libérer du contact journalier d'un lourdaud stupide, l'idée est venue plus d'une fois à ces vaniteuses de rompre leur chaîne, de fuir le foyer, d'abandonner les enfants. Puis la crise de révolte passée, quand la raison et la sagesse ont repris le dessus, quand l'esprit de devoir l'a emporté, Dieu aidant, sur l'esprit d'orgueil, elles se sont apaisées, assagies, et elles sont restées à la maison, l'âme triste, mais soumise et résignée.

Croyez-vous donc que, sans le lien matrimonial, elles ne seraient pas parties, préférant le libre amour à la vulgarité du devoir quotidien ? Supprimez l'attache légale, et les époux rendus à leurs passions, à leurs caprices, à leurs faiblesses, se disperseront comme une gerbe déliée au premier vent d'orage. Et ce que je dis de la femme supérieure à son mari, je le dis pareillement du mari supérieur à sa femme. Ce second cas n'est pas plus rare que le premier. Croyez-vous que cet homme ne sente point, par instants, une furieuse envie de rompre les entraves d'une communauté pénible ? Heureusement les attaches conjugales le retiennent ; puis l'habitude l'apaise, le berce, l'endort. Et finalement, les enfants ont le bonheur de grandir entre le père et la mère.

CHARLES TURGEON

En vérité, je le répète, il n'est peut-être pas un seul ménage, si bien assorti qu'on le suppose, qui, à de certains moments de contradiction et de mauvaise humeur, n'ait souhaité de revenir en arrière, regimbant sous le frein qui le lie. Mais on s'est fait lentement l'un à l'autre. Aux frottements de la vie commune, les aspérités se sont émoussées. Et peu à peu le mariage a rapproché, uni, mêlé, fondu si complètement les deux unités conjugales que, si différentes qu'elles fussent l'une de l'autre, elles ont fini par s'entendre, se concilier, s'harmoniser. La paix est faite. Quelque chose est passé de Lui en Elle et d'Elle en Lui. Ils ne peuvent plus se déprendre, se détacher sans souffrance. Cette fois ils sont bien mariés. Et la société compte une assise de plus : voilà le grand bienfait social du mariage !

Et maintenant, un temps viendra-t-il où les unions conjugales se formeront par pure affection, sans alliage d'orgueil, de caprice, d'égoïsme ou d'intérêt ? Les ménages de colombes deviendront-ils une règle sans exception ? Tourtereaux et tourterelles construiront-ils leurs nids sans le moindre calcul d'ambition, sans aucune préoccupation d'argent, sans nul souci du lendemain ? L'humanité est-elle destinée à roucouler unanimement ? Il n'en coûte rien de l'espérer. Ce jour-là seulement on pourra, sans inconvénient, émanciper la foi conjugale de toutes les chaînes de sûreté que les traditions, les moeurs et les lois ont forgées entre les époux. Plus de conjoints, tous amants !

On verra même bientôt que des hommes pressés, qui sont tout miel et tout amour,--j'ai suffisamment désigné les anarchistes et les socialistes,--voudraient dès maintenant libérer les époux de tout assujettissement respectif ; car il faut bien reconnaître que l'humanité mettra quelque temps à s'élever à l'idéale perfection dont nous parlions tout à l'heure. Ces messieurs appréhendent qu'à serrer si fortement le lien civil des mariages, on ne brise le lien spontané des libres affections, et qu'en appesantissant sur nos épaules le

joug des contraintes légales, on affaiblisse en nous
l'attraction mystérieuse des âmes.

N'ayons cure de ces tendres scrupules. L'amour vrai
ne souffre point des précautions prises pour en assurer la
continuité. Il est inévitable qu'une société civilisée prenne
des garanties en faveur des enfants et, pour cela, qu'elle
mette chaque couple en garde contre lui-même, protégeant
ainsi le mari et la femme contre l'inconstance et la fragilité de
leurs propres sentiments. Oui, les sanctions légales et
religieuses sont l'aveu de notre faiblesse, le soutien de notre
infirmité ; et tant que les pauvres humains resteront ce qu'ils
sont, faillibles, capricieux et volages, il sera de nécessité
sociale de mettre un peu chaque ménage sous les verrous.
Attendons patiemment qu'ils soient devenus parfaits pour
démolir les serrures.

CHAPITRE II

LA RÉFORME DU MARIAGE

I.--Récriminations féministes contre les moeurs et contre les lois.-- Sont-elles fondées ?--La « loi de l'homme ».--Exagérations dramatiques. II.--Jugement porté sur l'oeuvre du Code civil.--S'il faut la détruire ou la perfectionner.--Améliorations désirables. III.-- Entraves excessives.--Ce que doit être l'intervention des parents.-- Sommations dites « respectueuses ».--Mariages improvisés.-- Fiançailles trop courtes. IV.--Une proposition extravagante.--Le « concubinat légal ».

Il est d'habitude chez les féministes de récriminer amèrement contre le mariage. Leurs doléances sont de fait et de droit ; elles accusent à la fois les moeurs et les lois. Nous les suivrons dans cette double argumentation lamentable.

I

L'histoire du mariage n'est, paraît-il, que le martyrologe des femmes. Quoi de plus navrant que la vie d'une femme malheureuse en ménage ? Elle s'est mariée par coquetterie ou par amour, séduite par le brillant avenir d'un esprit fort ou seulement par l'élégance soignée d'un joli garçon. Son ignorance du monde ne lui permettait point d'apercevoir l'insignifiance de l'un ou l'égoïsme de l'autre ; et elle s'est laissé prendre au miel des paroles caressantes et des prévenances attentives. Et une fois le mariage consommé, l'amoureux a disparu et le maître est resté. Plus de tendres propos, plus de douces fleurettes. Et après les désenchantements du coeur et les angoisses de la maternité, sont venus les soucis journaliers d'une vie médiocre, les regrets de l'indépendance perdue, les calculs étroits du ménage, mille combinaisons laborieuses pour « faire durer la livre de beurre un jour de plus ou payer la viande et le sucre quelques sous de moins. » Et la fraîche beauté de la jeune mariée s'en est allée et, avec elle, la paix, le contentement et la gaieté.

Qu'opposerons-nous à ce triste tableau, sinon qu'il serait injuste d'en conclure que tous les maris sont des tigres ou des ânes ? On doit se dire, après tout, que les femmes mal mariées ne sont pas la majorité, même en France ; que l'homme n'est pas toujours le tyran et qu'il est souvent la victime ; que le cas n'est pas rare où la frivolité prodigue et la sécheresse cruelle d'une femme ont brisé et avili toute une existence masculine ; qu'ils sont nombreux les commerçants, les employés, les fonctionnaires que pressent et assiègent les inquiétudes et les soucis du ménage à soutenir et du budget à équilibrer ; bref, que la loi du travail s'impose à l'homme comme à la femme et que, pour mieux en supporter l'écrasant fardeau, il n'est que d'associer leurs vies et d'unir leurs forces et leurs dévouements. S'il y a des femmes malheureuses, il y a des maris qui souffrent tout autant. A qui la faute ? Ces époux mal assortis devaient s'unir avec plus de circonspection.

« Vous en parlez d'un coeur léger, me dira-t-on. Vous oubliez que les infortunes de la femme sont aggravées et sanctionnées par les lois. Les hommes ayant fait le Code de leur seule autorité, il est inévitable qu'ils l'aient conçu et fabriqué à leur seul avantage. Au vrai, le Code Napoléon n'est pas la loi, mais leur loi. »

Rappelons-nous, en effet, la *Loi de l'homme*, cette pièce de M. Paul Hervieu qui a remporté un si beau succès auprès des dames : on ne saurait trouver un exemple plus curieux des inégalités et des injustices accumulées contre la femme par notre législation draconienne. Toute épouse qui n'a pas en main les preuves flagrantes et brutales requises pour assurer le divorce, est absolument désarmée. Que si, n'écoutant que sa dignité, elle se résigne à une séparation amiable, le mari peut s'y opposer et la contraindre au besoin à réintégrer le domicile conjugal. Donne-t-il son consentement : à défaut d'un contrat prudent, l'épouse qui s'éloigne n'a aucun moyen de reprendre sa dot. Et enfin, quand il s'agira de marier les enfants nés de cette triste union, en cas de dissentiment entre les époux séparés de fait et non de droit, l'acquiescement du père l'emportera sur le refus de la mère. Telles sont les infamies, nous dit-on, qui se peuvent commettre sous le couvert de la loi de l'homme, en un siècle qui se vante de sa civilisation. Le Code français livre la femme au mari pieds et poings liés. Et l'on prétend que le sexe fort ne s'est pas taillé la part du lion ?

Nous répondrons que, n'en déplaise aux âmes dramatiques, tout cet assemblage d'énormités est accidentel et systématique. Qu'à la rigueur, une femme désolée de s'être mal mariée ou une fille navrée de ne point l'être, s'en prenne aux lois et à la société, la première du mauvais ménage qu'elle a fait, la seconde du bon ménage qu'elle aurait pu faire : rien de plus naturel. Au lieu de s'accuser soi-même, il est bien plus simple d'accuser tout le monde. Seulement, dans la vie réelle, ces cas sont de pures anomalies. Ce n'est point par les accidents qu'il faut juger d'une loi, mais par les situations communes et normales. Rien de plus simple et de plus injuste que d'imaginer des exceptions cruelles qui révoltent les coeurs tendres. Et puis, renversez les rôles, donnez à l'épouse la totalité des droits qui appartiennent présentement à l'époux : la tyrannie n'aura fait que changer de tête. Comme l'a dit M. Brunetière à M. Paul Hervieu lui-même, « si la *Loi de la Femme* se substituait à la *Loi de l'Homme*, que croyez-vous qu'il y eût de changé dans le monde ? »[84]

II

En réalité, notre Code civil ne mérite ni la colère des uns, ni l'admiration des autres. Nous croyons même qu'il occupera dans l'histoire de la condition féminine un rang honorable. Avant lui, certains vieux auteurs poussaient la rudesse masculine jusqu'à déclarer la femme « battable », mais pour un juste motif et à condition de ne point l'estropier. En maintes coutumes, l'exhérédation des filles était partielle ou totale. D'ordinaire, les soeurs n'étaient point admises à partager l'héritage paternel avec leurs frères. Dans le droit féodal, la noblesse n'admettait pas qu'aux enfants, qui avaient même part dans leur affection, les parents pussent laisser même part dans leur succession. Les mâles étaient privilégiés. Ç'a été une des meilleures inspirations du Code de généraliser l'égalité roturière et de reconnaître aux filles, comme aux garçons, la plénitude de la capacité héréditaire, en n'accordant toutefois à l'un ou à l'autre époux survivant, mari ou femme, qu'une vocation subalterne que la loi du 9 mars 1891 a justement améliorée. En tout cas, notre législation successorale a tenu la balance égale entre les deux sexes. La loi réparatrice, que nous venons de citer, a même eu pour objet d'empêcher la veuve d'être plongée dans la misère par la mort du mari qui lui assurait, de son vivant, le luxe ou l'aisance.

---

[84] Réponse au discours de réception de M. Paul Hervieu à l'Académie française.

Ce n'est pas une raison de soutenir que notre vieux Code civil est un monument intangible. Nous avons déjà reconnu que, dans les relations respectives des époux, il a exagéré les pouvoirs du mari sur la personne et sur les biens de la femme. Ses rédacteurs n'ont point échappé à l'esprit de l'époque et à l'influence de Napoléon, qui affirmait cavalièrement que « la femme est la propriété, de l'homme comme l'arbre à fruits est celle du jardinier. »

A ces exagérations de pouvoir, nous avons proposé d'importantes restrictions, convaincu que la civilisation d'un peuple se mesure au degré de justice et d'humanité dont la loi des hommes entoure la condition des femmes. Là ou la faiblesse est une cause de déchéance, on peut être sûr que le législateur, étouffant le cri de la pitié, n'a obéi qu'à son égoïsme ; ce qui revient à dire que là où la femme est méprisée, l'homme lui-même est méprisable. « Rappelez-vous, disait Fouché à Mme Récamier, qu'il faut être douce quand on est faible. »--» Et qu'il faut être juste quand on est fort, » répliqua celle-ci. Ces deux paroles méritent de vivre dans la mémoire des hommes et des femmes.

Investis de fonctions également nécessaires à l'espèce, les époux doivent jouir, non pas de prérogatives identiques qui engendreraient la confusion, mais de droits équivalents qui assurent l'ordre dans la famille en donnant satisfaction à l'équité. Point d'égalité niveleuse, mais une juste « péréquation ». Certains féministes, hélas ! n'y songent guère. En 1896, dans son assemblée générale annuelle, la Ligue pour le Droit des femmes avait discuté les « divers modes de contrats de mariage, » et Mme Pognon, qui présidait, venait de formuler ainsi la conclusion : « Le Code est mauvais ; donc il faut le brûler et en refaire un autre. »--» Non pas, réclama un assistant. Il faut le brûler et ne point le refaire. » Et la séance fut levée sur cette parole anarchique.

CHARLES TURGEON

Il n'est donc pas superflu de recommander aux femmes de rester femmes, de ne point modifier, déformer, dénaturer leur sexe par des nouveautés malséantes, mais de s'appliquer simplement à améliorer le sort de celles qui peuvent souffrir d'une législation quelque peu vieillie, en corrigeant, en amendant, en complétant le Code civil, au lieu de le jeter au feu avec de grands gestes et de grandes phrases. Signalons à ce propos l'existence d'un « féminisme matrimonial » dont les vues sont dignes d'approbation. Mme Clotilde Dissard en a fort bien exprimé l'esprit dans la *Revue féministe* : « Nous pensons que la véritable unité sociale, c'est le couple humain. L'idéal que nous poursuivons, c'est l'organisation plus parfaite, plus achevée de la famille, la coopération plus harmonieuse de l'homme et de la femme à l'oeuvre commune, la division des fonctions suivant les aptitudes de chaque sexe, naturelles ou acquises par l'éducation.» Nous tâcherons de ne point oublier ce principe en étudiant les droits et les devoirs respectifs des époux.

III

Lorsqu'une institution n'est plus d'accord avec les moeurs, il faut, de toute nécessité, ou réformer les moeurs ou modifier l'institution. Recherchons d'abord les modifications susceptibles de rajeunir le vieux mariage monogame, quitte à rechercher, en finissant, si la réforme morale ne serait pas plus désirable et plus efficace que la réforme légale.

On se plaint de ce que certains mariages se concluent trop laborieusement, et que d'autres,--les plus nombreux,--s'improvisent trop légèrement : deux griefs qui ne manquent point de gravité.

On parle surtout de multiplier les facilités de se marier. Vous savez de quelles précautions la bourgeoisie française entoure le mariage de ses enfants. Il ne suffit point qu'un jeune homme et une jeune fille s'agréent mutuellement pour que l'union se fasse sans plus de cérémonie ; il faut encore que les convenances de la famille soient satisfaites. Et celle-ci pèse avec soin les situations, les fortunes, les espérances, non moins que les qualités et les inclinations des personnes en cause. Chez nous, la jeune fille est l'objet de la sollicitude inquiète et jalouse de ses parents. Ne convient-il pas de la protéger contre les épouseurs avides qui rôdent sournoisement autour du cher trésor ?

Rien de pareil en Amérique, du moins dans les classes moyennes. Jeunes gens et jeunes filles se fréquentent librement pour mieux se connaître ; et comme ils n'ignorent rien de la vie, la famille ne se mêle pas de leurs petites affaires de coeur. Point de dot d'ailleurs à la charge des parents qui, ayant moins d'obligations envers leurs enfants, sont moins tentés de les accabler de leur sollicitude. C'est pourquoi le mariage est une opération toute simple qui ne regarde guère que les intéressés.

On ne se dit pas qu'une fois mariée, l'Américaine renonce difficilement à ses habitudes de club et de libre mouvement pour se vouer modestement aux soins du ménage. Indépendante elle reste après comme avant, malgré le sacrement. La vie domestique lui pèse. L'ouvrière elle-même, au dire de Mme Bentzon, exige de son mari qu'il s'occupe du « baby ».

Mais, sans s'inquiéter de savoir si la Française émancipée copiera les gestes de ce joli modèle, on nous propose de libérer les justes noces des autorisations sévères qui en défendent l'accès. Un député en soutane, le bon abbé Lemire,--désireux d'amener au mariage un plus grand nombre de jeunes gens que les facilités de l'amour libre entraînent trop souvent vers les unions irrégulières,-- s'emploie de son mieux à aplanir les obstacles et à émonder les formalités qui encombrent la cérémonie nuptiale. A quoi l'on pourrait objecter que, si complaisante que soit la loi, le mariage ne sera jamais aussi facile que le concubinage. Ceux qui aiment leurs aises répugneront toujours à se lier pour la vie, fût-ce avec accompagnement d'encens, de fleurs et de musique. Il ne faut pas, évidemment, que la célébration des unions légitimes soit hérissée de conditions trop difficultueuses. Par contre, à diminuer toutes les garanties de sagesse et de réflexion, on ne fera peut-être que permettre aux emballés de commettre plus facilement des sottises. La fondation d'une famille est un acte plus grave qu'une amourette. On ne saurait trop y réfléchir avant, si l'on ne veut pas trop le regretter après. Et les parents, qui ont charge d'âmes, ont bien le droit de dire leur mot en cette affaire. Pour favoriser le mariage, gardons-nous d'affaiblir l'esprit de famille. Ces réserves faites, nous reconnaissons volontiers que l'influence des parents gagnerait à s'interposer adroitement, sous forme d'observations affectueuses et insinuantes. La jeunesse est plus touchée d'une remontrance douce et tendre que d'une injonction tranchante et vexatoire.

Notre loi française s'est-elle conformée à ces vues conciliantes et diplomatiques ? Dans l'article 148, qui est toujours en vigueur, le Code civil dispose que « le fils qui n'a pas atteint l'âge de vingt-cinq ans et la fille qui n'a pas atteint l'âge de vingt et un ans accomplis, ne peuvent contracter mariage sans le consentement de leurs père et mère. » Et l'ancien texte des articles 151 et 152 ajoutait que, « depuis la majorité fixée par l'article 148 jusqu'à l'âge de trente ans pour les fils et de vingt-cinq ans accomplis pour les filles, » l'assentiment des père et mère doit être sollicité par trois « actes respectueux » renouvelés successivement de mois en mois. On voit que le Code Napoléon a pris soin d'édicter des mesures de protection plus longues pour les garçons que pour les filles, par appréhension probable (ô l'injurieuse inégalité !) de la coquetterie et de la séduction dangereuses du sexe féminin.

Nous n'hésitons pas à reconnaître que ces formalités préventives étaient véritablement trop sévères et trop minutieuses. La sagesse et l'habileté font une loi aux parents (nous y insistons) de n'exercer leur autorité que sous forme d'avis et de conseils. Dans les affaires de coeur, la persuasion vaut mieux que la contrainte. Lorsque l'opposition des père et mère va jusqu'au veto impératif, l'expérience démontre qu'elle fait plus de mal que de bien. Rien de plus pénible surtout que ces sommations ironiquement dénommées « respectueuses », qui équivalent à une déclaration de guerre et n'ajournent la rupture que pour la rendre définitive. Pourquoi ne pas les supprimer ? La loi du 20 juin 1896 n'est pas allée jusque-là. Des trois actes respectueux, elle a maintenu le premier ; et le nouvel article 151 stipule qu'un mois après, « il pourra être passé outre au mariage. »

La même loi de 1896 a introduit, par ailleurs, d'heureuses simplifications. On n'ignore point que la multiplicité des formalités exigées à la mairie, la nécessité des papiers à produire et des démarches et des publications à faire, créent, surtout pour la jeune fille du peuple et son fiancé, des difficultés inextricables dont ils trouvent plus simple de sortir en se passant du maire et du curé. Les membres de la Société de Saint-François Régis, qui s'occupe du mariage des indigents, en savent quelque chose : simplifier les formalités légales, c'est supprimer une des causes du concubinage. Notre législation matrimoniale a été faite pour la classe moyenne beaucoup plus que pour la classe pauvre. Dans le peuple, où l'on fait moins de façons pour se mettre en ménage, il est bon que le mariage soit facilement accessible. Pour les ouvriers et les ouvrières, dont la plupart des parents ne s'occupent guère, la production de certaines pièces est souvent gênante ou impossible. La loi du 20 juin 1896 a restreint les exigences formalistes du Code, en diminuant les actes à fournir pour le cas fréquent du prédécès des ascendants.

Ces simplifications ne sont pas du goût de tout le monde. « Qu'on les multiplie, nous dit-on, et nos enfants se marieront à la légère ! »--A quoi je répliquerai que l'intervention impérieuse des parents n'est pas toujours, hélas ! une garantie de clairvoyance et de réflexion. Dans la bourgeoisie, le mal vient surtout de ce que les fiançailles d'aujourd'hui ne sont plus dignes de ce nom. La période en est trop courte. Rarement la jeune fille est mise à même de choisir en pleine indépendance d'esprit, en pleine connaissance de cause. On la marie hâtivement. Et pourtant, plus de prudence avant assurerait plus de constance après. Et aussi plus de liberté consciente de la part de la fiancée entraînerait plus de reconnaissance affectueuse de la part du fiancé. Sans doute, il ne faut pas se flatter de supprimer tous les accidents conjugaux. Mais faisons-nous bien tout ce qu'il faut pour les réduire au minimum ? Que d'unions improvisées ! Que de mariages « bâclés » ! Ce ne sont pas les visites aux parents, au notaire, au tapissier, qui permettent aux fiancés de s'étudier et de se connaître. En fait, quand arrive le jour des noces, trop d'époux s'ignorent l'un l'autre.

Et que de femmes en ont souffert ! Pourquoi s'étonner que des protestations s'élèvent de toutes parts contre cet usage déraisonnable de notre société française, qui cloître et isole nos demoiselles à marier, et abrège, autant que possible, la préface si charmante et si instructive des fiançailles ? Je ne puis qu'admirer une jeune fille qui, mettant le bonheur dans le devoir, dans la noblesse de la vie, dans les vraies affections,--car il n'est que là !--nourrit la prétention de se marier à son gré, c'est-à-dire d'épouser l'homme de son choix, et veut être aimée pour sa personne et non pour son argent, comme elle entend aimer son mari pour lui-même et non pour sa situation.

« C'est une tête romanesque, » diront les gens pratiques.--Mon Dieu ! les âmes élevées et tendres ont presque toujours un grain de poésie--ou de folie, comme on voudra. Où est la femme généreuse et fière qui ne soit un peu romanesque ? Une jeune fille sentimentale n'est pas nécessairement chimérique. Elle veut un homme à son goût : c'est son droit. Donnons-lui donc le moyen de le choisir et le temps de l'étudier, et pour cela prolongeons les fiançailles, qui sont le prologue nécessaire des mariages sérieux.

IV

Ces retouches et ces corrections ne suffisent point à l'esprit novateur qui tourmente ou affole un trop grand nombre de nos contemporains. C'est ainsi que des hommes ont réclamé la création d'un « concubinat légal. » Il faut dire quelques mots de cette étrange proposition.

Et d'abord, on a parlé de créer à côté du mariage, pour ceux qui trouvent cette union trop rigide et trop gênante, une sorte d'union parallèle, un type légal plus simple et plus souple, quelque chose comme l'ancien « concubinat » des Romains. On se flatte, par cette restauration d'une institution païenne, de régulariser, de légaliser, de relever dans l'opinion publique, le concubinage mal famé qui fleurit dans l'atmosphère malsaine des mauvaises moeurs parisiennes.

Disons tout de suite que cette expérience n'a pas tourné précisément à l'honneur de l'ancienne Rome. Puis, la reconstitution de cette espèce de sous-mariage ne me paraît pas d'esprit très démocratique. Fractionner l'institution conjugale, c'est appeler forcément la comparaison entre le mariage d'en haut et le mariage d'en bas. Les Romains n'ont jamais traité avec la même faveur la concubine et la matrone. Il y aura le mariage des honnêtes gens et celui des autres. Enfin à quoi bon investir ce dernier d'une sanction légale ? Nous savons le peu de considération dont le faux ménage est entouré : on le tolère, on le plaint, beaucoup lui jettent l'anathème. A coup sûr, ce n'est pas l'estampille de l'État qui le réhabilitera dans l'esprit des Français.

J'estime pourtant que, parmi ces unions irrégulières, contractées sans l'intervention des autorités religieuse et civile, il en est qui méritent le respect. De longues années de vie commune et de fidélité réciproque ont lié si fortement ces unions libres, qu'il ne leur manque plus que le sceau officiel du mariage légal. Mais alors ces faux ménages auraient tort de se plaindre des privilèges attachés à l'union régulière. Libre à eux d'en solliciter la consécration. Pourquoi refuseraient-ils d'élever leurs enfants naturels à la dignité d'enfants légitimes ? Pourquoi hésiteraient-ils â se reconnaître pour mari et femme devant le représentant de la loi ? De deux choses l'une : si le mariage leur fait envie, qu'ils se marient. Le mariage civil n'a rien qui puisse effrayer une conscience incrédule. Que si, au contraire, le mariage leur répugne, rien ne les force à s'unir devant M. le Maire. Accessible à tous, le mariage n'est obligatoire pour personne. Les récriminations des mécontents n'ont donc pas la moindre raison d'être. Cherchons autre chose.

CHAPITRE III

DU DEVOIR DE FIDÉLITÉ ET DES SANCTIONS DE L'ADULTÈRE

I.--Rôle de l'Église et de l'État.--Mariage civil et mariage religieux.--Qu'est-ce que l'union libre ? II.--Ce qu'il faut penser du devoir de fidélité.--Répression du délit d'adultère : inégalité de traitement au préjudice de la femme et à l'avantage du mari.-- Théorie des deux morales. III.--Identité des fautes selon la conscience.--Conséquences sociales différentes.--Convient-il d'égaliser les peines ? IV.--A propos de l'article 324.--S'il est vrai que le mari puisse tuer impunément la femme adultère.--Suppression désirable de l'excuse édictée au profit du mari. V.--Autres modifications pénales en faveur de la jeune fille du peuple.--La question de la prostitution.--Réforme légale et réforme morale.

I

Une fois l'union décidée et toutes ses conditions de validité remplies, l'Église et l'État ne doivent apporter à sa célébration ni entraves ni lenteurs. La solennité du mariage civil et religieux gagnerait même à être plus simple, plus recueillie, plus égalitaire. Le prêtre et le maire ne sont, après tout, que des témoins enregistreurs. Les

théologiens n'enseignent-ils pas que les futurs époux
s'administrent l'un à l'autre le sacrement de mariage, en
échangeant devant l'autel l'expression publique de leur
consentement irrévocable ? A ce compte, le prêtre, qui bénit
les mariés, ne noue pas de ses mains les liens conjugaux : il
en proclame seulement, au nom du Christ, l'inviolabilité et
l'indissolubilité ; il reçoit et atteste les promesses échangées ;
il solennise et sanctifie le pacte conclu.

Même rôle extrinsèque de la part du représentant de
l'État. Il sanctionne la volonté qu'on lui déclare ; il consacre
l'engagement qu'il reçoit ; il régularise, il légalise, il socialise
(c'est le mot propre) le mariage consenti par les époux.
L'union civile--comme l'union religieuse, d'ailleurs,--est une
garantie prise par la société contre la faiblesse et
l'inconstance humaines, en vue de la consolidation de la
famille et de la filiation des enfants.

De là deux conséquences fort importantes : d'une part,
l'État ne peut s'abstenir d'interposer son autorité dans la
législation des mariages ; et d'autre part, cette intervention de
la puissance publique n'est obligatoire pour personne.

Que l'État ne puisse se désintéresser du mariage sans
abdiquer le premier de ses devoirs sociaux, c'est ce qui éclate
aux yeux de tous ceux qui tiennent le foyer familial pour le
nid de l'enfant, pour le véritable berceau de l'humanité, pour
la pierre angulaire de l'édifice social. On peut trouver qu'à
cette intervention l'État met trop de formes et trop de
temps ; on peut souhaiter qu'à la célébration devant le maire
il substitue quelque déclaration précise, reçue et authentiquée
par l'officier de l'état civil, dans le genre des déclarations de
naissance et de décès ; mais on ne saurait supprimer la
légalisation, la socialisation des mariages, sans jeter
l'incertitude et la confusion dans la constitution des familles,
ce qui est le plus grand mal social qui se puisse imaginer.

Si, en revanche, deux êtres veulent s'unir sans l'assistance de l'État--ou de l'Église,--c'est leur droit. Les mariés ne vont point demander au maire la permission de se marier. Libre à eux de légaliser, ou non, leur union devant l'autorité civile ; libre à eux de solenniser, ou non, leur union devant le prêtre, le pasteur ou le rabbin : sauf à supporter, eux et leurs enfants, toutes les conséquences sociales de leur abstention. L'amour est libre.

Que veulent donc les partisans de l' « union libre » ? Faire du libre amour une règle normale, alors qu'il n'est présentement qu'une exception assez mal vue, une condition irrégulière qui ne va pas sans discrédit, sans infériorité, aux yeux de l'opinion et de la loi, puisque les amants sont flétris du nom de « concubins » et leurs enfants « naturels » placés au-dessous des enfants légitimes. L'union libre est donc la négation du mariage légal. Dans cette doctrine, l'État n'a rien à voir dans le rapprochement des sexes. Que les gens se marient à l'église, au temple ou à la synagogue, si le coeur leur en dit, ces « singeries » sont sans conséquence ; car il est à espérer que le progrès des lumières triomphera aisément des préjugés stupides et des superstitions aveugles. Mais la puissance publique ne doit pas appliquer aux choses du coeur son appareil coercitif. Songez donc : réglementer l'amour, c'est le tuer.

La « sécularisation » du mariage, dont tant de libres-penseurs se félicitent, n'a fait qu'aggraver l'asservissement des mariés, en alourdissant leurs chaînes de tout le poids des sanctions légales. Il est urgent de les briser. Plus de procédure pour s'unir, plus de procédure pour se désunir. Toutes les conséquences juridiques du mariage civil doivent disparaître,--et le devoir de soumission de la part de la femme, et le devoir de protection de la part de l'homme, et le devoir de fidélité que le Code impose à l'un et à l'autre. Plus d'obligations, plus de pénalités, plus de chaînes, plus de verrous. Tous les enfants seront « naturels ». Cessant d'être un délit, l'adultère cessera d'être punissable. Et l'union des parents, libérée de toute contrainte sociale, durera ce que dure l'amour, ce que dure l'immortelle ou la rose, l'espace d'une vie ou d'un matin. Laissez faire l'instinct ; laissez faire la nature. Pour être heureux, le « commerce » des sexes ne veut point d'entraves. On voit que l'union libre est une application imprévue du libre-échange.

II

Pour l'instant, la première condition du mariage monogame est la fidélité. Le Christianisme en a fait un devoir de conscience pour les époux, et les Codes français l'ont érigée en obligation légale qui comporte, comme nous le verrons tout à l'heure, deux ordres de sanctions : une sanction civile et une sanction pénale. Dans le système de l'union libre, au contraire, l'adultère est considéré comme la chose la plus logique et la plus naturelle du monde. L'amour étant le seul lien des époux, lorsque le coeur se refroidit et que l'indifférence ou la satiété l'envahit, on se trompe, on se quitte, et tout est dit. Pour des amants aussi peu liés l'un à l'autre, la fidélité conjugale n'est pas gênante.

Il faut même avouer que le relâchement des moeurs a introduit dans certains milieux les pires tolérances.

C'est pourquoi les sceptiques et les viveurs ne s'effraient plus guère du mariage. Ils le trouvent acceptable, parce qu'il est fréquemment « irrégulier » et que l'adultère en est devenu la « soupape de sûreté ». Ils chanteraient volontiers les bienfaits de l'infidélité respective des époux. N'est-ce pas elle qui a fait du mariage,--surtout à Paris,--» une simple courbette, une convenance, une formalité de dix-huitième importance et facilement négligeable ? » C'est le poète Jean Lorrain qui parle avec ce joyeux détachement. Son idée est qu'il faut supprimer le mariage dans la capitale, où « l'on ne s'épouse plus, » et le conserver pour la province qui ne peut vivre que dans ce « guêpier ».

En somme, remarquent les mondains et les célibataires, si le mariage règne officiellement, l'union libre nous gouverne officieusement. Est-ce donc une si terrible prison qu'une association qui, bien que légale et sacramentelle, ouvre ses portes avec la plus extrême facilité ? En sort qui veut, et quand il veut, et comme il veut. Les ménages à trois ou à quatre sont des merveilles de condescendance mutuelle et de sociabilité charitable. « A quoi bon démolir la Bastille ? conclut d'un air narquois M. Émile Gebhart ; le mariage n'est pas gênant. »[85]

Tel n'est pas l'avis des femmes. A les entendre, toute la législation de l'adultère serait entachée d'une monstrueuse partialité, et, de ce chef, les risques que le mariage fait courir à l'épouse seraient bien plus graves que ceux qu'il fait courir au mari. Que faut-il penser de ces doléances ? Un examen sommaire de nos lois civiles et pénales nous permettra d'indiquer les inégalités commises, les améliorations réalisées et de peser finalement le pour et le contre des réformes proposées.

Le Code Napoléon déclare que « les époux se doivent mutuellement fidélité. » Et pourtant, il n'y a pas longtemps que, dans les procès en séparation de corps pour cause d'adultère, la femme ne pouvait invoquer l'infidélité du mari que s'il avait installé sa complice dans la maison commune, sans que la même restriction fût admise en faveur de l'épouse. La loi du 27 juillet 1884, corrigeant l'ancien article 230 du Code civil, a rétabli l'égalité civile entre les conjoints, en édictant que « la femme pourra demander le divorce pour l'adultère du mari, » sans plus exiger que celui-ci ait

---

[85] Lettres citées par M. Joseph Renaud, *op. cit.*, p. 79-80.

entretenu sa concubine au domicile conjugal. Et il en va de même pour la séparation de corps.

Mais si l'égalité est rentrée dans la loi civile, l'inégalité persiste dans la loi criminelle. En effet, d'après les articles 337 et 339 du Code pénal, les deux époux coupables du délit d'adultère ne sont pas soumis à la même sanction, la femme étant traitée pour la même faute plus sévèrement que le mari. En cela, on peut relever deux inégalités pour une : inégalité dans les conditions du délit, puisque l'infidélité de la femme est punissable, en quelque endroit qu'elle ait été commise et lors même qu'elle serait restée à l'état de fait isolé,--tandis que le mari, qui manque à la foi jurée, n'est incriminé qu'autant qu'il a entretenu des relations suivies avec sa complice et qu'il l'a introduite au foyer domestique ; inégalité dans la peine encourue, puisque le mari n'est passible que d'une amende, alors que la femme peut être condamnée à la prison.

Pourquoi cette double iniquité ? dira-t-on. En admettant même que l'adultère mérite une répression pénale, parce qu'il n'atteint pas seulement l'époux trompé, mais aussi l'ordre familial inséparable de l'ordre public, il est incompréhensible que la loi distingue deux sortes d'adultère, l'adultère de l'homme et l'adultère de la femme, et qu'il châtie le second plus durement que le premier. Comme si les mêmes devoirs ne comportaient pas les mêmes sanctions ! Notre Code pénal admet-il donc deux morales ? Voilà bien, dit-on, cette législation bottée et éperonnée, édictée par les forts au détriment des faibles !

III

Gardons-nous de toute exagération.

Je suis de ceux qui pensent qu'au point de vue de la conscience, ce qui est mal de la part de la femme l'est aussi de la part de l'homme, et réciproquement. J'estime qu'il n'y a point deux morales, l'une pour le sexe faible, l'autre pour le sexe fort, ou, plus clairement, que la morale, comme la justice, doit être la même pour les deux moitiés de l'humanité ; que ce qui est bien ou mal, honnête ou malhonnête, ne peut varier suivant les sexes ; que ce qui est faute pour l'un doit être faute pour l'autre ; qu'en un mot, comme l'a écrit M. Jules Bois, « il n'y a pas de péché exclusivement féminin. » Une seule morale pour les deux sexes, voilà la vérité. Mais le monde est loin de l'accepter. Que de gens ont des trésors d'indulgence pour la femme médisante, coquette ou menteuse, tandis que ces jolis défauts sont tenus chez les hommes pour des vices déshonorants ! Par contre, toute faiblesse de coeur avouée ou affichée fait déchoir la femme mariée et lui enlève le droit au respect et à la considération, tandis que l'homme à bonnes fortunes se fait gloire de ses conquêtes, c'est-à-dire de sa dégradation.

Cette double morale, fort à la mode dans les milieux mondains, est un outrage à la logique et à l'honnêteté. Aussi n'hésitons-nous pas à reconnaître que les conditions constitutives du délit d'adultère devraient être les mêmes pour les deux époux, l'introduction du complice dans la maison commune devenant, pour l'un et pour l'autre, une simple aggravation de l'offense commise. Mais si l'infraction à la loi morale est aussi grave de la part de l'époux que de la part de l'épouse, est-il également vrai de dire que le dommage social et aussi le dommage individuel sont identiques, soit que la femme trompe son mari, soit que le mari trompe sa femme ? Nous avons sur ce point des doutes et des scrupules. Ce n'est pas sans raison que le Code pénal réprime inégalement l'adultère de l'un et l'adultère de l'autre. En tout cas, certains écrivains féministes ont le plus grand tort de regarder l'adultère de la femme comme une faiblesse sans conséquence.

N'admettant point l'identité des fonctions, comment pourrions-nous admettre, en deux situations dont les conséquences diffèrent, l'identité des sanctions et l'identité des peines ? A quelque indulgence que l'on soit enclin, il est bien difficile de ne pas traiter l'épouse infidèle comme une sorte de voleuse domestique, qui introduit un sang étranger dans la famille. Et d'autre part, si l'adultère est, devant la conscience, un égal délit pour les deux sexes, est-il si difficile de soutenir que le préjudice domestique et la souffrance morale, qui en proviennent, pèsent plus douloureusement sur l'homme que sur la femme ?

On va crier, j'en suis sûr, à l'égoïsme et à la partialité. Il est naturel, dira-t-on, que le vigneron s'acharne à défendre sa vigne. Permettez : je ne réclame aucun privilège masculin. Le mari qui trompe sa femme est aussi coupable, moralement parlant, que la femme qui trompe son mari. Mais il est de fait que la faute de celle-ci a des suites dommageables plus blessantes et plus irréparables que la faute de celui-là. Et cela étant, on conçoit que le législateur, qui s'inspire plutôt de l'intérêt social que de la morale pure, en ait tenu compte dans ses pénalités.

« L'homme, qui fait les lois, écrit M. Jean Grave, n'a eu garde d'oublier de les faire à son avantage. »[86]--Il n'est point d'objection plus courante. Tous les jours les femmes nous accusent d'avoir confectionné les Codes à notre image et à notre profit. Quelle ingratitude ! De par la loi civile, l'époux assume la paternité des enfants nés au cours du mariage. Et cette obligation onéreuse n'a pour fondement qu'un acte de foi aveugle en la fidélité de sa faillible « moitié ». C'est une lettre de crédit qu'il endosse, les yeux fermés, quel que soit le nombre des échéances ; un blanc-seing qu'il souscrit, en se réservant seulement, pour certains cas limitativement

---

[86] *La Société future*, p. 338.

énumérés par la loi, le droit de désavouer les abus trop criants que sa femme pourrait en faire. De quel côté est la confiance ?

Mais voyez la suite. Mariée au dernier des hommes, l'épouse la plus vertueuse n'est pas entourée seulement de la compassion, de la sympathie et du respect des honnêtes gens ; elle a une assurance qui lui est la meilleure des consolations et la plus douce des joies : elle peut se dire, en embrassant ses enfants, qu'ils sont véritablement siens, parce qu'elle est sûre qu'ils sont bien d'elle, la chair de sa chair, le sang de son sang, l'âme de son âme.

A une infidèle, au contraire, l'honnête homme, en plus de toutes les dérisions auxquelles il est en butte (car le mari trompé n'est en notre société que risible et ridicule), est condamné à douter de la légitimité de sa postérité. Cet enfant qui porte son nom, et dont la loi lui attribue la paternité, est-il de lui ou d'un autre ? Fondé ou non, ce soupçon est pour une âme droite la plus atroce des tortures. Et rien ne peut le détruire. Toutes les protestations de la femme coupable sont impuissantes à rendre la sécurité de l'affection à un coeur dans lequel un pareil doute est entré. Puisqu'elle a menti une fois à toutes ses promesses, pourquoi ne mentirait-elle pas encore et toujours ? Et ce soupçon cuisant risque de détacher un père de ses véritables enfants, en brisant une à une toutes les fibres de l'amour paternel. D'un mot, la femme adultère risque d'introduire l'enfant d'un autre parmi les enfants du mari. Et du même coup l'unité de l'a famille est brisée.

J'entends bien que la femme adultère n'eût point failli sans le concours d'un homme dont elle est souvent la victime. C'est l'évidence même. Aussi le Code pénal a-t-il fait preuve de clairvoyance et de sage raison en frappant plus sévèrement l'amant de l'épouse que la concubine du mari. D'après l'article 338, le complice de la femme encourt une pénalité plus forte que la femme elle-même. Et cela est juste ; car, dans l'état de nos moeurs, le complice de la femme est presque toujours l'auteur de sa chute. À l'inverse, l'article 339 n'édicte aucune peine contre la complice du mari. Et cela encore est équitable,--la concubine, que le mari a installée dans la maison conjugale, n'étant le plus souvent qu'une fille séduite. Voilà donc deux inégalités favorables au sexe féminin : ne sont-elles pas la compensation des inégalités favorables à l'homme ?

Somme toute, l'adultère est un délit social. Mais comme sa répression ne va point sans bruit ni scandale, la loi, dans l'intérêt des familles, s'est déchargée du soin des poursuites sur l'époux offensé ; et celui-ci n'en abuse point. Quant à savoir si les pénalités encourues doivent être les mêmes pour l'un et pour l'autre des époux coupables, nous consentirions finalement, dans une pensée de condescendance et d'union, à les égaliser sous forme d'amende plutôt que de prison, bien qu'une peine plus sévère puisse (nous le maintenons) se justifier contre la femme adultère, et par l'atteinte plus grave qu'elle porte à la famille, et par la souffrance plus cruelle qu'elle inflige au mari ?

Et l'inégalité fameuse de l'article 324 ? Nous y arrivons.

IV

Nombreux sont les littérateurs qui professent une indulgente pitié pour la femme adultère. Le « Tue-la ! » d'Alexandre Dumas fils leur crève le coeur. Sans égard pour les services que le grand dramaturge a rendus plus tard à la cause de leur émancipation, des femmes auteurs se sont jetées sur lui comme des furies. Sans traiter à fond ce problème délicat dont les aspects sont infinis, nous nous arrêterons seulement à la question la plus actuelle et la plus chaudement discutée du droit inter-conjugal,--sans la prendre au tragique,--à celle qui nous paraît le mieux refléter, pour l'instant, les préjugés excessifs des femmes et les résistances déraisonnables des hommes.

C'est une opinion très accréditée dans le public que le Code autorise positivement les maris à occire leurs femmes, quand elles se conduisent mal, et refuse méchamment aux femmes le droit de supprimer leurs maris, quand ils manquent à leur devoir. Un socialiste sentimental, Benoît Malon, l'affirme expressément : « Surprise en flagrant délit d'adultère, la femme peut être tuée impunément. »[87] Mme Marie Dronsart elle-même semble croire que notre Code pénal autorise « le mari à tuer sa femme dans certains cas » et que « l'assassinat légal est resté inscrit dans notre loi au profit des hommes. »[88]

Disons tout de suite que nos lois ne s'ont pas coupables d'une aussi excessive partialité. Le préjugé populaire est venu d'un certain article 324 du Code pénal où une excuse légale est accordée aux maris qui, surprenant leur femme en flagrant délit dans la maison conjugale, poussent jusqu'au meurtre l'expression de leur surprise et de leur mécontentement. Ce texte n'assure point l'impunité, mais l'indulgence au coupable. Et cette indulgence n'est point plénière, mais partielle ; elle abaisse la peine sans supprimer la répression. Nos législateurs de 1810 ont pensé qu'un accès de fureur, aussi explicable, méritait quelque compassion et diminuait la gravité du crime sans décharger complètement l'inculpé.

---

[87] *Le Socialisme intégral*, t. I, chap. VII, p. 359.

[88] *La Mouvement féministe*. Le Correspondant du 10 octobre 1896, p. 130.

Mais si la femme, dans une situation identique, se débarrasse de son mari par un mauvais coup, le Code pénal refuse de l'excuser. Elle n'est point admise à invoquer les transports d'une colère invincible, afin d'innocenter la brusquerie de son premier mouvement. Pourquoi cette inégalité de traitement ? Serait-ce que, mû par un scrupule de galant homme, le législateur s'est refusé à croire que la douceur inaltérable des femmes fût capable d'emportement subit et de vivacité mortelle ? Toujours est-il que, dans le cas de flagrant délit d'adultère constaté dans la maison conjugale, le mari outragé qui tue sa femme est excusable, tandis que la femme outragée qui tue son mari ne l'est point. Nous prions encore une fois les âmes sensibles de retenir que cette excuse atténue seulement le crime, sans l'effacer, et mitigé conséquemment la peine, sans la supprimer.

Vous pensez bien que cette solution boiteuse n'est pas faite pour plaire aux féministes. A quoi bon représenter la justice avec une balance à la main, s'il faut qu'elle ait deux poids et deux mesures ? Comprend-on une loi qui, pour le même fait, se montre douce à l'époux et inexorable à l'épouse ? Un homme offensé tue sa femme, et le Code prend en compassion les transports de sa jalousie. Une femme outragée tue son mari, et le sang versé retombera sur sa tête sans la plus minime atténuation. En d'autres termes, pour qui sait lire entre les textes, l'indignation meurtrière de l'homme est digne d'indulgence, tandis que l'indignation homicide de la femme est indigne de pitié. Serait-ce que la vie de Monsieur est plus précieuse que celle de Madame ? Serions-nous moins humains que nos ancêtres qui permettaient au mari de battre et de châtier sa femme, mais raisonnablement, « pourvu que ce fût sans mort et sans mutilation ? »

Il n'y a point deux morales. Ou la même excuse pour les deux époux, ou aucune excuse pour personne. C'est au dernier parti que s'est rangé, en 1895, le groupe austère de la

«Solidarité des femmes,» en demandant à la Chambre, par voie de pétition, d'abroger purement et simplement l'article 324 du Code pénal. Ces dames auraient pu réclamer, à titre de réciprocité, le bénéfice de l'excuse légale pour la mise à mort du mari coupable ; mais cette égalité compatissante ne convenait point à ces femmes héroïques. Elles tiennent pour intempestives toutes brutalités mortelles ; elles invitent les conjoints mal mariés à s'en tenir au divorce. «Ne vous tuez plus. A quoi bon ? Séparez-vous. Pourquoi le vitriol, le poignard ou le revolver, quand il est si simple de rompre le lien conjugal ?» Le malheur est que la colère ne raisonne point, et qu'en dépit du divorce les crimes passionnels ne diminuent guère.

Qu'on efface donc le privilège de l'article 324 ! Point d'excuse pour les femmes, plus d'excuse pour les hommes. C'est justice. Mais qu'on ne s'y trompe pas : le châtiment de l'adultère n'en sera aucunement aggravé. Dès maintenant nos jurés acquittent tout le monde. Sans distinction entre les deux sexes, sans distinction entre les mariages légitimes et les unions irrégulières, le meurtrier, qui s'est emporté contre son conjoint jusqu'au crime, leur paraît digne de la plus entière absolution. Dès qu'un homme ou une femme a supprimé ou endommagé gravement son prochain sous le coup d'émotions vives, dites passionnelles, ils se refusent à condamner le coupable. Rien de plus démoralisant que ce parti pris d'innocenter quiconque tue par amour déçu. C'est à se demander si, dans les relations des sexes, la vie humaine ne sera pas livrée à la discrétion des passions d'autrui. Verrons-nous l'homicide accepté par les moeurs comme le moyen le plus naturel de vider les querelles des mauvais ou des faux ménages ? Mais n'accusons pas trop notre jury : le meurtre par jalousie ou par vengeance de coeur n'a-t-il pas été célébré, encouragé, glorifié dans les livres et les journaux ?

Pour en revenir à l'excuse ouverte aux maris par l'article 324, on fera bien de la supprimer. Elle ne sert à rien. Cela fait, on ne pourra plus répéter que les hommes ont, de par la loi, le privilège énorme de se venger sur leurs femmes des trahisons et des offenses graves qu'elles leur infligent. La répression ne sera pas plus sévère pour les uns que pour les autres, grâce à l'universelle faiblesse du jury qui s'étend indistinctement aux coupables des deux sexes ; et, les féministes auront la joie d'avoir réalisé, en un point, l'égalité de droit entre les époux.

Convenons, en effet, pour conclure, que la différence de situation faite aux époux par l'article 324 est inexplicable. En admettant que les conséquences de leur adultère soient différentes (ce qui peut légitimer, au point de vue social, une différence de pénalité), il est certain que, dans les rapports des conjoints, l'offense étant aussi grave et l'indignation aussi naturelle d'un côté que de l'autre, l'excuse devrait être la même. Et pourtant, on apprendra avec surprise, et peut-être avec tristesse, que la Commission parlementaire, chargée d'examiner la pétition dont j'ai parlé plus haut, a eu la cruauté de refuser au sexe faible l'égalité pénale qu'il réclame à si bon droit. Nos députés tiennent à l'excuse de faveur écrite dans l'article 324. On voit bien que les femmes ne sont pas électeurs !

V

Ne quittons pas le Code pénal sans nous associer à deux réformes faciles que M. le comte d'Haussonville a proposées dans l'intérêt de la jeune fille du peuple, et sans nous expliquer sur la question délicate de la prostitution, que le féminisme soulève avec instance et discute avec âpreté.

D'une part, il conviendrait de mettre d'accord le Code civil et le Code pénal. La jeune fille, à qui le premier défend de prendre un mari avant quinze ans, peut, d'après le second, prendre un amant à partir de treize ans. L'attentat sur un enfant n'est puni qu'au-dessous de cet âge ; au-dessus de treize ans,--le cas de violence excepté,--le consentement de la victime est présumé : ce qui a fait dire à M. d'Haussonville que la jeune fille réputée « inapte à être épouse » par la loi civile est tenue pour « apte à être amante » par la loi pénale. Il serait donc logique et prudent de modifier l'article 331 du Code pénal, et de prolonger jusqu'à l'âge de quinze ans les mesures de défense en faveur de la jeune fille du peuple, pour mieux la protéger, s'il est possible, contre la brutalité masculine et les grossesses prématurées.[89]

D'autre part, l'excitation des mineures à la débauche est insuffisamment réprimée par notre législation actuelle. Nous voulons parler surtout du trafic odieux qui consiste à raccoler les jeunes filles pour les livrer à la prostitution en pays étranger. D'après la jurisprudence, cette exploitation abominable, qu'on a justement flétrie du nom de « traite des blanches », ne tomberait pas sous le coup de l'article 354 du Code pénal. Rien de plus simple et de plus urgent que de frapper, par un texte plus large et plus sévère, tous ceux qui favorisent « le commerce de la prostitution ».[90]

Nos mauvaises moeurs appellent ici une observation d'ordre plus général.

Au premier rang des droits de la femme, il faut placer, sans contredit, le droit au respect, non seulement parce qu'il est le principe de tous les autres, mais encore parce qu'il est la reconnaissance de la personnalité et de la dignité féminines. Or, ce droit primordial, les femmes honnêtes de Paris et des grandes villes ne l'ont pas toujours. Je veux dire

---

[89] Comte d'Haussonville, *Salaires et misères de femmes*, p. XII-XIII.

[90] Comte d'Haussonville, *eod. op.*, p. XIV.

que, dans la capitale surtout, l'ouvrière, cette fée travailleuse qui dépense chaque jour tant d'activité, de courage et d'intelligence, n'a pas la liberté d'aller et de venir, de se rendre à l'atelier et de rentrer chez elle sans être suivie ou accostée par les désoeuvrés et les fainéants, outragée, souillée par les propositions où les plaisanteries des viveurs de haut ou de bas étage. Oui, ce qui manque à la Parisienne (toutes celles qu'importunent les passants, bourgeoises ou couturières, vous le diront), c'est le respect. Car la galanterie, lorsqu'elle est grossière et vile, est une injure à l'honnêteté des femmes, une provocation à l'inconduite et au désordre. Ce n'est vraiment pas assez de purger les trottoirs des filles de joie qui les encombrent à de certaines heures, il faudrait faire une chasse impitoyable aux débauchés de toute condition sociale qui poursuivent les jeunes filles, à la sortie des ateliers, de leurs malpropretés cyniques.

Nous devrions être sans pitié pour les insulteurs de femmes.

A plus forte raison, nous ne voulons point de la liberté pour la débauche, que celle-ci vienne de l'homme ou de la femme. Expliquons-nous plus clairement.

L'abolition de la prostitution réglementée est un sujet pénible, sur lequel femmes « nouvelles » aiment à s'étendre en vitupérations indignées. Nous ne les blâmerons pas de cet acte de courage. « La réglementation de la prostitution, écrit l'une d'elles,--et non des moindres,--avec ses bastilles, ses hôpitaux-prisons, sa mise hors la loi des plus pauvres, des plus misérables d'entre nous, n'est-elle pas le dernier et le plus solide maillon qui rive encore l'Ève nouvelle à l'esclavage ancien ? »[91]

Phrases en moins, il nous semble que cette question est d'une extrême simplicité, et qu'il est assez facile, grâce à une distinction qui s'impose, de l'éclaircir et même de la résoudre. Cette question, en effet, a deux faces : elle intéresse à la fois la morale et l'hygiène. En ces matières délicates, on voudra bien nous comprendre à demi-mot.

Au point de vue moral, nous admettons que « le fait de prostitution privée ne relève que de la conscience et ne constitue pas un délit » ;[92] que frapper la prostituée sans inquiéter le prostituant, c'est frapper souvent la victime sans atteindre le complice ; que l'intervention de l'État, à l'effet de garantir la qualité de la chose livrée, supprime du même coup la liberté de la femme et la responsabilité de l'homme, et que c'est un outrage à l'unité de la morale que de tolérer chez celui-ci ce que l'on réprime chez celle-là,--la malheureuse qui se vend ayant souvent, à la différence du mâle qui l'achète, l'excuse de la misère et de la faim.

En conclurons-nous, comme le font les Congrès féministes, que « toutes les mesures d'exception à l'égard de la femme doivent être abrogées en matière de moeurs ? » Dans ce système, le rôle de l'État consisterait seulement à ouvrir « des dispensaires gratuits et accessibles à tous, où, chaque jour, les filles pourraient venir, si bon leur semble, demander au médecin un bulletin de santé. »[93]

---

[91] Rapport lu par Mme Avril de Sainte-Croix au Congrès de la Condition et des Droits de la femme. *La Fronde* du 7 septembre 1900.

[92] Voeu exprimé en 1900 par le Congrès des OEuvres et Institutions féminines.

[93] Rapport déjà cité. *La Fronde* du 8 septembre 1900.

Malheureusement, il n'est pas permis à l'État de se désintéresser du grave danger que les prostituées font courir à la santé publique. Nous applaudissons d'avance à toutes les mesures susceptibles de diminuer cette cause de contamination. Que l'on punisse donc sévèrement le proxénétisme ! Que l'on refrène impitoyablement la traite des blanches ! Mais toutes ces précautions n'empêcheront pas la prostituée de constituer un péril public. La question de morale ne doit pas nous faire oublier la question de salubrité. Or, la police sanitaire rentre, au premier chef, parmi les attributions de l'État. Lorsqu'il s'agit de lutter contre les progrès de la peste ou du choléra, il n'est pas d'objection qui tienne contre les mesures coercitives jugées nécessaires pour arrêter l'invasion du fléau. Alors le salut de la communauté l'emporte sur toutes les considérations de liberté individuelle. Laisserez-vous donc les prostituées empoisonner librement les agglomérations urbaines ?

On nous dit que la visite médicale n'offre aucune garantie décisive, qu'elle n'est pas un remède sûr à la contagion. Peut-être ; mais si elle ne supprime pas le mal, elle le diminue. Dès qu'un enfant est atteint de la diphtérie, on l'isole, sans le guérir toujours. Ce point, d'ailleurs, regarde les médecins et les hygiénistes ; et il en est peu qui soient hostiles à la réglementation. Au Congrès de 1900, Mme la doctoresse Edwards Pilliet, chargée d'étudier la prostitution au point de vue de l'hygiène, a fait la déclaration très loyale que voici : « Comme médecin, je ne peux pas penser qu'on ne doive pas supprimer de la circulation quelqu'un qui est atteint d'une maladie contagieuse. Je n'ai donc pu conclure comme femme sur ce qui m'était imposé comme médecin. »

Il n'y a vraiment qu'un moyen de supprimer la réglementation, c'est de supprimer la prostitution. On trouvera sans doute que ce remède héroïque est au-dessus des forces morales de l'humanité. Il appartient donc à l'État d'améliorer, d'adoucir, d'alléger, autant que possible, les mesures douloureuses de préservation publique auxquelles sont astreintes les filles perdues. Quant à les abolir, l'intérêt général s'y oppose.

En tout cas, on voudra bien retenir qu'en réglementant la prostitution, l'État n'agit pas en moraliste, mais en hygiéniste soucieux des fonctions de sécurité qui lui incombent, et qu'en séquestrant une femme jugée dangereuse pour la santé publique, il n'entend nullement punir une faute, mais seulement conjurer un fléau qui est la conséquence--et aussi le châtiment--- du désordre et de la débauche. D'où il suit que, si l'expérience venait à démontrer que la prostitution libérée n'est pas plus périlleuse pour la société que la prostitution réglementée, il faudrait abolir la « police des moeurs » ; mais, en l'état des choses, et après enquête auprès des spécialistes, il ne nous paraît pas que cette preuve soit faite.

Toutefois, en admettant qu'il soit impossible d'émanciper la prostitution, ne pourrait-on pas la soumettre à une surveillance efficace, sans assujettir les malheureuses qui la subissent à un internement innommable ? Les forteresses, où elles sont casernées dans les villes, jouissent d'une « tolérance » que toute âme honnête doit juger intolérable. Le christianisme a relevé la femme de son ancien abaissement et lui a donné la royauté domestique. En condamnant la polygamie, il l'a arrachée à la réclusion et à la servitude. Or, la prostitution embastillée est un reste de la débauche païenne. Pourquoi n'essaierions-nous pas d'en purger nos lois et nos moeurs ? Est-il donc impossible de libérer les prostituées de la claustration abominable que l'on sait, sans qu'il soit besoin d'affranchir la prostitution du contrôle policier qu'exige la santé publique ? A tout le moins, ayons plus de compassion pour la femme tombée et plus de sévérité pour son complice et son séducteur !

Il résulte de tout ce qui précède que notre législation est susceptible de nombreuses améliorations. Mais ne croyons pas qu'à elles seules elles puissent tout sauver. Veut-on, pour finir, connaître notre conviction intime : c'est que les meilleures réformes ne parviendront à relever le mariage que si, en même temps, nous relevons nos mœurs. Et comme il nous semble démontré par ailleurs que le relâchement continu du lien matrimonial, en précipitant la ruine de la famille et l'abaissement du pays, entraînerait dans sa chute tout ce qui fait la force et la dignité de la femme, il reste que, sous peine de déchéance, nous devons nous corriger nous-mêmes.

Aux maux du mariage, il n'y a qu'un remède : l'idée du devoir. Et surtout exerçons notre esprit de réforme, non pas aux dépens du mariage, mais en faveur du mariage. Le véritable intérêt de la femme, comme celui de l'enfant, comme celui de la société tout entière, n'est point dans l'abolition, mais dans la régénération du mariage. L'institution est admirable ; c'est nous qui l'avons déformée ou pervertie. Maintenons intangible son principe qui est l'unité : *Duo in unum*! Ce qu'il faut modifier, ce sont les habitudes du mariage moderne. Sachons le débarrasser de cette enveloppe parasite qui l'étouffe ; pour se renouveler, il a besoin, comme le platane, de changer d'écorce. Tel, en effet, qu'il se pratique aujourd'hui, le mariage ne répond plus à l'esprit de son institution. Beaucoup n'y associent que deux égoïsmes au lieu de deux loyales et courageuses volontés. C'est un merveilleux instrument de vertu et de vie dont nous nous servons mal. N'attaquons pas le mariage, mais la façon dont on se marie en France. Ne lui imputons pas les fautes qui viennent de nos propres défaillances. Certains maris, dont l'honnêteté ne vaut pas cher, émettent l'outrecuidante prétention que la femme leur doit la fidélité sans pouvoir l'exiger en retour. A ce compte, l'épouse ne serait pas seulement l'inférieure, mais la victime de l'homme. C'est le contre-pied de l'idéal conjugal.

Soyons plus justes, plus moraux, plus chastes, si nous voulons demeurer dignes du vieux mariage chrétien qui a fait la force et l'honneur de nos pères. Réformer les lois, c'est bien ; réformer nos moeurs, c'est mieux. Point de législation efficace, si la moralité ne la soutient et ne la vivifie. Pour un peuple, la vertu est une promesse d'avenir et un gage de succès et de grandeur. Marchons-nous vers cet idéal ?

CHAPITRE IV

LA LITTÉRATURE « PASSIONNELLE »
ET LE FÉMINISME « ANTIMATRIMONIAL »

I.--Symptômes de décadence.--Mauvais livres, mauvaises moeurs.--
Ce que la femme « nouvelle » consent à lire.--Ce qu'y perdent la
conversation, la décence et l'honnêteté. II.--Théâtre et roman :
exaltation de la femme, abaissement de l'homme.--La femme
romantique d'autrefois et la féministe émancipée d'aujourd'hui.--
Anarchisme inconscient de certaines jeunes filles.--Le châtiment qui
les attend. III.--Le mariage est une gêne : abolissons-le !--L'amour
selon la nature ou la monogamie selon la loi--On compte sur le
divorce pour ruiner le mariage.

On pense bien que toutes les réformes qui ont pour objet, dans la pensée de leurs auteurs, de rajeunir et de faciliter le mariage, sont accueillies avec un sourire de pitié par les féministes avancés, dont c'est l'idée fixe de subordonner l'émancipation de la femme à l'abolition de nos vieilles institutions matrimoniales. Ils se félicitent de tout ce qui afflige ou effraie les premiers, des difficultés de la vie qui rendent les unions plus hasardeuses ou plus tardives, du relâchement des moeurs qui tend nécessairement à déconsidérer les noces légitimes, du nombre croissant des célibataires des deux sexes, qu'ils regardent comme une recrue possible pour l'union libre. Bref, ils se réjouissent de tous les germes de dissolution qui s'attaquent au mariage. Or, parmi les causes de démoralisation qui travaillent la société actuelle, il n'en est pas de plus actives et de plus funestes que les suivantes : 1° la multiplication et le succès des mauvais livres ; 2° les progrès du divorce, autrement dit, les imprudences de la loi ; 3° la propagande acharnée des doctrines révolutionnaires. Ce que sont aujourd'hui ces trois influences combinées, ce qu'elles ont d'insidieux et de malfaisant, et ce qu'elles peuvent faire perdre à la femme, à la famille, à la société, c'est sur quoi nous devons nous expliquer, dans les chapitres qui suivent, avec la plus entière franchise.

I

Dans nos milieux riches et mondains, le mariage a souffert particulièrement du dévergondage d'une certaine littérature devenue florissante, et que nous appellerons « passionnelle ». Qu'on envisage celle-ci dans le fond ou dans la forme, c'est-à-dire dans les thèses étranges qu'elle soutient ou dans les libertés de style dont elle abuse, on ne peut s'empêcher de constater avec tristesse que son action a été profondément avilissante.

Pour nous attacher d'abord à la forme, on n'ignore point que la femme de tous les temps a marqué de l'inclination pour les récits d'amour. Le roman est son livre de prédilection. Bien que ce goût soit explicable de la part d'une créature faite surtout de sensibilité et d'imagination, il ne va pas cependant sans de graves périls pour sa vertu et, conséquemment, pour la nôtre. Les femmes ont, dans toute société, la garde des bienséances et des délicatesses ; leur pudeur est l'obstacle naturel à l'envahissement du vice et de la grossièreté. Faites qu'elles se relâchent de cette haute police sur nos moeurs et sur nos manières, et il est à craindre que la corruption et la brutalité ne l'emportent peu à peu sur le bon goût et le bon ton.

Or, s'il est contestable que le roman soit, eu égard au grossissement de ses descriptions, le miroir fidèle d'une époque, il n'est pas douteux, en revanche, qu'il tende, par l'agrément du style et l'intérêt de la fiction, à faire la société telle qu'il la peint. Ses inventions deviennent, pour beaucoup de gens, des modèles qu'il faut suivre, des types qu'il faut copier. Fussent-elles imaginaires, les mauvaises moeurs décrites par un habile homme (il n'est pas besoin pour cela de grand talent) prennent peu à peu, aux yeux des femmes qui ont le loisir de lire et de rêver, un attrait de périlleuse suggestion, un goût de fruit défendu, qui troublent l'âme et énervent l'honnêteté. L'oisiveté aidant, rien de plus naturel que la tentation inspirée par un livre immoral aboutisse à l'imitation des défaillances et des chutes qu'il décrit. Une mauvaise lecture offre les dangers d'une mauvaise liaison. A toutes deux on peut appliquer le proverbe : « Dis-moi qui tu hantes et je te dirai qui tu es. »

Pour ce qui est des femmes d'aujourd'hui, de celles du moins qui vivent au sein de la richesse désoeuvrée, et à Paris plus particulièrement, ce n'est pas une exagération d'affirmer qu'elles sont de moins en moins soucieuses du choix de leurs lectures. Effarouchées d'abord par la littérature réaliste, blessées même dans leur délicatesse, dans leur pudeur, par les rudesses et les malpropretés du roman naturaliste, leur premier mouvement fut de les rejeter avec dégoût. Puis la curiosité l'emportant peu à peu sur la répugnance, beaucoup sont revenues à cette grossière nourriture, les unes par forfanterie, les autres par faiblesse, le plus grand nombre par imitation, par mode, par « snobisme ». Forcée de parler de tout, une femme du monde n'est-elle pas obligée de tout connaître ? Enfin, l'accoutumance est venue qui a triomphé des derniers scrupules ; et, comme la bouche la plus délicate se fait graduellement aux boissons violentes, ainsi la femme oisive, sous prétexte de littérature, s'est habituée à dévorer les oeuvres les plus pimentées, sans scrupule, sans révolte, sans rancoeur.

Maintenant, le nombre est grand de celles qui affrontent et supportent avec impassibilité les récits les plus répugnants, les descriptions les plus osées. Combien même en sont devenues friandes ? Et encouragés par cette tolérance et cette complicité, nos romanciers et nos conteurs ont redoublé de dévergondage et de sensualité. Il n'est plus guère que nos grand'mères que les livres du jour déconcertent et offensent. Habituées au respect de soi-même, elles ne comprennent pas qu'un auteur, même sous couleur de réalisme et de satire, manque impunément aux plus élémentaires convenances et outrage avec succès l'honnêteté et la décence. Mais elles sont si vieilles ! et leurs filles si viriles ! Pour une jeune femme dans le mouvement, rougir est une faiblesse. Rien ne l'émeut, rien ne l'étonne. Elle se sent à l'aise devant les pires audaces, et tient la sainte pudeur pour de la vaine pruderie.

Cette licence des lectures ne pouvait manquer d'abaisser et de corrompre trois choses qui donnent à la vie son charme et sa dignité : la grâce de la conversation, la sûreté des relations et l'honnêteté des moeurs.

On nous assure que le monde où l'on s'amuse et aussi le monde où l'on s'ennuie, prennent de fâcheuses habitudes de langage. Si l'on recule devant l'effronterie trop crue, si la malpropreté du mot « propre » sonne encore mal aux oreilles, en revanche, on se rattrape sur les allusions transparentes, on s'exerce aux sous-entendus équivoques, on s'ingénie aux périphrases risquées. Ainsi la conversation côtoie toutes les souillures. Par intervalles même, l'accent devient vulgaire et le geste malséant ; les locutions nouvelles du boulevard ou de la rue s'épanouissent sur des lèvres aristocratiques. A la grâce décente et fine d'autrefois, on préfère, dans bien des salons, une hardiesse négligée qui déconcerte les timides et encourage les audacieux. Il semble que la société dorée prenne plaisir à s'encanailler.

Et il est facile de deviner ce que les relations des deux sexes peuvent perdre à ces libertés. L'hommage discret des hommes ne va qu'aux femmes qui, par la dignité de leur tenue, commandent le respect à leurs admirateurs. Celles qui ont la faiblesse de se prêter aux familiarités excessives de certaines causeries sont condamnées ensuite à les subir. Pourquoi se surveiller devant une dame qui tolère et provoque les plus libres propos ? A qui ne s'effarouche point de tout connaître, pourquoi se faire scrupule de tout dire ? L'imprudente, qui accepte de tout entendre, permet à l'homme de tout oser. C'est pourquoi la politesse s'en va. Plus de mesure dans les compliments, plus de réserve dans les flatteries, plus de retenue dans l'adoration. A l'ancienne galanterie française, faite surtout d'esprit et de légèreté, ont succédé les impatiences et les gaillardises d'un flirt impérieux.

Avec de pareilles habitudes, nos mondaines s'acheminent, sans le savoir, à des moeurs purement « libertaires ». Le dévergondage est prompt à descendre des lèvres au coeur. Combien de jeunes femmes ont fini par perdre, à ce jeu dangereux, le goût et l'amour de la famille, le sens du bien et du mal, la conscience de leurs devoirs et de leur dignité ? Ne leur parlez pas de la morale, des obligations légales, des commandements de Dieu : elles ont la prétention de briser tous les liens pour épancher à coeur-joie leur petite personnalité. Ce sont des émancipées déjà mûres pour le libre amour. L'adultère ne les effraie point, à condition que cette revanche, qu'elles prennent contre les servitudes du mariage, se passe avec correction, sans vulgarité, sans banalité. Ces âmes de chair et de boue, qui prônent l'indépendance amoureuse, âmes inconscientes et sensuelles, impatientes de toute règle et avides de jouissance, sont foncièrement anarchistes.

Elles sont une minorité, nous voulons le croire. Mais cette minorité peut grossir. Dieu veuille qu'elle ne fasse point de recrues parmi notre bourgeoisie laborieuse qui compte tant de femmes admirables, dont c'est la fonction sacrée de garder, au milieu de nous, le dépôt des vertus de famille et de l'honnêteté conjugale ! Celles-là sont encore légion,--la légion sainte. Sachons honorer, comme elles le méritent, nos petites bourgeoises de France ! Si elles ne dirigent pas notre société, elles la soutiennent.

II

Quant aux thèses soutenues au théâtre ou dans les livres, elles sont le plus souvent hostiles au mariage.

La littérature dramatique, notamment, traverse en ce moment une crise de pessimisme et d'outrance, qui ne respecte rien de ce que nos pères ont respecté. Nos salles de spectacle retentissent des âpres discussions du féminisme. Le drame leur prête toute son aigreur, toute sa violence. Plus de comédie, plus de vaudeville ou d'opérette, sans un couplet sur les « droits de la femme ». Avec un désintéressement admirable, nos auteurs dramatiques dénoncent les lois et combattent les conventions, dont la « douce victime » souffre sous le joug de l'homme. D'un « fait-divers » où éclate brusquement le détraquement passionnel de quelques névrosés, ils tirent des conclusions générales qui font frémir. Ils nous dépeignent les ménages contemporains sous de si sombres couleurs, ils nous montrent des maris si atroces ou si jobards, ils nous font un tableau si lamentable de ces pauvres femmes crispées qui, réduites à griffer ou à mordre pour se défendre contre leur bourreau, clament leur martyre à tous les échos d'alentour en se tordant les mains désespérément, ils nous présentent l'institution conjugale comme un instrument de torture si épouvantable, que, s'il survit quelque chose de cette production horrifique, la postérité pourra croire que tous les époux de notre temps se trompaient avec noirceur ou se disputaient avec rage.

Et notez qu'en général ils ne valent ni plus ni moins que ceux d'hier ou d'avant-hier. Seulement, notre époque a la spécialité de pousser leurs misères au tragique. Il y a toujours eu des querelles et des mésaventures de ménage ; mais ce que nos pères voyaient jaune, nous le voyons rouge. Le revolver a remplacé le bâton. Quand les relations entre mari et femme deviennent trop difficiles, au lieu de se tourner le dos, on se tue. Nous devenons funèbres.

Ce qui n'empêche pas un cercle nombreux d'applaudir avec exaltation les tirades larmoyantes ou furibondes du « féminisme théâtral ». Des hommes surtout se font remarquer par la chaleur de leur enthousiasme. Et cependant, nous ne voyons défiler, dans toute cette littérature de cour d'assises ou de tribunal civil, que des révoltées ou des malades médiocrement intéressantes. Non qu'il faille jamais rire des larmes d'une femme. Ainsi que le bon La Fontaine,

> Je ne suis pas de ceux qui disent :
> « Ce n'est rien : C'est une femme qui se noie. »

Encore est-il que ces dames nous font, avec la complicité de nos écrivains, trop de scènes échevelées ou criardes. Combien leurs problèmes de coeur sont minces et factices, combien leurs déclamations élégantes et leurs querelles sonores paraissent fausses ou excessives, lorsqu'on les compare aux lourdes obligations de la femme du peuple qui, vaillante et résignée, sans récrimination et sans pose, avec simplicité et bonne humeur, s'use à travailler pour soutenir le ménage et élever honnêtement ses nombreux enfants ! Parce qu'une mondaine énervée par le plaisir et l'oisiveté ne peut, sans déconsidération, afficher au grand jour ses amours irrégulières, tromper son mari à son aise, émanciper son coeur à son gré et « exercer ses sens » en toute liberté ; parce qu'une femme, incomprise et vaniteuse, n'a point trouvé dans l'époux de son choix le trésor de perfections que sa folle imagination croyait y découvrir ; parce qu'une fille maussade, égoïste, fervente de bicyclette et de photographie, vieillit et dessèche sur place, faute de trouver un mari qui consente à subir docilement ses caprices,--voilà des malheureuses prises de rage contre le mariage et la société. Pourquoi les plaindrions-nous ?

Au lieu de bousculer toutes les conventions avec de grands gestes et de grandes phrases, au lieu de s'en prendre furieusement à la « loi de l'homme », elles devraient se demander si le mal ne vient pas d'elles-mêmes, de leur soif immodérée de plaisir, de leur conception fausse de la vie. Mais non ! Les femmes en possession d'un mari aimable (on nous accordera qu'il y en a quelques-uns) ne sont guère plus sages ni plus clairvoyantes. Songent-elles à se réjouir de leur privilège ? Connaissent-elles leur bonheur ? Par moments, tout au plus. C'est que le mariage, même heureux, ne tarit pas la source des infortunes humaines. Qu'on se dise, au contraire, que la vie est une épreuve, et immédiatement tout change, tout s'éclaire. S'amuser devient un emploi inférieur du temps que nous traversons. Notre destinée prend un sens, qui est le travail méritoire pour soi et utile pour les autres. Et du coup le mariage considéré comme une source de devoirs, et non comme une occasion de plaisirs, redevient un admirable moyen de moralisation réciproque.

Au surplus, qu'est-ce qu'une crise de féminisme aigu, sinon, dans bien des cas, une forme de neurasthénie délirante, une violente crise de nerfs ? Un médecin de mes amis me déclarait même que pour guérir de cette maladie, beaucoup de femmes devraient être douchées. Nos pères auraient dit tout simplement, les monstres ! qu'elles méritent d'être fouettées. Mais si efficace qu'il puisse être, ce vieux traitement répugnerait à la douceur de nos âmes. Nous avons fait nôtre le joli proverbe indou : « Ne frappez pas une femme même avec une fleur » ! Et puis, les chères créatures n'aiment plus être battues. Mon docteur avait raison : mieux vaut, de toute façon, les asperger que les meurtrir. L'hydrothérapie a du bon.

III

Parmi les moyens d'action du « féminisme antimatrimonial » (je reprends ici tout mon sérieux), il faut citer, à côté du théâtre, la littérature romanesque. Son procédé de dénigrement systématique est bien simple : il consiste à diminuer l'homme en lui prêtant tous les défauts et à grandir la femme en lui donnant tous les beaux rôles. Le nombre est considérable des romans parus depuis vingt ans qui se sont conformés, plus ou moins consciemment, à ce programme d'injuste partialité.

Que nous sommes loin des récits d'autrefois où l'homme avait toutes les qualités d'un héros, l'esprit, le courage, l'élégance, à tel point que c'était un délice de l'épouser ! Maintenant la jeune école nous en fait un être pusillanime ou féroce, à la tête vide ou à l'âme sèche, sans nerfs, sans muscles, sans coeur, un fantoche ou un polisson. Dans les choses de l'amour surtout, on nous le montre capricieux, inconstant, cruel, incapable d'affection délicate et de tendresse persévérante, ne cherchant dans la femme qu'une satisfaction d'amour-propre ou une sensation de volupté. Les femmes de lettres, en particulier, ont dressé contre le sexe fort un réquisitoire en règle. A les entendre, l'amour des hommes n'a qu'une saison. La fidélité leur pèse. Lors même qu'ils seraient mariés à la femme la plus dévouée du monde, ils n'hésiteraient point à l'abandonner pour la première perruche rencontrée sur le boulevard, quitte à lui revenir sans honte quand l'âge ou les infirmités ne lui permettront plus de vagabonder,--comme l'enfant retourne à sa bonne lorsque la fatigue arrive ou que le soir tombe.

Entre nous, mesdames, êtes-vous bien sûres que tous les hommes soient aussi plats et aussi vils ? Franchement, c'est trop généraliser que d'imputer au sexe tout entier les fautes et les turpitudes de quelques exemplaires abominables. J'accorde que, dans les affaires de sentiment, l'homme est inférieur à la femme. L'affection, chez lui, semble généralement plus courte et plus brusque. Oui, nous sommes brefs en amour. Mais y a-t-il à cela quelque déshonneur ? Hercule ne peut pas toujours filer aux pieds d'Omphale. L'homme se doit à la famille, à la science, à la civilisation, à l'humanité. Que deviendrait la société, que deviendrait la femme elle-même, s'il désertait le travail viril qui assure aux vivants le nécessaire et le superflu, le pain et le confort, pour s'attarder et s'alanguir en adorations perpétuelles et mériter, par ses effusions persévérantes, le titre de parfait amant ? La nature ne l'a pas voulu ; et en cela, elle a sacrifié, comme toujours, le plaisir individuel à l'intérêt de la race.

Du reste, quand les femmes, que possède le démon de l'égalité, seront devenues ingénieurs, médecins, fabricants de meubles ou de savon, elles apprendront par expérience qu'il est impossible de mener toujours de front le travail et l'amour. Le souci de leur profession abrégera leurs élans de coeur. Elles n'auront plus le loisir d'être tendres du matin au soir, ni même du soir au matin. Travaillant comme l'homme, elles aimeront comme l'homme, rapidement et par intermittences. Au lieu de nous élever jusqu'à elles, elles se seront abaissées jusqu'à nous. Et, tout compte fait, l'humanité en souffrira ; car elle aura gagné peu de chose à leur émancipation économique et perdra beaucoup à l'amoindrissement de leurs facultés aimantes. Et pour nous disputer notre supériorité de travail, les imprudentes auront compromis leur supériorité d'amour !

En même temps qu'il s'acharne contre les hommes pour les noircir et les défigurer, le féminisme littéraire embellit, exalte, magnifie l'» Ève nouvelle » avec une partialité aveugle et une conviction intrépide. Il proclame, il exalte les « droits de la femme ». Se couvrant des vocables obscurs de liberté et d'égalité qui ont servi déjà tant de fois à masquer l'erreur et le sophisme, il professe avec véhémence que la « lutte des sexes » est inévitable, puisque la libre expansion de chacun est le premier des devoirs. Il revendique pour le coeur féminin l' « intégralité du bonheur » à rencontre des préjugés et des lois. Il glorifie l'énergie et l'âpreté de la volonté, les conquêtes de la science et de la puissance des femmes sur l'égoïsme et la brutalité des hommes.

C'est en effet l'habitude de ces récits étranges de nous présenter des jeunes filles ou des jeunes femmes décidées à vivre leur vie, résolues à aimer qui leur plaira. Ne dépendre de personne, vouloir, savoir, pouvoir par elles-mêmes et par elles seules, voilà leur rêve. On a remarqué déjà que cet état d'âme diffère grandement de celui des femmes romantiques. Certes, George Sand prônait bien la souveraineté sacrée de l'amour, la rébellion du coeur et de la beauté contre la malfaisance des intérêts et le pharisaïsme des Codes. Mais il y avait du lyrisme dans cette revendication des droits de la passion. Les héroïnes des romans de 1830 traversent le monde les yeux levés vers les étoiles, confiantes dans les doux songes qui peuplent leur imagination, allant irrésistiblement vers l'amour qui ouvre sous leurs pas une voie triomphale. Ces créatures ne sont que tendresse, enthousiasme et poésie. Elles vivent leur rêve et brûlent leur vie.

Tout autre nous apparaît la jeune fille d'aujourd'hui qu'un souffle d'émancipation féministe a touchée. C'est une raisonneuse. Elle ne s'attarde pas aux mirages de l'avenir, elle n'a point d'illusions. Ses yeux hardis regardent le monde en face, et elle suit son chemin d'un pas vif et sûr. Ce n'est point une créature sentimentale, mais un être d'orgueil froid et décidé. Elle a le sentiment lucide des rivalités, des difficultés de la vie, et la ferme résolution de les affronter et de les vaincre. Si elle réclame encore le droit à l'amour, elle revendique avant tout sa place au soleil. Son âme déborde d'individualisme militant, qu'elle entend bien affirmer en face des circonstances adverses et des traditions hostiles. Elle se dit avec une clairvoyance aiguë des choses du monde : « Mon origine modeste, ma petite fortune, ma beauté médiocre, la rapacité des hommes, la médiocrité des âmes, tout me condamne au célibat. Soit ! Je travaillerai, je ferai mon existence. Mais je ne renonce pas au bonheur ; je n'étoufferai ni un élan de mon coeur, ni un appel de mes sens ; je ne sacrifierai pas ma jeunesse aux convenances, aux exigences de ce tyran cruel qu'on appelle le monde. Je suis trop raisonnable pour faire la fête, mais je veux être assez libre pour vivre pleinement ma vie. Je prendrai un métier et, si le coeur m'en dit, j'aimerai qui je voudrai, à mes risques et périls. Puisqu'il m'est interdit de trouver l'amour dans le mariage, eh bien ! je le chercherai ailleurs ! » Cette profession de foi audacieuse n'est pas éloignée de l'idéal anarchiste, suivant lequel l'homme ne pourra se dire libre que le jour où il sera devenu, d'après la formule d'un écrivain libertaire, « un bel animal, sans foi ni loi, jouissant de la vie dans la plénitude de ses fonctions. »[94]

En réalité, la « femme nouvelle », que certains romanciers des deux sexes nous dépeignent avec complaisance, n'est qu'une simple révoltée. L'individualisme

[94] Adolphe Retté, *La Plume*, octobre 1898.

anarchique s'est installé dans son coeur. En sera-t-elle plus heureuse ? Une de ces viriles créatures avoue tristement que « ses jours passent sans soleil. » En vain l'amant qu'elle s'est donné s'humilie devant elle et se soumet à ses caprices,--car c'est le rêve de toutes les femmes gonflées d'orgueil de subjuguer, de dompter, d'asservir l'homme ; vainement elle contemple son triomphe et gouverne son esclave : elle n'a trouvé ni la paix ni le bonheur. Et voilà bien le châtiment ! Astreintes aux lourdes obligations de la profession indépendante qu'elles auront choisie, ces femmes ne tarderont pas à exaspérer leurs nerfs, à fatiguer, à épuiser leur corps. Insoucieuses de la solidarité conjugale et des simples joies de la vie domestique, elles se replieront sur elles-mêmes avec chagrin ou s'useront avec angoisse aux heurts et aux conflits de la vie. Il n'est pour goûter sur terre un peu de félicité, que de se délivrer de soi-même d'abord, et d'accepter ensuite avec courage le travail, le devoir, l'épreuve, la souffrance. Avec les rigueurs économiques du temps présent, l'action est rude et la vie amère. C'est bien assez que les hommes se ruent à la bataille. Que « celle à qui va l'amour et de qui vient la vie » se garde donc, autant que possible, de se meurtrir les mains et le coeur en des efforts et des luttes qui ne conviennent pas à son sexe.

Pour revenir à la littérature, loin de remplir ce rôle superbe de direction morale que de nobles écrivains leur assignent, le théâtre et le roman se sont entremis trop souvent, depuis vingt ans, en faveur des idées de révolte et de démoralisation. L'anarchie intellectuelle, qui règne dans la classe mondaine et lettrée, n'a pas d'autre cause ; et le mariage, tout le premier, en a gravement souffert.

Et pourtant, nous avons besoin en France, plus que jamais, qu'on nous prêche le mariage et qu'on nous rappelle avec instance que, si nous préférons encore la civilisation spiritualiste au matérialisme barbare, il faut renoncer aux caprices de la vie facile et de la passion sensuelle qui mènent à l'amour libre, pour s'attacher fermement au lien exclusif et indissoluble de la monogamie chrétienne.

Au fond, savez-vous pourquoi tant de gens s'en prennent si furieusement au mariage ?--Parce qu'il les gêne. « Il est fait pour nous, disent-ils, et nous ne sommes pas faits pour lui. Subordonnons les institutions aux hommes et non les hommes aux institutions. Nous ne devons pas nous conformer aux lois, mais celles-ci doivent se conformer à nos besoins et à nos instincts. La nature est antérieure au mariage ; celui-ci doit se modeler sur elle, et non l'asservir et la déformer. »[95]

Or, il est entre le mariage actuel et la maternelle nature un désaccord absolu : le mariage est éternel, tandis que l'amour est passager. S'aimer toujours ! Quelle sotte illusion ! Sans doute l'habitude de la vie commune ne va point sans quelques charmes d'accoutumance, de sympathie et d'amitié. Mais l'amour, enclos dans la prison du mariage, ne tarde guère à y mourir de tristesse et d'ennui. « Pour avoir eu de la joie pendant deux ans, voici les époux, par expiation de ce bonheur fugitif, contraints de le regretter pendant quarante autres. Officiellement, il leur est défendu de goûter plus que ce minimum. » Combien il est facile de broder sur ce thème sentimental ! Disjoints par la loi, et libérés de tout scrupule, les conjoints, qui se reprennent, pourront recommencer leur vie et connaître de nouvelles ivresses. Si les fleurs du premier amour se sont fanées une à une, n'est-il pas dans le palais d'Eros d'autres jardins parfumés ? Il est cruel, il est absurde, ce principe matrimonial qui condamne « à n'aimer qu'une fois et à aimer toujours ! »[96]

---

[95] Joseph Renaud, *La faillite du mariage*, pp. 24, 48 et 49.

[96] *La faillite du mariage*, pp. 55, 56 et 57.

Nulle part cette thèse ne s'étale avec plus de crudité passionnée que dans l'*Évangile du Bonheur* de M. Armand Charpentier. Voici, d'après l'auteur lui-même, l'esprit et le résumé de l'oeuvre : « L'amour entre deux êtres est-il éternel ? Non. Le mariage est-il éternel ? Oui. Conclusion : à un moment donné, mariage et amour ne sont plus synonymes. Autrement dit, le lien subsiste entre les conjoints, tandis que sa raison d'être a disparu. Le mariage, tel qu'on le comprend, est contraire à toute logique, à tout bonheur. Il est l'une des plus grosses et des plus criminelles erreurs sur lesquelles l'humanité vit depuis ses origines. »

A cela, quel remède ? La « liberté de l'amour » pour la femme comme pour l'homme. Lisez plutôt : « Si l'on s'élève quelque peu au-dessus des préjugés courants, il convient de louer, sans réticence, la princesse de Caraman-Chimay, car elle a accompli l'un des actes les plus nobles dont une femme puisse se rendre digne.

Au lieu de s'engourdir, comme tant d'autres, dans l'éternel mensonge de l'adultère, elle a affirmé hautement et devant tous : 1° son droit à l'amour ; 2° sa liberté dans le choix de l'amant. » En somme, c'est la conviction de M. Charpentier que Clara Ward a, de toute façon, servi la cause émancipatrice de son sexe mieux que ne sauraient le faire les conférences ou les romans féministes. Et pour généraliser un aussi bel exemple, le moyen est bien simple : « La douleur résidant dans l'éternité du lien, il suffira de rendre le pacte révocable à volonté, autrement dit, de faciliter le divorce. »[97]

---

[97] Lettre à M. Joseph Renaud. *La faillite du mariage*, pp. 59, 60 et 61, *passim*.

CHAPITRE V

OÙ MÈNE LE DIVORCE

I.--Les méfaits du divorce.--L'esprit individualiste.--Statistique inquiétante.--Le mariage a l'essai. II.--Plus d'indissolubilité pour les époux, plus de sécurité pour les enfants.--Le droit au bonheur et les devoirs de famille.--Appel à l'union. III.--Le divorce et les mécontents qu'il a faits.--Nouveauté dangereuse, suivant les uns ; mesure insuffisante, suivant les autres.--La logique de l'erreur.-- Divorce par consentement mutuel.--Divorce par volonté unilatérale.--Suppression du délit d'adultère. IV.--En marche vers l'union libre.--Plus d'indissolubilité, plus de fidélité.--Un choix à faire : idées chrétiennes, idées révolutionnaires.

L e divorce est un bel exemple de l'influence que la littérature peut exercer sur les moeurs et sur les lois. Sous prétexte de faire entrer dans le mariage plus de bonheur et plus de justice, nos écrivains les plus renommés n'ont cessé, pendant des années, de protester contre son indissolubilité avec une persévérance infatigable. A la scène et dans les livres, ils ont prêté leur voix, leur talent, leur crédit, aux doléances des maris trompés, aux réclamations des femmes trahies, appelant la pitié du public sur ces créatures lamentables obligées de traîner leur vie douloureuse irrévocablement rivées l'une à l'autre par une loi inexorable. De guerre lasse, nous avons rompu leur chaîne.

Le divorce a été rétabli, les uns le considérant comme un moyen extrême de remédier à quelques infortunes touchantes, les autres, en plus grand nombre, le regardant avec transport comme le plus mauvais tour qu'il fût possible de jouer à l'» infâme cléricalisme.»

On connaît la suite : le divorce est entré immédiatement dans nos moeurs. À l'heure qu'il est, nos tribunaux ont peine à répondre aux demandes qui s'élèvent de tous côtés, de la classe pauvre aussi bien que de la classe riche. Car c'est la gravité particulière du divorce d'ébranler le mariage du haut en bas de l'échelle sociale,--à la différence de la littérature perverse, qui distille seulement ses poisons lents aux âmes oisives et fortunées. Sans qu'il entre dans notre pensée de traiter à fond cette thèse fameuse, il nous faut montrer cependant combien la rupture des unions légitimes est un ferment de dissolution grave qui, ajouté à ceux qui nous travaillent d'autre part, menace de corrompre nos moeurs et de ruiner nos foyers.

I

Les bons ménages n'ont point d'histoire. Vivant heureux, ils vivent cachés et silencieux. On ne parle jamais d'eux, on les ignore. Et pourtant ils sont innombrables. Le bonheur ne fait point de bruit, pas plus que le bruit ne fait le bonheur. Et tandis qu'une ombre discrète et douce s'étend sur ces foyers paisibles, les gens mal mariés, étalant leurs travers et leurs vices, prennent le public à témoin de leurs infortunes et mènent grand tapage autour de leurs peines de coeur et de leurs défaillances de conduite. Et cette minorité bruyante, dolente et violente, s'est si bien agitée qu'elle a fini par rallier à sa cause une majorité dans les Chambres françaises. C'est ainsi que le divorce est rentré dans nos lois en 1884. Il a suffi de cette argumentation théâtrale dont les romanciers sentimentaux excellent à enguirlander les faits-divers de l'adultère et de la passion, pour décider nos hommes politiques à démanteler le foyer familial en rompant le lien conjugal.

Car,--impossible de le nier,--la loi qui a rétabli le divorce est une conquête de l'individualisme sur l'esprit social. Oubliant que toute institution d'utilité générale peut avoir exceptionnellement ses victimes, comme le progrès a les siennes, nous ne savons plus résister à la misère des accidents particuliers ni même préférer l'intérêt prééminent de la collectivité à l'intérêt, pourtant très inférieur, des souffrances individuelles. C'est à croire que, si de nos jours les révolutionnaires pullulent, rien n'est plus rare, en revanche, qu'un véritable socialiste, pour peu que l'on restitue à ce vocable sa pure signification étymologique. Je veux dire que nous n'avons point l'âme sociale ; que nous subordonnons de moins en moins les parties au tout ; que nous perdons peu à peu l'habitude de mettre le bien général du pays au-dessus des aspirations, des doléances, des revendications particulières ; qu'en résumé, un individualisme orgueilleux, avide et indiscipliné nous ronge et nous dissout. Que voilà bien notre maladie secrète et honteuse ! Toutes les forces de l'homme moderne n'aspirent qu'à la souveraineté du moi et, par une suite nécessaire, à l'affaiblissement et à la ruine de toutes les autorités sociales, de toutes les institutions sociales. Et c'est pourquoi notre pays, plus qu'aucun autre, se meurt d'anarchisme inconscient. Le rétablissement du divorce en est un exemple saisissant,--notre législateur n'ayant pas hésité, pour rompre les chaînes de quelques époux mal assortis, à ébranler les assises les plus profondes de la famille française.

Voici des chiffres inquiétants.

Chaque année, les statistiques officielles enregistrent la progression constante du nombre des divorces. C'est ainsi que le chiffre des demandes s'est élevé de 4 640, en 1885, à 7

456, en 1890. Et presque toutes ont trouvé gain de cause auprès des juges. Sur plus de 40 000 actions intentées de 1884 à 1892, 35 000 environ ont été accueillies favorablement par les tribunaux. Et depuis, le mouvement ascensionnel a poursuivi son cours. Au tribunal de la Seine, plus particulièrement, les procès en divorce augmentent incessamment. En décembre 1898, on l'a vu désunir, en une seule audience, 98 ménages.

D'après la loi du 27 juillet 1884, le divorce peut être prononcé pour quatre causes, qui sont : 1° la condamnation à une peine afflictive et infamante ; 2° l'adultère ; 3° les excès ou sévices ; 4° les injures graves. Mais la jurisprudence ayant attribué au mot « injure » un sens large, qui efface toute limitation dans le nombre des causes de divorce, on peut dire que celui-ci est possible, dans le système actuel, toutes les fois qu'un époux manque gravement à ses devoirs envers l'autre. De là, des facilités fâcheuses de rupture et de désunion.

Pour toute la France, il y a eu 6 419 divorces judiciairement prononcés en 1894, 6 743 en 1895, 7 051 en 1896, 7 460 en 1897. Mais depuis trois ans, ces chiffres tendent à diminuer légèrement. On a compté seulement 7 238 divorces en 1898, et le total est tombé à 7 179 en 1899. L'année 1898 marquera-t-elle un arrêt définitif dans la progression du nombre des divorces ? Ou bien cette diminution doit-elle être attribuée moins au relèvement de la moralité conjugale qu'à la sévérité restrictive de certains juges, dont les féministes avancés dénoncent la bigoterie et le cléricalisme. Quoi qu'il en soit, il résulte des chiffres précédents que, depuis le rétablissement du divorce jusqu'à la fin du XIXe siècle, c'est-à-dire en seize années, la justice française a désuni officiellement et irrémédiablement plus de 90 000 unions légitimes. On comprend que cette oeuvre de dissolution commence à effrayer la magistrature.

Que si maintenant nous comparons le total des ruptures (séparations et divorces réunis) au total des mariages, nous constaterons, pour la seule année 1890, le chiffre inquiétant de 29 unions dissoutes sur 1 000 unions contractées. Pour le seul département de la Seine, la proportion s'est élevée, la même année, à 75 pour mille ; et chose attristante à dire, dans plus de la moitié des cas, les époux divorcés avaient des enfants. On voit par là combien l'air de Paris est malsain pour la paix des ménages et l'union des familles. Joignez que les séparations de corps diminuent tandis que les divorces augmentent. Dans les milieux ouvriers des grandes villes, notamment, ce n'est plus assez de que séparer : on veut rompre à toujours. En 1885, il y avait eu 2 122 séparations prononcées ; en 1892, ce chiffre est tombé à 1 597. Impossible de mieux démontrer que le divorce entre de plus en plus dans nos moeurs, en favorisant notre égoïsme, notre inconstance et nos goûts de jouissance et d'indépendance anarchique.

Comment s'étonner, après cela, que notre population reste stationnaire, et que les naissances ne suffisent plus guère qu'à couvrir les décès ? Non pas qu'on se marie moins : si l'état civil avait enregistré, en 1895, 282 918 mariages, au lieu de 286 662 en 1894, le nombre des unions légitimes s'est légèrement relevé en 1899. Ainsi, la nuptialité française, après avoir marqué une tendance à la baisse, est en légère progression depuis quelques années. En revanche, les enfants naturels augmentent : 76 522 ont vu le jour en 1893. Stagnation des mariages et accroissement du concubinage, affaiblissement de la natalité légitime et multiplication des bâtards, voilà qui éclaire d'un jour effrayant notre décadence morale.

Si, au moins, le divorce avait diminué,--comme on s'en flattait,--les adultères et les crimes passionnels ! Point. La déception a été complète. On dit qu'Alexandre Dumas ne pouvait s'en consoler. A quoi bon se tuer lorsqu'il est si facile de se désunir ? De 546, en 1881 (trois ans avant le rétablissement du divorce), les poursuites en adultère ont monté à 938, en 1890, après six ans d'application de la loi nouvelle. Et combien de trahisons conjugales se terminent dans le sang ? Le couteau, le vitriol et le revolver n'ont jamais servi si fréquemment et si furieusement les rancunes des époux mal assortis. Et cependant, il y a quelque chose de plus triste encore que cette violence sanguinaire : c'est l'acceptation et l'exploitation de l'adultère par les coupables eux-mêmes. Des gens de la belle société tiennent pour une incorrection que l'époux outragé tire vengeance de l'époux infidèle. Les cris retentissants d'autrefois : « Tue-la ! tue-le ! tue-les ! » sonnent mal à leurs oreilles indulgentes. Ils regardent la faute de la femme et l'inconduite du mari comme un prêté pour un rendu. Il semble que, dès qu'elle est réciproque, l'immoralité soit plus facilement excusable. Dans un certain monde, l'infidélité d'un époux ne cause même plus à son conjoint une blessure d'amour-propre. Se fâcher est du dernier commun. On se trompe, et l'on ferme les yeux. A quoi bon sévir ? A quoi bon même se séparer ? L'oubli est d'une suprême distinction. Et l'on pousse la dépravation jusqu'à l'insensibilité. A force d'inconscience, nos élégants viveurs ont perdu le sens de la moralité.

Pour en revenir au divorce, c'est chose connue qu'il ne devait être, dans la pensée de ses auteurs, qu'une solution extrême offerte à des situations cruelles, à des infortunes exceptionnelles. Est-ce trop dire qu'il est maintenant envisagé de plus en plus comme la solution normale des unions civiles ? Mme Arvède Barine, qui s'attriste comme nous de cette constatation, compare le divorce à « la divinité tutélaire qui préside à la cérémonie nuptiale, et dont l'ombre plane sur la mairie pour encourager les indécis et consoler les mélancoliques. »[98] Comment hésiter à franchir le seuil de la

---

[98] *La Gauche féministe et le mariage.* Revue des Deux-Mondes du 1er juillet 1896, p. 131.

maison conjugale lorsqu'il est si aisé d'en sortir ? Et des gens audacieux réclament le mariage à l'essai. Nous n'en sommes pas loin !

Par le fait du divorce, les unions légitimes ont tendance à devenir des engagements à terme, un bail temporaire, quelque chose comme un stage d'épreuve. Si, après quelques mois ou quelques années d'expérience, le couple ne se convient pas ou ne se convient plus, on en sera quitte pour quelques scènes violentes jouées en public, et chacun reprendra sa liberté avec l'assentiment de la justice et des lois. On entre par la grande porte en se réservant de fuir par la petite. Sans les résistances de l'Église catholique, les progrès énormes, que le divorce a faits dans nos moeurs, nous entraîneraient rapidement à ce qu'on a justement appelé la « polygamie successive ». Sans doute, nos divorcées ne sont pas comparables encore à ces matrones romaines dont parle Sénèque, et qui comptaient le nombre de leurs années par le nombre de leurs maris. Ainsi pratiqué, le divorce équivalait à l'union libre. Avouons cependant qu'en s'acclimatant chez nous plus rapidement qu'on ne l'imaginait, il menace gravement le mariage lui-même.

II

Le grand malheur du divorce (outre qu'il est un parjure, c'est-à-dire la violation des serments échangés) vient de ce que la déchirure qu'il produit est irréparable. A la différence de la séparation de corps, qui laisse l'avenir ouvert à la réconciliation, il coupe, il tranche--et ne recoud jamais. Et pourtant, n'est-ce pas à l'abri des foyers indestructibles que se forment les familles unies ? et n'est-ce pas l'ensemble des familles unies qui constitue les nations fortes ? Dans un pays comme le nôtre, où la nature est si douce, si démente, si riche, si tentatrice, chez un peuple au sang chaud, à l'âme ardente, aux sensations vives, n'était-il pas à craindre qu'en supprimant l'indissolubilité du mariage, on excitât les mauvais désirs, l'appétit du changement, les convoitises basses et inavouables, toute cette fange d'immoralité où l'homme ne saurait s'abaisser sans une irrémédiable déchéance ?

Or, quoi qu'on dise et quoi qu'on fasse, le mariage est devenu, par l'effet du divorce, quelque chose comme un « concubinage légal » régulièrement constaté et éventuellement résoluble. Que l'un des stipulants s'avise de manquer à ses promesses et de violer ses engagements,--la belle affaire ! Bonnes gens, consolez-vous ! Le bail est résiliable. S'il vous arrive d'en souffrir, rompez le contrat et liquidez l'association.

Et les enfants ! Impossible de parler du divorce sans que ce cri vous monte aux lèvres. Voici deux époux mal assortis, d'humeur contraire, de goûts opposés. Rien de plus naturel, hélas ! rien de plus humain qu'ils rêvent d'une rupture définitive, espérant trouver peut-être, dans une nouvelle union le bonheur qu'ils ont vainement cherché dans la première. Mais ils ont des enfants : que deviendront ces épaves du mariage ? Car voilà bien les victimes du divorce !

Admissible, à la rigueur, dans les unions stériles, parce qu'il intervient alors entre deux êtres complètement libres, le divorce est un grand malheur lorsqu'il désunit deux époux qui ont une postérité, car celle-ci en souffre. Qu'est-ce, lorsque la mère divorcée se remarie, sous le fallacieux prétexte de donner un meilleur père à son enfant ? Et, en effet, le second mari ne sera point sans exercer une autorité de fait sur le pauvre petit. Faites ensuite que le premier reparaisse et, s'adressant à son ancienne épouse, s'efforce de lui reprendre son fils ou sa fille : voyez-vous la situation cruelle de l'enfant, que se disputent cet homme et cette femme qui ne sont plus conjoints et qui sont restés ses parents ? Et quel rôle va jouer le second mari dans ce conflit ? Un rôle atroce ou ridicule. Pour ces gens, la vie est un enfer. Je ne sais point de conflits plus douloureux.

Mais les fervents du libre amour ne s'embarrassent guère de ces misères et de ces souffrances. Si vous leur dites que l'indissolubilité du mariage est fondée même sur des raisons biologiques,--puisque lès petits des hommes n'atteignant que très tard leur développement complet, il importe que les parents restent unis pour y pourvoir jusqu'au bout,--on vous fera cette réponse stupéfiante que, passé la première enfance, les petits humains requièrent moins de soins qu'on ne le croit, et qu'en tout cas « les lycées officiels ne laissent plus aujourd'hui à la famille qu'un rôle secondaire. »[99]

Ce raisonnement de célibataire fera sourire les mères et les proviseurs. Quoi de plus malheureux qu'un petit être abandonné des siens et remis comme un fardeau gênant en des mains mercenaires, si honnêtes, si dévouées qu'elles puissent être ? De par la nature, le père et la mère se doivent au bonheur de la frêle créature qu'ils ont mise au monde.

Et qu'on ne dise pas que cet excès de sensibilité pour le plus faible va contre la marche de l'émancipation humaine, que les époux, eux aussi, ont droit à la liberté et au bonheur, et qu'on ne saurait les forcer de sacrifier ce trésor inaliénable à leurs obligations de tendresse et de protection envers l'enfant, en les condamnant au terrible supplice d'une union forcée, sans paix et sans amour. Ce langage est anarchique. Pour nous qui, plaçant le devoir au-dessus du bonheur, subordonnons la jouissance égoïste des individus à l'intérêt supérieur de la famille et de sa descendance, notre choix est fait. Loin de sacrifier l'enfant aux parents, nous maintenons

[99] Joseph Renaud, *op. cit.*, p. 146.

que les parents doivent se sacrifier pour l'enfant. C'est, notamment, l'obligation des époux mal assortis de ne se soustraire à la vie commune qu'à toute extrémité, lorsque leur personne est exposée à des violences ou à des sévices graves, ou encore, lorsque la moralité des enfants est soumise à des contacts avilissants et à des exemples détestables.

Et maintenant, la séparation et le divorce sont-ils plus profitables aux femmes qu'aux maris ? Il semble bien qu'on doive, sur la foi des statistiques, répondre affirmativement à cette question, puisque la justice intervient plus souvent sur la demande de l'épouse que sur les instances de l'époux. Serait-ce que les maris sont d'humeur plus endurante et plus résignée ? ce qui est possible ; ou bien que les femmes leur sont supérieures en vertu et en moralité ? ce qui n'est pas douteux. En tout cas, par un reste de galanterie désintéressée, certains hommes se laissent condamner sans se défendre. S'ils ont des griefs, ils les taisent ; et la femme triomphe. Douloureuse victoire, lorsque l'union, rompue ou relâchée, a donné naissance à des enfants dont la mère aura la garde et la responsabilité ! Savez-vous surtout mission plus lourde et plus grave, pour une femme divorcée ou séparée, que la charge d'un ou de plusieurs garçons à élever et à établir ? La mère ne reconquiert tout ou partie de son indépendance qu'au prix d'une aggravation de soucis, de tourments, de devoirs. Plus mince encore est le profit du divorce, si l'on envisage le dommage qu'il cause au sexe féminin tout entier, en affaiblissant, en discréditant le mariage, que nous considérons comme l'abri tutélaire de la mère et de l'enfant.

Il est donc à souhaiter que les tentations de révolte et de désunion soient combattues, refoulées, étouffées, autant qu'il est possible, par la conscience des parents. En songeant aux intérêts et aux droits de l'enfance, en se rappelant qu'eux-mêmes ne sont pas sur terre pour l'unique satisfaction de leurs aises, pour l'unique plaisir de leurs sens, en se disant qu'à chercher en de secondes noces, aussi aléatoires que les premières, une égoïste félicité, ils porteraient un préjudice à peu près certain à ce dépôt redoutable et sacré,--l'enfant,--que les lois mystérieuses de l'existence ont remis entre leurs mains, les époux éviteront peut-être plus facilement la suprême et irréparable déchirure du divorce, qui n'allège momentanément leurs épreuves qu'en blessant, pour la vie, les pauvres innocents auxquels ils doivent amour, et protection.

III

Malheureusement, ces scrupules ne touchent guère les partisans de l'union libre. Peu leur importe de vivre, d'homme à femme, sur la foi d'un traité constaté par le maire et béni par le curé. Leur farouche individualisme s'irrite de ces précautions cérémonieuses. Bien que le divorce soit une brèche faite au foyer conjugal, il ne leur agrée point ; de sorte que, par un effet propre à toutes les demi-mesures qui s'arrêtent à la moitié du chemin, cet expédient tant vanté ne contente, ni ceux qui voudraient détruire la famille, ni ceux qui voudraient la sauver. Il blesse en effet l'indissolubilité sacramentelle, sans satisfaire l'indépendance passionnelle. Et pourtant, lors du vote de la loi du 27 juillet 1884, c'était l'idée de beaucoup de gens que le divorce rajeunirait le mariage. Suivant eux, la loi Naquet avait tout réparé, tout renouvelé, tout modernisé. A l'heure qu'il est, cette opinion « centre-gauche » ferait sourire. En réalité, le divorce ne contente plus personne. « Il est dangereux, » disent les timorés. « Il est insuffisant, » répliquent les intransigeants.

De ces deux tendances d'esprit, quelle est la plus agissante et la plus forte ?

Il n'est pas douteux que les méfaits du divorce effraient de nombreux esprits qui, après avoir accepté son rétablissement sans grand scrupule, se demandent maintenant avec inquiétude, à la vue de l'effrayante multiplicité des ruptures légales, si cette épidémie n'est pas de celles dont un peuple peut mourir doucement, mais sûrement. Et nous entendons des libéraux, des modérés, que cette expérience a déçus, nous dire d'un ton désolé : « Décidément, il eût mieux valu repousser le divorce qu'affaiblir le mariage. Pourquoi ne s'est-on pas contenté d'introduire dans le Code civil, suivant l'esprit du droit canon, des nullités de mariage plus nombreuses et plus accessibles, dont l'application à des cas précis et limités n'aurait pas été susceptible, à la différence du divorce, d'une extension indéfinie ? Pourquoi surtout ne s'est-on pas contenté, en 1884, de remanier et de compléter le régime de la séparation de corps, en renforçant ses effets, de manière à alléger plus efficacement le lien conjugal, sans le rompre irrévocablement ? Pourquoi a-t-on attendu jusqu'en 1893 pour rendre l'époux victime plus indépendant de l'époux coupable, sans ruiner toutefois l'indissolubilité conjugale ? »

Ces regrets sont vains. Mieux vaudrait, assurément, démolir le divorce que démolir le mariage. Mais le mal est fait, l'impulsion est donnée, et l'on n'entrevoit point la possibilité de remonter, de sitôt, le courant qu'une loi imprévoyante a déchaîné sur là société française. La seule chose qui puisse être tentée avec quelque efficacité, c'est de lutter contre le flot grandissant des doctrines licencieuses, qui prétendent tirer du principe imprudemment réintégré dans nos codes toutes les conséquences pernicieuses qu'il renferme. Terrible est la logique des idées ; et celle du divorce nous mènerait loin, si les moralistes de bonne volonté ne lui barraient le chemin.

Or, aucun moyen n'est plus propre à préserver les hommes des surprises et des catastrophes, que de les renseigner exactement, et sur les risques du chemin qu'ils ont pris à l'aventure, et sur les dangers de la pente où des indications mensongères ont entraîné leurs pas. Qu'on sache donc que telle est la pression du divorce sur nos moeurs, qu'elle nous mènerait insensiblement, si nous n'y prenions garde, à l'abolition du mariage et à la reconnaissance légale de l'union libre. Voyez plutôt les conséquences que les féministes échauffés en déduisent et les réclamations hardies qu'ils en tirent.

Le divorce, déclarent-ils, est une libération incomplète, un débouché inaccessible, une issue trop étroite, hérissée de formalités coûteuses et de difficultés décourageantes. Élargissons cette porte basse, afin que les époux la franchissent aisément.

Et d'abord, il faut que le mariage puisse être dissous par le consentement mutuel des époux. Une fois admis que les obligations du mariage sont purement humaines, la logique exige que les deux volontés, qui suffisent à les former, suffisent également à les dénouer. « Le divorce actuel est d'ordre restrictif ! » Voilà, pour MM. Paul et Victor Margueritte, son grand défaut. Pourquoi l'a-t-on décapité de sa vraie cause qui est l'incompatibilité d'humeur ? Depuis que la loi a sécularisé les justes noces, les « faillis du mariage » ne peuvent rester associés à perpétuité. « L'heure sonnera de l'affranchissement complet, logique et humain du divorce. » Un « congé » silencieux, rapide, à bon marché, sans atermoiements, sans papier timbré, s'il est possible, voilà l'idéal. « Brisons les fers des époux mal assortis qui cessent de se comprendre et de s'aimer. Leur conscience, leurs coeurs, leurs chairs ne peuvent être asservis. La route est large : qu'elle soit libre ! »[100]

Ainsi donc, dès que deux conjoints s'accordent pour se tourner le dos, la rupture s'impose. En fait, ajoute-t-on, ce genre de divorce existe déjà, puisqu'il peut se réaliser par une simple supercherie des intéressés, tel qu'un flagrant délit d'adultère concerté d'avance ou quelque sévice publiquement reçu après entente. Il suffira donc de le rendre officiel, aisé, prompt et sûr, en substituant le divorce par consentement au divorce par complicité. Aussi facilement que le maire nous marie, aussi facilement le juge devra nous désunir. Que cette simple raison lui suffise : « Nous ne nous aimons plus, séparez-nous. » De même qu'au moment du mariage, l'autorité n'a point exigé des futurs conjoints les preuves de leur amour, ainsi la justice ne saurait leur imposer, au moment du divorce, la démonstration de leur indifférence ou de leur antipathie. M. Naquet nous déclare avec hauteur que « le divorce par consentement mutuel, c'est la loi naturelle. »[101]

D'autres vont plus loin et souhaitent que le mariage puisse être annulé sur le seul désir de l'un ou de l'autre conjoint. N'est-ce pas la conclusion d'une pièce célèbre, les *Tenailles*, de M. Paul Hervieu ? Rien de plus logique. Si l'on veut que le mariage cesse d'être un piège, et qu'il devienne la grande route que l'on suit à deux librement, volontairement, joyeusement, il n'est que de permettre à chacun de secouer le joug à son gré. Sinon, l'union légitime restera ce qu'elle est parfois, un attelage d'ennemis.

---

[100] Paul et Victor Margueritte, *Mariage et divorce*. La Revue des Revues du 1er décembre 1900, p. 469.

[101] Lettre à M. Joseph Renaud, *op. cit.*, p. 152.

Ne dites pas qu'à ce compte le caprice de l'un fera la loi de l'autre, et qu'il est contraire à tous les principes d'équité qu'un contrat, solennellement formé par l'échange de deux volontés, puisse être rompu par la volonté d'un seul. Ces scrupules juridiques n'embarrassent guère les gens de lettres. N'ajoutez pas que la liberté est une cause d'inconstance et d'incertitude ; ne rappelez pas ces pensées si vraies de Chateaubriand : « L'habitude et la longueur du temps sont plus nécessaires au bonheur, et même à l'amour, qu'on ne pense. On n'est heureux dans l'objet de son attachement, que lorsqu'on a vécu beaucoup de jours, et surtout de mauvais jours avec lui. On ne s'attache qu'au bien dont on est sûr ; on n'aime point une propriété que l'on peut perdre. » On vous répondra qu'il est absurde de décréter l'amour, la constance et le dévouement à perpétuité ; qu'il est absurde que « l'étau paralyse tout souhait d'évasion. »

Et le divorce devenu plus accessible, le mariage sera moins vil. Et l'on nous cite certains cas douloureux, certaines situations compliquées,--assez rares,--que le divorce par la volonté d'un seul peut dénouer rapidement. On a une telle foi dans l'excellence de la liberté, que, pour remédier à quelques exceptions cruelles, on ouvre à tous les ménages la porte de la maison commune, en leur conseillant d'en sortir pour une simple incompatibilité d'humeur. Quelle imprudence ! Faciliter la désunion : voilà ce qu'on nous offre pour restaurer le mariage !

Mais on ne s'arrête point, comme on voudrait, à moitié chemin du divorce. Dans la pièce que nous citions plus haut, M. Paul Hervieu fait dire à l'un de ses personnages : « Quand un mari et une femme sont capables de s'entendre sur le divorce, ils en auraient déjà moins besoin. C'est pour ceux qui sont incapables de tout accord, même de celui-là, que le divorce aurait dû être inventé. » Seulement, voyez la conséquence : dès que le divorce est tenu pour un principe de libération offert au caprice de chacun des époux, dès que la répudiation est abandonnée à la volonté d'un seul, la société est entraînée, par une pente irrésistible, à la reconnaissance de l'union libre. Se démarier au gré de l'un ou de l'autre, qu'est-ce donc ; sinon le droit individuel de s'aimer pour un temps et de rompre à son bon plaisir ? Cette déduction inévitable,--qui est pour le commun des honnêtes gens la condamnation du divorce,--est saluée avec joie par l'anarchisme aristocratique comme la fin du mariage. Les *Tenailles*, notamment, ont été applaudies à la Comédie française à raison même de leurs prétentions libertaires. « Débarrassons-nous de ce qui nous gêne ! » tel est le mot d'ordre de la belle société qui, au-dessus de tous ses devoirs, place le droit imprescriptible de s'amuser.

Il est bien entendu, par ailleurs, que l'interdiction qui empêche l'époux adultère de se marier avec son complice devra disparaître de la jurisprudence du divorce. Est-il, en effet, restriction plus stupéfiante ? Une femme a trompé son homme parce qu'elle ne l'aimait pas, et elle ne pourra pas épouser son amant parce qu'elle l'aime ! Interdiction pour elle de substituer un mariage d'amour à un mariage sans amour. L'État, qui s'est prêté complaisamment à la célébration de celui-ci, refusera de solenniser celui-là. Quoi de plus absurde et de plus cruel ? La loi ne doit pas séparer artificiellement deux partenaires, que la bonne nature convie aux jeux de l'amour et du hasard.

La logique du divorce est-elle épuisée ? Pas encore. La spirituelle Sophie Arnould disait que « le divorce n'est que le sacrement de l'adultère. » Est-ce pour faire mentir ce mot célèbre, qu'un législateur, M. Viviani, a déposé, en juin 1891, sur le bureau de la Chambre, un projet de loi tendant à supprimer le délit d'adultère ? Pour lui, tout manquement à la fidélité conjugale est une offense purement morale, un simple abus, de confiance dont le divorce est la sanction naturelle et suffisante. Et cela encore est logique. Vous qui croyez que le mariage est la base de la famille, comme la famille est la base de la société, vous direz sans doute que supprimer les peines édictées contre l'adultère, c'est lui accorder le bénéfice d'une encourageante impunité, c'est l'excuser et presque l'autoriser, et que, si les entraînements aveugles de la passion peuvent expliquer les violations de la foi conjugale, on ne saurait absoudre celles-ci par une disposition générale, sans ébranler profondément les assises du foyer domestique. Et pourtant, qu'on ne s'y trompe pas : c'est le devoir de fidélité qu'on cherche à effacer de nos lois, après en avoir banni l'indissolubilité. Du moment que le Code civil tient le mariage pour un contrat résoluble, pour un pacte résiliable, n'est-il pas inconséquent de punir ceux qui cherchent à bénéficier, par un adultère, de l'annulation qui leur a été promise ? Comprend-on une loi qui permet aux époux de s'évader du mariage, et qui les frappe de pénalités pour l'acte même qui leur en ouvre la porte ?

Et voilà pourquoi le divorce semble déjà aux esprits « avancés » une concession insuffisante, une demi-mesure, un « procédé orléaniste, » comme disait le terrible Raoul Rigaud ; voilà pourquoi encore les mêmes gens voient dans l'adultère une simple offense privée sans conséquence publique, un coup de canif insignifiant à la loi du contrat, une peccadille,--tandis que les anarchistes de lettres, poussant la logique jusqu'au bout, le représentent comme un acte de courage, un acte de vertu, une libération sublime qui élève l'homme et la femme au-dessus des lois, au-dessus des conventions et des préjugés, et prépare la revanche de la Nature contre la Société. Où nous mène cette tolérance relâchée des uns, cette immoralité audacieuse des autres ? Il est facile de le deviner. Elles ouvrent directement la voie aux libertaires des deux sexes qui ont pour devise : « La femme libre dans l'union libre. » On sait du reste que ce système est en faveur chez nos frères les animaux, qui se piquent rarement d'une fidélité durable. Et qu'est-ce que la famille humaine, sinon un type d'animalité supérieure ?

Au surplus, si nous voulons savoir ce qu'il faut conclure de toutes ces aggravations habilement déduites du divorce actuel, les hardis jouisseurs, qui prêchent à la femme l'émancipation de l'amour, ne se feront pas faute de nous le dire. Écoutons-les.

La loi du mariage est une convention vieillie et surannée, ou mieux, un préjugé barbare, étroit, tyrannique, dans lequel les époux, emprisonnés comme en un filet, se débattent avec une rage impuissante. Il ne suffit plus que le divorce en ait élargi les mailles et desserré les noeuds. Bénie soit l'idée libératrice qui permettra enfin aux deux sexes de s'affranchir de ce régime accablant ! Revenons à la simplicité de nos origines, à cette morale primitive, toute nue, qui consiste uniquement à satisfaire ses passions amoureuses, sans réticence, sans honte, sans remords. Contre le droit de libre existence, de libre amour, de libre plaisir, il n'est ni promesses ni scrupules qui tiennent. Devant la bonne nature, les devoirs conjugaux n'existent pas. L'être humain, mâle ou femelle, n'en a véritablement qu'un seul, qui est de conquérir et de conserver sa pleine indépendance envers et contre tous. Que ceux qui ont encore le souci de leur dignité reprennent donc leur liberté imprudemment aliénée, car elle est inaliénable ! Dès qu'un époux est fatigué de l'autre, l'association doit être dissoute et liquidée. Le mariage, qui s'oppose à cette solution bienfaisante, est une servitude abominable. Il n'en faut plus ! Démolissons au plus vite ce vieux régime cellulaire où des milliers d'êtres, conjoints malgré eux, étouffent et agonisent. N'est-il pas juste que l'humanité jouisse au moins de la liberté des bêtes ?

IV

Ici, l'homme doit choisir entre les principes du mariage chrétien ou les errements de l'amour païen. Point de moyen terme logique et durable.

Ou le mariage est l'échange de deux volontés, l'association de deux âmes, le don mutuel de deux êtres libres consenti loyalement de part et d'autre en vue de la création d'une famille, le rapprochement de deux destinées, l'union de deux coeurs pour le bonheur et l'adversité, la richesse et la misère, la santé et la maladie, la vie et la mort et, comme disent les chrétiens, pour l'autre vie au-delà même de la mort ;--et alors, loin de violer la foi jurée et de reprendre leur liberté, les époux ne doivent avoir qu'une préoccupation : s'engager avec cette confiance en l'éternité de l'amour qui fait toute la grandeur du mariage, remplir leurs promesses jusqu'au bout, fuir tout ce qui risque de refroidir ou d'ébranler leur accord, rechercher tout ce qui peut unifier et parfaire leur union, tant pour leur bonheur propre que pour celui de leurs enfants.

Ou le mariage n'est qu'un pacte révocable, un lien sans perpétuité, un bail résiliable, une convention à terme, que les époux peuvent rompre à volonté pour une incompatibilité d'humeur, pour un simple discord mental, pour ces contrariétés de goût et ces différences d'esprit qui ne sont, selon le mot de Chateaubriand, que « le penchant de notre inconstance et l'inquiétude de notre désir ; »--et alors il ne faut plus parler de famille, car on ne fonde rien de noble, rien de solide sur un rapprochement éphémère, né des caprices désordonnés de la passion et soumis à toutes les vicissitudes des appétits et de l'inévitable satiété. Et à mesure que s'allégera le fardeau des obligations conjugales, on verra se multiplier le nombre des mauvais ménages, puisqu'il est d'expérience qu'un lien se forme à la légère qui se rompt à volonté, et que plus on divorce aisément, plus on se marie étourdiment. Dès qu'il sera entendu que le mariage n'est qu'un lien provisoire, un engagement à temps, une vente à l'essai, on ne cessera d'en poursuivre l'abrégement et la réduction. A l'exemple du service militaire, nous aurons successivement le service matrimonial de cinq ans, de trois ans, de deux ans, jusqu'au jour où il paraîtra plus simple et plus logique de ne point s'engager du tout. Et notre société s'acheminera de la sorte vers la reconnaissance légale du libertinage, à la plus grande joie des hommes et pour le plus grand malheur des femmes.

Qu'on ne nous accuse point de pessimisme exagéré : les moeurs américaines nous sont un argument et un avertissement,--et aussi les moeurs parisiennes !

Finissons. Le divorce, qui est un premier pas dans la voie du féminisme antimatrimonial, n'a satisfait personne. Les récriminations sont plus vives aujourd'hui qu'auparavant. Avec sa porte ouverte sur l'avenir, le mariage paraît encore trop sévère et trop gênant. C'est pourquoi l'on travaille à lui enlever, un à un, tous ses caractères essentiels. Déjà l'indissolubilité a disparu de nos lois ; et sans la religion, elle serait peut-être disparue de nos moeurs. Des écrivains ont tourné en raillerie la fidélité. D'autres ont fait l'éloge de l'infécondité. Que ces théoriciens aventureux réussissent à convaincre les tristes humains que nous sommes, et le mariage aura vécu. Car il serait injurieux et hypocrite de conserver cette noble appellation à l'union innommable qui s'ensuivra. Il n'était qu'un moyen de spiritualiser la famille de chair, qui est la cellule essentielle de l'humanité, c'était de la fonder sur l'idée du devoir mutuellement stipulé et perpétuellement respecté par les époux. Est-il possible que le monde abandonne cette formule de vie et de supérieure dignité, pour une formule abjecte d'union intermittente, qui entraînerait rapidement l'abaissement de la femme et la ruine de la civilisation ?

Il faut avoir perdu, semble-t-il, la notion du bien et du mal pour proposer froidement de remplacer le devoir par le plaisir, et la conscience par la concupiscence. L'abolition du mariage et l'émancipation de l'amour n'en figurent pas moins au programme de nos diverses écoles révolutionnaires ; et de ce chef, la famille française court les plus graves dangers. Tandis que la mauvaise littérature empoisonne les milieux riches, tandis que le divorce dissout les mauvais ménages en ébranlant les bons, la propagande anarchiste et socialiste en faveur de l'union libre risque d'envahir peu à peu les couches profondes du peuple et de contaminer le prolétariat tout entier. Cette forme du féminisme est donc particulièrement redoutable ; et je tiens à montrer qu'elle ne tend à rien moins qu'à ruiner la famille ouvrière.

Et rien de plus logique, cette fois encore, que l'esprit de destruction qui anime les partis révolutionnaires. Le seul groupement qui leur importe, c'est le groupement « collectiviste », suivant les socialistes, ou le groupement « communaliste », suivant les anarchistes. Les uns et les autres tiennent la famille pour un largissement insuffisant de l'individu. Le particularisme et l'autonomie du foyer leur semble un obstacle à l'indivision et à la socialisation des biens. Et c'est pourquoi l'union libre, qui dissout la communauté domestique, ferait bien mieux leur affaire.

CHAPITRE VI

LES DOCTRINES RÉVOLUTIONNAIRES ET L'ABOLITION DU MARIAGE

I.--Mariage et propriété.--Leur évolution parallèle.--La Révolution les supprimera l'un et l'autre.--Pourquoi ? II.--S'il est vrai que le mariage asservisse la femme au mari.--L'épouse est-elle la propriété de l'époux ? III.--Point de révolution sociale sans révolution conjugale.--Appel anarchiste aux jeunes femmes.--Appel socialiste aux vieilles filles.

Dans l'esprit des doctrines révolutionnaires qui se propagent au milieu de nous, il ne suffit point à la « femme nouvelle » de secouer le joug de la domination patronale et de la supériorité masculine : rien ne serait fait si elle n'échappait à l'autorité maritale. Son émancipation intellectuelle et sociale doit avoir pour complément nécessaire l'émancipation conjugale. N'allez pas croire qu'un anarchiste ou un socialiste, plus ou moins marié civilement, tienne beaucoup à la prééminence que lui assure le Code civil : vous le connaîtriez mal. Sans hésiter, il se frappe la poitrine et crie aux femmes qui languissent sous le joug matrimonial : « Sus aux maris ! Votre ennemi, c'est votre époux ! » Comment le sexe féminin ne serait-il pas touché d'un si noble désintéressement ?

I

Cette attitude s'explique aisément. Notre droit des personnes, fondé sur l'idée d'obligation, et notre droit des biens, fondé sur l'idée d'appropriation, ont suivi au cours des temps la même évolution. Les époux d'aujourd'hui se peuvent même dire l'un à l'autre : « *Ma* femme, *mon* mari, » comme ils disent des choses qui sont leur propriété : « *Ma* dot, *mon* champ, *ma* maison, »--bien que les droits *personnels*, comme disent les juristes, ne puissent être assimilés aux droits *réels*, dont les conséquences sont plus étendues et plus énergiques. Or, étant donné que les anarchistes et les socialistes excluent les biens matériels de l'appropriation individuelle, il ne leur est pas permis d'admettre, sans inconséquence, que les époux s'appartiennent mutuellement, corps et âme, à toujours, en vertu d'un droit exclusif et irrévocable, stipulé respectivement et placé solennellement sous la garantie de la loi.

A la vérité, le Mariage et la Propriété se sont développés parallèlement, en s'élevant de la jouissance commune à la possession privative. « Dans les sociétés inférieures, écrit M. Jean Grave, la femme a toujours subi, de par sa faiblesse physique, l'autorité du mâle ; ce dernier lui a toujours plus ou moins imposé son amour. Propriété de la tribu d'abord, du père ensuite, pour passer sous l'autorité du mari, elle changeait ainsi de maître sans qu'on daignât consulter ses préférences. »[102]

Une très remarquable profession de foi libertaire intitulée « Unions libres »,--dont l'auteur anonyme ne serait autre, paraît-il, que M. Élie Reclus,[103]--confirme ces tristes

---

[102] La Société future, chap. XXII : *La femme*, p. 327.

[103] Revue encyclopédique du 28 novembre 1896. *Les hommes féministes*, p. 828.

commencements de l'humanité en termes d'une sérénité hautaine qui révèlent le savant. « Rapt, meurtre, esclavage, promiscuité brutale, tels furent les débuts de l'institution matrimoniale, débuts peu glorieux, mais dont nous n'avons aucune honte :--plus bas nous avons commencé, plus haut nous espérons monter. »[104]

Puis, la moralité s'épurant, la société se disciplinant, on vit peu à peu la polyandrie et la polygamie,--que j'appellerais volontiers le communisme sexuel,--disparaître des pays civilisés. En même temps que les biens cessent d'être communs, les femmes cessent d'être communes ; en même temps que la propriété privée se constitue et se généralise, on voit apparaître partout le mariage monogame avec ses liens de filiation certaine, avec la transmission d'un nom patronymique et la dévolution de l'héritage paternel aux enfants. Désormais, le christianisme aidant, la distinction du mien et du tien s'étendra aux personnes et aux choses. Car le mariage n'est pas seulement l'union de deux êtres, de deux destinées, de deux vies, mais aussi un règlement de biens, un contrat d'affaires, une constitution de patrimoine ; et par ce côté pécuniaire, il touche de plus près encore à la propriété. Si bien que M. Gabriel Deville, dont j'aime à citer la pensée socialiste, a pu déclarer que « l'utilité du mariage résulte de la structure économique d'une société basée sur l'appropriation individuelle. » Et un peu plus loin : « Le mode de propriété transformé, et après cette transformation seulement, le mariage perdra sa raison d'être. »[105]

Avis à ceux de nos compatriotes qui ont le bon esprit de tenir au régime de l'appropriation privée et de lui attribuer le mérite d'avoir tiré, à la fois, les personnes et les biens de la confusion et de la promiscuité du collectivisme

---

[104] *Souvenir du 14 octobre 1882*. Unions libres, p. 3-4.

[105] *Le Capital de Karl Marx*. Aperçu sur le socialisme scientifique, p. 43.

primitif : ils doivent se dire que, la propriété abolie, c'en est fait de la famille et du mariage. Car il n'est point de famille sans foyer ; et qu'est-ce que le foyer, sinon la maison paternelle et quelque coin de terre soustraits, au profit d'un ménage, à l'indivision universelle ? A vrai dire, le foyer est le noyau de tout patrimoine et comme la matrice même de la propriété. Quant au mariage, comment le maintenir sans inconséquence après avoir supprimé tout droit privatif sur les choses ? Comment permettre à l'homme d'accaparer la femme, et à la femme d'accaparer l'homme, quand on refuse à un citoyen la possession exclusive d'une masure entourée d'un verger ou d'un champ ? Que notre droit soit plus plein, plus entier, plus dominateur sur les choses que sur l'être auquel nous avons uni notre destinée ; que le mot « propriété », appliqué au droit que les époux ont l'un sur l'autre, soit violent et inexact : cela est de toute évidence. Un fait reste néanmoins : c'est à savoir que les sociétés humaines ont suivi la même voie pour soustraire,--non sans peine,--les biens à l'indivision communiste et les personnes à la promiscuité sexuelle. En somme, il y a eu progrès parallèle dans l'évolution du mariage et de la propriété.

Et c'est pourquoi, aujourd'hui encore, on ne peut s'attaquer à la propriété sans s'attaquer plus ou moins au mariage : ce qui nous fait dire que, la fidélité conjugale étant la conséquence d'un droit privatif de l'époux sur son conjoint, lorsqu'on supprime tout droit individuel sur les choses, on est amené forcément à supprimer tout droit individuel sur les personnes. Saint-Simon et Fourier n'ont point échappé à cette logique des idées : leur communisme se complète du libre amour. De même, avec une belle unanimité, les anarchistes et les socialistes d'aujourd'hui appellent de tous leurs voeux l'abolition du mariage et l'avènement de l'union libre. Sous quels prétextes ? C'est ce que nous allons voir.

II

Le mariage, nous dit-on, est un reste des violences primitives. Tandis que la « rapine, prenant assiette et consistance, devint propriété, peu à peu le rapt se consolida en mariage. »[106] Malgré toutes les atténuations du progrès, l' » oppression » de la femme mariée est une survivance de l'esclavage antique. « Exagérons-nous, se demande l'auteur des *Unions libres*, en disant que la femme est toujours une captive ? De par le Code civil, en quoi consiste le mariage, chez nous autres Français ? Devant le public assemblé et les représentants de la lot, par une déclaration solennelle, la fille met son corps, sa fortune, sa vie et son honneur en la possession d'un homme, tenu désormais à donner sa protection,--terme très vague,--en retour de l'obéissance,--terme très net,--qui lui est acquise. Cette personne n'aura plus la libre possession de sa personne. »[107] L'idée n'est pas neuve. Nous lisons dans un *Catéchisme du genre humain* publié au commencement de la Révolution, que « le mariage est la propriété de la femme par l'homme, propriété aussi injuste que celle des terres ; » et son auteur y réclame, en conséquence, « le partage des biens et la communauté des femmes. »

Il est donc de l'essence du mariage, suivant la doctrine révolutionnaire, d'assujettir l'épouse à l'époux. Non que cette institution fasse peser sur toutes les femmes une autorité également et nécessairement déprimante. L'écrivain libertaire, que nous avons déjà cité, en convient avec franchise : « Nous reconnaissons hautement que, dans les mariages contractés sous les auspices de l'autorité civile, il est des unions qui sont aussi heureuses que possible ; il en est

---

[106] *Unions libres*, p. 8-9.

[107] *Eod. op.*, p. 19.

plusieurs qui font notre admiration, plusieurs que nous nous proposons d'imiter. » Seulement, cette concession faite, il affirme « qu'il n'est amitié véritable, qu'il n'est grand amour qu'entre égaux ; que la contrainte aboutit à la révolte et la subordination à l'insubordination. » Et plus loin il ajoute : « Nous supposons comme démontrée l'entière et complète équivalence des deux facteurs de la famille. »[108]

Mais qui en doute ? Oui, dans le mariage qu'ils contractent et dans la famille qu'ils fondent, l'homme et la femme, sans jouer le même rôle, remplissent une fonction d'égale importance. Socialement parlant, ils équivalent. Et même, selon le plan chrétien, l'équation conjugale doit se fondre, sous l'action de l'amour mutuel et de l'estime réciproque, en une véritable unité : *Duo in unum* !

Il est vrai que le Code prescrit l'obéissance à la plus faible, la protection au plus fort. Mais ceci est la condition et la mesure de cela. Faites que dans la société conjugale personne ne veuille céder, et la vie commune devient impossible. Point de ménage, point de famille, sans une hiérarchie tempérée par la confiance et l'amour. 11 ne faut pas confondre l'autorité avec la tyrannie, ni la puissance tutélaire du mari avec le despotisme jouisseur d'un pacha. La loi religieuse et la loi civile ne permettent point de pareils excès de pouvoir. Que des hommes indignes s'en rendent coupables, c'est possible.

Mais, de grâce, n'imputons pas à la loi les méfaits de ceux qui la violent ! Lorsqu'un époux outrage ou maltraite l'autre, la justice doit intervenir en faveur de la victime.

Qu'on ne dise pas davantage que le mari est le « propriétaire » de sa femme. Malgré leur évolution parallèle,

---

[108] *Unions libres*, p. 20 et 22.

le mariage et la propriété n'engendrent ni mêmes effets ni mêmes pouvoirs. Si les époux se doivent l'un à l'autre, en vertu de leurs engagements réciproques, respect, amour et fidélité, si même la monogamie chrétienne suppose, de conjoint à conjoint, une obligation contractuelle qui les lie indissolublement pour la vie, le droit privatif qui s'ensuit, tant au profit du mari sur la femme qu'au profit de la femme sur le mari, n'a rien de commun avec le domaine absolu qu'un propriétaire a sur son mobilier ou son jardin. L'éminente dignité de la personne humaine s'oppose à une aussi injurieuse assimilation. Toutes les législations chrétiennes distinguent les droits personnels des droits réels. L'homme et la femme peuvent s'obliger, mais ils ne sont pas susceptibles de propriété. C'est donc commettre un grave excès de langage, auquel les lois, les idées et les usages donnent un égal démenti, que de prétendre, comme l'école révolutionnaire s'obstine à le faire avec complaisance, que le droit du mari sur la femme et le droit du chasseur sur son chien sont les manifestations d'une seule et même *potestas habendi.*

Et puis n'oublions pas que les droits, dont les époux disposent l'un sur l'autre, sont réciproques. Le mariage est un échange de promesses et d'obligations. Pas plus que la femme, le mari n'a la libre disposition de lui-même. Les conjoints sont liés par un mutuel serment. On peut donc dire, en un certain sens et à défaut de mot plus précis, que, créanciers et débiteurs l'un de l'autre, ils ne s'appartiennent plus, puisqu'ils se sont donnés à toujours. Et cette aliénation solennelle, de leur liberté, de leur corps, de leur vie, est le seul moyen de fonder la famille. Car c'est par ce don irrévocable de l'époux à un être de son choix, par cette foi jurée qui les unit à perpétuité, que le bon vieux mariage se distingue du pur libertinage, où les amants de rencontre se donnent et se reprennent, sans cérémonie, au hasard des passions du moment.

III

D'autres publicistes révolutionnaires ont le mariage en haine, parce qu'en perpétuant la famille, « il imprime à la classe possédante, comme dit M. Gabriel Deville, son caractère héréditaire et développe ainsi ses instincts conservateurs. » Point de révolution effective, point d'indépendance durable, avec cette pratique des unions consacrées par les autorités civiles et religieuses, qui discipline et soutient la société contemporaine. « Si, par contre, on cessait de mépriser les filles qui se laissent faire un enfant, si on traitait l'enfant né hors mariage comme l'enfant légitime, la liberté des relations sexuelles s'étendrait au détriment du mariage. » Et cette barrière emportée, famille et propriété se dissoudraient facilement dans le collectivisme de l'amour et des biens.

Comme on peut le voir, le divorce n'est, aux yeux des socialistes et des anarchistes, qu'une brèche insuffisante faite à la citadelle bourgeoise. Il n'y laisse tomber qu'un trop mince rayon de lumière. Qu'on se hâte donc d'en ouvrir les portes toutes grandes. Lorsque deux personnes sont liées l'une à l'autre par les noeuds multiples des intérêts et des habitudes, l'amour cessant, beaucoup hésitent à les rompre et n'essaient même pas de se reprendre. Si l'indissolubilité du mariage n'existe plus en droit, elle se maintient en fait, assez pour étayer toute notre organisation sociale. Et c'est un grand malheur.[109]

Plus optimiste est M. Jean Grave. Il espère bien que par la fissure du divorce,--et ceci est la confirmation des craintes que nous avons exprimées,--le mariage se videra de tout ce qui fait sa force. La famille légale « a reçu le coup

---

[109] Gabriel Deville, *Le Capital de Karl Marx*, pp. 42 et 43.

fatal du jour où le législateur a dû enregistrer les cas où elle pouvait être dissoute. » Quoi de plus naturel, d'ailleurs ? « Deux individus, après s'être aimés un jour, un mois, deux ans, » peuvent se prendre d'une haine à mort : pourquoi enchaîner ces malheureux pour la vie, « quand il est si simple de tirer chacun de son côté ? »[110]

Mais cette brèche pratiquée dans la prison conjugale ne suffit pas à nos hardis novateurs : mieux vaut la démolir. Il est vrai que le relâchement progressif des moeurs en arrache tous les jours quelques pierres, à la grande joie de M. Jean Grave. Déjà, si nous l'en croyons, la vogue du mariage religieux est en baisse. M. le Curé perd de son prestige. « Sauf quelque grue qui veut étaler sa toilette blanche ou l'héritier qui veut se concilier les bonnes grâces de parents à héritage, peu de personnes éprouvent le besoin d'aller s'agenouiller devant un monsieur qui se déguise en dehors des jours de carnaval. » Et après ce gracieux épanchement d'esprit anticlérical, l'écrivain anarchiste constate avec la même satisfaction que l'écharpe de M. le Maire n'est pas tenue en plus grand respect. « Quant à la sanction légale, si l'on voulait faire le recensement parmi la population de nos grandes villes, on trouverait bien que tous les ménages ont passé par la mairie ; mais, en examinant d'un peu près, on pourrait s'apercevoir que les trois quarts ont rompu, sans tambour ni trompette, les noeuds légaux pour en former d'autres sans aucune consécration officielle. » D'où cette conséquence, dont notre auteur se félicite ; que « l'opinion publique commence à trouver l'union librement consentie aussi valable que l'autre. »[111] Encore un peu de temps, et elle se fera respecter en pénétrant définitivement dans les moeurs. Ce jour-là, mariage, héritage et propriété

---

[110] Jean Grave, *La Société future*, chap. XXII : La femme, pp. 332 et 333.

[111] *La Société future*, pp. 331 et 332.

s'effondreront sans retour. Et la société « nouvelle » sera fondée.

Laquelle ? Qui l'emportera de l'anarchisme ou du collectivisme ? On ne sait. Un point certain, c'est qu'unis pour détruire, les révolutionnaires auront peine à s'entendre pour reconstruire, les uns tirant à droite vers l'autonomie absolue de l'individu, les autres tirant à gauche vers la dictature absolue du prolétariat. Ce dissentiment irréductible nous présage quelques durs moments à passer. Et dire que ces gens aperçoivent également le parfait bonheur à l'extrémité des routes contraires sur lesquelles ils s'efforcent d'entraîner la multitude !

En attendant, socialisme et anarchisme se disputent la conquête de la femme. Il est entendu qu'elle ne saurait s'affranchir que par la révolution sociale. Au nom des anarchistes, M. Jean Grave nous déclare vertement que « ceux qui lui font espérer son émancipation dans la société actuelle mentent effrontément. »[112] Au nom des socialistes, M. Benoît Malon nous assure, avec plus de politesse, que « la femme et le prolétaire, ces deux grands opprimés collectifs de l'ordre actuel, doivent unir leurs efforts, car leur cause est commune, comme sera commun leur triomphe. »[113]

Mais cette révolution, qui doit faire le bonheur de la femme, sera-t-elle anarchiste ou socialiste ? Cruelle énigme. Dans les deux camps révolutionnaires, on redouble de prévenances et de promesses à l'égard du beau sexe. L'anarchisme surtout se met en frais de rhétorique pour convaincre les jeunes filles et les jeunes femmes. « Eh ! ma belle, écoutez-moi donc. Ce que nous poursuivons, c'est notre bonheur et le vôtre, c'est l'épanouissement de

---

[112] *Ibid.*, chap. XXII, p. 339.
[113] *Le Socialisme intégral*, t. I, chap. VII, p. 369.

l'individu tout à la joie de vivre et d'aimer dans la libre nature, c'est l'avènement de l'Harmonie et de l'Amour entretenus par la liberté et la mutuelle confiance. Alors, fière et libre, l'égale de l'homme, non plus femelle, mais femme, tu seras, dans toute la beauté du terme, sa compagne. Le veux-tu ? Eh bien ! sois avec nous.»[114] Cet appel lyrique sera-t-il entendu ? On peut en douter. Les femmes vont moins, semble-t-il, à l'anarchie qu'au socialisme. Dans l'enquête qu'il a menée pour établir la *Psychologie de l'Anarchiste-Socialiste*, M. Hamon n'a reçu, en réponse à son questionnaire, que quatre adhésions féminines sur un total de cent soixante-dix lettres environ,--et pas une n'émanait de femmes françaises.[115] Cette abstention est peu encourageante.

Sur un mode non moins lyrique et non moins insinuant, le doux socialiste Benoit Malon s'adressait de préférence aux « filles non mariées, que le préjugé cruel et bête croit flétrir du titre de vieilles filles. » Ces innombrables sacrifiées, victimes des fatalités sociales, ne sont-elles pas « les plus méritantes » ? Qui dira jamais ce que leur célibat fait perdre « aux hommes, de bonheur, à la société, de dévouement, à la race, de perfectionnements physiques et moraux ? » Et avec émotion, le brave homme leur criait : « Venez à nous, vous qui souffrez surtout de ne pouvoir vivre assez pour autrui, venez pour hâter le jour des grandes réparations où toutes les forces, toutes les beautés affectives de l'humanité s'épanouiront dans le bonheur et le devoir universalisés ; venez prendre votre place dans l'armée grossissante de l'émancipation humaine. »[116] Mais jusqu'à présent, les vieilles filles préfèrent entrer en religion.

---

[114] *La Révolte*, n° 19 du 20 au 27 janvier 1891, p. 1.

[115] *Psychologie de l'Anarchiste-Socialiste*, p. 23 et p. 273, note 1.

[116] *Le Socialisme intégral*, t. I, chap. VII, p. 368.

Au total, quelque séduction que déploient les enjôleurs, l'immense majorité des femmes résiste à la propagande révolutionnaire. Il faut pourtant démolir le vieux monde ; et comme le mariage est une de ses colonnes, on s'acharne, de part et d'autre, à l'ébranler. Instrument d'assujettissement pour la femme, fondement de l'héritage pour la famille, voilà déjà deux raisons de l'exécrer. Ce n'est pas assez : on le voue au mépris des grandes âmes, sous prétexte qu'il abreuve les conjoints de honte et d'ignominie. Il est vénal !

Voulez-vous connaître toutes les conséquences dommageables des unions actuelles,--ce que Benoît Malon appelait les « nuisances du mariage » : je les résume.

On ne consulte pas assez les attractions affectives, les affinités de complexion et de tempérament ;--et la sélection de l'espèce en souffre. Les filles sans dot, condamnées à une virginité solitaire, sont sevrées de la vie à deux ;--et la reproduction de l'humanité en souffre. Les questions d'argent, de position, de convenance, font généralement du mariage un maquignonnage plus ou moins déloyal ;--et l'honnêteté en souffre. La femme est domestiquée au profit du mari et maintenue par la loi dans une infériorité déprimante ;--et la liberté en souffre. Les codes et les moeurs ont creusé entre les enfants naturels et les enfants légitimes de profondes inégalités de droit, de condition et de traitement ;--et la fraternité en souffre.

Conclusion : il n'est que temps de rendre à l'amour qui console, embellit et régénère, la souveraineté qu'il doit exercer dans les relations des sexes ;--et la félicité s'épanouira sur le monde.

En toutes ces questions, nos moralistes révolutionnaires sont prodigues de beaux élans et de saintes colères. On m'en voudrait de n'en point donner ici quelques échantillons.

Chapitre VII

Morale anarchiste

et morale socialiste

I.--Morale anarchiste : l'émancipation du coeur et des sens ; la libération de l'amour ; l'apologie de l'inconstance. II.--Morale socialiste : la suppression du mariage ; la réhabilitation de l'instinct ; l'affranchissement des sexes. III.--Noces libertaires.--La souveraineté du désir.--Unanimité des conclusions anarchistes et socialistes en faveur de l'union libre. IV.--Ne pas confondre l'indépendance de l'amour avec la communauté des femmes.-- Illusions certaines et déceptions probables.

I

Il est bien entendu que, loin d'être la conséquence d' « attirances » réciproques qui jettent deux êtres dans les bras l'un de l'autre, la plupart des unions sont subordonnées à des combinaisons de fortune, à des calculs d'argent. Ce sont des associations d'intérêt machinées souvent par des parents avides en dehors des futurs conjoints, de telle sorte que le mariage est réduit, comme dit M. Sébastien Faure, à « un contrat parcheminé dont les articles sont tout et le signataire à peu près rien. » Tel se marie pour faire une fin, tel autre pour redorer son blason ;

celui-ci pour payer son étude, celui-là pour relever son crédit. La dot est la grosse affaire du mariage. Il n'est pas jusqu'à l'ouvrier qui ne recherche une bonne ouvrière, ayant en main un métier lucratif. Bref, la femme est épousée non pour elle-même, mais pour son apport.

Et que les hommes ne répliquent point qu'aujourd'hui les jeunes filles sont rares, qui offrent leur main sans s'assurer que le futur mari a le moyen de prévenir leurs désirs ou du moins de pourvoir à leurs besoins. On leur répond que là est le mal. Se marier, c'est pour la femme se vendre contre la table et le logement ; et ce trafic est un avilissement. Les mariages d'inclination sont des contes bleus. De part et d'autre, on ne se recherche, on ne s'unit que par intérêt. Le mariage est un marché qui ne va point sans marchandage. Et voici la conclusion très grave qu'en tire l'écrivain anarchiste déjà cité : « Puisque, au lieu de se donner sans condition, sans calcul, sans arrière-pensée, suivant l'impulsion naturelle des affinités instinctives, chacun des deux conjoints compare ce qu'il vend à ce qu'il achète et ne consent à donner qu'à la condition de recevoir,--neuf fois sur dix le mariage n'est, à proprement parler, qu'une forme spéciale et respectée de la prostitution. »[117]

Et sur ce point, le socialisme ne pense ni ne parle autrement que l'anarchisme. Pour M. Gabriel Deville, « le mariage n'est, dans son ensemble, que la prostitution par devant le maire, » puisqu'au sens élémentaire du mot, la prostitution consiste « dans la subordination des rapports sexuels à des considérations financières. »[118]

Mais laissons ces gros mots. Il est trop vrai que la vie est fréquemment l'occasion d'unions mercantiles où l'esprit

---

[117] *La Douleur universelle*, chap. VI, p. 318.

[118] *Le Capital de Karl Marx*, p. 43-44.

de lucre étouffe l'esprit de famille. Ne défendons point ce qui est indéfendable. Est-il démontré, pour cela, que les mariages de passion soient toujours les plus sages ? A qui fera-t-on croire que les mariages de convenance soient nécessairement inconvenants, et ceux de raison absolument déraisonnables ?

Car, enfin, il faut bien en se mariant songer au lendemain, aux obligations de la vie, aux besoins de la famille, à l'avenir, aux enfants. L'amour, le fol amour, est l'imprévoyance même ; il hypnotise, endort et aveugle les plus sensés. Point de sagesse qui tienne contre les sophismes de la passion et les emportements du coeur et des sens. Combien les parents ont raison de songer, pour leurs enfants trop enclins à les oublier, aux réalités de l'existence et aux charges du ménage ! S'aimer ne dispense point de vivre. Pourquoi incriminer violemment ceux qui se préoccupent de pourvoir en même temps à ceci et à cela ? Il est évident que, si l'humanité n'était pas condamnée aux soucis du pain quotidien, on ne comprendrait point de si vulgaires calculs. Lorsque la Révolution sociale nous assurera les bienfaits de la poule au pot et de ses accessoires, lorsque, d'un coup de sa baguette magique, elle emplira nos assiettes et nos verres à chaque repas, alors seulement nous pourrons vaquer, sans distractions mesquines, aux plaisirs désintéressés du pur amour. Jusque-là, notre vie sentimentale sera forcément traversée de viles préoccupations d'argent.

Et d'ailleurs, les mariages d'inclination, pas plus que les mariages d'intérêt, ne trouvent grâce devant les tendres scrupules de nos grands réformateurs. Se marier, même sans dot, c'est se lier, et partant se diminuer. Qu'une alliance soit conclue, fût-ce sous l'impulsion la plus spontanée du coeur, devant M. le Curé ou seulement devant M. le Maire, le pacte conclu et l'obligation créée font dégénérer l'amour en servilité.

Ici encore, anarchistes et socialistes poursuivent les mêmes fins.

On a pu lire dans la *Freiheit*, la feuille la plus exaltée du parti libertaire, qui a été longtemps dirigée par le compagnon Most, ce programme des merveilles de la Commune à venir : « Il est évident que la femme, réellement affranchie aussi bien que l'homme, dispose de son libre arbitre de la manière absolue. L'amour s'est affranchi de la prostitution ; le mariage renonce à la bénédiction de l'Église ainsi qu'au sceau de l'État ; il est uniquement basé sur les sentiments et les inclinations de ceux qui forment les communautés sexuelles ; la famille en arrivera insensiblement à faire place à de plus vastes associations d'humains fraternisant ensemble. »[119] Et donc, plus de mariage religieux, plus de mariage civil, plus de sacrement, plus de contrat. C'est aussi l'idéal de l'auteur des *Unions libres*, qui déclare avec fierté que « l'amour méprise et refuse tout autre répondant que lui-même. » Plus de liens, plus de cautions. C'est « une utopie que de minuter la sincérité sur papier timbré. »[120]

Du reste, le mariage transforme à la longue les amants les plus passionnés en « compagnons de chaîne, » comme dit M. Jean Grave. Sans parler des espérances déçues, l'habitude, l'indifférence, la satiété, l'ennui, ne tardent pas à disjoindre les coeurs que la loi a unis pour la vie.[121] On se néglige, on se dispute. L'homme devient un bourru malfaisant et la femme un vrai démon. Le mariage tue l'amour.

Il faut voir M. Sébastien Faure prendre en pitié le prosaïsme énervant des unions régulières ! De quoi parle-t-

[119] *La Freiheit*, n° du 24 mai 1881.
[120] *Souvenir du 14 octobre 1882*. Unions libres, p. 24.
[121] *La Société future, eod. loc.*, p. 336-337.

on entre époux ? Des domestiques, des affaires, du loyer, des enfants, de la lessive à faire et à sécher, de la pluie et du beau temps, des cheminées qui fument, d'une médecine à prendre ou des notes à payer. Quelle platitude ! Plus de propos galants, plus de conversation amoureuse. Le coeur de la ménagère n'est plus ému que par « la peur de laisser brûler son rôti. » Préoccupations ridicules ! Existence stupide et froide ! Les époux sont les « fonctionnaires du mariage. » L'obligation de la vie commune les déprime et les avilit.

Que faire pour les sauver d'eux-mêmes ? Leur assurer l'indépendance, la variété des choix et des liaisons, et les rendre à l'amour qu'ils ont renié et perdu. L'union libre est la condition essentielle de l'émancipation suprême. La liberté de la pensée n'est point complète sans la liberté du coeur. De même que l'esprit, l'amour ne doit connaître ni subir aucune entrave. Vivre avec un conjoint que l'on n'aime plus, s'engager à l'aimer toujours et promettre de ne jamais en aimer un autre, surveiller ses sens et maîtriser sa chair, voilà des assujettissements insupportables dont la barbarie égale l'absurdité. « Le mari n'a pas seulement juré d'aimer la même femme, il s'est interdit le droit de désirer les autres que son mariage a plongées dans une sorte de veuvage, puisqu'il est comme mort pour elles ; la femme n'a pas seulement promis d'appartenir toujours au même homme, elle a pris aussi l'engagement de se refuser à tous les autres, pour lesquels ses charmes doivent ne pas exister. » De si cruelles anomalies révoltent et serrent le coeur de M. Sébastien Faure. Et voyez les suites : défiance, jalousie, astuce, soupçon, querelle, hypocrisie. « La vie commune devient un perpétuel mensonge. »[122] Notre mariage est une prison, d'où les forçats ne peuvent s'évader que par l'adultère avec tous ses risques ou par le divorce avec tous ses ennuis.

---

[122] *La Douleur universelle*, pp. 320 et 321.

Dès lors, point de cérémonie nuptiale, ni à l'église ni à la mairie ; point de contrat solennel, ni religieux ni civil ; point d'engagements, point de chaînes. Toutes ces formalités assujettissantes sont inconciliables avec la libre et parfaite expansion de la femme. Plus d'alliance conclue ni devant un prêtre, ni devant une autorité quelconque, pas même devant nos concierges. Il ne faut plus même de ménage durable. L'inconstance est une loi de nature.

Vous avez bien lu ? Je n'invente rien. M. Sébastien Faure tient à nous faire observer que les « mêmes inconvénients » résultent des unions légales et illégales, des ménages réguliers et irréguliers. « Ces dernières unions ne sont, en définitive, que de véritables mariages auxquels fait défaut la sanction civile et religieuse ; car la cohabitation, la communauté des intérêts, les habitudes ancrées et surtout la naissance des enfants, par les responsabilités et les devoirs qu'elle impose au père et à la mère, créent à la longue, entre ceux-ci, des liens moraux tout aussi forts que les chaînes forgées par la Loi ou l'Église. »[123] Or, tout lien, quel qu'il soit, est « immoralité » et « folie ». Pourquoi ? Parce qu'il est « en absolue contradiction avec notre nature mobile, inconstante, capricieuse. » M. Sébastien Faure s'en explique avec un sang-froid dépourvu de toute pudeur ; et, quelque blessante que soit sa thèse pour des oreilles honnêtes, il est bon d'en citer quelques extraits pour montrer où veulent en venir les logiciens de l'amour libre : « On ne peut pas plus répondre de son coeur que de sa santé. Notre « moi » se transforme sans cesse ; nous ne sommes jamais identiques à nous-mêmes... La nature, essentiellement électrique, ne saurait se plier aux rigides exigences d'un contrat de longue haleine ; la nouveauté, toujours attrayante, nous séduit par ses inconnus chargés de grisantes promesses... Il n'est peut-être pas un sentiment plus versatile que l'amour, et il est non

---

[123] *La Douleur universelle*, p. 316, note 1.

moins exact que son objet varie fréquemment... La divine fleur de l'amour parfume toute notre existence, sans doute ; mais ce ne sont pas les rayons des mêmes prunelles qui la tiennent épanouie, et il est extrêmement rare que ce soient les doigts chéris de la même enchanteresse qui la cueillent à chaque renouveau... Le désir ne s'alimente que de variété et la passion ne vit que de désir ; or, le mariage est pour celui-ci une sorte de condamnation à mort... Il est déraisonnable de garantir solennellement la fixité de nos sentiments. »[124] Ces citations nous remettent en mémoire le jugement que le compagnon Charles Malato a porté un jour sur le compagnon Sébastien Faure : « Il serait parfait, s'il consacrait aux questions d'urgence immédiate le quart du temps qu'il emploie à formuler ses syllogismes ou à pratiquer l'amour libre. Ah ! Faure, quand donc cesseras-tu d'être le Lovelace de l'anarchie pour en devenir le Danton ? »[125]

Au fond, l'union libre est pleinement conforme à l'état de nature qui est le rêve essentiel de l'anarchie. Les humains doivent s'unir un peu comme s'accouplent les bêtes, sans lien d'avenir. Deux amoureux se font des visites et les suspendent, se rapprochent et se quittent : c'est leur affaire. La société n'a point le droit de s'occuper des choses du coeur. Est-ce trop dire maintenant que l'émancipation de l'amour tend, par une pente invincible, à nous ramener à la pure animalité ?

II

Et notez que le socialisme n'échappe pas davantage à la logique de l'erreur, de la négation, de la destruction. On ne saurait même dire qu'il met plus de retenue dans son

[124] *La Douleur universelle*, pp. 318 et 319.

[125] *De la Commune à l'Anarchie*, 2e édit., p. 256.

langage, ou plus de réserve dans ses conclusions. En tout cas, le libre amour figure au programme de ses réformes à venir.

Engels, que le collectivisme international vénère comme un de ses plus illustres docteurs, a écrit ceci : « Quand aura grandi une génération d'hommes qui, jamais de leur vie, n'auront été dans le cas d'acheter à prix d'argent, ou à l'aide de toute autre puissance sociale, l'abandon d'une femme, et une génération de femmes qui n'auront jamais été dans le cas de se livrer à un homme en vertu d'autres considérations que l'amour réel, ni de se refuser à leur amant par crainte des suites économiques de cet abandon,--quand ces gens-là seront arrivés, ils se moqueront de ce qu'on aura pensé sur ce qu'ils devaient faire. »[126] Je le crois bien ! L'amour libre engendre toutes les licences.

Bebel, une autre tête du socialisme allemand, a prophétisé avec éclat l'avènement d'une liberté nouvelle, qu'il appelle la liberté de l'instinct. « L'union de la femme avec l'homme sera un contrat privé, sans intervention d'aucun fonctionnaire quelconque. La satisfaction de l'instinct sexuel est chose aussi personnelle à tout individu que la satisfaction de tout autre instinct naturel. » La liberté de l'amour comprendra « et la liberté de choisir et la liberté de rompre. » Un lien antipathique est « immoral, » puisqu'il « contrarie la nature. »[127] Tel est le collectivisme de l'amour ; et les livres d'où j'extrais ces idées ont été traduits à peu près dans toutes les langues.

Au reste, la plupart des socialistes français se montrent non moins favorables aux libres penchants de la femme émancipée. Ils se refusent à comprendre que, « pour la femme mariée, l'honnêteté soit censée résider dans la

---

[126] *L'Origine de la famille, de la propriété privée et de l'État.* Traduction française de Henri Ravé, p. 110.

[127] *La Femme et le Socialisme*, chapitre consacré à *la femme dans l'avenir.*

continence,» et que l'opinion la flétrisse, lorsqu'elle succombe, «de ce qu'on appelle son déshonneur.» Ils constatent avec affliction que «le fait pour la femme de se livrer à celui qu'elle aime et qui la désire, sans que cela ait été préalablement affiché, publié et contresigné, est un acte des plus tragiques.» M. Gabriel Deville ne s'en tient pas là : il appelle de ses voeux l'âge heureux où, «librement, sans crainte de mésestime, filles et garçons pourront écouter leur nature, satisfaire leurs besoins amoureux et exercer tous les organes dont l'hygiène exige le fonctionnement régulier.»[128]

Enfin, la presse populaire du parti socialiste ne fait elle-même aucun mystère de ses sympathies pour l'union libre. Si, autrefois, le mariage a joué un certain rôle dans l'humanité, il a perdu maintenant tout caractère d'utilité aux yeux de M. Fournière, qui va jusqu'à déclarer, dans la *Petite République*, que la famille est un «simple groupe d'habitude.» L'essentiel est de substituer au joug pesant des mariages d'aujourd'hui les chaînes légères et fleuries qui, dans l'avenir, seront l' «unique lien des amants.» S'adressant à la «soeur bien-aimée» qui brûle de conquérir son indépendance : «Va, lui dit-il sur le mode lyrique, poursuis ta route héroïque vers le rachat de ton sexe et la liberté de l'amour. Ta morale, crée-la toi-même !» Somme toute, l'union libre fait partie de l'évangile révolutionnaire. «La société socialiste ne reconnaîtra qu'un élément d'union entre les amants, l'amour,--le reste n'étant qu'une comédie destinée à parer d'un titre légal la prostitution de l'un ou de l'autre, quelquefois des deux ensemble.» Nous sommes donc fixés sur l'idéal socialiste. Le monde ne sera vraiment régénéré qu'en ramenant l'union des sexes à la simplicité toute naïve et toute nue des âges d'inconscience. Voilà qui ouvre à l'humanité des perspectives infiniment plus riantes que les obligations austères du Code civil. Quant aux femmes

---

[128] *Le Capital de Karl Marx.* Aperçu sur le socialisme scientifique, p. 43.

abandonnées, elles trouveront aisément des « consolateurs. »[129]

III

Nous ne commettrons point l'injustice de confondre toutes les unions libres avec le libertinage. Il peut s'en trouver, sur le nombre, d'aussi stables que les mariages les plus réguliers. À celles-là, il ne manque qu'une chose : la consécration civile et religieuse. L'auteur des *Unions libres* a même accompli le prodige de mettre une réelle dignité dans un acte si contraire aux idées et aux moeurs régnantes. Lorsqu'il maria ses enfants, il fut donné lecture aux assistants d'une déclaration de circonstance, où la beauté de la forme rehausse l'indépendance dédaigneuse de la pensée. En voici le début : « Les jeunes couples, desquels vous êtes tous ici les parents et amis, se marient,--mais non devant l'autorité civile, et s'abstiennent de tout contrat, serment ou instrument officiel. L'acte est insolite, il peut être facilement incriminé ; mais ils ont réfléchi avant de s'y engager. » Et plus loin : « Le mariage est une coutume vieillie, mais pas encore démodée... Nous nous dispenserons de cette inutile cérémonie... Qu'on ne dise pas qu'il faut accepter l'intervention légale, sauf à être confondus avec ceux qui tournent l'union sexuelle en incontinence... Allons au fond des choses : à tromper ou être trompé, il n'est point de remède. » Les garanties qu'édicte la législation actuelle importent peu. « L'amour méprise tout autre répondant que lui-même. » La déclaration se termine par ces mots : « Maris, nous comptons qu'on n'aura jamais à nous confondre avec de vulgaires séducteurs... Femmes, nous déclarons faire résolument et de propos délibéré ce que tant de filles

---

[129] *La Petite République* des 8 et 9 avril 1895.

séduites, nos soeurs malheureuses, n'ont fait que par faiblesse, par légèreté ou par ignorance. »[130]

Dans le parti socialiste, également, il est des âmes droites qui s'effarouchent de la complète « liberté amoureuse » que rêvait Fourier, et du « gouvernement des choses de l'amour par un sacerdoce androgyne » que les Saint-Simoniens avaient proposé. Tel ce brave Benoît Malon, qui assignait bien au mariage futur, comme condition essentielle, « le choix révocable des intéressés, choix libre et basé uniquement sur les affinités intellectuelles, morales et physiques, » mais qui limitait le libre amour « par le devoir moral vis-à-vis du conjoint et par le devoir positif vis-à-vis des enfants. » Mais l'amour ainsi limité est-il bien le libre amour ?

Au demeurant, selon l'aveu du même auteur, tous les révolutionnaires admettent que « les unions de l'avenir seront fondées sur le libre choix affectif, et résiliables, quand le sentiment qui les inspira ne les soutiendra plus. »[131] Cette concession faite, combien de gens,--en dehors de ces « Volontaires de l'Idée » à l'âme hautaine et au verbe si fier,-- auront le coeur assez pur et assez noble pour fuir l'incontinence ? L'amour libre est si proche du libertinage, que le commun passera de l'un à l'autre sans hésitation ni scrupule.

M. Jean Grave a beau nous vanter « l'entente libre de deux êtres libres, » et nous montrer tout ce que les relations sexuelles y gagneront en franchise et en aisance ; il a beau nous assurer que, dans le choix qu'ils feront d'une compagne ou d'un compagnon, l'homme et la femme émancipés, loin d'obéir aux viles préoccupations de l'existence,

---

[130] *Souvenir du 14 octobre 1882.* Unions libres, pp. 1, 21, 22, 23 et 27, *passim.*

[131] *Le Socialisme intégral*, t. I, chap. VII, pp. 371, 372 et 375.

n'interrogeront que leur « idéal éthique et esthétique : » il ne parviendra pas à nous faire oublier combien les unions privées du frein religieux et des garanties civiles deviendront précaires et instables. « Lorsque la femme aime, ajoute-t-il, elle se moque des lois, de l'opinion et de tout le reste ; laissons-la donc s'épancher librement ! » Dès qu'elle est prise de la nostalgie de la boue, n'est-ce pas son droit de se jeter à plat ventre dans le ruisseau ? Mais rassurez-vous, gens de peu de foi : il n'est pas douteux que, la consécration officielle abolie, « les associations sexuelles seront plus normales et plus unies. »

C'est trop d'optimisme, en vérité ! Où a-t-on vu qu'un noeud se resserre lorsqu'on le dénoue ? Depuis quand la licence engendre-t-elle la stabilité ? Qui peut se flatter de faire de l'ordre avec du désordre ? Pour calmer ces appréhensions, M. Jean Grave nous fait une réponse admirable : après avoir confessé que « l'homme jeune est porté au changement et à l'inconstance, » il nous assure que le propre de l'amour réel est d'» assagir » les amants. « Laissons donc la nature se corriger elle-même. »

Mais n'est-il pas à craindre que cette bonne mère mette quelque rudesse dans ses corrections ? Rarement deux coeurs s'aiment d'une égale tendresse. En l'absence de tout lien, le moins épris ne sera-t-il jamais tenté de « lâcher » son partenaire ? Par suite, les dissentiments ne deviendront-ils pas plus aigus, et les disputes plus aigres, et les violences plus brutales, et les crimes passionnels plus fréquents ? A cela, on réplique, avec un détachement superbe, que c'est « au plus aimant de savoir prolonger l'amour qu'il a su inspirer. »[132] Voilà, vous m'avouerez, une bien maigre sûreté pour la femme ! Règle générale : entre époux, le plus aimant est le

---

[132] *La Société future*, pp. 334-338, *passim*

plus sacrifié. N'est-ce pas le propre de l'amour de nous rendre esclave de l'être aimé ?

Au vrai, si l'on excepte certaines unions estimables, il y a mille chances que l'amour libre, en aiguisant les convoitises, entraîne le commun des mortels au pire dévergondage. Impossible d'imaginer conception plus foncièrement anarchique. Avec elle, plus d'ordre, plus de paix, plus de foyer. Abandonnée au caprice sensuel, la vie devient l'instabilité même. On est étonné que le collectivisme n'en soit point troublé. Mais, pour abolir le mariage et la famille, socialistes et anarchistes se donnent fraternellement la main. M. Deville nous déclare que, dans la société de ses rêves, « les rapports sexuels seront des rapports essentiellement privés, basés sur ce qui seul les rend dignes, sur l'amour, sur le désir mutuel, aussi durables ou aussi variés que le désir qui les provoque. »[133] Et si un doctrinaire socialiste ramène toutes les relations de l'homme et de la femme au désir, à une « crise d'amour » comme disait Emile Henry, il n'y a pas lieu de s'étonner que les anarchistes renchérissent sur ce thème désordonné. « Démontrer que la nature, essentiellement capricieuse et fantaisiste, s'oppose, en amour comme en toutes choses, à des engagements dont la rupture peut être pénible ou difficile ; que le désir est toujours légitime et que rien, absolument rien, ne contredit à ce qu'il soit satisfait, lorsqu'il est partagé ; dire que les compagnons veulent, avec toutes les libertés, celle de l'amour, ce qui signifie que, dans la mobilité ou la fixité des accouplements, chacun ne doit s'inspirer que de ses attirances stables ou variées, et que (c'est l'auteur qui souligne) *la fidélité n'est pas plus une vertu que le contraire un vice* : telle est la série de vérités que nous avons mission de propager. »[134] Retenons bien cette déclaration suggestive :

---

[133] *Le Capital de Karl Marx*, p. 44.

[134] *La Plume*, n° 97, 1er mai 1893, p. 205.

« La nature est essentiellement capricieuse et fantaisiste... Le
désir, est toujours légitime... La fidélité n'est pas une vertu. »
Et c'est sur ce sable mouvant--et brûlant--qu'on se flatte de
fonder une nouvelle société ! Autant bâtir sur un volcan.

IV

De cette indépendance de l'amour à la communauté
des femmes, il n'y a qu'un pas. Néanmoins l'école anarchiste
s'abstient de le franchir : c'est justice de le remarquer. Bien
qu'enseignant avec unanimité que « tout est à tous, » elle se
refuse à mettre la femme en commun à l'égal d'une
marchandise ou d'un bétail. Le journal la *Révolte* a publié
jadis, sur ce sujet, une déclaration de principes très nette qui
mérite d'être citée. « L'anarchie proclame la femme l'égale de
l'homme, reconnaît son indépendance, sa plus complète
autonomie, jusques et y compris les choses de l'amour.
L'union des sexes, en anarchie, n'est subordonnée à aucune
formalité, à aucune réglementation. S'unissent ceux qui se
plaisent mutuellement, dans les conditions qu'ils débattent
ensemble, pour la durée que leur sympathie mutuelle est
seule apte à mesurer. Il n'y a pas de droits de l'homme sur la
femme, de la femme sur l'homme ; aucun autre lien que leur
consentement mutuel ne les retient. La confiance et la
franchise l'un envers l'autre, dans leurs rapports, doivent être
leurs seules régies. Ces unions seront-elles temporaires ?
seront-elles durables ? Il en sera ce que seront les individus ;
à ceux qui aimeront durablement de savoir se faire aimer de
même ; aux sympathies de se découvrir et de se faire
accepter. La seule liberté doit régler les rapports des
sexes. »[135]

---

[135] *La Révolte*, n° 25 du 4 au 10 mars 1893, p. 1.

J'ai pourtant l'idée que, si jamais le mariage doit disparaître, l'amour libre jettera quelque trouble dans les sociétés anarchiques de l'avenir. A trop laisser faire la nature, c'est naïveté de croire qu'on fondera l'harmonie entre les hommes. Pour une minorité d'unions durables et pacifiques, le relâchement des moeurs et l'émancipation des coeurs ne manqueront point de produire une forte majorité d'unions passagères et tourmentées, qui n'enfanteront que désordre et confusion. Vainement M. Sébastien Faure nous promet qu'» au sein de cette application spontanée, et véritablement libre, de la mystérieuse et harmonique loi d'affinité des sexes et des individus, la paix et la fraternité s'épanouiront sans effort, en même temps que s'établira, de génération en génération, la plus touchante et la plus indestructible solidarité.»[136] C'est trop beau. La passion affranchie est grosse de conflits inévitables.

J'en atteste une expérience qui n'a point tourné précisément à l'honneur de l'anarchisme ; je veux parler d'un essai de colonisation libertaire qui fut tenté, en 1892 et 1893, par le citoyen Capellaro. Très décidés à fonder un paradis terrestre dans les solitudes vierges du Brésil, trente compagnons environ avaient secoué la poussière du vieux monde, confiant leurs économies à Puig Mayol, le caissier, qui commença par filer, comme un simple bourgeois, avec le fonds social. Sans s'émouvoir de cette déconvenue, on construisit des abris en commun, on planta des choux en commun, on engraissa, on occit, on mangea des porcs en commun : c'était l'âge d'or. Il dura peu. L'idylle fut lamentablement interrompue par les disputes que les compagnes firent éclater entre les compagnons. On eut,

---

[136] *La Plume*, n° 97, 1er mai 1893, p. 205.

entre frères, des « histoires de femmes. » Il est écrit qu'Ève troublera même le paradis anarchiste.[137]

    M. Melchior de Vogué a prononcé une parole de sagesse le jour où il a déclaré que « la guerre serait éternellement inévitable, tant qu'il y aurait entre deux hommes une femme et un morceau de pain. » Même à elle seule, la femme trouvera toujours le moyen de mettre le monde en feu. Quant au morceau de pain, c'est bien sec ; on réclame aujourd'hui du beurre, beaucoup de beurre, avec. Ce ne sera pas une petite affaire pour la Sociale d'assouvir les appétits du corps et les convoitises des sens. Il est plus facile de déchaîner les passions que de les satisfaire.

---

[137] J. Bourdeau, *L'Anarchisme révolutionnaire*. Revue de Paris du 15 mars 1891.

CHAPITRE VIII

OÙ L'UNION LIBRE
CONDUIRAIT LA FEMME

I.--La femme libre dans l'union libre.--Pourquoi se lier?--Le mariage tue l'amour.--Réponse : et l'inconstance du coeur? et la satiété des sens?--Point de sécurité sans un engagement réciproque.--Abattez le foyer ou domptez la passion.--Le mariage profite surtout a la femme. II.--Étrange dilemme de Proudhon.--Si le mariage chrétien a réhabilité la femme.--L'union libre et les charges de la vie.--Les souffrances et les violences de l'amour-passion. III.-- Crimes passionnels.--Les suicides par amour plus nombreux du côté des femmes que du côté des hommes, plus fréquents du côté des veufs que du côté des veuves.--Explication de cette anomalie.--Quand la moralité baisse, le mariage décline.

On vient de voir que, sans aller jusqu'à la communauté des femmes et à la promiscuité des sexes qui en serait la conséquence, les deux écoles révolutionnaires, qui se disputent le périlleux honneur de refondre notre société, ne reconnaissent entre l'homme et la femme qu'un seul lien valable : l'amour soutenu et vivifié par le désir. Anarchisme et socialisme,--ces deux frères ennemis,--se rencontrent pour donner à la condition de la « Femme nouvelle » le couronnement de l'union libre. L'amour-

323

passion est donc prôné, exalté par les hommes, beaucoup plus que par les femmes. En soi, l'idée n'est pas absolument neuve. Nos « phalanstériens » de la première moitié du siècle affichaient des opinions fort osées. Le droit à la passion faisait partie du programme romantique. George Sand a prêché, de parole et d'exemple, l'émancipation de l'amour ; plusieurs de ses romans sont des plaidoyers en faveur de l'affranchissement du coeur et des sens. Mais, aujourd'hui, l'idée s'affermit et se vulgarise. Des cénacles littéraires, elle se répand dans les masses du prolétariat ; elle figure sur les programmes de la Révolution sociale et trouve faveur auprès du féminisme avancé. L'Extrême-Gauche du parti réclame avec fracas l'abolition du vieux mariage. Il n'est que l'union libre qui puisse assurer à la femme « la pleine et entière disposition de sa personne. » L'» esprit nouveau » répugne aux liens indissolubles, aux serments éternels. « Il faut que toute ma vie m'appartienne ! » tel est le cri du coeur de la femme émancipée.

Sans doute, cette fièvre d'indépendance n'atteint chez nous qu'un petit nombre de femmes exaltées. Encore est-il que nos moeurs conspirent à la propager. Ici et là, dans le « monde » et dans le peuple en haut et en bas, l'antique foyer conjugal s'effrite et se lézarde. Chaque jour, une pierre tombe du respectable édifice sous les coups réitérés que trop de gens des deux sexes lui portent inconsidérément, sans se dire qu'ils risquent d'être écrasés sous ses ruines.

Les entreprises violentes des uns, l'imprudence ou l'indifférence des autres, nous font un devoir d'examiner de plus près les raisons invoquées en faveur de l'union libre, en nous attachant de préférence aux suites qu'elle comporte pour la femme et pour l'enfant. Or, parmi les considérations produites à l'appui d'une si étrange nouveauté, il en est d'avouables qu'on peut discuter, et d'inavouables qu'il suffit d'énoncer. La subtilité spécieuse et paradoxale des premières fait même opposition à la crudité franchement cynique des secondes. Il va sans dire qu'en les exposant tour à tour, nous nous ferons une loi de ne point manquer au respect qui est dû au lecteur.

I

C'est un fait établi que le divorce,--encore qu'il ait relâché grandement le lien matrimonial,--ne suffit plus aux féministes ardents et logiques. Ces fougueux libérateurs ne se consolent point de ce que la rupture, la déchirure, qu'il implique, répugnent souvent aux âmes timorées.

Combien restent liés à leur conjoint, par respect humain, par peur, par lâcheté, qui s'empresseraient de se reprendre avec allégresse, s'ils n'avaient à briser avec éclat un noeud maudit ? Il ne faut plus que des époux mal assortis passent leur vie à pleurer, à maudire, à expier quelques minutes d'entraînement. Il ne faut plus qu'en laissant tomber devant le maire l'acquiescement fatal, un jeune homme et une jeune fille soient rivés l'un à l'autre, comme deux forçats à la même chaîne.

Pourquoi s'engager ? Libérons l'amour de toute sujétion ; émancipons les époux. Qui peut répondre de son coeur ? Rien de plus naturel que de se dire : « Restons unis tant que nous nous aimerons, cinq ou dix ans, cinq ou dix jours, cinq ou dix heures. La cohabitation sans affection, c'est l'enfer. Pourquoi nous épuiser à mettre de l'éternité dans nos sentiments ? L'infini n'est point accessible à des créatures éphémères. Quelle folie de s'engager à perpétuité ! Ces grands mots, « jamais, toujours », devraient être interdits à toute bouche humaine. »

On ne manque point d'ajouter qu'un contrat rigide tue la tendresse. Nul n'a qualité pour s'obliger sous serment à adorer une même créature pour toute la vie. Comme si on pouvait aimer par ordre, par contrainte, par force ! Il n'est point de loi humaine ni divine qui ait le droit de faire aux époux une obligation de se chérir. Qui oserait donc répondre de son coeur ? « Les anarchistes, déclare M. Élisée Reclus, veulent la suppression du trafic matrimonial ; ils veulent les unions libres, ne reposant que sur l'affection mutuelle, le respect de soi et de la dignité d'autrui. »[138] L'amour pour l'amour ! c'est assez. Le temps doit finir des mariages d'argent, des spéculations d'ambition, des marchés de convenance. Le mariage est un contrat sordide ou un guet-apens criminel. Laissons l'amour s'épanouir en pleine liberté, sans objecter qu'il peut être volage ; car on nous répondrait, comme l'héroïne d'un roman féministe anglais, que l'inconstance est la manifestation du développement humain « dans sa plus riche diversité. »[139] Respecter ses instincts, tous ses instincts, c'est se respecter soi-même ; et il n'est pas de devoir plus sacré pour qui veut être vraiment libre. Telle est, en substance, l'argumentation sur laquelle on fonde l'anarchisme de l'amour. Libérons Eros, afin de rendre à l'union de l'homme et de la femme sa poésie, son désintéressement et sa dignité perdue.

Ces rêveries appellent de suite une simple observation. Que des gens se trouvent mieux unis par les liens fragiles de la chair que par un noeud officiel consacré par le maire et béni par le prêtre, cela est un raffinement sublime et candide qui, bien que rare, n'a rien d'absolument impossible. La passion n'est-elle pas la source de mille naïvetés et de mille duperies ? J'admets donc qu'il se puisse rencontrer tels êtres délicats, romanesques, précieux, éthérés,--pour ne pas dire évaporés,--capables de préférer l'union libre au mariage, pour être plus sûrs de tenir la créature qu'ils affectionnent, de leur seul amour, d'un amour toujours jeune et ardent

---

[138] *L'évolution, la révolution et l'idéal anarchique*, chap. V, p. 145.

[139] *Jude l'obscur*, par Thomas Hardy.

comme à l'instant du premier aveu. L'union de ces tendres amants étant révocable à volonté, il faudra bien que, pour durer, leur liaison soit incessamment soutenue, renouvelée, ravivée, par l'élan mutuel du coeur et l'ardeur réciproque et partagée des sens. C'est un état d'âme admirable, mais combien dangereux et naïf ! Si quelques individus de choix ou d'exception, comme on voudra, peuvent s'arranger d'un régime aussi sublime, une société qui le mettrait en pratique ne tarderait pas à en périr. Il est surhumain.

On n'oublie qu'une chose : l'inconstance du coeur et la satiété des sens. L'amour-passion, c'est l'amour-caprice. Il n'obéit qu'à l'appel de l'instinct. Ses inclinations et ses goûts sont purement anarchistes. Il nous figure, s'il est permis de parler ainsi, un jeune compagnon très émancipé, d'humeur changeante, véritable enfant de bohême qui fait ce qu'il veut et se donne à qui lui plaît. N'ayant ni foi ni loi, aucun scrupule ne l'arrête, nul danger ne l'émeut. Il va où le désir l'appelle. C'est une force aveugle, un dieu volage qui eût mis à feu la campagne et la ville, si la société, pour se défendre de ses coups de tête, ne lui avait quelque peu rogné les ailes. Ce petit révolutionnaire, en effet, ne recule point devant la propagande par le fait. On retrouve sa main dans tous les crimes passionnels. Quand ses caprices sont combattus ou ses avances repoussées, il joue avec désinvolture du revolver ou du couteau. Il fallait donc mettre un frein à ses intempérances de joli garçon. C'est pourquoi le mariage a été inventé, non pour le supprimer, mais pour l'assagir. Discipliner ses ardeurs sans éteindre sa flamme, tel est le problème qui se posera éternellement à toute société désireuse de vivre et de se perpétuer. Et il faut reconnaître que notre vieille institution monogame ne l'a pas trop mal résolu, puisqu'elle se maintient, vaille que vaille, contre le flot sans cesse renaissant de toutes les concupiscences.

Les révolutionnaires des deux sexes auront fort à faire pour la démolir. Et cependant le règne de l'amour libre sera précaire ou impossible, tant que le mariage restera en possession des lois et des moeurs. Et c'est pourquoi nous les voyons s'attaquer avec véhémence à la société qui le sanctionne et au christianisme qui le consacre. Comprenez-vous leur tactique ? Actuellement, le mariage est une citadelle fermée, à laquelle la loi et la religion font une double ceinture de défense. Il s'agit donc de la raser. Et à cet effet, les novateurs prêchent, et aux âmes confiantes qui brûlent d'y entrer, et aux âmes déçues qui brûlent d'en sortir, la même doctrine, qui est « l'union libre par le libre amour. » On ne saurait être plus logiquement révolutionnaire. Impossible de ne pas voir dans l'affranchissement de la passion une suite directe de ce dégoût de toute discipline, de cette impatience de tout frein, de cette horreur de toute règle, de cette exaltation orgueilleuse du moi, qui est le signe de l'individualisme anarchique. Le libre amour est un fruit de l'esprit de révolte.

Tirez maintenant les conséquences de cette conception libertaire. Se ramenant au désir charnel, l'amour est naturellement éphémère. Dès lors, pourquoi s'épouser à perpétuité ? L'entraînement passé, on se tournera le dos. Le feu éteint, on se dira bonsoir, comme on se sera dit bonjour,--sans cérémonie. A quoi bon se marier pour se démarier si vite ? Seulement, dans ce système, le mariage devient le roman d'un caprice et l'histoire d'une sensation. Toute sanction disparaissant, il est inévitable que les conjoints soient déchargés de toute obligation respective, et que, se mariant pour le plaisir, ils s'abandonnent l'un à l'autre sans grande réflexion, sauf à se séparer au premier dissentiment. On se recherchera par appétit, pour les satisfactions de la bête ; et quand la fièvre du désir sera tombée, quand la désillusion, qui naît souvent de la fréquentation intime, aura éteint la flamme dont brûlaient nos amants de rencontre, quand la griserie des sens sera refroidie, quand le charme de l'attraction passionnelle sera rompu, Monsieur et Madame se tireront la révérence, en s'avouant, aussi poliment que possible, qu'ils ont cessé de se plaire.

Avec l'union libre, pas d'avenir, pas de stabilité. Et qui ne voit que la constitution d'une famille est incompatible avec les fantaisies et les incohérences de la passion ? « On ne bâtit pas sur le sable, écrit Mme Arvède Barine. Il est parfaitement puéril d'essayer de fonder un ordre quelconque sur la plus fragile des passions humaines, la seule que la nature, qui avait ses raisons, ait faite éphémère. Un ambitieux reste ambitieux, un avare reste avare, un amoureux ne reste pas amoureux. De sorte qu'il faut, à toute force, qu'on le veuille ou non, aboutir à l'amour libre. »

Et dès que la société conjugale n'est plus qu'une union de plaisir,--la bête l'emportant sur l'esprit et les sens prévalant contre la raison,--tout se gâte, tout s'affaisse, tout s'écroule. Plus de durée, plus d'ordre, plus d'incorruptibilité. L'alliance de deux passions est un arrangement précaire et orageux, un feu de paille qui éclate, brûle et meurt, ne laissant qu'un peu de cendres que le vent soulève et disperse. « Autant vivre sur une poudrière, » s'écrie Mme Arvède Barine que je me plais à citer, afin qu'on ne prenne point mes raisonnements pour l'expression inconsciente des préjugés masculins. Somme toute, un ménage, d'où l'on a chassé l'idée de devoir, ne saurait vivre en paix et en sécurité.

Cela étant, le problème apparaît dans toute sa simplicité, et la femme distinguée, dont je viens d'invoquer le témoignage, l'a encore formulé en perfection : « Abattre le foyer ou dompter la passion. » Pas de milieu : il faut choisir entre ceci ou cela, entre l'ordre chrétien ou le sensualisme libertaire. Au lieu que l'Évangile fait des deux époux un tout indivisible, une seule âme, un seul coeur, une seule vie, l'individualisme révolutionnaire s'efforce de maintenir intactes et indépendantes les deux unités passagèrement rapprochées. Une étoile double, tel est le symbole du mariage, dont Bossuet a marqué l'idéal, en disant qu'il est « la parfaite société de deux coeurs unis. » Pour réaliser cette sublime harmonie, loin d'ériger le plaisir en culte et la passion en loi,--ce que Bourdaloue appelle dédaigneusement « l'idolâtrie de la créature »,--il importe d'assurer pour but à l'union conjugale la fondation d'une famille vertueuse et la formation d'honnêtes gens.

C'est l'honneur du mariage chrétien d'imposer à notre animalité un joug moral qui la rehausse et la purifie, de faire pénétrer le sentiment du devoir dans l'acte le plus sensuel et l'idée de dévouement dans l'instinct le plus égoïste, de dompter, de discipliner notre plus basse nature par la règle du don irrévocable de soi-même à l'époux choisi pour la vie.

Bien mieux, avec son cortège de garanties, de promesses, de restrictions, le mariage est une sûreté pour les deux conjoints, mais surtout pour la femme. Ne vous récriez pas ! Le mariage associe à perpétuité l'existence et la dignité de l'épouse à l'existence et à la dignité du mari ; il honore, il légitime, il sanctifie la maternité ; il rattache les conjoints l'un à l'autre par un fil légal. Et je répète que ce lien est plus profitable à la femme qu'au mari ; car, étant la plus faible, elle est plus particulièrement intéressée à enchaîner l'homme à son sort. A cela, elle gagne la stabilité de sa condition, la sécurité du lendemain. Le vieux mariage est donc pour elle une assurance contre les hasards de la vie. Et bien que certaines femmes puissent en souffrir, il n'est point douteux que ses règles soient bienfaisantes au plus grand nombre. Est-il sage, est-il prudent, pour satisfaire quelques exaltées qui étouffent dans la « prison » du mariage, de démolir l'antique foyer, au risque d'aggraver les souffrances de celles qui vivent paisiblement, heureusement, sous son abri ?

II

On a tôt fait de nous répondre que le crime du mariage est de condamner la femme à n'être qu'une bête de luxe ou une bête de somme, une « chair à plaisir » ou une « chair à souffrance », une femme de joie ou une femme de peine. Mais on a le tort d'oublier que cette conception barbare du rôle de la femme n'est point chrétienne, qu'elle nous vient du paganisme. Il faut avoir l'âme despotique des polygames d'autrefois et des Turcs d'aujourd'hui, pour rabaisser le sexe féminin à cet esclavagisme honteux. « Des Grecs, les plus policés de leur époque, édictèrent l'abominable formule : « Ménagère ou courtisane, » que nous avons eu la mortification d'entendre répéter en plein XIXe siècle, comme le dernier mot de la science sociale et même révolutionnaire. »[140]

Ces mots de l'auteur des *Unions libres* font allusion à Proudhon, qui rêvait de ramener la femme moderne à l'alternative étroite à laquelle l'antiquité païenne l'avait condamnée. Ou la dépendance de la matrone, ou la liberté de l'hétaïre : il fallait choisir. Dans l'esprit des Grecs comme aux yeux des Romains, l'épouse devait être irréprochable. Quant à l'hétaïre, s'appelât-elle Aspasie, fût-elle la femme la plus cultivée et la plus célèbre de son temps, elle n'était point admise au mariage ni au gynécée. Les anciens ne se souciaient nullement d'une émancipée dans leur maison. Mais le fameux dilemme de Proudhon n'est plus vrai dans nos sociétés, où le christianisme a réhabilité le célibat. La femme de notre temps n'est point forcée de choisir entre les sujétions de la maternité et les asservissements de la prostitution. Rien ne l'oblige à acheter son indépendance au prix du dévergondage. Il reste seulement qu'aujourd'hui

---

[140] *Souvenir du 14 octobre 1882*, Unions libres, p. 15.

comme autrefois, en France comme en Grèce ou à Rome, une bonne ménagère doit sacrifier souvent ses aises à ses devoirs, et qu'à rechercher la libre jouissance elle perd inévitablement le respect des honnêtes gens. C'est pourquoi je comprends très bien qu'une fille « libertaire » manifeste peu de goût pour le mariage : il est impossible à une femme, qui tient avant tout à son plaisir et à son indépendance, de faire une bonne épouse et une bonne mère.

Mais, de grâce, qu'on ne dise pas que le mariage chrétien a domestiqué, avili, déshonoré la femme, alors qu'il l'a réhabilitée ! Qu'on veuille bien réfléchir qu'il n'y avait qu'un moyen de relever le sexe féminin de la déchéance servile, où la polygamie antique l'avait plongé : c'était de dissoudre les harems, d'émanciper les esclaves, et ensuite de dire à l'homme : « Tu choisiras dans ce bétail féminin celle que tu préfères pour la faire tienne à jamais ; tu l'élèveras à ta dignité, tu l'honoreras à l'égal de toi-même. Elle n'est plus ton inférieure, sans qu'elle soit pour cela ta pareille. Elle ne te ressemble point, mais elle te complète. Femme de ton choix et mère de tes enfants, elle partagera ta condition, tes joies et tes douleurs. Tu lui appartiens autant qu'elle t'appartient. Elle est la chair de ta chair et l'âme de ton âme. Elle est ta compagne à la vie, à la mort. » Voilà le langage que le christianisme a tenu et le prodige que le mariage a réalisé. Où voit-on que la femme en ait été blessée ou amoindrie ? A chaque épouse, la monogamie indissoluble donne moins un maître qu'un répondant expressément chargé, vis-à-vis du trésor qui lui a été confié, d'un devoir de garde, de défense et de protection.

J'entends bien tous les prophètes de la Révolution dire a la femme : « Tu es la grâce, la beauté, le plaisir ! Ton âme est brûlée de la soif d'apprendre, de connaître, de savoir. Instrument des plus délicates sensibilités, ton être aspire au plein épanouissement de la vie. Désire et palpite comme il te plaît ! Sois belle, sois libre ! Règne et jouis ! »

Mais aux heures douloureuses de la vie, combien ce conseil paraîtra vain, décevant et cruel ! Il semble, à entendre ces grands prêcheurs de liberté, que la femme soit toujours jeune, forte, active, alerte, efficacement armée pour la lutte, et que son unique fonction sur la terre soit de filer éternellement le parfait amour. Quel optimisme enfantin ! Quelle méconnaissance des réalités de la vie ! On oublie que sa nature l'assujettit périodiquement à des misères énervantes ; que son organisme frêle et délicat lui inflige mille soucis et lui impose mille ménagements ; que les charges de la maternité, les maladies, les années ont tôt fait d'épuiser ses forces et de faner ses grâces. De toute nécessité, il lui faut un appui pour les jours d'épreuve et les années de vieillesse ; et le mariage le lui assure, en l'associant aussi étroitement que possible à la destinée du mari. Est-ce fortifier une plante que de briser le tuteur qui la soutient ?

Si encore cette libération de l'amour pouvait assurer le bonheur aux amants dans les années de force et de jeunesse ! Mais que de difficultés pour assouvir sur terre la soif d'aimer, pour goûter la béatitude de vivre ! Point de félicité parfaite sans un amour partagé ; et le sera-t-il toujours ? Lors même que cette correspondance affective s'établit entre deux coeurs, qui oserait dire ce qu'elle durera ? De là, entre les constants et les volages, des froissements, des conflits, des douleurs inévitables. Il ne suffit pas de se débarrasser de toutes les conventions mondaines pour s'affranchir de son coeur. Il ne suffit pas d'être une femme sans préjugés, pour être vraiment libre. Après s'être libérée de tout ce qui la gêne, elle sera encore esclave de ses instincts, de ses sens, de l'amour lui-même, dont les chaînes ne sont pas toujours faites de fleurs. Qui veut aimer doit s'apprêter à souffrir. Sous la signature d'Étincelle, Mme de Peyronny a écrit cette mélancolique pensée : « L'amour est comme une auberge espagnole : on n'y trouve que ce qu'on y apporte. La religion fait des saintes ; l'amour ne fait que des martyres. »[141]

Si douloureuse est la question que nous touchons ici, que les écrivains révolutionnaires n'ont pu s'empêcher de se la poser. « L'amour cessera-t-il jamais d'être lié à de grandes souffrances ? » C'est l'excellent Benoît Malon qui s'adresse à lui-même cette interrogation pénible. Et, en effet, le propre de l'amour n'est-il point de donner plus qu'il ne reçoit ? Or, quiconque aime plus qu'il n'est aimé, finit toujours par en souffrir. D'où il suit que le véritable amour est frère de la douleur. Il faut en faire son deuil : la Sociale elle-même ne supprimera point cette sujétion affligeante que Malon tient, fort sensément, pour une « fatalité naturelle que nulle rénovation ne fera entièrement disparaître. »[142]

L'amour-passion, d'ailleurs, qu'il soit partagé ou non, ne se fait point faute de prendre sa revanche des peines et des tourments qu'il s'inflige à lui-même. Il est remarquable qu'on ne fait bien souffrir que les gens qu'on adore follement. L'amour-passion est atroce. Il ne connaît point l'indifférence, la confiance, la paix unie et reposante. Quand il ne se dévore pas lui-même, il dévore l'être aimé, et avec rage. La passion est si voisine de la haine qu'il n'est point rare que l'amour exaspéré s'emporte jusqu'à tuer. Ainsi s'expliquent les crimes passionnels.

III

A ce propos, les statistiques établissent que le nombre des hommes, qui s'en rendent coupables, est de quatre à cinq fois supérieur à celui des femmes. Ce n'est que pour un seul

---

[141] *La Femme moderne*. Revue encyclopédique du 28 novembre 1896, p. 858.

[142] *Le Socialisme intégral*, t. I, chap. VII, p. 372.

genre de suicide, le suicide par amour, que la femme, par une sorte de revanche lugubre, l'emporte sur l'homme. Si l'on en croyait le professeur Lombroso, cette dernière supériorité tiendrait à ce que l'amour, chez le sexe masculin, obéit à des mobiles moins désintéressés que chez le sexe féminin. La passion égoïste pousse l'homme au meurtre ; il tue. La tendresse pure conduit la femme au suicide ; elle se tue. Tandis que l'ingratitude et la trahison de l'amante excitent la vengeance de l'amant, l'abandon et la perte du bien-aimé n'éveillent chez la femme que douleur et désespoir. Vivre l'un sans l'autre lui paraît impossible ; et, par appréhension de l'existence, elle se jette dans la mort avec fermeté, presque avec ivresse.

Par contre,--ceci soit dit à l'honneur des hommes,--au lieu que cinquante maris se tuent après la mort de leur compagne, les douleurs du veuvage n'opèrent tragiquement que sur quinze femmes. Il reste (c'est la conclusion de M. Lombroso) que les mêmes créatures, qui se réfugient si facilement dans la mort pour la perte d'un amant, montrent beaucoup moins d'empressement à se supprimer lorsqu'elles perdent leur époux. Cette constatation n'a rien qui doive nous étonner.

Grâce aux garanties du mariage, une veuve conserve la considération et reprend sa dot. Si le chef de la famille a disparu, le foyer reste intact. Elle y vivra peut-être plus maigrement que du vivant de son mari, surtout si elle a des enfants ; mais le patrimoine paternel est là qui soutiendra, l'existence de tous. Si donc un vide s'est creusé dans la famille, le foyer survit, et la veuve en reste la souveraine.

Dans l'union libre, au contraire, l'amant disparu, tout s'écroule. C'est la misère noire. La loi, dont on a répudié l'appui, ne vient plus au secours de l'abandonnée. Les liens de chair, noués en un moment de fougueuse tendresse, sont rompus sans miséricorde. Isolée, désespérée, sans ressources, sans défense, incapable de se protéger par sa propre force contre la malveillance de la foule qui la guette et contre les tentations qui l'assiègent, la pauvre survivante ne croit plus à la possibilité de vivre et prend la résolution d'en finir. Qu'on supprime toutes les sûretés conjugales, qu'on abolisse le mariage, et, avec l'union libre généralisée, on verra les suicides passionnels se multiplier lamentablement. C'est grâce au mariage que la veuve se résigne à vivre. Si grande, au contraire, est la détresse des victimes de l'amour libre, qu'elles lui préfèrent la mort. Conclusion : pour la femme, pour la mère, la sécurité vaut mieux que l'indépendance.

Et maintenant, détruisez l'institution matrimoniale, si vous le pouvez : croyez-vous que les ménages seront plus unis, plus heureux, plus honnêtes ? Croyez-vous que les trottoirs des boulevards extérieurs seront moins encombrés ? Pouvez-vous affirmer que vos femmes émancipées ne mettront jamais le libre amour aux enchères publiques ? Pouvez-vous assurer que la femme, privée des garanties du mariage, sera moins assujettie, moins exploitée, moins vénale, moins bête de somme ou moins bête de luxe ? Verrons-nous les filles de joie se ranger et les souteneurs se convertir ? Si le libertinage déborde dans les grandes villes, n'est-ce point précisément que le mariage y est de moins en moins honoré, de moins en moins pratiqué ? Vous nous jetez au visage toutes les plaies conjugales, mais elles sont vôtres. Nos moeurs deviennent anarchiques parce que votre esprit révolutionnaire s'est glissé entre l'homme et la femme, parce que les époux sont portés de plus en plus à n'accepter de leur union que les plaisirs, à répudier leurs devoirs, à méconnaître leurs obligations. Ils ont perdu le sens du mariage chrétien. Ayez donc la franchise de les reconnaître pour vos disciples, car ils vous font honneur ! Ils se libèrent de toutes leurs charges, ils trahissent tous leurs engagements. Démolissez donc la dernière digue qui protège la famille contre l'envahissement des mauvaises moeurs ; et quand le vice aura submergé la pierre sacrée du foyer domestique, la loi de la force reprenant son empire dans les relations sexuelles, on verra la femme humiliée, meurtrie, opprimée, avilie, retomber dans cette misère où le christianisme l'avait trouvée. Que si (je le veux bien) les plus fières, les plus vaillantes, les plus fortes échappent à cette ignominie, la masse redeviendra nécessairement ce que le passé l'a connue : « chair à souffrance ou chair à plaisir, » comme vous dites ; et, pour la honte de l'humanité, la femme ne sera plus (tranchons le mot) qu'une lamentable femelle.

CHAPITRE IX

LES SCANDALES ET LES MÉFAITS, DU LIBRE AMOUR

I.--Revendications innommables.--Ce que sera l' » union future ».--La liberté de l'instinct--La réhabilitation du libertinage.--La femme devenue la « fille ». II.--Les chaînes du mariage.--Plus d'engagements solennels si la vie doit être un perpétuel amusement. III.--Sus au mariage ! sus à la famille !--Citations démonstratives.--Les destructions révolutionnaires. IV.--Derniers griefs.--Les « nuisances de l'union libre »--Le mariage peut-il disparaître ?--Appel aux honnêtes gens.

Il est rare que l'homme s'arrête à mi-chemin d'une idée fausse, surtout lorsqu'elle lui permet de donner carrière à ses appétits sensuels. L'union libre nous en est un exemple. Non contents de plaider subtilement en sa faveur, certains écrivains, libérés de tout scrupule et résolus aux pires audaces, revendiquent, avec une crudité cynique, l'émancipation des sens et la liberté de l'instinct. Avec ces publicistes,--anarchistes pour la plupart,--qui poussent l'idée du libre amour jusqu'à ses conséquences les plus effrénées, la discussion est inutile. Il suffit d'exposer, même avec discrétion, leurs sophismes et leurs paradoxes, pour que ceux-ci éveillent dans l'âme des honnêtes femmes tout le mépris et toute la rancoeur qu'ils méritent.

I

On connaît le mot de Saint-Just : « Ceux-là sont époux qui s'aiment et aussi longtemps qu'ils s'aiment.» Les partisans du libre amour,--gens de peu de scrupule,--prennent cette formule à la lettre. Voici le programme qu'ils assignent à l' » union future » de leurs rêves.

Il faut, premièrement, qu'on y pénètre et qu'on en sorte à volonté, sans tracas, avec la plus entière facilité. L'union libre sera donc « multiforme ». C'est une demeure que chaque couple se construira selon ses goûts, un refuge, un abri, que chaque conjoint pourra modifier ou abandonner à sa guise. Ensuite, il est bien entendu que « toutes les manifestations de l'amour seront également respectables, même les plus imprévues.» Et puisque le temps présent nous offre déjà de bons exemples de « bonheur à trois,» il va sans dire que « la polygamie ou la polyandrie consentie sera parfaitement admissible.»

Dans ce monde nouveau, la femme est émancipée, comme il convient, jusqu'à la licence. Elle a « le droit de n'être mère que lorsqu'elle le veut ; elle ne se laisse pas imposer, malgré elle, le fardeau de la maternité.» Et comme la transmission de la vie doit être volontaire, on va jusqu'à revendiquer pour elle « le droit officiel à l'avortement ».[143] On nous affirme même qu'en restaurant les temples, que les anciennes époques de beauté avaient élevés a Éros et à Vénus, il s'établira peu à peu une « Science de l'Amour », grâce à quoi l' » Union future », cessant d'être un mystère douloureux, ne répandra sur les humains que des joies ineffables.[144] Plus prosaïquement, un romancier coutumier

---

[143] *La Faillite du mariage et l'Union future*, par M. Joseph Renaud, pp. 187, 190, 193, 194, 195, 201 et 205.
[144] *La Faillite du mariage et l'Union future*, pp. 178, 181 et 183.

de toutes les audaces, M. Paul Adam, a émis cette conclusion dénuée de lyrisme, que « l'amour n'a pas une importance autre que le manger et la marche, » et que « les peuples finiront par reconquérir le droit de reproduction. »[145]

Que ces idées étranges soient émises par des hommes, on doit en gémir assurément, sans qu'il faille toutefois en marquer un grand étonnement. Ces extravagances licencieuses sont une de ces revanches de la Bête contre l'Esprit, que toutes les époques ont vu se produire avec plus ou moins de violence et d'éclat. En cela, du moins, notre temps est particulièrement éprouvé, puisque le dévergondage des moeurs ne le cède en rien au dévergondage des idées. Et ce qui le prouve bien, c'est que les revendications les plus osées peuvent se lire en des livres,--rares encore, Dieu merci !--écrits par des mains féminines. Quant à l'esprit de cette littérature, nous croyons devoir l'indiquer ici dans sa simplicité toute nue.

Pour une certaine catégorie de femmes sans préjugés, dont le désir et la curiosité enfièvrent les sens, l'émancipation consisterait à s'abandonner librement à ses inclinations amoureuses, afin d'affirmer à la face du monde qu'on est maître de soi, de son âme, de son coeur--et du reste. En se donnant volontairement, une femme ne prouve-t-elle pas qu'elle s'appartient totalement ? En conséquence, pourvu qu'elles soient raisonnées et consenties, les défaillances charnelles sont la marque d'un être libre, et les faiblesses du coeur elles-mêmes attestent l'indépendance de l'esprit. On s'élancera donc dans l'amour libre, avec une décision renseignée, exempte de pudeur, de scrupule et de timidité.

---

[145] *L'Année de Clarisse*, chap. VIII.

341

Nous connaissons ce genre de liberté. C'est la liberté cynique du viveur ; et il serait triste, en vérité, que toutes les études, tous les efforts, toute la culture de la « femme nouvelle » ne servissent qu'à l'enflammer du désir d'égaler la plus vile et la plus misérable des libertés masculines, la licence du libertin. Qu'elle vive donc en garçon,--pardon ! en fille,--qu'elle se fasse l'égale de l'homme, non par en haut, par le travail qui honore, mais par en bas, par l'immoralité qui dégrade ! Seulement qu'elle sache bien que, cela fait, elle ne pourra plus être la femme qu'on épouse. Qu'apporterait-elle à son mari ? Une âme flétrie et un corps souillé. Et quel honnête homme la voudrait prendre ? Plus de sécurité pour lui, plus de respect pour elle. L'indépendance de la fille aura tué, en sa personne, la dignité de la femme.

II

Mais le mariage est une gêne, un frein, une entrave. Il contient le désir, il discipline l'amour. « Mais le mariage veut mâter la nature ! » c'est le gros grief de M. Sébastien Faure ; et comme il le développe avec grâce ! Comprenez-vous un jeune homme et une jeune fille qui, s'aimant pour le bon motif, ont l'insanité de se lier pour toujours ? Pauvres nigauds ! « C'est ce « toujours » qui, nouveau d'abord, fatigant bientôt, obsédant enfin, vous enlèvera la fougue des exubérants désirs, vous laissera quelque temps à la routinière gymnastique des exercices matrimoniaux, puis vous fera connaître, avant qu'il soit longtemps, la satiété des monotones caresses, l'écoeurement des sensations invariées, le dégoût des mêmes baisers, dans le même décor, sur la même couche, avec le même complice. » Et quels complices ! « Un petit crétin dressé à rougir des surprises de la chair, des éveils délicieux de la virilité, de l'affirmation brutale des désirs,--et digne femelle de cet imbécile, la jeune fille qui, crevant d'ardeurs inassouvies, torture son coeur, supplicie ses sens, baisse les paupières pour feindre la pudeur. » J'abrège, et pour cause ! Retenons seulement l'apostrophe finale : « Allons ! couple de fous ou de coquins, après ce noviciat de l'hypocrisie supporté dans le couvent familial, vous êtes dignes de prononcer les voeux solennels et irrémissibles que reçoit, au nom de la Loi, le farceur tricolore. »[146]

Je demande pardon au lecteur de cette citation, pourtant expurgée ; mais il n'est pas mauvais qu'il sache de quelle haine on poursuit, dans certains milieux, le mariage auquel nous devons des siècles d'honneur familial et de progrès humain. Et à cette fin, il importe de rappeler encore une fois aux honnêtes gens, qui seraient tentés de l'oublier, que la passion est une chose et que le mariage en est une autre. Si exquise que soit la première, le monde ne saurait vivre sans le second.

On peut bien voir dans l'union libre une idylle d'étudiant, un caprice des sens, un jeu de grâces plein d'embrassades et d'agenouillements. Les jeunes mariés, d'ailleurs, n'ignorent point le charme de ces premières caresses. Mais quand ce joli sensualisme s'est refroidi, quand cette fièvre délicieuse et délirante est tombée, le mariage nous apparaît alors pour ce qu'il est, à savoir la chose la plus sérieuse du monde, la plus grave et la plus sainte de la vie, le prolongement de l'amour par l'estime et l'amitié, l'union de deux consciences et de deux destinées par la confiance réciproque et le respect mutuel. Et de cette fusion loyale et tendre, la famille sort comme une fleur de sa tige, versant sur le monde fraîcheur et rajeunissement. Cela ne vaut-il pas mieux que les divertissements agités de l'union libre ?

Proudhon lui-même s'offensait qu'on voulût rabaisser l'union de l'homme et de la femme à un simple

---

[146] *La Plume* du 1er Mai 1893, p. 201.

« roucoulement ». Il s'écriait : « Le mariage n'est pas rien que l'amour ; c'est la subordination de l'amour à la justice. » Sa raison se soulevait contre la souveraineté de la passion et la déification du désir, si chères à certaines femmes libres.[147]

Qu'on se moque maintenant, tant qu'on voudra, des préoccupations de notre bourgeoisie. Pères et mères s'appliquent à préserver leurs enfants des jeux éphémères de l'amour sensuel, et ils font bien. En les mariant avec tant de soin, ils songent à l'avenir, et que tout n'y sera point fleurs et baisers. Ils savent par expérience que la vie commune exige plus de vertu que de passion ; et ils s'emploient, à bon escient, à mettre leurs fils et leur filles en garde contre les tentations et les déceptions du coeur, leur rappelant que le mariage, véritable fondement de la famille humaine, implique plus de devoirs que de plaisirs. C'est de la sagesse pure. Nous ne sommes pas sur la terre pour nous amuser !

III

A ceux qui demanderaient encore pourquoi les féministes révolutionnaires visent le mariage avec tant de fureur, nous répéterons que c'est pour atteindre mortellement la famille. A leurs yeux, le vice de la monogamie chrétienne n'est pas seulement de brider le désir et de discipliner la chair, mais encore et surtout de fonder un foyer. Vainement tous ceux qui ont étudié sérieusement l'histoire de l'humanité, s'accordent-ils à constater qu'au plus bas échelon de la sauvagerie, les rapports des deux sexes sont absolument libres ; vainement remarquent-ils que la famille humaine n'est sortie de l'animalité qu'en devenant autoritaire, et qu'elle ne deviendrait libertaire qu'en retournant à l'animalité par l'émancipation des sens : on

---

[147] Voyez son livre : *De la justice dans la Révolution et dans l'Église.*

affirme que c'est à la nature qu'il faut revenir, pour retrouver l'intégralité des jouissances perdues. Et comme, jusqu'à présent, l'institution familiale a résisté aux efforts des démolisseurs, comme elle est l'arche sainte où le vieux monde peut trouver un dernier refuge contre le flot montant des mauvaises moeurs, on redouble d'acharnement pour l'ébranler et l'abolir. C'est pourquoi la Révolution a décrété d'en finir avec les prétendues civilisations monogames.

Voyez avec quel cynisme on traite la vie de famille : on la dénonce comme une vie de servitude. « A l'âge des turbulences, des caprices et des folles étourderies, » l'enfant est obligé de se soumettre à une discipline chagrinante. Quel martyre ! « Il faut qu'il prenne des habitudes de régularité et de soumission, qui meurtrissent ses instincts invincibles de liberté. » Comprenez-vous cette abomination ? Et lorsque vient « l'âge des floraisons amoureuses, » jeunes gens et jeunes filles, « impatients d'essayer leurs ailes, » se blessent aux barreaux de « la cage familiale qui les retient captifs. »[148] Et nous ne maudissons pas cette détention préventive !

Songez en outre que nos chefs de famille sont des « caporaux » ou des « geôliers ». Aujourd'hui, l'individu ne sort d'une prison que pour entrer dans une autre ; il ne se débarrasse du lien familial que pour se mettre au cou le joug conjugal. La vie d'un moderne est une « odyssée de servitude ». A tout âge, en toute condition, la famille nous écrase de sujétions, de responsabilités, d'obligations, de contraintes, de corvées incessantes. Chaque jour, elle nous astreint à un « continuel renoncement ». Si, très exceptionnellement, il se rencontre des êtres qui trouvent au foyer joie, tendresse et consolation, il reste que « l'immense majorité des humains en souffre cruellement. »[149]

---

[148] Sébastien Faure, *La Douleur universelle*, pp. 321 et 323.

[149] *La Douleur universelle*, p. 321.

L'institution familiale opprime l'être à toutes les périodes de l'existence. « Elle le guette dans les entrailles de sa mère, l'attend au premier vagissement, le suit au berceau, à l'école, au collège, pendant sa jeunesse, sa maturité, sa vieillesse, et l'accompagne, sans le quitter, jusqu'à la tombe. » Nul n'est exempt de ses persécutions. « Le bâtard souffre de la famille parce qu'il n'en a pas ; l'autre, parce qu'il en a une. » La maison paternelle est une école d'asservissement et d'hypocrisie. « C'est ligotté dans les langes de la famille que l'enfant contracte des tendances à l'obéissance, des habitudes de servilité. » C'est là qu'il plie sa pauvre cervelle aux « respects ridicules » et aux « vénérations grotesques ». C'est là qu'appliqué chaque jour à dissimuler sa conduite et à falsifier son langage, il devient « docteur ès fourberie ». C'est là, enfin, qu'il reçoit les plus tristes exemples et puise les plus lamentables préjugés ; car, « c'est dans la famille, qu'ayant sous les yeux l'incessant spectacle d'un homme--son père--couchant toujours avec la même femme--sa mère--et d'une femme--l'épouse--n'ayant ostensiblement d'amour que pour un seul homme--le mari,--l'adolescent de l'un et l'autre sexe se fait de l'amour l'idée la plus fausse et la plus dangereuse, en se persuadant que l'exclusivisme du coeur est une vertueuse obligation. »[150]

On ne m'aurait point pardonné, j'en suis sûr, de retrancher quelque chose de ce réquisitoire odieux. L'anarchisme de l'amour y apparaît dans toute sa crudité. On en connaît l'esprit, on en voit le but. Sus au mariage légal ! Sus à la famille juridique ! Nos révolutionnaires ne se dissimulent point, du reste, qu' » ils touchent ici à un des préjugés les plus profondément ancrés dans l'opinion publique. » Abattre la famille leur paraît bien « la partie la plus malaisée de leur glorieuse tâche. » Mais ils se disent que « la famille est la photographie en miniature de la société

---

[150] *La Plume* du 1er mai 1893, pp. 203 et 204.

tout entière, » qu'on y retrouve « mêmes principes idiots, mêmes préjugés inhumains, même hiérarchie meurtrière, » et que, par suite, « quiconque veut révolutionner la société ne peut logiquement respecter la famille. »[151]

Ce raisonnement est exact. Oui, notre famille est en petit ce que notre société est en grand. Il n'est pas besoin d'une très vive clairvoyance pour découvrir en elle la cellule vivante, le noyau élémentaire, le centre embryonnaire qui communique à l'ensemble la vie, la durée, la résistance et le renouvellement. Groupement d'affection, communauté d'origine, association d'intérêts, la collectivité familiale est le type exemplaire de la nation elle-même, qui suppose la fusion du sang et le mélange des races, l'identité des besoins et des aspirations. L'esprit de nationalité participe même de l'esprit de famille ; car la maison paternelle est une petite patrie microscopique, dont la grande famille nationale n'est que l'image agrandie et multipliée. Toutes deux sont fondées sur la conservation d'un patrimoine de traditions, d'idées, de sentiments, qui se transmet de génération en génération. Toutes deux impliquent l'appropriation et l'hérédité ; toutes deux se soutiennent par la solidarité des membres qui les constituent ; toutes deux se gouvernent par le principe d'autorité ; toutes deux se donnent des constitutions qui stipulent des droits et des devoirs réciproques. La charte organique de notre gouvernement démocratique n'est qu'une sorte de contrat de mariage, qui a fixé les pouvoirs respectifs du Peuple et de la République, officiellement et volontairement unis l'un à l'autre.

Dès lors, si l'unité souveraine doit être l'individu libéré de toute obligation, il faut que famille et société disparaissent. Et le foyer étant la pierre angulaire de la nation, et l'esprit de famille étant l'aliment de l'esprit de

---

[151] *La Plume, eod. loc.*, p. 203.

patrie, on ne saurait démolir sûrement la société actuelle, qu'en détruisant le centre familial d'où elle procède et le mariage qui en est le noeud légal et sacramentel. Et voilà pourquoi toute entreprise révolutionnaire, qui s'attaque à la société, doit logiquement s'attaquer à la famille, parce que « cet instrument de torture, comme dit élégamment M. Sébastien Faure, assume et quintessencie les vices, les mensonges, les coquineries, les tyrannies de l'ordre social tout entier. »[152]

IV

A ce langage haineux et subversif, c'est peine perdue d'opposer la morale et la religion, que les esprits émancipés tiennent aujourd'hui pour deux vieilles choses très suspectes de radotage. Mieux vaut s'en tenir aux raisons d'ordre positif tirées de la vie réelle. Reprenons-les pour conclure.

L'union libre est un principe de faiblesse et d'insécurité. Dans les faux ménages, précaires et instables, que le caprice de la passion aura formés et que le caprice de la passion pourra défaire, les moindres litiges risqueront de tourner en dissentiments et en ruptures.

L'union libre est un principe de division et de conflits. La femme étant devenue l'égale de l'homme, et l'autorité de la mère pouvant contredire et infirmer en toute matière l'autorité du père, la direction des affaires et le gouvernement des enfants susciteront mille querelles qui rendront la vie commune intolérable.

L'union libre est un principe de violence et d'oppression. A défaut du mariage qui protège les époux en

---

[152] *La Plume, eod. loc.*, p. 201.

liant légalement leurs destinées l'une à l'autre et en équilibrant leurs droits respectifs par leurs devoirs mutuels, la force, redevenue la règle souveraine des rapports sexuels, maintiendra ou rompra despotiquement les noeuds de chair que la passion sensuelle aura formés.

L'union libre est un principe d'avilissement. Dépourvue de toute garantie légale à l'encontre de son compagnon, la femme retombera misérablement sous la main de l'homme. Loin d'affranchir le sexe faible, l'abolition du mariage ne peut manquer de l'asservir aux appétits et aux brutalités du sexe fort. L'histoire atteste que plus l'idéal conjugal s'abaisse, plus la condition de la femme s'aggrave ; que plus l'amour se dégrade, plus la femme déchoit. La passion émancipée, c'est l'indépendance dans l'abjection. Dieu garde la femme d'une si lamentable extrémité ! La civilisation elle-même risquerait d'en périr. Car, là où la femme n'est point respectée, il est impossible que l'humanité soit respectable. « Le moyen le plus efficace de perfectionner l'homme, a dit Joseph de Maistre, c'est d'ennoblir et d'exalter la femme. »

Plus d'illusion possible : le féminisme conjugal est né d'une réaction furieuse de l'individualisme révolutionnaire contre la solidarité chrétienne, qui associe les époux dans un coeur-à-coeur immuable. Plus de malentendu possible : l'idéal de la famille à venir n'est point dans l'indépendance orgueilleuse ni dans le nivellement égalitaire. Que la femme s'unisse à l'homme, au lieu de lutter contre lui ! Qu'elle s'appuie sur son compagnon, au lieu de ne compter que sur elle seule ! La paix est fille de l'ordre, et celui-ci ne se comprend point sans hiérarchie ni subordination, sans confiance ni respect.

Laissons donc les ennemis du mariage prêcher, tant qu'ils voudront, l'émancipation de l'amour. Que ces révoltés excitent la femme à relever la tête et à secouer le joug, à aimer qui les aimera, à aimer qui leur plaira. Qu'ils impriment à leurs revendications un caractère antireligieux et antifamilial, une direction agressive et révolutionnaire. Il est à espérer que ces excès de langage et de conduite ne feront que détourner de leur féminisme malfaisant toutes les femmes honnêtes, qui ont le souci de leur dignité et la conscience des intérêts supérieurs de la famille, et qu'au lieu d'entamer leurs âmes, un pareil débordement de violences et d'incongruités les avertira du péril et les prémunira même contre les tentations et les défaillances ; si bien que, tant par l'emportement inconsidéré de ses adversaires que par la vigilance de ses défenseurs, l'institution du mariage pourra être sauvée.

Et si un jour, par impossible, le mariage cessait d'être une institution légale, si l'union libre, s'insinuant dans les moeurs et dans les codes, devenait la règle de fait et de droit, ne croyons pas que les principes d'indissolubilité, de fidélité, de fécondité, qui sont l'âme du mariage chrétien, disparaîtraient de ce monde. La religion aidant, il y aura toujours de braves gens qui demeureront inébranlablement attachés aux « justes noces » qu'auront pratiquées leurs ancêtres ; et, quelle que soit la démoralisation ambiante, ils formeront, au milieu de la dissolution générale, le dernier rempart de la famille, une élite vertueuse, une race d'élection, une sorte d'aristocratie de l'amour et du devoir.

Oui, quoi qu'on pense et quoi qu'on dise de la « faillite » du mariage, l'union durable et sainte, l'union pour la vie, l'union loyale et confiante, sans trahison et sans rupture, le mariage, en un mot, restera le plus haut idéal qu'il soit donné au couple humain de poursuivre et d'atteindre sur la terre. Il est la pierre angulaire, ou encore l'arche véritable de la famille ; et, au même titre que ce groupe naturel et indestructible, il ne saurait pas plus disparaître que la vie même dont il assure le mieux la transmission. Étroitement lié à l'honneur du mari, à la dignité de la femme et à l'avenir de l'enfant, le mariage est lié, par cela même, aux destinées de l'espèce.

C'est pourquoi nous avons la conviction que, si vigoureusement qu'ils manient la cognée révolutionnaire, les bûcherons de la Sociale s'épuiseront en vains efforts contre l'arbre auguste et magnifique qui abrite, depuis des siècles, l'humanité civilisée. Ils pourront lui faire de larges blessures ; mais ils n'empêcheront point sa sève remontante de pousser tôt ou tard de nouveaux rejetons. Pourquoi même ne pas espérer qu'instruits par les destructions violentes dont l'imminence effraie les plus optimistes, les hommes désabusés reviendront en masse chercher sous ses rameaux la paix et la sécurité perdues ?

Pour nous, simples et braves gens, qui prenons la vie pour ce qu'elle vaut, c'est-à-dire pour une source d'épreuves et pour une occasion d'efforts, de mérites et de vertus, disons-nous, en attendant l'avenir, que le vieux mariage chrétien,--cette union réfléchie, assortie, conclue suivant l'esprit de nos pères, non comme une folle gageure, mais comme un pacte solennel qui doit fonder un foyer et soutenir une famille,--est l'assise sacrée sur laquelle reposent les destinées et les espérances de notre société française ; disons-nous que le mariage est un frein moral susceptible de protéger les époux contre leurs faiblesses, et partant la garantie la plus solide pour les enfants auxquels nous aurons donné le jour ; qu'à part quelques abus ou quelques dommages inhérents à toutes les choses humaines,--ce que les outranciers du féminisme appellent tragiquement « les crimes du mariage »,--il nous met du moins à l'abri de l'instabilité de nos caprices et de nos passions ; qu'en tout cas, les accidents individuels ne prouvent rien contre sa règle généralement et socialement bienfaisante ; que les infortunes qu'on lui impute viennent moins souvent des lois qui le sanctionnent, que des révoltes dirigées contre son principe et des brèches faites à son inviolabilité ; que les devoirs qu'il nous impose ne vont pas sans des avantages d'ordre, de dignité, de repos et de considération ; qu'après tout l'homme et la femme n'ont pas seulement sur terre des appétits à satisfaire et des libertés à exercer, mais encore des obligations à remplir, des deuils et des souffrances à supporter, et qu'il n'est point finalement de moyen plus sûr et plus doux de vivre sa courte vie, que de la vivre à deux en s'appuyant loyalement l'un sur l'autre jusqu'au bout du chemin.

CHAPITRE X

HÉSITATIONS ET INCONSÉQUENCES DU FÉMINISME RADICAL

I.--Tactique adoptée par la Gauche féministe.--Le mariage doit être rénové et l'union libre ajournée. II.--Ce que doit être le mariage nouveau : « une association libre entre égaux »--Absolution de toutes les supériorités maritales. III.--Extension du divorce.--Voeux significatifs émis par le congrès de 1900.--Aux prises avec la logique. IV.--Les entraînements de l'erreur.--La peur des mots.--A mi-chemin de l'union libre.--Inconséquence ou timidité.--Conclusion.

Il serait peu généreux et peu équitable d'attribuer au féminisme tout entier des doctrines qui sont prêchées surtout par des hommes. Pour quelques femmes audacieuses qui embrassent avec passion les plus folles idées, il en est mille, même dans les groupes d'Extrême-Gauche, qui répugnent secrètement à l'union libre. Non qu'elles acceptent le mariage avec toutes ses conséquences. Elles font même tant de brèches à son principe, qu'emportées par la logique de l'erreur et de la destruction, elles préparent, sans le savoir, les voies à l'émancipation de l'amour, vers laquelle les allégements successifs du lien conjugal tendent invinciblement. Et c'est un spectacle plein d'enseignements qui prouve, une fois de plus, que tout ce qui affaiblit le mariage tourne, qu'on le veuille ou non, au profit du libre amour. On nous excusera, d'y arrêter nos regards avant de clore cette étude, la leçon qui s'en dégage nous confirmant expressément dans nos vues et nos appréhensions.

I

Malgré les secousses politiques et sociales qui ont bouleversé tant de choses et amoncelé tant de ruines au cours des derniers siècles, la famille est restée debout, impassible, immuable. Rien de plus curieux que la tactique adoptée par la Gauche féministe pour réduire cette majestueuse forteresse, qui résiste à la morsure du temps et l'ébranlement des révolutions. On ne songe point à l'emporter d'assaut. Impossible d'abattre « cette vieille maison ingrate et inhospitalière », qui abrite actuellement la famille légitime. Il suffira donc de la transformer, de l'aménager, d'en faire « une maison spacieuse et souriante, image exacte de cette société de demain, où tous les êtres auront une part égale de soleil, de bonheur et de pain. » C'est M. Viviani, le rapporteur général de la section de législation du Congrès de 1900, qui parle ainsi. Et à cette phrase caressante et fleurie, on reconnaît le féminisme socialiste, un féminisme à la fois très avancé et très opportuniste, qui sait cacher sous d'habiles réticences les vues et les tendances les plus audacieuses.

Adversaire de la famille telle qu'elle est constituée, ce groupe important veut que le mariage soit « une association libre où les époux auront des droits égaux. »

Mais, dira-t-on, cette libre association, c'est l'union libre, ni plus ni moins ! Estimant que cette dernière formule sonnait trop mal aux oreilles, et désireux de n'effaroucher personne, on a sans doute changé le mot et conservé la chose.--Pas tout à fait. On a la prétention de fonder un ordre familial nouveau, où rien ne subsistera de la « tyrannie ancienne », mais où l'on entend recueillir, pour les vivifier, « les rares vertus que la famille laisse encore fleurir, » telles que la fidélité respective des époux et la soumission respectueuse des enfants.

Conséquemment, cette association libre ne comportera point le droit de répudiation. Elle est quelque chose de plus qu'un louage de services susceptible d'être dénoncé par l'un ou l'autre des époux, lorsque surgit un désaccord ou arrive l'heure de la lassitude. On ne se mariera donc point comme on fait un bail, pour trois, six ou neuf ans, avec droit de résiliation pour chacune des parties. M. Viviani, dont je reproduis la pensée aussi fidèlement que possible, estime avec raison que la répudiation serait plus profitable au mari qu'à la femme, et que celle-ci, placée sous une perpétuelle menace de renvoi, deviendrait souvent, pour éviter la misère, « la servante de tous les bas caprices masculins. »

L'union libre elle-même est inacceptable pour l'heure présente. La femme du peuple doit s'en garder comme d'un piège et d'une duperie. Quand la beauté se fane et que la jeunesse finit, rien ne la protège plus contre l'abandon ou les rigueurs de l'amant. Trop fragile est le lien volontaire de la parole donnée. Bien folle serait la femme qui consentirait à appuyer sur cette fondation tremblante tout son avenir, tout son bonheur, toute sa vie. En repoussant l'union libre, M. Viviani ne pense qu'» à la misérable poussière humaine, à toutes les femmes sans argent, sans foyer, sans garantie. » Mais l'union libre est-elle moins précaire pour les autres ? Riches ou pauvres ne peuvent en recueillir que des humiliations atroces. Elle ne sera jamais profitable qu'au mâle. L'union libre, c'est le *féminisme des hommes*. Aussi je ne comprends pas que le distingué rapporteur la repousse pour aujourd'hui et se déclare « bien près de l'accepter » pour demain, c'est-à-dire pour cet avenir, plus ou moins lointain, où le socialisme de ses rêves aura fait merveille--ou faillite.[153]

II

Que faut-il penser de cette conception de la société conjugale, qui n'est pas encore l'union libre et qui n'est plus le vieux mariage ? Nous la tenons pour un système bâtard, inconséquent, instable. Par les vues dont elle procède et par les fins où elle tend, elle peut très bien ébranler l'antique foyer qui nous abrite ; mais elle est incapable de fonder une maison durable et une famille forte. Faites entrer dans le mariage l'idée de bonheur à la place de l'idée de devoir, substituez la liberté des époux à l'obligation qui les lie, l'égalité des droits à l'autorité qui les discipline et les coordonne,--et ces ferments nouveaux vont tout corrompre et tout dévorer. Vous aurez beau lutter contre la logique des idées : elle se développera irrésistiblement. Et la force qui les anime et les pousse vous emportera, quoi que vous fassiez, jusqu'à l'union libre. On ne s'arrête pas à mi-chemin de l'erreur. Lorsque celle-ci nous presse et nous talonne, il faut avoir le courage et l'énergie de rétrograder vers les sommets ; faute de quoi, on s'effondre jusqu'en bas. Voyez plutôt.

L' » association libre », préconisée par la Gauche féministe, implique l'égalité des droits entre mari et femme. « Tous nos voeux, déclare M. Viviani, réclament l'abolition de la puissance maritale. » Et encore : « Nous voulons faire disparaître de la famille tous les vestiges de la puissance maritale. » Et le Congrès a voté la suppression pure et simple de toutes les lois qui édictent la soumission de la femme au mari. Ce qui emporte l'abolition de l'article 213 du Code civil : on n'admet pas que le mari doive protection à sa

---

[153] Congrès international de la Condition et des Droits des Femmes ; séance du vendredi soir 7 septembre. Voir la *Fronde* du 10 septembre 1900.

femme, ni surtout que la femme doive obéissance à son mari. De cette façon, la « douce et candide fiancée » ne tombera plus dans le mariage comme en une embûche. Elle conservera tous ses droits. Souveraine par la grâce, elle sera l'égale de l'homme devant la loi. Libre à elle de remettre aux mains de son mari la direction morale et matérielle de la famille ; mais au lieu de tenir leurs pouvoirs de la « brutalité » du Code, les hommes les devront seulement à la condescendance et à la « tendresse » des femmes.

Cela est gracieusement ingénu. Si pourtant des conflits surgissent entre ces deux volontés égales,--et ils peuvent éclater à tout instant pour une question des plus graves ou des plus vaines,--qui les tranchera ? Soyons sans inquiétude : il y a des juges en France, nous dit-on. Comme en une « société commerciale » où la résistance irréfléchie d'un associé peut causer un « préjudice », les tribunaux décideront.[154] Rétablir la paix dans les ménages, quelle belle mission pour nos magistrats !

Le malheur est que le mariage est quelque chose de plus qu'une « société commerciale ». Impossible de faire tenir dans les limites d'un contrat ordinaire cette communauté de joies et d'épreuves, d'espérances et de deuils, de devoirs et d'efforts, qui est la famille. Vainement vous manderez en hâte le juge de paix pour départager les époux en cas de conflit : croyez-vous que ce ménage à trois puisse être uni et durable ? Ériger la magistrature en providence des familles, quelle imprudence ! L'intervention de cette puissance au coeur sec et aux mains rudes ne fera qu'envenimer, exaspérer les querelles et les dissentiments. L'époux contraint de céder par arrêt de justice rentrera au foyer,--pas pour longtemps,--l'âme haïssante et ulcérée. Demandez aux magistrats eux-mêmes : tout ménage où

---

[154] Discours précité de M. Viviani.

l'autorité judiciaire s'introduit avec son appareil coercitif, est un ménage perdu. En général, le dualisme du pouvoir n'a jamais engendré que rivalités et dissensions. Faites donc de la famille une sorte de monstre à deux têtes également puissantes, et vous pouvez être assurés que, malgré la médiation ou l'arbitrage du tribunal, les disputes de prééminence multiplieront les mésintelligences, les ruptures et les divorces. Et ce faisant, l'égalité des droits entre époux précipitera la ruine du mariage et l'avènement de l'union libre.

D'autant que, pour parfaire l'égalité entre époux, on s'acharne à détruire tout ce qui marque la supériorité du mari. Ainsi la Gauche féministe a émis le voeu que la femme française qui épouse un étranger, ou la femme étrangère qui épouse un Français, ait le droit de conserver, par une déclaration faite au jour de son mariage devant l'officier de l'état civil, sa nationalité d'origine. N'est-il pas « immoral » que la femme soit condamnée à prendre toujours la nationalité de son mari ? Et pour procurer à la femme la satisfaction orgueilleuse de conserver la plénitude de son individualité, on n'hésite pas à sacrifier les intérêts de la famille, dont le patrimoine doit être régi par une seule et même législation sous peine de conflits inextricables. Concevez-vous un ménage dont la femme, restée Anglaise, sera gouvernée par la législation anglaise, et le mari, resté Français, sera gouverné par la législation française ? Et les enfants suivront-ils la nationalité du père ? Si oui, c'est un hommage rendu à la primauté virile. Si non, seront-ils mi-anglais, mi-français ? Vous verrez que, par horreur de la prééminence paternelle, on leur réservera le droit de trancher cette question à leur majorité.

Ainsi encore, la Gauche féministe a émis le voeu que la femme mariée, « afin de sauvegarder son individualité, sa liberté et ses intérêts, garde son nom patronymique, au lieu d'adopter celui du mari. » Remarquez qu'aucune loi n'oblige l'épouse à prendre le nom de l'époux. L'usage le veut ainsi, et non la législation. Mais Mme Hubertine Auclert n'admet pas qu'une femme « se fasse estampiller comme une brebis sous le vocable de l'homme qu'elle épouse. »[155] Et quel nom donnera-t-on aux enfants ? Si nous revenons au matriarcat, comme on nous l'assure, ils devront suivre la filiation et recevoir le nom de leur mère, bien que l'histoire atteste que la famille monogame ne s'est fortement constituée, que du jour où la filiation est devenue certaine et l'état civil régulier par la transmission du nom paternel, avec toutes les obligations qui s'ensuivent au profit de la mère et des enfants.

Ainsi enfin, le féminisme avancé demande que la femme puisse obtenir du juge de paix « l'autorisation d'avoir une résidence séparée de celle du mari. » On ne veut pas que l'épouse soit astreinte à suivre partout son époux, lorsqu'il plaît à ce dernier de changer capricieusement le siège de ses affaires ou le lieu de son habitation. Le juge de paix, ce médiateur familial qui est appelé à jouer le rôle de confesseur laïque, devra peser les raisons du mari et les résistances de la femme, et au besoin permettre à celle-ci, par exemple, de rester à Paris si le conjoint préfère s'installer en province. Est-ce qu'il n'est pas contraire à l'égalité d'imposer toujours à la femme le domicile du mari ?[156] Laissez donc aller l'un à droite et l'autre à gauche, et l'égalité sera sauvée, et l'union rompue. Et les enfants suivront-ils papa ou maman ? Triste ménage ! Triste système !

Si le féminisme s'obstine à opposer l'épouse au mari et les enfants au père, il est à prévoir que la famille à venir, divisée contre elle-même, retombera peu à peu à sa primitive

---

[155] Congrès international de la Condition et des Droits des Femmes. Séance du samedi matin 8 septembre 1900.
[156] Séance du samedi soir 8 septembre 1900.

faiblesse. Un des congressistes de 1900, M. Le Foyer, a fait cette déclaration dénuée d'artifice : « Nous avons à assurer l'abdication de ce roi conjugal qu'est le mari, et l'avènement de cette citoyenne qu'est la femme ; en un mot, nous avons à faire du mariage une république.» C'est entendu. Mais si jamais la république, ainsi comprise, s'installe au foyer, tenons pour sûr que la famille, disloquée par l'égalité absolue, se débattra douloureusement dans la confusion et l'anarchie.

III

Et cependant, il ne suffit pas que le mariage nouveau soit une « société entre égaux » : on veut qu'il devienne une « association libre ». Mais comment concilier cette liberté avec la fidélité ? Pour ceux qui fondent l'union conjugale sur l'idée du devoir, cette question n'existe pas. Libres avant le mariage, les époux ne le sont plus après. Une fois liés l'un à l'autre, ils doivent tenir leur serment. Point de mariage sans foi jurée ; et lorsqu'on s'est obligé réciproquement pour la vie, on ne peut reprendre sa liberté sans faillir à l'honneur. Les époux, qui se sont promis fidélité, doivent respecter leurs engagements jusqu'au bout. Les honnêtes gens n'ont qu'une parole. Et pour donner plus de poids à ce serment mutuel, la loi civile a fait du mariage un contrat solennel, et la loi religieuse l'a élevé à la dignité de contrat sacramentel.

La Gauche féministe n'ose pas attaquer le devoir de fidélité, par tactique peut-être plus que par principe, de peur qu'on lui prête l'intention de détruire dans la famille les sentiments qui font sa force. M. Viviani, personnellement, ne trouve « aucune raison dans son esprit et dans son coeur » pour infirmer et abolir une promesse qui est dans la nature des choses. Le devoir de fidélité subsistera donc, mais allégé de toutes les sanctions du Code pénal contre l'adultère. De plus, il ne saurait s'agir entre époux d'un voeu perpétuel de fidélité, s'enchaîner à toujours étant trop manifestement contraire à la liberté individuelle, à la possession de soi-même.

Cela fait, le féminisme radical s'acheminera doucement du mariage légal à l'union libre. Car s'il est prudent de ne point effrayer les bourgeois, il convient de ne pas se séparer des camarades qui, plus hardis et plus conséquents, sont toujours prêts à prendre les habiles pour des réactionnaires. Et ces frères terribles ne se feront pas faute de stimuler les indécis. « Vous avez peur des mots, leur dira, par exemple, le groupe avancé des Amis de la science. L'union libre est au bout de la route que vous avez prise. Encore quelques pas, et vous y êtes. Pourquoi vous arrêter en si beau chemin ? » Appliquée au mariage, la liberté ne vaut pas mieux que l'alcoolisme. Une fois qu'on en a pris, on n'en saurait trop prendre. Il faudra, coûte que coûte, qu'elle se vide de tout son contenu, pour le malheur de ceux qui s'en griseront.

Déjà la Gauche féministe est unanime pour ajouter le divorce par consentement mutuel aux quatre causes de rupture prévues par le Code civil, et qui sont : 1° l'adultère ; 2° les excès où sévices ; 3° les injures graves, 4° la condamnation à une peine afflictive et infamante. Or, cette extension du divorce est une première atteinte, et combien grave ! au devoir de fidélité, puisqu'elle permet aux époux de se relever de leur parole, d'un commun accord. Et comment s'y soustraire ? Une fois admis que le mariage est un contrat comme un autre, ce que le consentement a fait, le consentement peut le défaire. Suffisante pour les unir, la volonté des époux doit suffire pour les désunir.

Et l'enfant ? Il semble bien que ce tiers innocent et faible devrait faire obstacle au divorce des parents. Lorsqu'on se marie, la volonté des époux est souveraine, l'enfant n'existant pas encore. Mais lorsqu'on divorce, la volonté des parents n'est plus aussi libre. Un lien de chair a pu se former entre le mari et la femme : sacrifierez-vous l'enfant à leurs aises ou à leurs passions ? C'est là que nous pouvons toucher du doigt la logique cruelle du divorce.

Dirons-nous que, les enfants ayant droit non seulement à la nourriture, mais à la famille, le fait de leur existence doit rendre le divorce de leurs parents impossible ?--Mais, répondra-t-on, pourquoi condamner ceux-ci à l'enfer conjugal ? Subordonner le divorce par consentement mutuel à l'inexistence des enfants, c'est accorder aux unions stériles un privilège et un encouragement. N'est-il pas à craindre même que des époux, plus attachés à leur indépendance qu'à leur devoir, ne s'arrangent pour écarter préventivement l'obstacle qui les empêcherait de sortir du mariage ?

Dirons-nous que le tribunal devra s'assurer, avant d'accueillir la demande des époux, qu'il est donné satisfaction aux droits et aux intérêts de leurs enfants ?--Mais si rationnel qu'il paraisse de charger la justice de défendre ces mineurs qui, par définition, sont incapables de se défendre eux-mêmes, on ne voudra point que l'avenir des enfants enchaîne la liberté des parents. Laissez aux magistrats le pouvoir de subordonner souverainement le divorce des père et mère à l'obligation d'élever et d'entretenir convenablement les enfants, et c'en est fait, dira-t-on, du divorce par consentement mutuel ? « Rappelez-vous, s'est écrié M. Viviani, l'opposition presque religieuse que certaines chambres civiles font, dès aujourd'hui, au divorce incomplet que nous avons conquis. » Il serait, d'ailleurs, impossible aux ménages pauvres d'établir qu'en se désunissant, les intérêts de l'enfant seront suffisamment sauvegardés ; et le divorce par consentement mutuel deviendrait le privilège des riches.

Dirons-nous que le sentiment des enfants sera consulté, la dignité humaine ne permettant pas qu'on en dispose comme d'une chose, ou qu'on les sépare comme un mobilier.--Mais en joignant au consentement des époux la consultation des enfants, on soumettrait les parents à une épreuve souvent ridicule, s'il s'agit d'enfants en bas âge, et toujours douloureuse, s'il s'agit d'adolescents. Au lieu d'interroger les préférences secrètes des enfants, il est plus simple de s'en remettre au tribunal du soin d'attribuer leur garde à celui des parents qu'il jugera le plus digne.

Dirons-nous que, si l'attribution des enfants à l'époux innocent se comprend lorsque le divorce a été prononcé, pour cause déterminée, contre l'époux coupable justement puni par le rapt légal que le tribunal lui inflige, en revanche, le divorce par consentement mutuel s'oppose à ce qu'ils soient adjugés à l'un plutôt qu'à l'autre, puisque la désunion est poursuivie, en ce cas, d'un commun accord, sans articulation de motifs ; qu'il vaut mieux conséquemment tenir compte des sentiments des enfants, sitôt que leur âge le permettra, afin que le divorce, qui met un terme au malheur des père et mère, ne consomme pas du même coup le malheur des fils et des filles.--Mais l'affection de ceux-ci peut être mal placée ; leur plus vive inclination pour « papa » ou pour « maman » risque d'être inconsidérée. Au cas où les parents s'en disputent la garde (et la question est particulièrement délicate s'il s'agit d'un rejeton unique), il est inévitable que le tribunal intervienne, *ex æquo et bono*, pour décider souverainement du sort de l'enfant,--sans recourir toutefois au jugement de Salomon.

Ces déductions fortement enchaînées serrent le coeur. Une fois pris dans l'engrenage, l'enfant ne peut plus y échapper : il est sacrifié. De la part des époux, le divorce par consentement mutuel est un acte de pur égoïsme ; car il prouve que ceux-ci mettent leur satisfaction et leur plaisir au-dessus des intérêts sacrés de leur descendance née ou à naître. L'enfant est la grande victime du divorce.

Mais poursuivons. Aux parents qui veulent rompre le lien matrimonial par consentement bilatéral, la Gauche féministe n'impose qu'une simple condition de forme. « Les époux devront exprimer par trois fois, devant le président du tribunal civil, à trois mois d'intervalle les deux premières fois-, à six mois d'intervalle la troisième fois, leur volonté de se séparer. » A vrai dire, ce laps de temps et ces déclarations réitérées sont des épreuves salutaires, destinées à provoquer la réflexion des époux au seuil du divorce ; sans compter que, dans cet intervalle, une grossesse de la femme peut survenir qui modifie leurs projets. Et pourtant, des âmes impatientes trouvent ces conditions de durée trop longues et trop dures, estimant qu'il est inique de prolonger pendant un an le « supplice des époux » qui aspirent au divorce contractuel. Pourquoi imposer à la désunion volontaire une forme de consentement que la loi n'exige pas pour l'union elle-même ? Puisqu'il est loisible de se marier après deux bans publiés deux dimanches consécutifs, pourquoi les époux n'auraient-ils pas le droit de se délier aussi rapidement qu'ils se sont liés ?

On oublie que la publication des bans est la manifestation officielle d'un consentement qui s'est formé plus ou moins lentement au cours des fiançailles,--ce que M. Viviani a rappelé, du reste, en fort bons termes.[157] Par malheur, l'habile rapporteur s'est vu distancé et débordé sur d'autres points infiniment plus graves, tant la poussée des idées d'indépendance est irrésistible ! Après le divorce par consentement mutuel, le Congrès a voté le divorce par consentement unilatéral. Il fallait s'y attendre.

Vainement M. Viviani est-il intervenu, non sans quelque embarras, pour montrer que le droit de répudiation serait moins profitable à la femme qu'au mari, et que celui-ci

---

[157] Voir le compte rendu sténographique de la *Fronde* du 10 septembre 1900.

ne manquera point d'en user, lorsque l'heure de la lassitude aura sonné, pour se débarrasser de sa femme infirme ou vieillie. Rien ne fit. La majorité déclara, par la bouche de Mme Pognon, que personne ne doit être forcé de vivre avec un conjoint, pour lequel on ne se sent plus ni amour ni estime. De quel droit empêcherait-on une femme, déçue et trompée une première fois, de chercher à se refaire un renouveau de bonheur ? « Nous ne voulons pas que le mariage soit un bagne. »

Et sur cette parole, le Congrès a émis le voeu que « le divorce demandé par un seul fût autorisé au bout de trois années, quand la volonté de divorcer aura été exprimée trois fois à une année d'intervalle. » Et voilà comment cette « association libre », qui doit remplacer le mariage légal, est emportée, par la force inéluctable des choses, jusqu'à la répudiation, dont pourtant les féministes les plus qualifiés avaient affirmé ne point vouloir. Cette brèche faite, tout ce qu'il y a d'honneur et de sécurité dans le mariage va fuir immanquablement ; car cette lézarde compromet toute la solidité du vieil édifice.

Voyez plutôt. Il est inadmissible, en droit, qu'un contrat formé par la volonté de deux parties puisse être rompu par la volonté d'une seule ; sinon, plus de contrat possible. Eh bien ! ce principe élémentaire de justice, d'égalité, d'ordre, de sûreté, est aboli dans l'union conjugale. Ce qui revient à dire que le mariage, qui a été regardé jusqu'ici comme le plus sacré des contrats, n'a pas même aux yeux de certains féministes, l'existence et la validité du plus vulgaire contrat privé. Pourquoi se lier, si le mariage n'oblige plus ? Dès que la liberté individuelle est la loi des époux, il n'est plus d'engagement qui tienne. Une seule règle subsiste : « Il n'appartient à aucune puissance humaine d'enchaîner un époux à sa misère. » Le mot a été prononcé. Mais qu'on y prenne garde : une fois ce point de départ admis, le mariage est voué fatalement à se fondre et à s'abîmer dans l'union libre.

On voit par ce qui précède que cette évolution entraîne déjà certains esprits. Rien ne l'arrêtera. Ainsi, on demandera que la folie dûment constatée soit admise comme un cas de divorce. La Gauche féministe s'est prononcée en ce sens, sous prétexte qu'il n'est pas possible de contraindre une femme à sacrifier sa jeunesse, son bonheur et sa vie à un mari dément ou idiot. C'est en vain que M. le docteur Fauveau de Courmelles a insinué que la folie n'était pas absolument héréditaire, et qu'en tout cas, si elle provenait parfois de l'inconduite ou du libertinage, elle était plus souvent occasionnée par l'excès de travail d'un père surmenant ses forces pour nourrir sa famille. C'est en vain que Mme la doctoresse Edwards Pilliet a fait remarquer, en excellents termes, que la folie n'est pas incurable, et que permettre à une femme de se remarier pendant l'internement de son mari, c'est condamner le fou, s'il vient à guérir, à une rechute certaine, par la constatation désolante de son isolement et de son abandon.

Et puis, a-t-on réfléchi que, si l'on ouvre la porte du divorce à la folie, toutes les maladies, toutes les infirmités vont y passer ? Car, au sens médical, la folie est un cas pathologique comme un autre, avec cette atténuation que, lorsqu'un époux tombe en démence, on l'enferme, ce qui délivre son conjoint des pénibles obligations de la vie commune. Combien d'autres infirmités sont plus horribles et plus répugnantes ! Admettrez-vous que la maladie soit une cause légale de désunion ? Mais que de fois on devient infirme ou dément sans l'avoir voulu !

Il est affligeant de penser que des gens, qui se sont unis pour la bonne et la mauvaise fortune, peuvent songer de sang-froid à rompre leur lien, dès que l'un d'entre eux vient à perdre la raison ou la santé. En cas de maladies, héréditaires ou non, le divorce s'aggraverait d'une lâcheté. Que l'on relève les médecins de l'obligation du secret professionnel en ce qui concerne le mariage, qu'on leur reconnaisse le droit de dire la vérité aux parents ou même aux futurs époux qui la sollicitent : soit ! Mais autoriser un conjoint à quitter le foyer domestique, lorsque la femme ou le mari le remplit de ses plaintes et l'attriste de ses souffrances, ce serait faire servir la loi à des fins égoïstes, malhonnêtes et barbares.

Vous ne pouvez pas empêcher, a dit Mme Pognon, que le mari d'une folle ou la femme d'un fou « se crée une autre existence et demande le bonheur à un nouvel amour. »- -C'est vrai. Mais si la loi ne peut empêcher cette trahison, elle ne doit pas l'encourager ; et en autorisant le divorce contre un époux dont le seul tort est d'être malade, elle favoriserait précisément la désertion et la cruauté. Jusqu'ici le divorce avait été invoqué, à titre de peine, contre l'époux coupable : de grâce, ne le faisons pas servir au châtiment immérité de l'époux innocent et malheureux ! A toutes ces raisons, la Gauche féministe est restée sourde. La folie, d'après elle, doit être un cas de divorce. Et l'on ne voit pas pourquoi il en serait différemment des maladies incurables.[158]

Au cours de la discussion, une dame s'est écriée d'un ton aigu : « Est-il donc si gai de vivre avec un fou, un alcoolique ou un malade ? »--Non, madame, cette vie n'est pas gaie. Le devoir, du reste, est rarement gai. Mais s'il n'apporte pas avec lui cette jouissance égoïste et sensuelle, à laquelle on rabaisse aujourd'hui l'idée du bonheur conjugal, il nous donne, en revanche, lorsqu'il est fièrement accepté et courageusement accompli, une estime, une fierté, un

---

[158] Congrès international de la Condition et des Droits des femmes. Séance du samedi matin 8 septembre, d'après le compte rendu sténographique de la *Fronde* du lundi 10 septembre 1900.

contentement de soi, c'est-à-dire des joies graves et austères, dont les grandes âmes sentent le prix et qu'elles tiennent pour une suffisante récompense. N'est-ce donc rien que de pouvoir se dire qu'en dépit des épreuves et des souffrances, on a suivi la voie droite où les plus nobles représentants de l'humanité ont marché avant nous ? N'est-ce rien que d'être salué par les honnêtes gens comme un martyr ou une victime du devoir ? Le mariage sans vertu, voilà ce qu'on nous prépare. Le temps est loin où Mme de Rémusat réclamait pour les femmes « le droit au devoir. » A l'heure qu'il est, certaines dames réclament le droit au plaisir. Entre ces deux formules, il y a toute la distance qui sépare le mariage légal que l'on délaisse, de l'union libre où l'on tend.

Il est bien entendu, d'autre part, que, si le divorce a été prononcé pour cause d'adultère, le mariage sera permis entre les complices. En effet, puisque le divorce ne doit plus être la punition de l'époux coupable, rien ne s'oppose à ce qu'on permette à celui-ci, à titre de dédommagement et de récompense, d'épouser la maîtresse ou l'amant qui aura motivé le divorce en participant à l'adultère. C'est pourquoi la Gauche féministe réclame instamment l'abrogation de l'article 298 du Code civil, qui pousse la cruauté jusqu'à interdire le mariage entre complices.

Réalisant nos prévisions, elle poursuit également, avec une impitoyable logique, l'abolition de toutes les prescriptions du Code pénal « relatives à la répression du délit d'adultère, » que celui-ci ait été commis par la femme ou par le mari. Toute trahison conjugale est une affaire privée, une question d'ordre intime, un incident d'alcôve, qui ne regarde point la société. Elle ne constitue pas même « un abus de confiance, au sens pénal du mot, » pour parler comme M. Viviani. Autrement dit, l'adultère ne peut être érigé en faute sociale, en délit public, puni comme tel par le Code pénal. Il faut le considérer seulement comme une faute conjugale, engendrant un simple délit civil et donnant ouverture au divorce. Qu'on ne parle donc point d'atteinte à l'ordre public ! Ç'a été l'erreur de toutes les sociétés chrétiennes de croire qu'elles étaient intéressées à la fidélité des époux, et de traiter conséquemment l'adultère comme un acte délictueux qui mérite une répression pénale. Il n'est que temps de supprimer toutes ces atteintes à la liberté conjugale. Et de fait, le Congrès de la Gauche féministe a voté, par acclamation, l'abolition du délit d'adultère.

La bigamie elle-même, qui n'est qu'un adultère prolongé, sera seulement considérée comme un faux en écriture publique, passible des pénalités de droit commun. Ce qu'on punira chez le bigame, ce n'est pas la violation de la foi conjugale, qui n'est qu'une indélicatesse d'ordre privé, mais le fait délictueux d'avoir fait régulariser son adultère par l'officier de l'état civil. La loi ne frappera pas le bigame, mais le faussaire.

IV

Tel est le travail de destruction, auquel M. Viviani a prié galamment les femmes d'associer « leur fine et gracieuse enveloppe. » Mais, arrivé à ce point d'émancipation, le « mariage libre » touche de si près à l'amour libre, qu'il est impossible que le premier ne rejoigne pas le second. Leur principe est le même : la liberté. La discussion ne porte que sur les plus extrêmes conséquences. Point de doute que la dialectique des audacieux ne finisse par triompher de la timidité des inconséquents. Comment résister aux pressions et aux entraînements de la logique ?

Déjà un vigoureux théoricien de l'union libre, M. Le Foyer, a proposé au Congrès de la Gauche féministe deux motions déduites avec vigueur et précision. Voici la première : « Si l'un des époux se rend coupable d'inexécution volontaire d'une ou plusieurs des dispositions constituant le régime légal ou conventionnel du mariage, l'autre époux pourra demander le divorce. » Du moment, en effet, que la société n'a rien à voir à la célébration et à la dissolution du mariage, l'adultère n'étant qu'un délit purement civil et le divorce un accident d'ordre privé, on est amené à décider que les époux sont maîtres de subordonner la formation et la résiliation de leur union à telles conditions qu'ils jugent convenables. Puisque le mariage relève exclusivement de la souveraineté individuelle, le principe de la liberté des conventions, qui s'applique à leurs biens, doit être étendu à leurs personnes. C'est pourquoi il est permis de trouver, qu'en refusant de discuter ce voeu, le Congrès de 1900 a fait preuve d'illogisme ou de pusillanimité. Lorsqu'on vient d'admettre que l'inexécution involontaire des obligations conjugales pour cause de folie peut être un cas de divorce, il y a inconséquence manifeste à refuser d'attacher le même effet à l'inexécution volontaire des clauses du contrat, celle-ci constituant une violation de la foi conjugale mille fois plus grave, puisqu'elle est consciente et réfléchie.

Poursuivant son idée,--sans succès, d'ailleurs,--M. Le Foyer a soumis au Congrès le voeu additionnel suivant : « Que la loi ne régisse l'association conjugale quant aux personnes, conformément à ce qui existe déjà pour les biens, qu'à défaut de conventions spéciales, que les époux peuvent faire comme ils le jugent à propos. » A cela le Congrès n'avait rien à répondre, ayant admis la répudiation, c'est-à-dire la dissolution du mariage par la volonté d'un seul.

Voici, en substance, l'argumentation de M. Le Foyer. Il est irrationnel qu'un contrat, qui est l'oeuvre de deux consentements, puisse être détruit par le caprice de l'un ou de l'autre époux. N'est-il pas plus sensé de permettre aux futurs conjoints d'insérer dans leur pacte matrimonial une clause comme celle-ci : « Nous nous reconnaissons à chacun le droit de demander, à un moment donné, la rupture de notre union, sans que l'autre puisse y faire opposition ? »

Une fois admise la liberté des conventions entre époux, le divorce par volonté unilatérale devient rationnel, les intéressés y ayant acquiescé par avance. Et voyez de quel élargissement la liberté conjugale va bénéficier du même coup ! Si nous avons, en France, plusieurs mariages quant aux biens, il n'y en a qu'un seul quant aux personnes : ce qui ne va pas sans assujettissements pénibles pour les époux qui diffèrent d'âge ou de caractère, de mentalité ou de tempérament. Le mariage d'aujourd'hui est un domicile étroit, « une maison toujours bâtie sur le même modèle, où l'on ne peut se loger à sa guise. » Et il arrive que plus nous allons, plus nombreux sont les conjoints qui cherchent à « s'évader de cette prison », plus nombreux sont les ménages qui préfèrent même « coucher hors des murs ». Le mariage ne sera vraiment l' » association libre » que vous réclamez, que si elle comprend « plusieurs types de mariages, un certain nombre de maisons modèles adaptées aux diverses exigences, aux diverses aptitudes, où chacun puisse s'installer commodément. Au lieu de légiférer pour des cas particuliers, qu'on nous donne vite une union « souple et libérée ». Et la loi, qui n'a été qu'un instrument de domination pour le passé et qui doit être un instrument d'émancipation pour l'avenir, aura fondé la « liberté conjugale ».

Ce langage est la logique même. Mais cette logique est effrayante. J'en atteste ce court dialogue emprunté aux débats du Congrès de 1900 : il met à nu toutes les licences effrénées de l'union libre.

M. Viviani.--Supposons que les futurs époux aient le droit de faire tel contrat qui leur plaira, relativement à leur personne : la femme pourra-t-elle stipuler qu'elle aura un domicile séparé de celui de l'homme ?

M. Le Foyer.--Parfaitement.

M. Viviani.--L'homme et la femme pourront-ils se donner réciproquement la permission, non seulement d'avoir un domicile séparé, mais encore de vivre chacun avec une autre personne ?

M. Le Foyer.--Parfaitement.

M. Viviani.--L'homme et la femme pourront-ils s'accorder l'un à l'autre le droit d'admettre, en participation, à leur héritage respectif les enfants qu'il leur plaira d'avoir hors mariage ?

M. Le Foyer.--Parfaitement.

M. Viviani.--L'homme et la femme auront-ils la faculté de se réserver leur liberté personnelle et de convenir que, dans un délai de trois ou cinq ans, chacun pourra répudier son époux ?

M. Le Foyer.--Je n'y vois pas d'inconvénient, pourvu que cette clause soit acceptée par les deux conjoints.

Et M. Viviani de s'emporter en un fort beau langage contre « une pareille conception du mariage ! »--ce dont nous ne saurions trop le féliciter. « Faites entrer cette liberté dans le contrat de mariage, et la femme sera sacrifiée, lorsque viendra l'heure de la disgrâce et de la lassitude, qui envahira plus tôt le coeur de l'homme que le coeur de la femme, celle-ci vieillissant plus rapidement que celui-là. » Et le Congrès a refusé de passer outre.

En cela, du reste, la Gauche féministe n'a obéi qu'à des répugnances parfaitement légitimes, sans pouvoir se flatter d'avoir cédé à des arguments valables. Ceux qui introduisent la liberté dans le mariage, sont condamnés à la voir dérouler inexorablement toutes ses conséquences jusqu'à l'union libre. M. Le Foyer voudrait même que celle-ci fût reconnue et sanctionnée par la loi ; mais il a rencontré sur ce point une âme plus libertaire encore que la sienne. Par cette raison que les lois, ayant toujours servi à réprimer les peuples, ne sauraient jamais devenir un instrument de libération pour les individus, un congressiste a fait observer très justement que, lorsqu'on s'élève contre les lois du mariage, il est « contradictoire de recourir aux sanctions légales pour libérer l'union conjugale. »[159] La conclusion s'impose : supprimons toutes les lois matrimoniales : la liberté des conventions suffit à tout. Et M. Viviani de se récrier avec feu : « Vous oubliez qu'il faut donner à la femme plus de garanties qu'à l'homme, et que, tant que la mère ne pourra vivre par elle-même, il faudra,--bien loin de briser le mariage,--en faire une citadelle vivante ou elle puisse s'enfermer avec son enfant ! »

Et conquise par ces nobles paroles, la Gauche féministe s'est refusée à réclamer l'abolition du mariage. Seulement, pour mettre le comble à ses contradictions, elle s'est empressée de voter l'abolition de la séparation de corps. Là pourtant, M. Viviani avait plaidé fort habilement les circonstances atténuantes. Elle est bien inoffensive, cette pauvre séparation de corps ! Songea donc qu'à l'heure actuelle, il suffit qu'elle existe depuis trois ans, pour qu'on la puisse transformer en divorce ; et qu'en outre, le Sénat est saisi d'un projet déjà voté par la Chambre, qui rend cette transformation obligatoire, en enlevant à chacun des époux le droit de s'y opposer. Pourquoi effrayer le Parlement par des voeux inopportuns ? Mais sacrifiant la prudence à l'irréligion, ces dames se sont obstinées à proscrire la séparation de corps. Cette demi-mesure offense leur radicalisme superbe. C'est en vain que les femmes

---

[159] Congrès de la Condition et des Droits des femmes. Séance du samedi matin 8 septembre.--Voir le compte rendu sténographique de la *Fronde* du mardi 11 septembre 1900.

catholiques leur diront : « L'Église nous fait un devoir de repousser le divorce : laissez-nous la séparation qui nous agrée et nous suffit. »--» Elle nous déplaît ! » répondent les femmes libres.--» Mais le divorce blesse notre conscience ! »--» Tant pis ! réplique-t-on ; il satisfait la nôtre. Souffrez en silence ou divorcez comme tout le monde. » Voilà comment, dans les milieux avancés, on comprend la liberté des catholiques. Aux uns l'indépendance poussée jusqu'à la licence, aux autres la contrainte poussée jusqu'à la violation de la liberté de conscience. Ou la honte du divorce, ou l'enfer de la vie commune : plus de milieu. C'est de l'intolérance pure. Méfions-nous du fanatisme sectaire des femmes athées ! Il pourrait bien être plus vexatoire,--étant plus orgueilleux,--que l'intransigeance naïve des dévotes.

Résumons-nous. Avec l' « égalité des droits, » c'est la discorde qui s'assied au foyer des époux. Avec la « liberté des personnes », c'est l'anarchie qui envahit la famille. Et du même coup, nous avons démontré que les outrances du féminisme révolutionnaire ne se lisent plus seulement aux pages de certains livres, mais qu'elles s'infiltrent peu à peu en des âmes féminines. Pour demain, sinon pour aujourd'hui, l'union libre devient leur secret idéal. Les unes y penchent ; les autres y courent. Quelle imprévoyance !

Poursuivez, mesdames, votre oeuvre de nivellement et d'émancipation. Brisez, les uns après les autres, tous les liens du mariage, pour mettre à l'aise les couples qui en souffrent. Continuez à ébranler l'arbre par le pied, sous prétexte de venir au secours de quelques branches malades ou gâtées. C'est toute l'histoire du divorce : achevez son oeuvre. La logique vous y condamne ; les hommes vous y convient. Certaines déductions vous font peur qui les satisfont grandement. Croyez-vous que le mariage ne leur pèse pas plus qu'à vous ? Chaque licence que vous réclamez est tout profit pour le sexe fort. Combien de maris s'applaudiront du relâchement des liens conjugaux ! A jeter bas tous les remparts du mariage, soyez assurées que beaucoup vous aideront activement. Et vous n'aurez pas à vous louer de ces alliés résolus et entreprenants ; car, pour dix braves gens qui prônent l'union libre en toute droiture d'intention, par pur amour de la liberté, il est cent viveurs qui accoureront à la rescousse avec des mobiles infiniment moins honorables. Et ne dites plus, pour vous défendre de certaines conséquences extrêmes qui vous épouvantent ou vous écoeurent, que le mariage est une citadelle où la femme doit se retrancher désespérément : ces scrupules seraient tardifs et vains. Sous prétexte de faire entrer dans le mariage plus d'air et plus de lumière, vous en ouvrez toutes les portes, vous en livrez à l'ennemi toutes les approches, vous en démantelez, pierre par pierre, toutes les défenses et toutes les murailles. La maison conjugale de vos rêves n'est plus une forteresse, mais un moulin où l'on entre et d'où l'on sort sans gêne, sans scrupule, sans remords. Malheur à celles qui se contenteront d'un abri aussi précaire et aussi chancelant ! Ainsi compris, le mariage n'est plus le foyer immuable et auguste où les époux s'installent pour la vie ; c'est un passage ouvert à tous les vents, où l'on ne se hasarde qu'avec l'idée d'en sortir. Cela fait, l'union libre pourra prendre aisément possession des âmes et des moeurs ; et il n'est pas douteux que, dans la dépravation qui nous gagne et nous ronge, beaucoup de gens la pousseront jusqu'au libertinage. Et ce sera le châtiment des femmes. Avis aux chrétiennes de France qui sont légion : l'union libre, c'est le *féminisme des mâles*. Je les adjure de défendre leur sexe contre le retour offensif de cette barbarie abominable.

LIVRE IV

ÉMANCIPATION MATERNELLE DE LA FEMME

CHAPITRE I

DU RÔLE RESPECTIF DES PÈRE ET MÈRE

I.--Le « féminisme maternel ».--Philosophie chrétienne.--Division des taches et séparation des pouvoirs. II.--Quelles sont les intentions et les indications de la nature ?--Dissemblances physiques entre le père et la mère.--Différenciation des sexes. III.--Dissemblances psychiques entre l'homme et la femme.--Heureuses conséquences de ces différences pour les parents et pour les enfants.--La paternité et la maternité sont indélébiles. IV.--Égalité de conscience entre le père et la mère, suivant la religion.--Équivalence des apports de l'homme et de la femme dans la transmission de la vie, selon la science.-- N'oublions pas l'enfant !

L e « féminisme maternel » soulève une série de questions qui, étroitement liées à celles qu'agite le « féminisme conjugal », intéressent au premier chef l'avenir de l'humanité. Convient-il d'émanciper la mère, comme on veut émanciper l'épouse ? Quels sont ses droits vis-à-vis du père ? De quelle autorité doit-elle être investie sur la personne et sur les biens de ses enfants ? Quels pouvoirs lui appartiennent ? Quels devoirs lui incombent ? Tous ces points mettent naturellement aux prises le féminisme chrétien et le féminisme révolutionnaire. Pour éclaircir le débat, il n'est que d'exposer les doctrines traditionnelles du premier et les hardiesses novatrices du second ; et après avoir confronté, chemin faisant, leurs solutions respectives, il nous sera plus facile de conclure.

I

D'après la philosophie chrétienne, l'homme et la femme, appelés aux mêmes fins dernières, participant aux fruits de la même rédemption, sont égaux devant Dieu. Séparez-les pourtant : en l'un ou en l'autre, l'humanité n'est pas complète. C'est le couple qui la constitue. Et même lorsque l'union est conclue par les époux et bénie par le prêtre, tout n'est pas fini. L'oeuvre matrimoniale commence.

Dans la pure doctrine catholique, la solution naturelle et le fruit parfait du mariage, c'est l'enfant. Et cette doctrine remonte aux premières traditions bibliques. Dieu, ayant tiré la femme de l'homme, les unit l'un à l'autre et leur dit : « Croissez et multipliez. » Pour un chrétien, prendre femme ne va point sans le dessein très ferme de fonder une famille. Saint Jean Chrysostome a donné aux fidèles de son temps l'explication de cette haute conception du mariage : « Comprenez-vous le mystère ? D'un seul être, Dieu en a fait deux ; puis de ces deux moitiés réunies, il en a tiré un troisième ! »

L'enfant est le lien de chair qui, unissant définitivement le père et la mère, fait de la famille une indissoluble trinité. Et en lui donnant la vie, les parents continuent et complètent la création primitive ; si bien qu'on peut dire qu'ils collaborent à l'oeuvre divine. Et puisque Ève est sortie d'Adam, et que l'homme a été promu le chef de la femme, la puissance du père devra primer logiquement celle de la mère. Ou mieux, par une sorte de séparation des pouvoirs, l'autorité respective des parents devra s'exercer, pour le bien des enfants, sans empiétement ni conflit, dans le domaine propre que la Providence leur a spécialement assigné. De là un partage d'attributions, une spécialisation des tâches, qui, loin d'affaiblir le foyer, met chacun des époux à la place qu'il faut, pour le plus grand profit de la famille.

Cette théorie ne saurait déplaire, ni aux économistes qui regardent la division du travail comme une loi générale de l'humanité, ni aux hommes publics, pour qui l'art de balancer et de modérer les pouvoirs, les uns par les autres, est le dernier mot de la sagesse politique. Ce qui achèvera peut-être de les satisfaire tout à fait, c'est que l'organisation théologique des pouvoirs de la famille, telle que nous venons de l'exposer succinctement, est, de l'aveu même des savants les moins suspects de partialité cléricale, en parfaite conformité avec les vues et les indications de la nature.

II

En effet, les dissemblances physiques, intellectuelles et morales des deux unités du couple humain éclatent à tous les âges de leur existence ; et les différences d'aptitude et de vocation, qui en découlent, procèdent si bien de l'instinct,-- plutôt que de l'éducation,--qu'elles se marquent, dès la plus tendre enfance, dans les goûts, dans les attitudes, dans les jeux, le petit homme recherchant le grand air, le bruit, le mouvement poussé jusqu'à l'exaltation de la vie physique, tandis que sa petite soeur s'applique doucement, dans un coin, avec de menus gestes et de patientes précautions, à parer, instruire ou gronder sa poupée. C'est ainsi que nos garçons se préparent, sans le savoir, aux luttes et aux labeurs qui attendent le futur chef de famille, et que nos filles s'exercent inconsciemment à l'activité soigneuse et douce des tâches maternelles.

Vienne l'âge, et ces dissemblances physiques vont s'accuser avec un relief de plus en plus saisissant. D'un côté, la rondeur délicate des formes, la souplesse du corps et la grâce de l'allure, la finesse de la peau, la caresse du regard, la douceur de la voix, l'adresse des mains,--tout prédispose la femme à la vie calme du foyer, aux soins de l'enfance, aux délicates besognes de la maternité. Sa faiblesse est faite pour attirer, bercer, consoler toutes les faiblesses. D'autre part, une taille élevée, une structure puissante, une démarche plus ferme, une force musculaire plus résistante, plus de gravité dans la parole, plus de sûreté dans le regard,--et aussi, très généralement, plus de barbe au menton,--prédestinent l'homme aux rudes travaux, aux longs efforts et aux grandes entreprises. Au lieu que tout ce qui constitue la femme, en bien ou en mal, procède de l'extrême sensibilité de son système nerveux et, conséquemment, de la vivacité des impressions qu'elle reçoit, on remarque chez l'homme plus de vigueur et plus de calme, plus d'assurance et plus de solidité.

Les intentions de la nature sont évidentes : elle n'a point fait l'homme et la femme pour les mêmes rôles. Il suffirait presque de comparer le squelette de l'un avec le squelette de l'autre, pour réfuter le paradoxe de l'égalité absolue des aptitudes et des fonctions entre les sexes. Tandis que l'homme est taillé pour la lutte, pour les démarches extérieures, pour l'action robuste et violente, la femme est faite pour les douces et patientes occupations du foyer. A lui, les oeuvres de force ; à elle, les oeuvres de tendresse et de bonté. Et ce que la nature a voulu, l'homme et la femme ne peuvent le contredire sans dommage et sans souffrance ; car, de même que l'homme déchoit par l'imitation de la femme, il n'est pas possible que la femme ne se nuise gravement, en s'ingéniant à rivaliser avec l'homme dans tous les domaines de l'esprit et de la vie.

Nul moyen, d'ailleurs, que cette différenciation des sexes, aperçue et constatée par les meilleurs esprits de l'antiquité, tels que Platon, Xénophon, Aristote, Cicéron,

Columelle, soit le simple résultat d'une habitude, d'un artifice d'éducation, puisque, du petit au grand, nous la retrouvons chez les animaux, courbés plus matériellement que nous sous le joug des lois naturelles. Et plus on s'élève dans l'échelle des êtres, plus le contraste s'accentue entre le mâle et la femelle, plus le sexe de chacun s'accuse par des dissemblances de forme et de fonction. Là, au contraire, où la femme est assujettie, contre nature, au labeur écrasant des hommes, cette confusion des tâches engendre la misère et la barbarie. Point de progrès dans l'espèce humaine sans la division du travail.

III

Joignez que les dissemblances physiques sont le signe extérieur des dissemblances psychiques, qui distinguent et individualisent les deux moitiés de l'humanité.

La femme aperçoit mieux les détails que les ensembles ; elle se laisse diriger par des affections particulières, par les mouvements secrets du coeur, plutôt qu'elle ne se dirige elle-même d'après un raisonnement suivi et des maximes générales. Son jugement décèle plus de subtilité que de profondeur, plus de finesse, plus de vivacité, plus de précipitation même que de froide et lente raison.

Par contre, ce qui domine surtout au coeur de l'homme, c'est l'amour-propre, l'ardeur, l'audace, un désir de protection, un besoin de commandement, un appétit de supériorité qui le porte au courage, à l'ambition, à l'action ouverte et soutenue, à l'orgueil, à la domination.

Ces disparités de caractère et de tempérament sont si constantes et si manifestes, que la grande voix de l'humanité les proclame depuis le commencement des temps. C'est ainsi que l'art s'est toujours plu à personnifier le travail par un homme, et à représenter la douce paix sous les traits d'une vierge. Un mâle visage est devenu dans la statuaire le symbole du mouvement, de l'effort, de la lutte. C'est ainsi encore que, dans toutes les langues, les grands fleuves, le Nil, le Rhin, le Danube, le Rhône, sont du genre masculin, tandis que, par une allégorie pleine de sens, le langage désigne les villes, les cités, réunions des familles et des foyers, par des vocables féminins.

Et le mariage de la force virile avec la grâce féminine engendre l'harmonie conjugale, pour le progrès de l'espèce et le charme des sociétés humaines. Par l'ascendant qu'elle sait prendre sur le coeur de l'époux, l'épouse calme en lui l'ardeur de l'action, la fièvre et l'inquiétude du succès. Elle lui assure la paix au logis et lui procure la douceur du foyer, sans quoi il n'est pour l'homme ni repos, ni bonheur, ni moralité. En revanche, par le prestige qu'il exerce sur l'esprit de l'épouse, l'époux saura la prémunir contre la légèreté et la mollesse, qui sont les fruits ordinaires de la tendresse et de la nervosité.

Sans appui masculin, la femme s'abandonnerait souvent à l'exaltation, à la frivolité ; car il est d'évidence que la vivacité de ses impressions la porte au changement et à l'exagération. Voyez la mode : excentrique et instable du côté des femmes, elle est plus simple et plus fixe chez les hommes. Inversement, c'est le propre de l'action des femmes de polir notre grossièreté, de modérer nos emportements, de colorer d'un vernis de douceur notre enveloppe dure et sèche. Comme deux compagnons de route qui s'appuient l'un sur l'autre, les deux sexes échangent, par un contact journalier, la délicatesse de l'un contre la fermeté de l'autre, grâce à quoi ils se tempèrent, s'équilibrent et s'améliorent réciproquement. De même que la tête ne peut vivre sans le coeur, ni le coeur sans la tête, et qu'intervertir leurs fonctions ou interrompre leurs relations serait une oeuvre de mort et la pensée d'un fou, ainsi, dans l'organisation du genre humain, l'homme et la femme ne peuvent vivre l'un sans l'autre,--sans qu'ils aient besoin d'empiéter l'un sur l'autre. Ce sont deux êtres complémentaires qui doivent s'associer pour leur mutuelle perfection. Et comme la grâce de la femme modère et adoucit l'exagération de force si naturelle au caractère masculin, de même l'énergie virile soutient et relève l'excès de modestie et de timidité ordinairement propre au caractère féminin.

Et les enfants, bien entendu, sont les premiers à recueillir les fruits de cette fusion harmonieuse. Pour les petits, « papa » aurait la main trop rude ; pour les grands, « maman » aurait la main trop faible. L'enfant a-t-il de bons instincts : la direction paternelle risquerait d'être trop raide. L'enfant a-t-il de mauvais penchants : la loi de la mère serait trop douce. Mariez ces deux natures, ces deux tempéraments, et aussitôt le gouvernement domestique se pondère et se complète.

Mais, pour que les enfants tirent de cette précieuse combinaison tous les bienfaits qu'elle recèle, encore faut-il qu'elle soit durable et inviolée. Au risque de nous répéter, nous maintenons que l'union conjugale n'est point l'union physique d'un moment. A la différence des animaux, que rapproche accidentellement le hasard d'un caprice ou l'entraînement de l'instinct, les humains, qui se marient, ont des vues plus complexes et de plus longs desseins. Ils s'associent pour la vie. Ils fondent une famille. La protection et l'éducation des enfants ne peuvent se comprendre sans l'unité et la stabilité du foyer. La constance et l'indissolubilité du mariage, voilà donc l'idéal pour les parents et leur descendance. Les fautes ou les infortunes individuelles ne prouvent rien contre l'excellence de cette loi générale. Bien plus, en devenant père, en devenant mère, l'homme et la femme revêtent un caractère indélébile. Confirmé et soutenu par l'enfant, le lien matrimonial ne peut être dénoué ou rompu que par *fiction*. La famille ne se compose point d'êtres indépendants les uns des autres. Confondus dans le mystère de la génération, père, mère, enfant, sont les fractions inséparables de cette première unité sociale.

IV

Et retenons bien que, devant la conscience et devant la nature, la paternité ne saurait l'emporter sur la maternité, ni en valeur ni en vertu. Il est donc impossible d'admettre que le père doive toujours commander et la mère toujours obéir. Du moment que la paternité ne se comprend point sans la collaboration de la femme, la loi religieuse et la loi naturelle sont fondées à nous faire un devoir d'admettre la mère à un certain partage de l'autorité du père, la fermeté de celui-ci s'unissant à la tendresse de celle-là pour l'heureuse formation des enfants.

Mais qui dit partage des pouvoirs, ne dit pas opposition et contradiction des volontés. Au sein de la famille idéale, trois éléments concourent à l'éducation de l'enfance : l'autorité qui dirige, l'amour qui persuade et la piété filiale qui obéit. Plus l'union morale du père et de la mère est étroite, plus leur entente est parfaite, et plus ils ont chance de façonner la jeune âme, qu'ils ont mission d'élever, à leur image et à leur ressemblance.

A un autre point de vue, la science semble admettre, conformément aux enseignements de la religion, que la masculinité n'est point, par elle-même et par elle seule, une supériorité décisive. Nous n'ignorons pas que, parmi les partisans de la sélection sexuelle, les uns voient dans l'homme une femme qui a poursuivi et consommé son évolution, tandis que les autres regardent la femme comme un homme inachevé, dont les fonctions de maternité ont arrêté le développement normal. D'aucuns tiennent même les femelles pour des exemplaires dégénérés d'une masculinité primordiale. Mais, Dieu merci pour la femme ! de nouvelles recherches ont mis en lumière l'équipollence physiologique des apports masculin et féminin dans la transmission du sang et la propagation de l'espèce. Il y a, semble-t-il, dans les premiers capitaux de vie hérités du père et de la mère, une parfaite identité de puissance et une égale part de coopération. D'où il suit que, pour l'oeuvre de reproduction, pour le soutien de la race, le féminin balance le masculin, et que, dans le mystère de la génération, le père et la mère se complètent et s'équivalent.

Ainsi donc, envisagée au point de vue supérieur des destinées de la famille humaine, et regardée comme la collaboratrice nécessaire de l'homme dans la transmission des qualités physiques et morales de l'espèce, la femme ne doit être placée ni au-dessous ni au-dessus de son compagnon. Il ne saurait plus être question, malgré les déclamations de quelques misogynes, de la rabaisser à la condition misérable qu'elle occupa aux premiers âges de l'humanité, de la traiter comme une sorte d'animal domestique soumis à la pleine propriété de l'homme.

Il ne convient pas davantage de l'ériger en personnalité indépendante, ayant son but en elle-même et travaillant, sur les conseils d'un individualisme exalté, à se hausser au-dessus de l'homme. D'où qu'il vienne, l'égoïsme est haïssable et destructeur des intérêts supérieurs de la race. Point d'oppression du côté de l'homme, point d'indépendance du côté de la femme. Les fonctions normales de l'un et de l'autre sont également nécessaires à la famille et à l'espèce. Ils ne sont point nés pour vivre séparés comme deux voisins jaloux, comme deux puissances rivales. Si les sexes ont été créés dissemblables, c'est apparemment pour se rapprocher, se parfaire et se perpétuer. Que chacun s'enferme dans son moi solitaire, sous prétexte de liberté, et les fins suprêmes de la nature seront sacrifiées aux vues étroites et stériles de l'individu. L'union dans la solidarité de l'amour pour le renouvellement de la vie, tel est le voeu suprême de la nature. N'oublions pas l'enfant !

CHAPITRE II

ÉDUCATION MATERNELLE

I.--Vertu éducatrice de la mère.--Ses qualités admirables.--Ses tendresses excessives--Faiblesse de la mère pour son fils, faiblesse du père pour sa fille. II.--Les parents aiment mal leurs enfants.-- L'éducation doit se conformer aux conditions nouvelles de la vie. III.--Éducation des filles par les mères.--Supériorité de l'éducation maternelle sur l'éducation paternelle. IV.--Ce qu'une mère transmet à ses fils.--L'enfant est le chef-d'oeuvre de la femme.

M e sera-t-il permis de vanter les qualités ménagères et les vertus maternelles de la femme ? Certaines « intellectuelles » s'imaginent que l'homme ne célèbre leurs aptitudes domestiques que pour mieux rabaisser leurs capacités cérébrales. Il faut pourtant bien observer,--sans qu'il entre dans ma pensée de diminuer leurs autres talents,--que la maternité est la vocation suprême de leur sexe, et que l'enfance est un petit monde qu'elles gouvernent avec une compétence particulière.

I

Tous ceux qui se sont occupés un peu d'éducation, savent qu'il n'est pas inutile d'inculquer à l'enfance le préjugé du devoir, avant de lui en montrer la raison. Il faut d'abord la rendre familière avec certains mots, qui opèrent ensuite, d'eux-mêmes, sur son esprit. L'Église en agit de la sorte pour le catéchisme : elle l'emmagasine dans le cerveau des enfants avant qu'ils le comprennent. Et c'est à la mère surtout que revient ce rôle de suggestion morale, qui est le principe même de l'éducation. C'est à elle qu'il incombe de former l'âme de ses enfants après avoir formé leur petit corps. Des aptitudes que ses garçons et ses filles ont reçues en naissant, il lui appartient de faire des qualités. La nature lui donne des fleurs simples, pour qu'elle en fasse des fleurs doubles. A cette horticulture des âmes candides et ingénues, l'homme n'entend rien.

Aucune pédagogie, d'ailleurs, ne vaudra l'éducation maternelle. Il est des familles, sans doute, et dans la classe pauvre et dans la classe riche, où la maternité est insuffisamment ou indignement représentée. Mais celui qui, s'armant de ces exceptions désolantes contre la généralité des femmes, oserait dire, sans distinction, du mal des mères françaises, mériterait qu'on lui coupât la langue. Hormis une certaine faiblesse, sur laquelle nous insisterons tout à l'heure, je n'en sais point de plus tendres, de plus dévouées, de plus enveloppantes. Ces bonnes et saintes mères, qui abritent craintivement leur couvée contre leur coeur, n'ont point à redouter la comparaison avec les femmes électriques de la Grande-Bretagne et du Nouveau-Monde. Le nid français vaut bien l'auberge américaine.

« Voilà précisément le grand malheur ! » m'objecteront les partisans de l'« athlétisme » et de la colonisation. Nos mères nous font de leurs bras une douce chaîne qui nous retient au foyer. Il faudrait aux garçons une éducation moins amollissante. Au lieu de préparer à la France de vigoureux gaillards pour les luttes de l'avenir, la bonne maman énerve et affadit ses petits de prévenances, de gâteries et de caresses. Et comme ils ne sont point des ingrats, la déférence affectueuse, dont ils l'entourent, ressemble à une religion. Ils tiennent à vivre près d'elle comme les dévots près de leur idole. Les rapports, qui les lient l'un à l'autre, sont ceux du lierre avec le vieil arbre ou le vieux mur : ils voudraient tomber et mourir ensemble. Faute d'avoir été suffisamment armés pour la conquête ou pour la résistance, rares sont les jeunes gens qui ont le courage de briser les entraves de l'amour maternel.

A ce propos, M. Demolins, dans son livre fameux : *A quoi tient la supériorité des Anglo-Saxons,* s'est montré très sévère, très dur même, pour les femmes françaises. Il les regarde comme « un des principaux obstacles au relèvement de notre pays, » incriminant à la fois leur coeur et leur esprit. Leur coeur : parce qu' » elles aiment mal leurs enfants », les aimant moins pour eux que pour elles-mêmes ; leur esprit : parce qu'elles sont moins accessibles, « moins ouvertes que l'homme aux choses nouvelles, » et qu'il est plus facile de convaincre dix pères que de convaincre une mère.

Il y a du vrai dans ces doléances. Oui, les Françaises ont leurs enfants en adoration. Le fils surtout est l'objet de toutes leurs complaisances. A peine a-t-il l'âge de raison, qu'elles lui ouvrent leur coeur ; et devenu grand, elles s'en font un confident, un ami. Aussi, dès que les nécessités de la vie les y contraignent, c'est un chagrin pour l'enfant et une désolation pour la mère de se séparer.

Mais on remarquera que le père professe généralement pour sa fille une affection aussi tendre et aussi exclusive. Il la veut près de lui. Il la défend le plus longtemps possible contre les épouseurs, tenant le mariage pour un enlèvement cruel. Et lorsqu'il s'agit enfin de la confier à un gendre, il choisira un bon jeune homme dans son voisinage, à sa porte, afin de ne point mettre trop de distance entre lui et son cher trésor.

II

Au fond de cette tendresse excessive de la mère pour le fils et du père pour la fille, nous devons avouer qu'il y a un grain de déraison et d'égoïsme. Aujourd'hui que les nécessités d'une carrière rémunératrice peuvent forcer les enfants à s'éloigner au bout de la France ou plus loin même, aux colonies d'outre-mer, ces affections timorées ont le grand malheur de se mettre en travers de leurs projets et de leurs initiatives. Outre qu'à donner aux enfants des goûts sédentaires et des habitudes craintives, on risque de les immobiliser en des positions subalternes et chétives, les pères et les mères devraient se dire que l'amour, digne de ce nom, s'élève jusqu'à l'oubli de soi-même ; que ceux-là aiment vraiment leurs enfants, qui les préparent à accepter courageusement la vie, là où les appellent leur destinée, leur vocation, l'intérêt de leur avenir. Puisqu'il faut créer une France au dehors, ayons donc le courage de façonner nos garçons à ce rôle de conquête, et aussi nos chères demoiselles, si nous voulons que le colon hardi et vaillant trouve, au moment de s'embarquer, une compagne assez résolue pour le suivre.

Voilà le seul reproche qu'on puisse adresser à la famille française. Qu'elle soit plus énergique et plus désintéressée, qu'elle aime ses enfants pour eux-mêmes, et elle redeviendra cette parfaite éducatrice des anciens temps, qui a donné à la France d'autrefois tant de pionniers admirables.

Lorsque les conditions de la vie viennent à changer, lorsque les temps sont,--comme le nôtre,--difficiles et hasardeux, c'est une obligation pour les parents de modifier, en conséquence, la direction et l'esprit de l'éducation qu'ils doivent à leurs enfants. Or, s'il est toujours nécessaire d'inculquer à nos fils les qualités essentielles et les vertus nécessaires, s'il est toujours bon de les former aux sentiments délicats, aux bonnes manières, à la vieille politesse française, il faut prendre garde, en revanche, d'amollir leur caractère, d'anémier leur volonté, se rappelant que la douceur et l'urbanité comptent moins aujourd'hui pour faire sa vie, que la force morale, l'esprit d'entreprise et le goût de l'action robuste et persévérante. A les envelopper de trop de soins, nous risquons de tuer en eux l'énergie virile, d'en faire des êtres demi-passifs, soumis, dociles, mais faibles et timorés. Mieux vaut préparer nos enfants pour l'avenir, que de préparer l'avenir de nos enfants ; mieux vaut leur donner la force de conquérir le bonheur par eux-mêmes, que de mettre un facile bonheur à portée de leurs mains débiles ; mieux vaut les armer d'une volonté fière, que de satisfaire leurs volontés capricieuses.

Ne parlons pas surtout d'ingratitude et de révolte, lorsque nos fils, montrant peu de goût pour l'existence toute faite et toute unie que nous leur offrons à nos côtés, osent rêver d'une vie plus large, plus libre, plus pleine, dussent-ils, pour la réaliser, quitter la maison et courir le monde ! Certes, il serait plus doux à notre coeur, et plus conforme à notre instinct d'autorité, de les enlacer de notre tendresse tutélaire jusqu'aux années extrêmes de notre vieillesse. Mais il est plus noble de se dire que nos enfants ne sont pas une propriété comme une autre, notre bien, notre chose, une continuation, une survivance, un reflet de nous-mêmes, et qu'ils devront tôt ou tard, nous disparus, mener une vie indépendante ; que nous aurions tort, conséquemment, de les traiter toujours, même en leur maturité, comme de petits enfants, parce qu'ils sont nos chers enfants ; qu'au lieu de les assouplir, de les absorber, de les plier à nos manières, à nos habitudes, à nos aises, il est plus sage de leur inculquer le goût du travail personnel, l'estime de l'activité libre, le plaisir, l'orgueil, la passion de l'effort individuel ; qu'au lieu de nous charger,--au prix de quels sacrifices !--de faire leur situation, l'intérêt de leur avenir exige qu'ils la fassent eux-mêmes.

Réservons donc notre autorité pour les cas exceptionnellement graves. Par nos conseils plus que par nos ordres, entraînons-les à l'action virile. Il n'est que l'apprentissage précoce des risques et des responsabilités de la vie pour faire des héros. Et à ceux qui nous objectent qu'il ne dépend ni des mères ni des pères de transformer « les poussins en aiglons, » nous répondrons, avec une femme d'esprit, Mme de Broutelles, que « si par bonheur il se trouve quelque aiglon dans notre nichée, c'est déjà beaucoup de ne point lui rogner les ailes. » J'ajoute qu'il serait criminel, dans tous les cas, de faire de nos garçons des poules mouillées.

III

Est-ce une raison d'enlever les enfants à leurs mères ? Aucunement, puisqu'en fait de tendresse amollissante, nous savons que bon nombre de pères sont femmes. Pour ce qui est de la jeune fille, d'ailleurs, j'ai déjà revendiqué pour la mère le droit de la former et même de l'instruire, toutes les fois qu'elle le peut. L'entrée dans l'âge adulte est généralement plus difficile pour les filles que pour les garçons. On sait combien sont brusques et variables les phases critiques de leur transformation physique et morale. Personne ne saurait mieux que la mère surveiller et diriger la formation d'un organisme aussi fragile, l'éclosion d'une âme aussi tendre.

On sait pourtant qu'il est question d'introduire de singulières nouveautés dans l'éducation des filles. Des dames ont proposé d'inscrire la « dogmatique de l'amour » dans les programmes de l'instruction congréganiste. Et Mgr l'archevêque d'Avignon, considérant « la grandeur et la sainteté de l'amour humain, de l'amour conjugal, » ne voit aucun inconvénient à ce qu'on « mette la jeune fille en face de la vérité, pour lui en inspirer le respect et lui montrer les grands devoirs qu'elle lui impose. »

Je sais pertinemment que ces hardiesses inquiètent bien des femmes, qui se disent, à bon droit, que le soin de certaines révélations n'appartient qu'à la mère. La plus impeccable maîtresse apportera-t-elle tout le tact désirable à expliquer aux petites pensionnaires, que « l'exercice normal des sens n'est pas un péché, mais une fonction ? » Il peut être sage de ne point ajourner au mariage certaines lumières, certaines connaissances ; il ne suffit pas toujours que l'esprit vienne aux filles par les yeux et par les oreilles que les plus innocentes ouvrent curieusement sur tout ce qui les environne. Mieux vaut parfois mettre leur esprit en face des réalités. Mais qui sera juge du moment, si ce n'est la mère ? Prenons garde de défraîchir avant le temps la candeur de la jeunesse. Les filles précoces me font peur. S'il est bon de combattre la pruderie, qui n'est que l'hypocrisie du désir inavoué, ne déflorons pas la pudeur, cette fleur rougissante de décence et de retenue, qui pare si joliment le front des vierges de quinze ans.

En revanche, certains parlent sérieusement d'enlever les garçons à leurs mères ? Les pédagogues de la « société future » prétendent même que nos fils s'élèveront tout seuls, et qu'à pousser en liberté, comme les arbustes en plein vent, ils retrouveront d'eux-mêmes toutes les énergies morales et physiques de la primitive humanité. Un système aussi commode rencontre toutefois bien des sceptiques. Ces petits sauvages, revenus à l'état de nature, sont faits pour n'inspirer qu'une demi-confiance. Le temps n'est pas venu de renoncer à l'éducation.

Alors, confierons-nous les garçons aux pères ? Pétris par de fortes mains, ils deviendront des hommes,--à moins qu'ils ne deviennent tout simplement des brutes. Je me méfie de l'éducation paternelle, pour plusieurs raisons. D'abord, tous ceux qu'absorbe le souci des affaires, n'ont point le temps d'éduquer, de dresser, de discipliner Messieurs leurs fils. Quand un de ces braves gens entre à la maison, c'est

pour s'y reposer. Le loisir lui manque, et la vocation aussi. Il
n'est pas assez religieux, et la croyance est le soutien de toute
éducation. Il n'est pas assez patient, et l'égalité d'humeur est
une condition essentielle de dignité et de respect. Il n'est pas
assez tendre, et la tendresse seule ouvre et conquiert les
âmes. Souvent même, il n'est pas assez ferme ; le moindre
malaise de l'enfant l'affole et l'induit en toutes sortes de
faiblesses et de capitulations.

Et enfin, il affiche en matière d'éducation, des idées
fausses. A qui n'est-il pas arrivé d'entendre un père affirmer
d'un ton catégorique : « Il n'y a qu'un moyen d'élever les
enfants. Quand j'aurai un fils, je ferai ceci, je ferai cela. J'ai
mon plan. » Autant de mots, autant d'erreurs. L'éducation ne
se résout pas comme un problème d'algèbre. Elle n'a rien de
systématique. Elle doit varier ses procédés, ses méthodes,
suivant le tempérament, le caractère, la santé, l'intelligence
des enfants. Et la mère excelle à cette oeuvre d'adaptation
délicate, parce que, mieux que le père, elle connaît ses fils et
ses filles.

On n'élève pas un enfant malgré lui ou sans lui. Pour
nous rendre maîtres de sa volonté, il faut qu'il se livre, qu'il
se confie, qu'il s'abandonne. Et seule la mère peut lui dire :
« Mon enfant, donne-moi ton coeur. » Elle seule sait frapper
à la porte au bon moment, et attendre avec douceur qu'on la
lui ouvre. Tous ceux qui aiment l'enfance et ambitionnent,
non pas de la dresser sur un modèle artificiel et d'après une
règle uniforme, mais d'assouplir, d'élargir, d'ennoblir ses
qualités diverses, tous ceux-là reconnaissent qu'il n'y a, pour
la préparer utilement à la vie, qu'un moyen vraiment efficace,
qui consiste à se pencher sur chaque âme en particulier, à
l'interroger sans rudesse, à la scruter sans violence, pour y
verser peu à peu avec mesure et discrétion la lumière, la
confiance et l'amour. Or, je ne sais que la mère qui soit
capable et digne d'exercer auprès de l'enfance une si délicate
fonction. L'homme aurait ici la main trop dure, l'esprit trop

raide et le coeur trop sec. C'est un pitoyable éducateur. Laissons, comme dit la chanson,

« Les oiseaux à leur nid, les enfants à leur mère. »

IV

Sait-on bien, au reste, tout ce qu'une mère, digne de ce nom, donne et transmet à ses fils ? Nous touchons là aux vertus les plus admirables de la maternité.

J'ai dit que nul ne saurait la remplacer auprès des enfants. Il y a plus : l'esprit humain ne concevrait pas de quels miracles sont capables l'amour désintéressé, la joie du sacrifice ; la tendresse éprise de dévouement, si le coeur des mères n'existait pas. Et cette vie du coeur a sa raison d'être dans les fonctions essentielles de la femme, qui la retiennent auprès des berceaux, auprès des petits, dans le cercle intime des relations familiales, loin des occupations et des dissipations extérieures. Et cela même explique pourquoi la femme est naturellement plus mère qu'épouse, tandis qu'il est habituel à l'homme d'être plus époux que père, surtout lorsque la femme est jeune et l'enfant nouveau-né.

La femme a si bien l'instinct éducateur, qu'elle est maternelle avant d'être mère. Qui ne sait la sollicitude passionnée, avec laquelle la petite fille s'occupe de ses frères et soeurs plus jeunes, les porte, les surveille, les pouponne ou les régente ? La femme est l'intermédiaire obligé entre l'homme et l'enfant. Pour élever celui-ci, l'homme est trop haut, trop raide, trop rude. Il n'est que la femme pour se plier à la taille des petits, pour manier avec souplesse leur conscience naissante, pour s'insinuer doucement dans leur âme si fragile et si délicate. Elle seule comprend l'enfant et s'en fait comprendre à demi-mot. S'intéressant toujours aux personnes plus qu'aux idées, «prenant peu de part aux événements généraux, » comme l'avoue Mme Guizot, leur place est marquée là où l'humanité a besoin de toutes les forces vives de la pitié, de la bonté, du dévouement, de la charité. Bref, le penchant des femmes à sympathiser et à s'attendrir les rend incomparables pour la formation morale de l'enfance. Et c'est par là qu'elles méritent la reconnaissance et l'admiration des hommes.

Au-dessus de la femme d'esprit, de la femme de talent, de la femme de lettres, même de la femme de grande beauté, le monde devrait placer la femme de caractère, la femme de coeur, la simple et tendre mère. « Une belle femme est un bijou, une bonne femme est un trésor, » a dit Napoléon. Si l'on songe aux découragements et aux révoltes que les oeuvres d'une George Sand ont semés dans les esprits, on ne saurait hésiter à lui préférer l'humble et obscure mère de famille, qui prépare à l'humanité de fortes âmes, de beaux et robustes rejetons. Une mère s'honore moins à penser, à écrire, à travailler pour son compte, qu'à transmettre à ses fils la vie du corps et de l'intelligence, l'étincelle sacrée qui doit les animer et les éclairer d'abord, afin qu'ils puissent à leur tour animer et éclairer les autres. Et Dieu merci ! la plupart excellent à former des hommes. Lamartine, Guizot, Bonaparte lui-même, ont reconnu qu'ils devaient, en grande partie, leur avenir et leur grandeur aux vertus de leurs mères. Combien même d'écrivains et d'artistes leur ont été redevables de la flamme auguste qui resplendit dans leurs oeuvres ?

On a dit qu'il y a un nom de femme au fond de toute gloire. Si ce n'est pas toujours celui de la femme légitime, c'est souvent celui de la mère. Ou plutôt, le nom de la mère ne figure pas dans les oeuvres des fils, car son influence est obscure, silencieuse, cachée ; elle l'a exercée humblement pendant leur enfance, dont elle a été le refuge, le soutien et la consolation ; elle l'a exercée secrètement même avant leur naissance, puisqu'elle fut l'habitacle, le sanctuaire de leur corps et de leur intelligence. L'amante n'est que le prétexte et l'occasion du chef-d'oeuvre des poètes et des artistes. La mère en est la source première ; elle participe à leurs travaux et à leurs créations ; elle collabore aux plus beaux produits de leur pensée, puisque ses enfants sont la chair de sa chair et l'âme de son âme. Elle leur a donné son sang, prodigué sa vie, insufflé l'ardeur mystérieuse qui fait battre leur coeur et leur cerveau.

Heureux, trois fois heureux, celui qui eut pour mère une femme de grand coeur et de haute élévation morale, car elle fut l'ange gardien de sa vie ! Si nécessaire que soit aux enfants l'influence du père, surtout aux années de la fougueuse jeunesse, pour en assouplir et discipliner les élans, l'empreinte de la mère, encore qu'elle se grave plus doucement sur l'âme de ses fils, est plus profonde peut-être et plus ineffaçable. Au lieu que l'homme ne coopère à la transmission de la vie qu'en passant, par fièvre et par plaisir, la mère donne à l'enfant, à la suite de cette brève minute créatrice, de longs mois de gestation douloureuse et de dévouement inlassable. Elle le forme et le nourrit de sa substance, avant de le nourrir et de le fortifier de son lait. C'est pourquoi nous tenons pour une des plus belles inspirations du catholicisme d'avoir su honorer, à côté de Dieu le Fils, la Vierge Mère qui, en le portant dans son sein, fut associée véritablement aux souffrances et aux mérites de la rédemption. Et c'est pourquoi encore la dévotion à Marie est, par une suite nécessaire, le plus bel hommage qu'on puisse rendre à la maternité.

Ainsi donc, le flambeau de l'intelligence humaine se transmet, de génération en génération, par la main pure des mères autant que par la forte main des pères. Et si elles songeaient que tout ce qui resplendit sur le monde, belles pensées, vers sublimes, nobles et grandes actions, est un fruit de leurs entrailles ; si elles se disaient que toutes les femmes qui ont écrit ou rimé, ont donné peu de chose à l'humanité en comparaison des mères obscures de nos grands poètes, de nos grands artistes, de nos grands savants, en comparaison de celles d'un Lamartine, d'un Guizot ou d'un Pasteur ; si elles se disaient que la mère des plus puissants cerveaux qui aient honoré l'espèce humaine, fut, soit une femme rare, une femme supérieure, soit une femme modeste et sainte, et dans tous les cas une femme qui, littérairement parlant, ne produisit rien ;--alors, elles sacrifieraient moins aux joies égoïstes du travail indépendant, et elles se résigneraient tout simplement à soigner et à parfaire ce chef-d'oeuvre des chefs-d'oeuvre qui s'appelle l'enfant. Une romancière italienne d'un sens exquis, Mme Neera, écrivait récemment que « la femme a été vouée par la nature à cette tâche sublime de sacrifier son intelligence à l'homme qui doit naître d'elle. »

CHAPITRE III

PATERNITÉ LÉGITIME
ET MATERNITÉ NATURELLE

I.--Le patriarcat d'autrefois et la puissance paternelle d'aujourd'hui.--L'intérêt de l'enfant prime l'intérêt du père dans les lois et dans les moeurs.--Décadence fâcheuse de l'autorité familiale.-- Deux faits attristants.--Imprudences féministes. II.--Régime du Code civil.--Prépondérance nécessaire du père.--Le fait et le droit.-- Indivision de puissance dans les bons ménages.--La mère est le suppléant légal du père.--Inégalités à maintenir ou à niveler. III.-- Encore le matriarcat.--Son passé, son avenir.--Priorité conjecturale du droit des mères.--Le matriarcat est inséparable de la barbarie.--Il serait nuisible au père, à la mère et à l'enfant. IV.--Honte et misère de la maternité naturelle.--Mortalité infantile.--De la recherche de la paternité naturelle : raisons de l'admettre ; difficultés de l'établir.- -Réformes proposées.--La caisse de la maternité.

P our remplir son auguste ministère, la mère est-elle armée de pouvoirs suffisants sur la personne de ses enfants ? Cette question soulève contre le Code civil les protestations les plus acrimonieuses du féminisme militant. Voyons donc brièvement comment la loi a compris et a organisé la puissance paternelle, ce que les moeurs l'ont faite, d'où elle vient et où elle tend, et surtout les améliorations et les réformes qu'elle comporte dans l'intérêt de la mère et de l'enfant.

I

Parler aujourd'hui de « puissance paternelle », c'est employer un grand mot qui n'a pas grand sens. Cette puissance, d'abord, a cessé d'appartenir exclusivement au père, puisque la mère la possède également et l'exerce à son défaut. Ensuite, cette puissance n'en est véritablement pas une ; car elle est loin de constituer maintenant ce qu'on est convenu d'appeler le « patriarcat », sorte de royauté domestique, sans partage et sans contre-poids, qui jadis faisait du père le magistrat suprême de la famille. Dans l'esprit de nos lois, les droits des parents sont la contre-partie nécessaire des lourds devoirs qui leur incombent. Ils n'ont de puissance que pour faire face aux obligations dont ils ont la charge et qui tiennent toutes en ce mot : l'éducation de l'enfant. La puissance paternelle est donc moins un pouvoir avantageux institué dans l'intérêt du père, qu'une tutelle onéreuse imaginée dans l'intérêt de l'enfant.

Nos anciennes provinces du midi, qui avaient conservé le droit romain, et qu'on appelait, pour ce motif, « pays de droit écrit », étaient restées fidèles à la vieille et rigide *patria potestas*. Il en résultait que, dans cette partie de la France, la puissance paternelle n'appartenait jamais à la mère. Les provinces du nord, au contraire, « pays de coutume », comme on disait, partant de l'idée d'une protection due à l'enfant, y conviaient également les deux époux. Pour elles, la puissance paternelle était de fait plutôt que de droit ; elle dépendait des moeurs plus qu'elle ne relevait des lois.

Notre Code civil s'est référé, sans aucun doute, aux principes du droit coutumier, puisqu'il fait passer l'autorité paternelle aux mains de la mère, lorsque le père est dans l'impuissance de l'exercer. Et c'est pourquoi certains rédacteurs voulaient donner pour titre à leur projet : « De l'autorité des père et mère. » Si le mot « puissance paternelle » est resté, c'est qu'il avait reçu la consécration de l'usage. Mais qu'on ne s'y trompe pas : ce vocable exprime des idées moins favorables au père qu'à l'enfant. Témoin ce passage de l'» Exposé des motifs », où apparaissent clairement les tendances des hommes qui présidèrent à la rédaction du Code : « L'enfant naît faible, assiégé par des besoins et des maladies ; la nature lui donne ses père et mère pour le *défendre* et le *protéger*. Quand arrive l'époque de la puberté, les passions s'éveillent, en même temps que l'intelligence et l'imagination se développent. C'est alors que l'enfant a besoin d'un *conseil*, d'un *ami*, qui défende sa raison naissante contre les séductions de tout genre qui l'environnent. »

Depuis lors, notre législation s'est enrichie de lois nouvelles, inspirées de plus en plus visiblement par l'intérêt de l'enfant ; si bien qu'on a pu dire que l'histoire de la puissance paternelle n'est qu'une succession d'efforts tentés pour la réduire et la paralyser. Aujourd'hui le droit des fils et des filles l'emporte sur le droit des pères et des mères. Après avoir gouverné longtemps la société domestique sans limite et sans contrôle, la puissance paternelle n'est plus qu'un pouvoir de protection, la première des tutelles, une autorité instituée par la nature et corrigée, atténuée, adoucie graduellement par la loi au profit des enfants.

Et les moeurs conspirent avec les lois pour affaiblir la puissance paternelle. Nombreuses sont les familles dans lesquelles l'autorité des père et mère est tombée à rien. Les parents ne savent plus commander ; les enfants se déshabituent d'obéir. Le respect s'en va, tué par l'individualisme orgueilleux du siècle. Tout ce qui représente une supériorité personnelle et sociale, même la primauté si naturelle du père sur son fils, est vu avec défiance ou hostilité. On ne veut plus être dominé, gouverné, surveillé. Si nous avons encore des administrateurs et des administrés, des employeurs et des employés, il n'y a plus de « maîtrise ». Nous perdons le sens de l'autorité. L'instinct d'égalité et d'indépendance ombrageuse nous tient si fort au coeur, que nous ne savons plus guère supporter--et encore moins honorer,--le patronat, la tutelle ou même la prééminence de la paternité. Les parents faiblissent ou abdiquent ; les enfants s'émancipent ou se révoltent. Ce n'est que dans les familles très attachées à la religion de leurs pères, et qui gardent fidèlement le dépôt des vieilles et fortes traditions, que le respect se retrouve, avec ce qu'il met de délicatesse dans l'hommage et de dignité dans la soumission. L'idée d'autorité, si nécessaire à la société, demeure enracinée dans la vie chrétienne, et c'est par là seulement qu'elle se prolonge et se perpétue dans la vie nationale : tant il est vrai que l'esprit chrétien est l'âme et la suprême sauvegarde de l'esprit social ! N'a-t-on pas dit avec raison que le Christianisme est la plus grande école d'autorité qui soit sur la terre ?

Rien de plus regrettable, à notre sentiment, que l'affaiblissement de l'autorité dans la famille. La faute en est-elle au Code civil ? Du tout. Ce n'est pas de la loi que les parents tirent la raison première de leur autorité ; encore que le législateur doive en faciliter l'exercice, il est incapable d'en conférer le principe. Celui-ci a sa racine dans la nature même des choses, dans le fait de la transmission du sang et de la vie. Et c'est au relâchement des habitudes familiales, à l'oubli des traditions du foyer, et surtout à l'exaltation de la liberté de l'enfant au préjudice des droits du père, qu'il faut s'en prendre de l'anarchie qui envahit la famille française. Nos moeurs domestiques sont indulgentes, faibles, molles. On espérait que la tendresse remplacerait avantageusement le respect. Erreur : le fils s'habitue à traiter le père comme un vieux camarade affectueux et complaisant. Il faut même oser dire que, dans bien des cas, ce qu'on aime surtout du père de famille, c'est sa mort, afin de recueillir son héritage.

Chez les ouvriers, au contraire, la puissance tourne souvent en brutalité. C'est un autre malheur. Nul doute que l'État n'ait le devoir de surveiller les parents indignes. En somme, les pères et les mères marquent une tendance fâcheuse à perdre le sentiment de leur dignité, tantôt en s'emportant jusqu'à la violence, tantôt en abdiquant jusqu'à la lâcheté.

Qui en souffre ? L'enfant. Pour plus de précision, citons deux faits dont le féminisme ne manque pas de tirer parti contre la famille actuelle : l'un concerne la classe riche ; l'autre, la classe pauvre. Ce sont des exceptions, si l'on veut, mais des exceptions trop fréquentes.

« L'enfant de l'émancipatrice, » comme dit Mme la doctoresse Edwards-Pilliet, n'aura rien de commun avec l'enfant qu'on fait aujourd'hui. Il sera, nous assure-t-on, un petit être parfait de corps et d'esprit, beau comme un dieu, le chef-d'oeuvre de l'amour. Sachons reconnaître, en effet, que la reproduction de l'espèce est abandonnée aux influences les plus défavorables. Combien d'unions décidées par les père et mère, où l'inclination mutuelle des futurs époux a peu de part ? Alors, dès qu'un poupon vient au monde, la mère s'en décharge à la maison sur une nourrice mercenaire, quand elle ne l'expédie pas en hâte au fond d'une campagne, l'abandonnant sans surveillance à un ménage de paysans durs, grossiers et malpropres. A deux ou trois ans, lorsque le bébé devient amusant et décoratif, on le reprend, on le décrasse, on le pare comme une poupée, on lui obéit comme à un souverain, on l'exhibe comme une idole. Puis, à sept ou huit ans, lorsque le petit despote, profitant de la mauvaise éducation qu'il reçoit, devient mauvais et insupportable, on l'interne bien vite chez les bonnes Soeurs, si c'est une fille, ou chez les bons Pères, si c'est un garçon. Et les parents ne s'en occuperont plus que pour lui procurer, en temps voulu, un riche parti, ce qu'on appelle « un beau mariage ».

A cette façon d'élever les enfants,--qui est malheureusement trop fréquente dans la classe riche,--Mme la doctoresse Edwards-Pilliet oppose une méthode plus maternelle, qu'elle nous a exposée avec une hardiesse savoureuse que j'essaierai de ne point trop affaiblir. N'oublions pas que c'est un médecin qui parle. « D'abord, avant de créer l'enfant, nous commencerons par y penser et, à cet effet, nous essaierons de prendre un collaborateur qui soit notre complément, au point de vue intellectuel et moral. L'enfant, que nous aurons ainsi obtenu, sera déjà supérieur à l'autre, ayant été fait avec goût et avec amour. Ensuite, nous lui donnerons le sein nous-mêmes, et nous aurons du lait, car toutes les femmes en ont qui veulent en avoir. Puis, quand nous aurons fait cet enfant aussi bien que nous sommes capables de le faire, nous le garderons sous notre oeil maternel, nous l'élèverons, nous l'éduquerons aussi complètement que possible. Et cela fait, nous aurons formé un être utile, homme ou femme, et c'est tout ce que nous pouvons désirer. »[160]

Très bien. Mais est-il si nécessaire d'émanciper la femme, pour mettre en action ce programme de maternité tendre et tutélaire ? Je sais de très bonnes chrétiennes qui répugnent, autant qu'il se peut concevoir, aux idées d'indépendance que professe le féminisme avancé, et dont c'est la joie de suivre à la lettre, vis-à-vis de leurs enfants, la loi d'amour et de dévouement. Pas besoin de révolutionner le sexe pour rappeler les mondaines et les égoïstes, déjà trop complètement émancipées, à la pratique du devoir maternel. Mieux vaut s'appliquer à réveiller leur conscience distraite ou

---

[160] Voir la *Fronde* du jeudi 13 septembre 1900.

assoupie ; mieux vaut ranimer en leur coeur la flamme de tendresse qui couve sous les cendres, afin de leur apprendre à mieux goûter la grâce et l'orgueil d'être mère.

L'enfant est-il mieux traité dans les ménages ouvriers ? Point. On inculque aujourd'hui aux classes laborieuses une conception si fausse de la famille, qu'elles en sont venues à professer sans rougir, que, si l'enfant ne rapporte pas, il doit au moins ne rien coûter. Le rapport de la Commission supérieure du commerce relatif à l'application, pendant l'année 1899, de la loi sur le travail des enfants, des filles mineures et des femmes dans les établissements industriels, nous fait cet aveu : « Le Gouvernement ne peut pas obtenir l'application stricte de l'article 2 de la loi de 1892, qui interdit l'emploi des enfants au-dessous de 13 ans. » A cela, il est une excuse : la famille ouvrière a souvent besoin, pour vivre, du concours pécuniaire de tous les siens, même des plus petits.

Mais voici des chiffres qui éclairent tristement la question : le même rapport officiel atteste que les 1 458 établissements de bienfaisance, qui ont été inspectés au cours de l'année 1899, fournissent un total de 56 369 enfants qui ne coûtent rien, ou presque rien, à leurs parents. Même en faisant la part des orphelins, combien nombreux reste le contingent des abandonnés ! Dans les milieux urbains, trop de ménages pauvres se déchargent sur les oeuvres d'assistance de leurs devoirs de paternité. Où l'enfant travaille, et on le surmène ; ou il ne travaille pas, et on le délaisse. Comment s'étonner qu'avec de pareilles moeurs, l'enfant, devenu grand, refuse de venir en aide à ses vieux parents ? Il traitera leur vieillesse comme ils ont traité son enfance, avec la même dureté ou la même indifférence. La famille ouvrière offre au féminisme chrétien une admirable occasion de dévouement et d'apostolat. Saura-t-il la saisir ?

En tout cas, il appartient de rappeler aux parents riches et aux parents pauvres qui paraissent l'oublier, que la puissance paternelle n'est autre que l'autorité mise par la loi aux mains des père et mère, afin de leur permettre d'assurer la formation de leurs enfants. Que nos législateurs n'oublient pas, de leur côté, que c'est encore prendre les intérêts de l'enfance et ceux de la société elle-même, que de fortifier l'autorité des parents qui méritent ce nom. L'enfant gâté est le premier à souffrir de sa mauvaise éducation, et le fils irrespectueux fait rarement un bon citoyen. « Plus il y a de liberté dans l'État, remarque Montesquieu, plus il faut d'autorité dans la famille. » Aussi trouvons-nous inopportune, sinon même inconsidérée, cette proposition de la Gauche féministe tendant à remplacer partout, dans nos lois, les mots *puissance paternelle* par ceux de *protection paternelle*.[161] Si la protection de l'enfant est le but, l'autorité des parents est le moyen. On ne saurait vraiment sauvegarder le droit des faibles en désarmant leurs défenseurs naturels. C'est à quoi pourtant le féminisme radical travaille de son mieux, en allégeant peu à peu le lien de sujétion qui subordonne les enfants aux parents. Nous en donnerons deux exemples.

Ainsi, la Gauche féministe a demandé « que tout mineur, établissant qu'il peut vivre du produit de son travail, puisse être émancipé de droit à partir de sa dix-huitième année, par simple ordonnance rendue sur sa demande par le juge de paix de son domicile, sans qu'il soit besoin de remplir d'autres formalités. » Mais pourquoi rompre si vite le lien qui unit l'enfant à ses père et mère ? Pourquoi permettre à ce jeune individualiste de fuir le toit paternel et d'abandonner les parents qui l'ont élevé ? Car l'enfant émancipé est maître de son salaire ; et si nombreuses sont à cet âge les tentations de dépense et de dissipation, qu'il est à craindre que la famille ne soit frustrée souvent des gains de

---

[161] Congrès de la Condition et des Droits des femmes : séance du samedi soir 8 septembre 1900.

l'enfant prodigue. Combien de fils et de filles, même dans un état d'aisance relative, laissent aujourd'hui leurs parents mourir misérablement à l'hôpital, plutôt que d'entourer leurs vieux jours de soins décents et honorables ? Est-ce donc l'indifférence et l'égoïsme des ingrats que le féminisme veut encourager ?

Bien plus, la Gauche féministe a réclamé « qu'un prélèvement, dont la quotité est à fixer, soit effectué de droit sur le salaire de l'enfant mineur, pour être déposé, en son nom, à la caisse d'épargne et lui être remis à son émancipation ou à sa majorité. »[162] Sans doute, il peut arriver que des familles abusent de leurs enfants. Mais plus nombreux sont les parents qui se saignent aux quatre membres, pour régaler les mioches d'une douceur ou envoyer cent sous au grand fils qui crie famine au régiment. Ne laissons pas croire aux enfants qu'ils n'ont aucun devoir envers leur famille. A vrai dire, dans un grand nombre de ménages ouvriers, la famille tout entière doit unir ses efforts et ses ressources contre la misère commune. L'épargne est un luxe qui n'est pas à portée de toutes les bourses. S'il est facile aux gens qui gagnent beaucoup d'argent de mettre un louis sur un louis, que de sacrifices l'ouvrier doit s'imposer pour mettre deux sous sur deux sous ! Quand vient le chômage, notamment, ce n'est pas trop des petits gains de toute la famille pour arriver à joindre les deux bouts. Parler d'épargne au profit de l'enfant lorsque le travail manque et que la huche est vide, c'est porter atteinte à l'esprit de solidarité qui doit unir les enfants aux parents, surtout dans la mauvaise fortune.

---

[162] Congrès de la Condition et des Droits des Femmes : séance du samedi soir 8 septembre 1900.

II

Non content de relâcher le lien de subordination et d'obéissance qui soumet les fils et les filles à l'autorité des parents, le féminisme intransigeant s'applique, plus hardiment et plus ardemment encore, à égaliser les pouvoirs du père et de la mère sur la personne et les biens de l'enfant : ce qui est une autre façon de les affaiblir.

L'économie du Code civil est toute simple. L'article 372 place l'enfant sous l'autorité collective du père et de la mère. Mais bien que commune aux deux parents, cette autorité est réservée au père, qui « l'exerce seul pendant le mariage, » comme dit l'article 373. Tant que le mari est vivant et capable d'agir, le droit maternel reste en suspens et sommeille en quelque sorte. La mère peut donner son avis sans pouvoir l'imposer. L'autorité maritale, à laquelle l'épouse est soumise, fait obstacle temporairement à l'exercice de l'autorité familiale qui appartient à la mère. C'est pourquoi la puissance de celle-ci est, pendant le mariage, un attribut sans réalité, un honneur latent, un titre nu.

On s'en plaint fort. Mais quel moyen de faire autrement ? Reconnaître simultanément aux père et mère l'exercice d'une même puissance indivise, c'eût été introduire dans les ménages une cause perpétuelle de discussions et de conflits. L'indivision du pouvoir engendre la confusion et le désordre. Il fallait donc attribuer la prépondérance à quelqu'un ; et la loi a désigné le père, déjà investi de l'autorité maritale. N'était-il pas logique, naturel, avantageux même pour la communauté, que le chef du ménage fût en même temps le chef de la famille, afin qu'une même direction fût imprimée au gouvernement domestique ?

A l'heure qu'il est, ce privilège est violemment battu en brèche, avec un parti pris d'égalisation et de nivellement qui nous inquiète.

« Durant le mariage, le père et la mère ont les mêmes droits sur la personne et les biens de leurs enfants communs. »[163] Cette déclaration, à laquelle se rallient, presque unanimement, tous les groupes féministes, emporte la suppression absolue de la prééminence maritale et paternelle. Nous ne pouvons y souscrire. C'est, à nos yeux, une détestable conception que celle qui institue, dans la famille, deux puissances latérales, deux forces equipollentes, deux têtes égales en pouvoir et en droit. A cette famille, fondée sur le dualisme des époux, l'unité de direction fera défaut ; et divisée contre elle-même, comment veut-on qu'elle soit heureuse et florissante ? Supposez que les volontés de la femme et du mari s'entrechoquent : qui les départagera ? Il faudra nécessairement recourir à une puissance extérieure érigée en tribunal des conflits matrimoniaux. De là ce voeu émis par le Centre et par la Gauche féministes « que les tribunaux prononcent dans tous les cas de conflit pouvant surgir, entre le mari et la femme, à l'occasion de l'exercice de la puissance maritale ou paternelle. »[164]

Mais, si l'intervention de la justice se comprend lorsque le désaccord, qui lui est déféré, soulève un point de droit ou une question d'argent, elle ne nous paraît ni pratique ni décente, lorsque le litige qui met les époux aux prises est d'ordre moral ou de nature intime. Voyez-vous la magistrature appelée à trancher les nombreux dissentiments qui éclatent, dans les ménages, à l'occasion des enfants ? Cet arbitrage, si habile et si discret qu'on le suppose, ne fera

---

[163] Voeu émis, en 1900, par le Congrès des oeuvres et institutions féminines.

[164] *La Fronde* du 11 septembre 1900.

qu'envenimer les querelles en leur donnant plus d'aigreur et plus d'éclat. Rien de plus dangereux pour la paix des ménages que l'intervention d'un tiers, juge ou confesseur, dans les affaires confidentielles de la famille.

Et maintenant suivons de plus près la pensée du Code civil : nous trouverons peut-être qu'elle est moins dure à la femme qu'on le suppose. A la vérité, nous ne savons qu'un cas où le consentement de la mère soit aussi nécessaire que celui du père : c'est l'adoption de leur enfant par un tiers ; et les adoptions étant très rares, l'exercice en commun du droit de puissance est donc exceptionnel. Sans doute, l'assentiment de la mère est requis pour le mariage des enfants ; encore est-il donné au père de passer outre à l'opposition maternelle, si l'union projetée a son agrément.

Ne récriminons pas outre mesure contre ces inégalités nécessaires ! Cette prédominance de la volonté paternelle ne s'affirme que dans l'hypothèse d'un désaccord absolu ; et la loi n'intervient alors que pour résoudre un conflit aigu et douloureux. C'est dans le même esprit de transaction que la loi du 20 juin 1896 dispose, dans l'article 152 du Code civil, que « s'il y a dissentiment entre des parents divorcés ou séparés de corps, le consentement de celui des deux époux, au profit duquel le divorce ou la séparation aura été prononcée et qui aura obtenu la garde de l'enfant, suffira. » Hors de là, dans la vie normale, les père et mère exercent à la fois leur autorité, se consultant, se concertant, s'appuyant l'un sur l'autre au lieu de se contredire et de se disputer. Qui ne sait que les discussions, qui éclatent devant les enfants, discréditent rapidement la puissance des parents ? « Puisqu'ils ne sont pas d'accord, se disent les petits, il en est un qui se trompe. Mais lequel a tort ? lequel a raison ? Est-ce papa ? est-ce maman ? » Et le doute leur vient, et la confiance se perd, et le respect s'en va.

Ce n'est que dans les familles où le pouvoir paternel et le pouvoir maternel coexistent harmonieusement, que l'enfant estime et affectionne véritablement ses père et mère. Point n'est besoin, pour cela, d'une autorité dure et tranchante, tracassière et hautaine. Pour se faire respecter, il n'est pas nécessaire de se faire craindre. Ce qu'il faut développer chez l'enfant, c'est l'obéissance volontaire, et non l'obéissance forcée, apeurée, humiliante et humiliée. L'autorité douce et insinuante trouve aisément le chemin du coeur et y laisse des traces ineffaçables. Là où règne l'entente entre les parents, l'enfant prend sans le savoir une bonne, une grande, une exquise idée de la famille. Et plus tard, le jeune homme, qui aura gardé le souvenir d'une maison d'enfance heureuse et respectée, éprouvera invinciblement le besoin de la rebâtir pour son compte. « Le désir de créer une famille, a dit M. Faguet, n'est pas autre chose que le désir de faire revivre celle où l'on a vécu. »

Mieux vaut donc, à tout point de vue, que l'autorité soit exercée en commun sur les enfants, par une sorte d'indivision confiante et affectueuse, qui s'établit d'elle-même dans les bons ménages. Mais, le père disparu, la mère hérite de ses droits, et la puissance paternelle devient entre ses mains une puissance maternelle. Ce déplacement de pouvoir s'opère, suivant la jurisprudence, lorsque, pour une raison ou pour une autre, le mari est dans l'impossibilité de remplir son rôle de chef de famille : ce qui peut arriver par suite de mort, de folie ou d'absence. Cessant alors d'être paralysée par le droit du père, la puissance, qui résidait en la personne de la mère, reprend sa force et son empire.

Rien de plus rationnel. Nul n'est plus digne ni plus capable que la mère de recueillir les pouvoirs tombés des mains du mari. Sa tendresse et son dévouement suppléeront à son inexpérience, et les conseils, que la loi place auprès d'elle, empêcheront que sa bonté ne dégénère en faiblesse. Les droits de la paternité sont comparables à une magistrature domestique, à laquelle la prudence exige d'adjoindre un suppléant éventuel. La mère est le « substitut » naturel du père.

C'est pourquoi, en cas de déchéance du père pour cause d'indignité,--déchéance totale attachée par la loi du 24 juillet 1889 à certaines condamnations pénales, déchéance partielle créée par la loi du 5 avril 1898 pour le fait, hélas ! trop fréquent, de mauvais traitements infligés à l'enfant,--la mère est naturellement indiquée pour recueillir la puissance paternelle. Encore est-il que, dans les milieux populaires, les parents peuvent être de même violence et de même immoralité. Aussi la mère ne profitera pas nécessairement de la déchéance du père. La loi a prudemment réservé aux juges la faculté de décider, en fait, si l'exercice de l'autorité doit être attribué à la mère dans l'intérêt de l'enfant. S'ils voient quelque inconvénient à cette dévolution de puissance, ils prononceront l'ouverture de la tutelle. De même, l'article 302 du Code civil attribue les enfants à l'époux qui a obtenu le divorce ou la séparation, comme étant le plus digne de les élever. Mais le tribunal reste maître de les confier à la garde d'un tiers, ou même de les laisser à l'époux coupable, si les circonstances l'exigent : tel le cas d'enfants en bas âge qui ne peuvent être élevés que par la mère.

Une fois investie de la puissance paternelle, la mère dispose, en principe, de tous les droits et de tous les pouvoirs du père. Par exception, le droit de faire incarcérer l'enfant récalcitrant ne passe pas complètement entre ses mains. D'abord, la mère n'a jamais le droit d'agir par voie d'initiative propre ; il lui faut obtenir, par voie de réquisition, l'agrément préalable du président. La loi exige, en outre, qu'elle sollicite l'approbation et rapporte l'assentiment des deux plus proches parents paternels de l'enfant. Enfin, elle perd entièrement son droit en se remariant, sous prétexte que la mère remariée est soumise à l'influence du second mari qui peut être hostile aux enfants du premier lit, tandis que le père est beaucoup moins exposé aux suggestions de sa seconde femme,--ce qui n'est pas toujours exact.[165] Il va sans dire que ces restrictions excitent l'indignation des féministes égalitaires. Est-ce que l'amour, dit-on, ne suffit pas à mettre les mères en garde contre les abus de puissance ?

Autre cause de protestation,--et très juste, celle-là : lorsqu'un mariage est conclu entre personnes appartenant à des cultes différents, il arrive souvent que la femme stipule, en son contrat de mariage, que les enfants à naître seront élevés dans sa propre religion. Or, il est admis que cette convention n'est pas civilement obligatoire, et que la femme est désarmée contre la mauvaise foi du mari qui manque aux engagements qu'il a souscrits. Et pourtant, outre le respect de la foi jurée qu'il est sage d'imposer aux malhonnêtes gens, le contrat de mariage n'est-il pas la charte de la famille, la loi constitutionnelle des époux ? Et qui ne voit qu'on ne saurait maintenir la concorde dans les unions mixtes, qu'en assurant la stabilité d'une convention dont le but a été, précisément, de régler à l'avance et à l'amiable une des causes les plus graves de mésintelligence et de conflit ?

Certaines âmes susceptibles s'offensent encore du droit accordé au père par l'article 391, de donner à sa femme survivante un conseil spécial, « sans l'avis duquel elle ne pourra faire aucun acte relatif à la tutelle de ses enfants. » On dénonce de même, comme une injustice criante, l'article 381 qui réserve au mari, tant que dure le mariage, la jouissance des biens appartenant à ses enfants mineurs. Mesure de suspicion, dans le premier cas ; privilège de masculinité, dans le second : voilà deux inégalités dans lesquelles on s'obstine à voir un abaissement pour la mère et une diminution pour son sexe. On ne se dit pas que les droits de puissance paternelle entraînent aujourd'hui plus de charges que de

---

[165] Articles 380, 381 et 383 du Code civil.

profits ; que, dans le cours habituel de la vie, ils sont exercés cumulativement par les deux époux, avec une condescendance mutuelle qui exclut toute idée de prépondérance pour le père et d'infériorité pour la mère ; que la loi n'a institué un pouvoir majeur aux mains du mari que pour trancher les conflits possibles d'attribution et unifier, en cas de dissentiment, le gouvernement des personnes et l'administration des biens ; qu'on est mal venu à dénoncer les droits du père sur l'éducation et la fortune des enfants à un moment où les moeurs, conspirant avec les lois pour enlever aux parents la direction de la famille, tendent de plus en plus généralement à affaiblir et à découronner la puissance paternelle.

Mais je doute que les femmes éprises d'égalité se rendent à ces respectueuses remontrances. Elles poursuivront impérieusement leur chemin, fouillant d'un air soupçonneux les moindres articles de nos lois, échenillant toutes les broussailles du Code, pour en débusquer les odieux privilèges masculins. Il en est même qui, reprenant un mot célèbre à leur profit, diraient volontiers de leur sexe : « Qu'est-il ? Rien. Que doit-il être ? Tout. » Celles-là ont coutume d'opposer imprudemment le matriarcat du passé à la puissance paternelle d'aujourd'hui. Que faut-il penser de cette prétention ?

III

Des littérateurs pourvus d'érudition,--ou seulement d'imagination,--se plaisent à opposer la parenté par les femmes, ou matriarcat, à la parenté par les hommes, ou patriarcat, sous prétexte que c'est du jour, où le sexe masculin substitua violemment celui-ci à celui-là, que daterait l'asservissement et la dégradation du sexe féminin. Dès lors, les mâles s'attribuèrent un droit exclusif sur les femmes, sur les enfants et sur les choses. Mariage, famille et propriété sont sortis des mêmes appétits d'appropriation absolue au profit des hommes. Pour émanciper véritablement la femme, il faut donc avoir le courage de revenir au matriarcat primitif. Nous avons déjà vu que le féminisme tirait parti de ce problème historique pour établir l'égalité intellectuelle de la femme.[166] On s'en prévaut maintenant pour démontrer l'antériorité et la supériorité familiales de la mère.

Voici comment on raisonne : il n'y a présentement que deux solutions au mariage, une solution illégale et une solution légale.

La solution illégale, c'est l'adultère, qui ne va pas sans de gros risques et de graves accidents.

La solution légale, c'est le divorce, qui n'est point exempt de souffrances et de scandales.

Tout cela est insuffisant. Plus de trahison occulte et hypocrite, plus même de rupture judiciaire et tapageuse. Il n'est qu'une solution logique à la crise du mariage, c'est la suppression même du mariage. M. Paul Adam, par exemple, estime qu'il vaut mieux « soutenir franchement que le mariage, institution utile pour les philosophies périmées, est la survivance du rapt. » Et il conclut en prêchant la maternité sacrée, c'est-à-dire le droit pour la mère de donner son nom à l'enfant, sans que mention soit faite du père putatif.[167] C'est le matriarcat ! Le mariage aboli, on ne voit pas trop, en effet, ce que ferait le père dans la famille. Alors une seule relation reste possible, celle de la mère et de l'enfant. L'homme est affranchi de toute responsabilité à leur égard, puisque sa paternité redevient mystérieuse, inconnue, anonyme.

---

[166] Voyez notre premier volume : *Émancipation individuelle et sociale de la femme*, p. 78.

[167] *Revue Blanche* du 1er mai 1897.

Comme dernière conséquence, la société pourvoira par l'impôt à l'entretien des mères et des enfants.

Franchement, ce régime n'a pu être inventé que par l'égoïsme sensuel des hommes ; car on voit bien ce que ceux-ci peuvent y gagner. Mais la femme sans mari ? Mais les enfants sans père ? Quelle misère !

Et cependant, pour qui sait voir de loin, telle est bien la dernière étape du mouvement révolutionnaire. Si jamais la femme devient fonctionnaire, avocat, juge, député ou sénateur, le féminisme radical-socialiste n'en sera point assouvi,--au contraire. Débarrassé de toutes les revendications d'ordre politique ou professionnel, il réclamera plus nettement qu'aujourd'hui l'abolition de la famille monogame et propriétaire. Nous touchons là au dernier terme de la libération de l'amour ; et l'indépendance logique des sexes nous y mène.

Il n'est donc point superflu de rappeler brièvement ce qu'a pu être le matriarcat dans le passé, et de conjecturer ce qu'il pourrait être dans l'avenir.

Comme nous le disions tout à l'heure, le matriarcat sert aux écrivains féministes pour nous convaincre que le sexe féminin a été, non moins que le sexe masculin, un facteur de progrès et de civilisation. Une fois démontré que, dans les premières sociétés humaines, si obscures, si mal connues, et dont il est de mode de nous parler avec tant de complaisance, des femmes ont existé qui, reines par l'intelligence, ont régné véritablement sur les hommes, il n'est que juste d'accorder aux deux sexes une attestation *ex æquo* de puissance cérébrale.

Par malheur, dans tous les siècles dont l'histoire nous a transmis le souvenir, la suprématie des hommes s'affirme par la prééminence de la force physique et de la force intellectuelle, tandis que les traces de ce qu'on appelle le matriarcat n'apparaissent,--et combien rares et confuses !--qu'aux premières lueurs de l'existence humaine. En admettant même que le matriarcat ait précédé généralement le patriarcat, cette priorité ne prouverait qu'une chose, à savoir que l'autorité, jadis exercée par les femmes, a passé de très bonne heure aux hommes, et que les pouvoirs éminents de la mère sont tombés rapidement aux mains du père, par une sorte de déchéance qui ne ferait qu'affirmer la supériorité de l'esprit masculin.

Mais le matriarcat a-t-il bien existé ? Le rôle de chef de famille a-t-il été dévolu primitivement à la mère ? Beaucoup de savants en doutent, et non des moindres. Fustel de Coulanges, Sumner Maine, Westermarck, Posada, tiennent pour le patriarcat. Ceux même qui admettent que la filiation féminine a réglé d'abord les relations de parenté, sont loin d'en induire la prédominance sociale de la femme : tel Sir John Lubbock, pour qui le matriarcat n'est point synonyme de souveraineté familiale.

Sans traiter à fond cette question obscure, il est un point certain, c'est qu'aux âges les plus lointains de l'histoire, la violence et la guerre nous apparaissent traînant après elles un cortège d'oppressions et de servitudes. Dans les luttes perpétuelles que les tribus se livraient les unes aux autres, le vainqueur s'arrogeait un pouvoir absolu sur la personne, le patrimoine et la vie de ses prisonniers. Maître de tuer sa captive et même de la manger, puisque le cannibalisme a précédé l'esclavagisme, il se croyait, à plus forte raison, le droit d'en faire sa femme, de l'enfermer et de revendiquer pour lui seul les enfants qu'elle lui donnait. Les premières familles masculines sont nées vraisemblablement d'un fait de guerre, et du droit de capture qui en était la conséquence. Mais, par une corrélation naturelle, l'homme, ayant le droit de disposer de sa captive, se réserva le droit de la nourrir et de la protéger, comme fait un propriétaire vis-à-vis du bétail qui lui est profitable. Et les femmes libres de la tribu, obligées de se suffire à elles-mêmes, en vinrent peut-être à envier la condition assujettie des prisonnières, pour se soustraire à la misère et à l'insécurité, tant la maternité indépendante et isolée est une source de souffrance et d'humiliation !

Quant à croire qu'antérieurement à ces rapts et à ces enlèvements, il exista une phase de suprématie féminine où les femmes, révoltées par la promiscuité primitive, auraient imposé aux hommes leur domination et fondé la prééminence de la mère,--c'est une pure conjecture. Hérodote tient pour une « singularité » que les Lyciens se nomment d'après leurs mères, et non d'après leurs pères. On a prétendu, il est vrai, que l'indication de la filiation maternelle figure souvent sur les tombeaux étrusques, et que, d'après Jules César, la famille maternelle aurait existé chez les anciens Bretons.

Mais ces faits de généalogie matriarcale n'ont rien qui nous embarrasse. Ils s'expliquent tout simplement par l'extrême difficulté de connaître le père. Là où le mariage n'existe pas, il ne peut être question que de la descendance maternelle. A défaut d'un père certain, l'enfant doit se contenter forcément du nom de sa mère. Et le jour où le fil légal, qui unit le père à la mère et aux enfants, serait rompu, il n'est pas douteux que la parenté féminine reprendrait son ancienne prépondérance. Aujourd'hui encore, chez les peuplades sauvages, l'ignorance du devoir paternel est à peu près complète. Souvent même la mère est seule chargée de la subsistance de l'enfant. Eu égard à l'instabilité, à l'incertitude ou à l'inexistence des liens conjugaux, la parenté ne s'établit conséquemment que du côté féminin.

Mais au lieu d'y voir un témoignage en faveur des droits de la mère, il faut tenir ce matriarcat pour un signe de sauvagerie et d'avilissement. Sous ce régime, l'homme n'accorde à la femme ni autorité, ni influence ; il ne voit en elle qu'une esclave utile, une auxiliaire nécessaire à la reproduction ou même un simple instrument de plaisir. Si la coutume fait, ici ou là, porter à l'enfant le nom de la mère, on aurait tort d'en conclure que celle-ci tient le premier rang dans la famille et dans la société. Sinon, comment expliquer que l'antiquité ait manifesté une prédilection générale pour le principe masculin ? Bien que les anciennes mythologies divinisent l'homme et la femme, elles ne manquent jamais d'attribuer une certaine suprématie au dieu sur la déesse. Dans les ménages de l'Olympe, le sexe fort l'emporte sur le sexe faible. Et cette primauté révèle chez les civilisations antiques une préférence non douteuse pour le principe mâle. N'est-ce pas du cerveau de Jupiter qu'un mythe ancien fait sortir Minerve, la déesse de la sagesse et de la science ? Lors donc que la mère donne son nom aux enfants, il ne faut voir, en cette prépondérance de la filiation utérine, qu'un signe de dépravation et de barbarie.

Dès que le chaos se débrouille et que la promiscuité des sexes disparaît, dès que la famille monogame se constitue, le père en est le chef. Qu'il s'agisse de l'Égypte ou de la Chine, de la Grèce ou de Rome, des Indous ou des Arabes, le droit paternel prévaut partout sur le droit maternel. Et la prédominance despotique du mâle ne va point, hélas ! sans la subordination humiliante de la femme.

L'existence problématique ou, pour le moins, exceptionnelle du matriarcat ne saurait donc faire présumer l'inintelligence et l'incapacité générales des premiers hommes. Réfléchissons que la maternité est aussi patente que la paternité est mystérieuse. La première a l'évidence d'un fait, tandis que la seconde ne résulte que d'une présomption. Cela étant, aux époques lointaines du monde où la sauvagerie, qui fut généralement « le premier état de l'homme, »[168] rapprochait les deux sexes de l'animalité inférieure, alors que la polygamie et la polyandrie rendaient la filiation incertaine et la famille instable ou même impossible,--un seul lien pouvait être établi sûrement, matériellement, par le seul fait de la naissance : le lien qui unissait l'enfant à la mère. D'où il advint peut-être que la femme, chef unique de la famille, réunit tous les pouvoirs et assuma toutes les charges. De là ce vague matriarcat qu'on entrevoit dans l'enfance de certaines sociétés humaines. A défaut du père, resté nécessairement inconnu, la mère groupa instinctivement sous sa loi tous ses enfants, comme la poule, dans la promiscuité du poulailler, abrite ses poussins sous ses ailes. La suprématie du père n'apparut que plus tard, avec le patriarcat, lorsque la famille fut plus étroitement unie par les liens d'un mariage même rudimentaire, et que, la paternité pouvant être plus ou moins rationnellement présumée, il fut possible d'assigner au père des droits et des devoirs qui ont perpétué jusqu'à nos jours son autorité prééminente.

En tout cas, les rares survivances matriarcales, que l'on signale encore de nos jours, ne se rencontrent que chez des tribus plus ou moins sauvages. Et quant au passé, il paraît certain que la primauté du père est complète, dès qu'on arrive aux âges connus de la vie des peuples civilisés. Le matriarcat n'est donc, à nos yeux, qu'une institution de simple barbarie ; et les féministes auraient tort d'en triompher. Depuis les temps historiques, la direction du foyer et la présidence de la famille ont appartenu à peu près généralement aux hommes, parce que sans doute ceux-ci ont uni la plus grande force à la plus grande intelligence, mais aussi parce que le mariage a permis de consolider, de certifier, de légaliser le lien qui unit le père aux enfants. Il reste, en définitive, que le matriarcat est inséparable du

---

[168] Adolphe Posada, *Théories modernes sur les origines de la famille.* Appendice II, p. 137.

concubinage et que, si la promiscuité primitive l'a fait naître, la promiscuité anarchique le ramènerait.

Pour en finir, les rapports de parenté ne peuvent être basés, dans toute civilisation qui commence, que sur un fait précis, matériel, indiscutable : la maternité. Il est naturel que la femme y joue un rôle exclusif. On ne connaît alors que la famille utérine. Puis, la supériorité physique et la prépondérance sociale de l'homme s'affirmant de plus en plus, la parenté par les femmes s'efface graduellement devant la parenté par les mâles, jusqu'au moment où le mariage, unissant ces deux principes, fonde la famille telle qu'elle existe de nos jours.

Et maintenant le matriarcat tournerait-il au profit et à l'honneur de la femme ? Gardons-nous d'y voir un patriarcat renversé ; car il mettrait à la charge de la mère un poids écrasant d'obligations, pendant que le père, affranchi de toute responsabilité, libre de toute préoccupation, vaquerait, d'un air conquérant, à ses affaires et à ses plaisirs. Ce régime fait songer à l'indifférence, à l'ingratitude, à l'égoïsme volage du coq de nos basses-cours. Le matriarcat des poules est-il chose si enviable ? Ces honorables mères de famille ont tous les embarras, tous les soucis de leur couvée, tandis que le mâle flâne, heureux et fier, au milieu de ses femelles, comme un pacha dans son harem.

Au fond, le matriarcat serait nuisible à la mère, au père et à l'enfant.

Il n'est que le mariage pour attacher le père à sa descendance. N'oublions pas que l'amour maternel est en avance de neuf mois sur l'amour paternel. Celui-ci même n'éclate point soudainement au coeur de l'homme ; sa croissance est lente et progressive. Séparez le père de l'enfant : et contrariés et refroidis, les sentiments du premier à l'égard du second ne s'épanouiront que rarement en tendresse et en dévouement. Pour qu'ils s'aiment, il faut qu'ils s'approchent et se reconnaissent. Rien n'est donc plus propice que le mariage pour développer et affermir l'affection paternelle, en associant étroitement et indissolublement la vie du père à celle de l'enfant. Relâchez, au contraire, la filiation légale qui rattache l'existence de l'un à l'existence de l'autre : et la mère seule restera chargée, pour ne pas dire écrasée, du fardeau de la famille. Ce que l'on appelle l'émancipation de la mère, je le tiens plutôt pour l'émancipation du père,--à moins que la femme, devenue souveraine, ne fasse marcher l'homme à la baguette !

D'autre part, le matriarcat pourrait bien tarir au coeur des femmes les sources de l'amour et de la pitié, en y développant à l'excès l'instinct de domination et l'orgueil du commandement. Et que deviendraient les hommes ? Expulsés de leurs fonctions et de leurs prérogatives, tomberaient-ils à la charge des femmes ? Sans initiative, sans vigueur, sans pouvoir, ces mâles dégénérés seraient-ils asservis ou entretenus par leurs despotiques femelles ? Mais qu'ils soient mis à la chaîne ou à l'engrais, leur dégradation morale serait inévitable. De toute façon, le matriarcat ne va point sans l'avilissement du sexe masculin et l'appauvrissement de toutes les forces sociales.

Et pourtant, ce n'est pas le père qui aurait le plus à souffrir du matriarcat ; il y trouverait plutôt la liberté de ses aises et l'impunité de ses appétits : ce qui ne le ferait point, il est vrai, croître en mérite et en honnêteté. Tous les attentats contre le mariage retombent moins encore sur sa tête que sur celle de l'enfant. A mesure que la famille légitime se disloque ou se pervertit, on voit les crimes contre l'enfance,--avortements, abandons, infanticides,--augmenter en nombre et en atrocité. L'enfant est la victime désignée du matriarcat. Si même celui-ci était d'une application générale (ce que je ne veux pas croire), il entraînerait, à bref délai, la fin de la famille et la décadence de l'espèce. Qu'on n'objecte point que la mère sera toujours la mère et que, la famille légitime disparue, la famille naturelle prendra sa place : quelle illusion ! La maternité naturelle ? Parlons-en. Elle n'est le plus souvent qu'un long calvaire pour la mère et qu'un long martyre pour l'enfant.

IV

Dans l'union hors mariage, la femme court tous les risques d'un acte qui laisse à l'homme toute sécurité. Car, si la recherche de la maternité est admise, celle de la paternité est interdite.[169] Est-il équitable que l'un puisse se glorifier de ses « bonnes fortunes », tandis que l'autre doit cacher sa faute et dévorer sa honte dans le silence et l'abandon ? Est-ce donc ce triste régime que l'on voudrait généraliser ? Le matriarcat naturel n'engendre pour la femme que souffrance, humiliation et misère. Là où n'existe plus le lien matrimonial, la paternité étant aussi mystérieuse que la maternité est évidente, le père est toujours plus enclin à désavouer l'enfant qu'à le reconnaître. La maternité naturelle livre donc la femme à toutes les séductions, à tous les égoïsmes, à toutes les lâchetés de l'homme sensuel et brutal. Inséparable de l'union libre, elle est une cause fréquente de reniement, de cruauté, de bassesse et d'avilissement. Voyez la mère naturelle d'aujourd'hui : n'est-elle pas, en bien des cas, la plus lamentable des victimes ? Et si affligeante est sa condition, si souvent immérité est son abandon, qu'il faudrait sans retard, s'il est possible, améliorer son sort et sauver son enfant.

Comment résoudre ce problème délicat ?

L'amour paternel ne se développe sûrement que dans le mariage, au profit des enfants légitimes qui sont la joie et

---

[169] Articles 340 et 341 du Code civil.

l'honneur des époux. Né d'un commerce que la loi refuse de sanctionner et que les mœurs réprouvent, l'enfant naturel ne peut compter que rarement sur l'affection de son père. Celui-ci, oubliant le précepte coutumier : « Qui fait l'enfant doit le nourrir, » se dérobe le plus souvent aux obligations que la paternité lui impose, heureux de s'abriter derrière l'article 340 du Code civil : « La recherche de la paternité est interdite. » Que fait la mère ? Abusée par les promesses trompeuses d'un débauché, déshonorée aux yeux du monde, incapable de subvenir à l'entretien de l'enfant comme aussi d'y faire participer son séducteur, elle dissimule, autant qu'elle peut, sa grossesse et son accouchement, et abandonne le nouveau-né aux soins de l'Assistance publique pour mieux cacher sa faute et sa honte, si même, ouvrant l'oreille aux suggestions terribles du désespoir, elle ne supprime point criminellement le fruit de ses entrailles ! Quant à celles que l'amour maternel détourne de l'infanticide, et qui s'acharnent vaillamment à nourrir et à élever leur enfant, combien se trouvent réduites par les extrémités de la misère au suicide ou à la prostitution ?

En France, le chiffre annuel des naissances illégitimes varie de 70 000 à 75 000 ; Et sur ce nombre, les enfants naturels reconnus par leurs pères ne constituent qu'une infime minorité : ils ne dépassent pas 5 000. Voilà donc 65 000 ou 70 000 nouveau-nés qui tombent chaque année à la charge exclusive des mères ! Qu'on s'étonne, après cela, que les Cours d'Assises acquittent systématiquement les malheureuses qui étouffent leurs enfants ! Le grand coupable, c'est le père qui manque à tous ses devoirs. Joignez que la mortalité infantile sévit surtout sur les enfants nés hors mariage. Pour l'ensemble des enfants de moins d'un an, on compte 155 décès sur 1 000 naissances légitimes, et 274 décès sur 1 000 naissances naturelles. La loi de l'homme est cruelle.

Puisque tels sont les fruits de l'irresponsabilité paternelle, dira-t-on, supprimons-la ! Et, à cette fin, rendons à la mère et à l'enfant le droit de rechercher et d'établir la paternité naturelle.--C'est une des revendications féministes les mieux accueillies par le public. « Protégez la femme contre l'homme, écrivait Dumas fils il y a vingt ans, et protégez-les ensuite l'un contre l'autre. Mettez la recherche de la paternité dans l'amour, et le divorce dans le mariage. » Nos législateurs ne se pressent point de résoudre ce grave problème.

Le 4 juin 1793, Cambacérès disait à la Convention : « Il ne peut pas y avoir deux sortes de paternité, une légitime, une illégitime. » Cela est de toute évidence, si l'on entend par là qu'il n'y a qu'une seule et même façon de faire des enfants. M. Georges Brandès, l'illustre critique danois, se plaçait à ce point de vue simpliste, lorsqu'il écrivait : « De nos jours, il y a deux sortes de naissances et une sorte de mort. Les naissances sont légitimes ou illégitimes, la mort est toujours légitime. Dans l'avenir on ne connaîtra, je l'espère, qu'une manière de naître ainsi que de mourir. »[170] Il faudrait pour cela que le mariage fût aboli et que l'humanité revînt tout simplement à l'état de nature ; et ce ne sera pas encore pour demain. En attendant, le féminisme radical fait des voeux pour que les enfants dits « naturels » jouissent des mêmes droits civils que les enfants dits « légitimes. »[171]

Il n'en est pas moins vrai que le père d'un enfant né, soit du mariage légitime, soit de l'union libre, est obligé, en conscience, de le nourrir et de l'élever au même titre que la mère. S'il y a deux sortes de naissances, il n'y a qu'une morale. D'ailleurs, le nombre des avortements, des

---

[170] Revue encyclopédique du 28 novembre 1896 : *Les Hommes féministes*, p. 829.

[171] Congrès international de la Condition et des Droits des Femmes : séance du samedi soir 8 septembre 1900.--Voir la *Fronde* du mercredi 12 septembre 1900.

infanticides, des abandons d'enfant, se multiplie ; et nul ne peut rester indifférent à cette douloureuse situation.

Et donc, lorsque le père refuse de se faire connaître, il faut le démasquer. Bien qu'il soit louable d'ouvrir largement les crèches et les refuges aux nourrissons délaissés, la justice exige que les intéressés puissent se retourner préalablement contre le coupable auteur de cette misère, pour le contraindre au devoir d'assistance et d'éducation qu'il déserte lâchement. C'est surtout à l'enfant, que le poids de la bâtardise écrase, qu'il importe d'accorder le droit de réclamer son père. Et à défaut de la mère, disparue, morte ou empêchée, il appartiendra à l'État, investi de la tutelle des enfants abandonnés, de rechercher ou de poursuivre, en leur nom, le père naturel qui se cache et se dérobe à ses obligations. L'immunité, dont celui-ci jouit dans notre société française, est un scandale et un fléau. « C'est une question qu'il faudrait traiter entre hommes, disait M. le professeur Terrat au Congrès des femmes catholiques, car c'est une honte pour nous d'avoir fait et de conserver une loi d'une si odieuse injustice. »[172] Toute société est mal constituée qui énerve et affaiblit le sentiment de la responsabilité, en empêchant que l'acte accompli au préjudice d'autrui se retourne un jour contre son auteur. Jamais une conscience droite n'admettra qu'on sacrifie à l'impunité d'un malhonnête homme, l'intérêt et l'avenir de ses deux victimes, le droit de la mère et celui de l'enfant.

Non point qu'à l'homme revienne toujours l'initiative de l'acte irréparable. Il est plus d'une femme envers qui la séduction est facile. Souvent les deux complices n'auront fait que suivre leur instinct ou leur inclination. Mais de cette égalité de nature doit résulter justement une égalité de droit. Pareil ayant été leur penchant l'un pour l'autre, pareille doit

---

[172] *Le Féminisme chrétien* du mois de mai 1900, p. 135.

être la responsabilité de l'un et de l'autre. Devant l'enfant né de leur rencontre, leurs obligations sont identiques ; et le père, non plus que la mère, ne saurait légitimement s'y soustraire. Ouvrons donc aux victimes le droit de rechercher la paternité du coupable. Cette faculté réparatrice ne sera dure que pour le malhonnête homme, qui recule devant les conséquences de son imprudence ou de son libertinage.

En soi, cette argumentation est décisive. Combien de drames et de romans nous ont montré une fille-mère, honnête et fière, cherchant vainement à se réhabiliter, et mourant victime de la lâcheté d'un homme et des sottes malveillances de la foule ? Ces prédications sentimentales n'ont pas été vaines. Il n'est personne, au sortir de ces spectacles ou de ces lectures, dont le coeur n'ait fait écho à la malheureuse abandonnée criant à son séducteur : « Voilà ton enfant ! Tu lui as donné la vie : aide-moi à la lui conserver ! »

Par malheur, la recherche de la paternité n'est pas, dans la réalité, aussi simple qu'on le suppose. Sur la scène et dans les livres, la fille-mère est toujours une merveille de grâce, de tendresse et de vertu. En admettant que, dans la vie, cette petite perfection puisse se rencontrer par hasard, il faut prévoir, en revanche, les calculs des intrigantes qui, se faisant une arme de leurs faiblesses ou de leurs séductions, essaieraient de s'introduire dans les familles les plus honnêtes. Que la recherche de la paternité soit permise, et les plus audacieuses réclamations d'état risquent de se produire devant les tribunaux. Quel honnête homme pourrait se flatter d'être à l'abri des revendications mensongères et des manoeuvres habiles d'une femme impudente ? Laisserez-vous aux filles publiques la liberté de spéculer sur le fruit de leur honteux commerce ? Ajouterez-vous foi aux déclarations de paternité faites par une prostituée ? A cela, une femme d'un optimisme admirable répondait naguère, dans un journal féministe, qu' « il n'était pas à craindre que des femmes attribuassent la paternité de leur enfant à un homme qu'elles n'avaient jamais approché. »[173] C'est trop de bonté d'âme. Comment croire et affirmer que des filles ou des femmes d'une adroite perversité n'exploiteront jamais contre la naïveté de la jeunesse, des légèretés, des imprudences, des familiarités sans conséquence, pour lui infliger une paternité flétrissante qui ne sera point son fait ? Prenez garde d'ouvrir la porte au chantage et à la calomnie !

D'autant plus que, s'il est facile de rechercher la paternité, il est impossible de la prouver. L'enlèvement, le viol, la séduction même, sont des événements dont l'extériorité tombe sous les sens. Mais, pour éclaircir le mystère de la conception, il faut bien s'en rapporter à la mère. Et à une condition encore : c'est qu'elle ne prodigue point ses faveurs à trop de monde ; sinon « la confusion de parts », comme disent les juristes, ne serait pas facile à éclaircir pour la femme elle-même.

La paternité est donc à peu près impénétrable. On ne la prouve pas : on la suppose. Le mariage lui-même n'établit la paternité légitime que par fiction ; il la fait présumer. Hors des justes noces, il n'y a plus ni signe légal, ni signe matériel, qui permette de convaincre un homme d'un fait caché, dont la certitude échappe à toute investigation. C'est le secret de la femme. Cela étant, est-il prudent de croire toutes les filles-mères sur parole ? N'oublions pas que c'est pour couper court aux scandales et aux diffamations que suscitèrent sous l'ancien régime certaines revendications de paternité, que le Code Napoléon a interdit la recherche de la filiation naturelle. Si donc nous l'admettons à nouveau, il faudra prendre de sérieuses garanties contre les pièges, les ruses et les stratagèmes des intrigantes et des dévergondées, afin de ne point faire payer aux honnêtes gens la protection méritée

[173] Feuilleton de la *Fronde* du 24 mars 1898.

par quelques intéressantes créatures. C'est pourquoi la recherche de la paternité devrait avoir pour effet, à notre sentiment, moins de procurer à l'enfant une filiation certaine, que d'assurer à la mère une créance alimentaire pour le nourrir et l'élever.

Telle est l'idée qui semble dominer aujourd'hui dans les milieux féministes. On y parle moins d'imposer au père une reconnaissance forcée, avec tous les liens de droit et les avantages successoraux qui s'y rattachent, que d'organiser à sa charge une « responsabilité pécuniaire » comprenant les frais d'entretien et d'éducation de l'enfant, ainsi que sa préparation à une profession conforme à la condition de la mère. En outre, le Congrès des oeuvres et institutions féminines de 1900, qui représentait le Centre féministe, a pris, contre le chantage possible, une mesure de répression ainsi conçue : « Les actions introduites de mauvaise foi seront punies d'un emprisonnement de 1 an à 5 ans et d'une amende de 50 francs à 3 000 francs. »

Et pour plus de sûreté, le projet de loi soumis au Parlement n'admet la recherche de la paternité naturelle qu'à titre exceptionnel. Voici comment l'article 340 du Code civil serait modifié : « La recherche de la paternité est interdite. Cependant, la paternité hors mariage peut être judiciairement déclarée : 1° dans le cas de rapt, d'enlèvement ou de viol, lorsque l'époque du rapt, de l'enlèvement ou du viol légalement constatée se rapportera à celle de la conception ; 2° dans le cas de séduction accomplie à l'aide de manoeuvres dolosives, abus d'autorité, promesse de mariage ou fiançailles, à une époque contemporaine de la conception, et s'il existe un commencement de preuve par écrit susceptible de rendre admissible la preuve par témoins. » Nous admettrions même la recherche et la démonstration de la filiation adultérine, tant vis-à-vis du père que vis-à-vis de la mère, sous la seule réserve que la pension alimentaire due à l'enfant serait payée sur les biens propres de l'un ou de l'autre, sans pouvoir jamais être poursuivie sur la communauté.

Quelque projet que l'on adopte,--ou plus restreint ou plus large,--il est curieux de remarquer que la recherche de la paternité ne satisfait pas toutes les femmes. Mme Pognon est de ce nombre ; et c'est avec une vaillance hautaine qu'elle a fait valoir ses scrupules au Congrès de la Gauche féministe. Jugeant les autres femmes d'après elle-même, elle a déclaré que, si jamais elle s'était trouvée dans le cas d'être abandonnée par un homme qu'elle aurait aimé, sa fierté l'aurait empêchée de le traîner devant un tribunal, comme aussi sa dignité aurait reculé devant la révélation publique des secrets de son coeur. Un pareil langage lui fait honneur. Mais on peut répondre que ces scrupules délicats n'empêchent point les femmes d'étaler journellement devant la justice, au cours des procès en divorce, leurs querelles de ménage et leurs secrets d'alcôve.

Plus forte est l'objection que Mme Pognon a développée contre les résultats pratiques de la recherche de la paternité naturelle. « Vous n'aurez rien fait pour la mère, quand vous aurez trouvé le père. » Il est de fait que, dans la classe ouvrière des grands centres urbains, où l'esprit du vieux mariage chrétien décline tous les jours, des femmes mariées se rencontrent souvent qui, bien que chargées de famille, ne peuvent rien obtenir du mari tenu par la loi pour le père légitime de leurs enfants. « J'en connais, disait Mme Pognon, qui ont passé des années à courir après leur mari, pour se faire payer la pension que le tribunal leur avait accordée. » Voyez ce qui se passe en matière de divorce : combien de fois l'époux coupable parvient-il à se dérober à la dette alimentaire qui lui incombe vis-à-vis de la femme ? Que de poursuites vaines ! Que de procédures infructueuses ! Jamais vous ne forcerez un ouvrier à nourrir et à élever un enfant qu'il ne veut pas reconnaître. Qui sait même si la condition des filles-mères n'en sera pas aggravée ? Aux demandes de secours qu'elles pourront faire aux âmes charitables, combien seront tentées de leur répondre : « Cherchez le père : il paiera ! »

C'est pourquoi Mme Pognon a réclamé la création d'une « caisse de la maternité »,--la déclaration de naissance devant suffire pour donner le droit à la mère, mariée ou non, de toucher chaque mois la pension de son enfant. Et après avoir émis le voeu que « la recherche de la paternité soit autorisée », le Congrès, entrant dans les vues de sa présidente, a voté, à l'unanimité, le principe de cette fondation.[174]

L'idée, sans doute, procède d'une intention excellente. Et pourtant la forme qu'on lui a donnée nous inquiète.

Qu'il soit bon de prélever sur les ressources de la commune, du département ou de l'État, les fonds nécessaires pour venir au secours des familles indigentes chargées d'enfants, nul ne le contestera. Mais pourquoi créer une caisse ouverte à toutes les femmes, « quelle que soit leur situation et sans qu'aucune enquête puisse être faite à ce sujet ? » Pourquoi étendre son bénéfice aux femmes riches comme aux femmes pauvres ? Est-il admissible que les contribuables, qui élèvent leurs enfants, paient pour une mère qui a le moyen d'élever les siens ? Mme Kergomard avait cent fois raison d'objecter que « toutes les fois qu'une femme peut nourrir son enfant par son travail, elle le doit. » Et elle le fait aujourd'hui ; mais le fera-t-elle demain, si nous abolissons en son coeur le sentiment des responsabilités les plus sacrées ?

On a parlé d'assurance. Une caisse de prévoyance contre les risques et les frais de la maternité sauvegarderait

---

[174] Voir la *Fronde* des 11 et 12 septembre 1900.

pleinement, assure-t-on, la dignité de la femme. Mais combien de mères seraient dans l'impossibilité de payer régulièrement les primes ? Si donc l'assistance est nécessaire, ne l'accordons qu'aux pauvres. Et que les mères ne nous fassent pas oublier les pères ! Quand la femme vient à mourir, les enfants légitimes tombent à la charge du mari. Un homme pauvre n'a pas toujours le moyen d'élever une famille : refuserez-vous de le secourir ? Comme on l'a proposé, la « caisse de la maternité » serait mieux appelée « caisse de l'enfance ».

Au fond, la conception de cette caisse nous semble procéder de l'esprit socialiste. Si l'enfant doit être nourri aux frais de la communauté, c'est qu'il appartient à la société autant qu'à sa famille. Cela étant, Mme Hubertine Auclerc était dans la pure logique de l'idée en préconisant « un impôt paternel, prélevé sur tous les hommes, et destiné à servir à la mère une pension suffisante pour élever son enfant. » Pourquoi même l'enfant n'appartiendrait-il pas exclusivement à la mère ? Pourquoi rechercher la paternité naturelle ? Pourquoi s'inquiéter d'une loi difficile à faire, dont le texte subtil traîne depuis des années devant les Chambres ? Pourquoi mettre tant d'insistance à réclamer pour le bâtard le nom paternel ? « Est-ce une honte pour la mère de donner son nom à l'enfant et pour l'enfant de recevoir celui de sa mère ? » C'est Mme Pognon qui parle ainsi ; et son langage est conforme à la nouvelle morale féministe.

Les partis avancés ne peuvent qu'y applaudir. A quoi bon chercher le père, en effet, si l'enfant doit être soustrait aux parents et élevé par les soins de l'État en des couveuses socialistes ? A quoi bon chercher le père, si le patriarcat, déchu de ses prérogatives abusives et surannées, doit céder le pas à la tendre souveraineté du matriarcat ? A quoi bon chercher le père si, enfin, le mariage devant tomber en désuétude comme toutes les superstitions du passé, l'union libre est appelée à réhabiliter, à glorifier prochainement la fille-mère,--la vraie femme des temps nouveaux,--en lui imputant à honneur et à vertu ce que l'opinion de nos contemporains tient encore pour une irréparable faute ?

Et tel est bien l'esprit des doctrines révolutionnaires. Pour remédier au mal social dont nous souffrons, il n'est que de revenir à la « Maternité sacrée », c'est-à-dire au droit pour la mère de donner son nom à l'enfant, sans que mention soit faite du père putatif. L'impôt assurera des ressources à la procréation, proportionnellement au nombre des nouveau-nés. Au voeu d'une certaine école, la Commune et l'État sont appelés à prendre un jour la suite des obligations du père. Et cette solution est inéluctable. Là où le mariage ne régularise plus les relations entre les deux sexes, l'impossibilité de connaître le père implique naturellement l'impossibilité de fonder une famille. A qui seront attribués les enfants ? A la mère ou à la communauté ? Car je n'imagine pas qu'on restaure certaine pratique primitive, qui attribuait l'enfant à celui des hommes de la tribu, avec lequel il avait le plus de ressemblance. Ce serait trop simple. Seulement, le fardeau des enfants sera bien lourd pour la femme. Qu'à cela ne tienne ! La société s'en chargera.

A vrai dire, les écoles révolutionnaires se montrent assez indifférentes à la querelle du patriarcat et du matriarcat. Au contraire de Proudhon qui voulait ramener le mariage actuel en arrière, jusqu'à la rigide puissance du père de famille romain, on sait que les socialistes et les anarchistes réclament l'abolition pure et simple de la famille. Celle-ci a fait son temps. La famille païenne était fondée sur le mépris et l'asservissement de la femme. La famille chrétienne implique la suspicion et la subordination de l'épouse. Par bonheur, le progrès des moeurs a successivement adouci nos idées. Il appartient à la démocratie révolutionnaire de poursuivre l'évolution commencée. Libérons l'épouse, émancipons la mère. Plus de mariage, plus de famille. Les enfants appartiendront à la communauté. Ils seront nourris, élevés et entretenus aux frais du public.[175] Pas besoin de s'inquiéter des droits du père ou de la mère, puisque la collectivité les remplacera. Est-ce que l'État ne fera pas un père de famille idéal ? Cela mérite réflexion.

---

[175] Benoît Malon, *Le Socialisme intégral*, t. I, p. 372.

CHAPITRE IV

IDÉES ET PROJETS RÉVOLUTIONNAIRES

I.--La question des enfants.--Réhabilitation des bâtards.--Tous les enfants égaux devant l'amour.--Optimisme révolutionnaire. II.-- Doctrine socialiste : l'éducation devenue « charge sociale. »--Tous les nourrissons a l'Assistance publique.--Le collectivisme infantile. III.- -Doctrine anarchiste : l'enfant n'appartient a personne, ni aux parents, ni a la communauté.--Que penser du droit des père et mère et du droit de la société ?--La voix du sang. IV.--Le devoir maternel.--Négations libertaires.--Retour a l'animalité primitive.- -Les nourrices volontaires. V.--Ou est le danger ?--La liberté du père et la liberté de l'enfant.--Un dernier mot sur les droits de la famille.--Histoire d'un Congrès.--La paternité sociale de l'État.

I

Si blessant que soit le libre amour pour les hommes délicats et les filles bien nées, il est un point qui achèvera, j'en suis sûr, de les révolter contre la licence de la passion et l'anarchisme du coeur : c'est la question des enfants.

Le mariage aboli, que deviendront-ils ? Certes, la filiation maternelle ne cessera point d'être visible, puisque le

fait de l'accouchement la révèle. Encore est-il que les
écritures de l'état civil sont nécessaires pour en conserver la
preuve et en perpétuer le souvenir ; et ces registres indiscrets
ne sont bons, paraît-il, qu'à être brûlés.

Quant à la filiation paternelle, il est impossible de
l'établir dès qu'il n'existe aucun lien légal entre le père et la
mère. Qui en fera foi en dehors du mariage ? La paternité
n'existera que pour ceux qui voudront bien l'accepter. Quelle
insécurité pour la mère ? Qui la protégera contre les lâchetés,
les abandons et les reniements ? Le mariage lie le père à ses
devoirs, en le liant à la mère et à l'enfant. Rompez cette
attache, et le père, pour peu qu'il tienne à ses aises, lâchera
« maman » et « bébé ». En tout cas, il est d'évidence qu'à
défaut du mariage, il sera singulièrement malaisé d'établir la
filiation paternelle. Rien de plus commode pour l'homme
qui voudra se dérober à ses devoirs les plus sacrés. A la
vérité, les enfants n'auront qu'à rechercher leur père, si le
coeur leur en dit. Mais pourquoi s'inquiéteraient-ils de cette
bagatelle ? Avec une imperturbable sérénité, l'école
anarchiste leur prêche à cet égard le désintéressement et
l'indifférence.

Les « Volontaires de l'Idée » devraient même, à en
croire certains doctrinaires anarchistes, s'élever au-dessus des
préjugés mondains et se marier, dès maintenant, sans passer
par l'église et par la mairie. Ne dites point, par exemple, à
l'auteur déjà cité des « Unions libres, » que la loi méconnue
se vengera sur les enfants issus de cette libre union, en les
qualifiant de bâtards et en les excluant, à ce titre, des
partages de famille. « Cela est incontestable, répond-il. Mais
puisque l'héritage est privilège, on n'a pas à le rechercher ni
pour soi, ni pour les siens, encore moins à lui sacrifier une
conviction. Et pour ce qui est de l'état civil, quel mal à ce
qu'on qualifie d'enfants naturels ceux qui ne sont autre
chose ? »

Il est incontestable que les enfants légitimes et illégitimes naissent à la vie de la même façon, le plus *naturellement* du monde. Seulement, l'union libre étant officiellement illégitime, il est loisible à l'opinion de donner aux enfants naturels l'appellation de « bâtards », tant qu'il lui plaira. A cela, un père libertaire voudrait que son fils, dominant l'injure, toujours bienveillant et tranquille, répondît avec un sourire doux et fier : « Libre à vous de prononcer « bâtard » le mot que mon père et ma mère prononcent « enfant de l'amour ». Je ne suis point bâtard par accident, mais parce qu'on l'a bien voulu. Des parents, les miens, ont compris que ce nom cesserait d'être un opprobre, dès que d'honnêtes gens n'en auraient pas honte ; ils m'ont voulu bâtard pour en diminuer le nombre. »[176]

Voilà, certes, un langage qui n'est point banal ; mais il nous révèle un optimisme bien étrange. Supprimons, par hypothèse, l'intervention de M. le Maire : les enfants ne naîtront pas autrement que par le passé ; et il est probable que nous n'aurons pas changé grand'chose à la condition des familles. J'ai l'idée que les « honnêtes gens » ne manqueront jamais de donner à leur union une certaine publicité, une certaine consécration, ceux-ci la plaçant sous la bénédiction du prêtre, ceux-là sous l'attestation des parents, des amis et des voisins, à l'effet de la distinguer des unions passagères et clandestines, qui ne sont que libertinage et inconduite. Cela étant, il y aura toujours dans le langage humain un mot, doué d'une signification plus relevée, pour qualifier l'enfant issu de noces réputées honorables, et un mot, plus ou moins flétrissant, pour désigner l'enfant né d'un commerce tenu pour inconvenant ou ignominieux. Tant que le monde conservera la notion de la décence et de la pudeur, tous les ménages honnêtes auront à coeur, pour eux et pour leur descendance, de ne pas être confondus avec les couples

---

[176] *Souvenir du 14 octobre 1882.* Unions libres, pp. 25 et 26.

indignes, qui n'entretiennent que des relations instables de vice et de prostitution. Je crois ce sentiment indestructible. Et c'est pour y donner satisfaction que la loi civile est intervenue partout, séparant officiellement le mariage des uns du concubinage des autres.

Ce n'est point même la suppression du mariage civil et du mariage religieux, qui tarirait absolument du coeur des parents les trésors d'affection et de dévouement, que la nature y a libéralement déposés. J'aime à croire que, sous un régime d'union libre, beaucoup d'enfants seraient, comme aujourd'hui, nourris et élevés à frais communs par le père et la mère. Dieu merci ! la tendresse maternelle et paternelle est si instinctive à l'âme humaine, qu'elle ne saurait jamais être abolie entièrement par l'égoïsme, si desséchant qu'on le suppose. L'auteur de l'apologie des « Unions libres », dont j'ai déjà cité plusieurs fragments, en triomphe dans une jolie page sur l'enfant « innocent et suave, le doux et prodigieux miracle de la Nature. » Se demandant quel est le mystère de son pouvoir : « C'est que, dit-il, faible, désarmé, incapable de se défendre, impuissant à se suffire, le petit être ne vit que par votre bonté, ne subsiste que par votre faveur. » Et le grave auteur induit du seul fait de l'existence des enfants, que « ce n'est point le droit du plus fort, mais le droit du plus faible qui l'emporte dans l'humanité ».[177]

Ces sentiments sont généreux. Encore faut-il songer aux marâtres et aux indignes, qui brutalisent ou abandonnent leur progéniture. Et je ne puis croire que l'habitude des unions libertaires, la rupture de tous les liens civils et religieux, le relâchement de toutes les obligations divines et humaines, l'extension de ces maximes anarchistes : « Fais ce que veux ! Aime qui voudras ! » soient de nature à diminuer le nombre de ces intéressantes victimes. J'admets que

---

[177] *Souvenir du 14 octobre 1882.* Unions libres, pp. 6 et 7.

l'enfant est la plus forte chaîne qui puisse rattacher un homme à une femme. Mais cette chaîne est lourde. Élever une famille ne va point sans peines, sans charges, sans frais, sans assujettissement. Et c'est pour empêcher les égoïstes et les lâches de se dérober à ce pesant fardeau, que la religion et la loi sont intervenues pour les retenir dans leurs devoirs. L'individualisme, au contraire, s'effarouche de toute sujétion, rougit de tout lien, s'épouvante de toute chaîne. Il veut être son maître et s'efforce de secouer tous les jougs. Mais alors, pour s'appartenir véritablement, les enfants sont de trop ! Encore une fois, que deviendront-ils ?

II

Les socialistes ne sont pas embarrassés. Dans toutes les questions que soulève l'avenir, ils font intervenir la collectivité,--une excellente femme, un peu fée, omnisciente et omnipotente, la providence des mécréants,--qui pourvoira, comme en se jouant, à toutes les difficultés humaines.

Il est donc entendu, dans le monde socialiste, qu'à défaut de parents, la communauté prendra les nouveau-nés sous son aile. M. Deville déclare même que « l'entretien des enfants » doit être soustrait au « hasard de la naissance », pour devenir, comme l'instruction, une « charge sociale. »[178]

La société se « chargera » conséquemment d'élever tous les « mioches ». Chacun pourra, comme Jean-Jacques Rousseau, envoyer les siens aux Enfants trouvés. Inutile de dire qu'en ce temps-là, l'Assistance publique sera la plus douce, la plus dévouée, la plus tendre des mères. Pour faire de l'humanité une seule famille, il n'est que de mettre nos

---

[178] Gabriel Deville, *Aperçu sur le Socialisme scientifique* publié en tête du *Capital de Karl Marx*, p. 43.

enfants en commun. A ce compte, les célibataires eux-mêmes, devenus un peu les pères des enfants des autres, seront associés, par un miracle de solidarité collective, aux bienfaits et aux joies de la paternité. Je ne plaisante pas : M. Sébastien Faure déclare très sérieusement que « c'est en ce sens, et seulement dans celui-là, que l'humanité entière, définitivement reconstituée, ne formera qu'une vaste famille étroitement unie. »[179] Après cela, vieux garçons et vieilles filles feraient preuve d'un bien mauvais caractère, s'ils ne se vouaient, corps et âme, à la « mutualité communiste ».

Il est vrai qu'Aristote, s'élevant contre la confusion des femmes et des enfants, se refusait à comprendre que tous les citoyens pussent déclarer à l'occasion d'un seul et même objet : « Ceci est à moi sans être à moi. » Conçoit-on tous les grands Français disant, avec unanimité, de tous les petits Français : « Ce sont mes fils, ce sont mes filles ? » On oublie qu'il est au-dessus des forces de l'homme de supprimer les liens de famille, d'abolir l'atavisme et l'hérédité, les ressemblances et les affections. Combien les enfants mal doués et mal venus seraient à plaindre sous un régime de communisme familial ! D'un enfant de génie chacun dirait : « C'est le mien ! » Et d'un infirme ou d'un idiot : « C'est le vôtre ! » Je ne sais que l'affection des pères et des mères qui puisse adoucir le sort des petits déshérités de la nature. Est-ce que le coeur humain s'attache aussi fortement aux choses communes qu'aux choses privées ? Mais j'oubliais que, par un miracle de la Révolution sociale, les hommes de l'avenir auront le coeur si large, qu'ils pourront y faire entrer tous les nouveau-nés de France et de Navarre,--et l'universel féminin, par dessus le marché !

---

[179] La *Plume* du 1er mai 1893, p. 205.

III

Rien de plus simple, on le voit, que de donner une famille à ceux qui n'en ont pas. Ici, toutefois, le féminisme anarchiste ne s'accorde pas tout à fait avec le féminisme socialiste. Il n'a qu'une demi-confiance dans le biberon officiel et s'effarouche des vertus impérieuses de l'Assistance publique. L'uniformité régimentaire lui semble aussi mauvaise pour les poupons que pour les adultes.

A qui donc appartiendra l'enfant ? A personne. C'est un bien indivis. La dissolution de la famille est le couronnement de toutes les émancipations. Plus de dépendance patronale, grâce au collectivisme de la production et de la propriété ; plus de dépendance masculine, grâce à l'égalité des sexes et à l'intégralité de l'instruction ; plus de dépendance maritale, grâce à l'abolition du mariage et à l'affranchissement de l'amour ; plus de dépendance paternelle, grâce à la destruction du foyer et au communisme des enfants. Lorsqu'on est en goût de liberté, on n'en saurait trop prendre.

Ainsi, d'après M. Jean Grave, « l'enfant n'est pas une propriété, un produit, qui puisse appartenir plus à ceux qui l'ont procréé,--comme le veulent les uns,--qu'à la société,--comme le prétendent les autres. »[180] A la vérité, l'enfant est insusceptible d'appropriation privée ou publique. Il n'est ni la chose du père ou de la mère, ni la chose de la Commune ou de l'État. C'est un être sacré placé en dehors et au-dessus de tous les biens. Seulement je me sépare de l'écrivain anarchiste sur le point de savoir qui sera chargé de donner des soins à l'enfant. Où M. Jean Grave ne veut voir qu'une faculté, je mets une obligation.

---

[180] *La Société future*, chap. XXIII : L'enfant dans la société nouvelle, p. 341.

A la charge de qui ? De la société ? On vient de voir que c'est le rêve socialiste de donner pour père aux enfants « Monsieur tout le monde ». Mais les anarchistes repoussent l'intervention d'une collectivité autoritaire, véritable monstre anonyme, dont les griffes pèseraient lourdement sur toutes les vies, depuis le berceau jusqu'à la tombe. Leur société, d'ailleurs, est inorganique et, comme telle, impropre à toute fonction de tutelle et de paternité. M. Jean Grave nous en avertit : « Étant donné que les anarchistes ne veulent d'aucune autorité ; que leur organisation doit découler des rapports journaliers entre les individus et les groupes, rapports directs, sans intermédiaires, naissant sous l'action spontanée des intéressés et se rompant aussitôt, une fois le besoin disparu,--il est évident que la société n'aurait, pour la synthétiser, aucun comité, aucun corps, aucun système représentatif pouvant intervenir dans les relations individuelles. » Et un peu plus loin : « Il y a bien, en anarchie, une association d'individus combinant leurs efforts en vue d'arriver à la plus grande somme de jouissances possible, mais il n'y a pas de société, telle qu'on l'entend actuellement, venant se résumer en une série d'institutions qui agissent au nom de tous. Impossible donc d'attribuer l'enfant à une entité qui n'existe pas d'une façon tangible. La question de l'enfant appartenant à la société se trouve ainsi tout naturellement écartée. »[181] En somme, la société anarchique n'est qu'une sorte d'indivision vague, instable et confuse. Il serait donc absurde de confier de petits êtres de chair qui veulent être allaités, soignés, entretenus et élevés, à un ensemble flottant et insaisissable, à une masse anonyme sans tête, sans bras et sans coeur.

Fût-elle même autoritaire, fortement organisée ; impérieusement centralisée selon le mode collectiviste, la société ne me paraîtrait pas recevable davantage à usurper la

---

[181] *La Société future*, chap. XXIII, p. 342.

place des parents naturels, à exercer les fonctions écrasantes d'une paternité universelle. Son rôle ne doit être et ne peut être que supplétif. Qu'elle recueille les enfants abandonnés, rien de mieux ; mais qu'elle se garde d'empiéter sur les attributions de la famille, qui est mieux placée, mieux douée pour la formation des générations nouvelles ! C'est pourquoi, en refusant aux pères et aux mères un droit absolu de propriété sur la personne de leurs enfants, il convient de leur accorder expressément des pouvoirs d'autorité suffisants pour qu'ils puissent remplir les devoirs, les obligations et les charges qui leur incombent au profit de leur postérité. Fils et filles ne sont donc point la chose, le bien, le domaine des parents : c'est entendu. Mais ils restent leurs enfants.

Jamais vous n'empêcherez un père et une mère de dire des descendants qu'ils se sont donnés : « Mon fils, ma fille ! » Si différente que soit l'autorité paternelle de la propriété privée, on conviendra que les parents ont plus de droits sur leurs enfants que le premier venu du voisinage. Les ayant faits, ils sont chargés de les nourrir. Et c'est méconnaître les intentions de la nature que de leur refuser un pouvoir de protection, de conseil, de direction, qui, dans l'état normal des choses, est tempéré par un fond de tendresse généreuse et compatissante. Les parents sans entrailles sont, Dieu merci ! des exceptions. On ne saurait poser en règle générale que l'autorité paternelle est plus nuisible qu'utile au développement de l'enfance. On ne fera croire à personne que les pères d'aujourd'hui soient barbares et féroces. Les droits de la paternité ne sont que la juste contre-partie de ses devoirs. Et en quelles mains débonnaires sont-ils souvent placés ! Combien peu savent se faire respecter ? La fermeté, la dignité s'en va. L'autorité familiale s'est peu à peu amollie, pour ne pas dire aplatie. Que de parents sont devenus les esclaves de leurs enfants ! Que de jeunes gens se moquent de leur vieux bonhomme de père et envoient promener leur vieille bonne femme de mère ! Osera-t-on dire que ces petits messieurs et ces grandes demoiselles gagneront, à ce relâchement de la discipline familiale, de se faire une vie plus noble, plus heureuse et plus utile ?

Et pourtant, le féminisme anarchique presse les pères et les mères d'abdiquer leurs vaines prérogatives. Il mettra, par exemple, dans la bouche d'un père s'adressant à ses filles et à ses gendres, le jour de leur union, des paroles comme celles-ci : « Notre titre de parents ne nous fait en rien vos supérieurs et nous n'avons sur vous d'autres droits que ceux de notre profonde affection. Restés libres, vous n'en êtes devenus que plus aimants. Encore aujourd'hui, vous êtes vos propres maîtres. Nous n'avons point à vous demander de promesses et nous ne vous faisons point de recommandations. »[182] Cela est d'un détachement et d'une confiance admirables.

Non qu'il soit sage au père de s'immiscer rudement dans les affaires de coeur de ses filles majeures et de ses grands garçons. Mais une sottise est si vite commise, fût-ce en âge de raison ! Comment, dès lors, en vouloir aux parents de chercher à éclairer leurs enfants sur les suites possibles d'un entraînement ou d'une liaison ? Ils peuvent invoquer, en ce cas, et leur droit et leur devoir. Car, ici, l'intervention familiale est dictée moins par une manie de commandement que par une vue clairvoyante des véritables intérêts des descendants. Il ne s'agit point d'opposer obstinément le veto des vieux aux inclinations des jeunes. Une fois majeurs, ceux-ci doivent être maîtres de disposer de leur coeur. A eux, le dernier mot. Mais interdire aux parents le droit d'en appeler de la passion aveugle à la raison avertie, mais leur faire un crime d'adresser à leur fils ou à leur fille des représentations prudentes et de sages remontrances, mais les obliger à laisser faire et les réduire au rôle de témoins

---

[182] *Souvenir du 14 octobre 1882.* Unions libres, pp. 29 et 30.

impassibles et indifférents, lorsqu'il s'agit d'actes susceptibles de compromettre l'avenir, le bonheur, la vie même de ce qu'ils ont de plus cher au monde,--c'est vraiment leur imposer une abstention au-dessus de leur force, une abstention contre nature. Nous ne croyons pas qu'on obtienne de sitôt d'un père ou d'une mère qu'ils foulent aux pieds leurs obligations de tendresse, de sollicitude et d'affectueuse protection. Il faudrait, pour cela, leur arracher le coeur. Où est la puissance humaine capable d'étouffer en nous la voix du sang ?

IV

Une fois le père dépossédé de sa puissance, il restera la mère qui, semble-t-il, a bien aussi quelques droits sur l'enfant. Elle l'a porté dans son sein et nourri de son lait ; elle lui a communiqué son sang, son souffle, sa vie. Pendant neuf mois, elle a fait corps avec lui. Il est sien. Et grâce au fait matériel de la naissance, il peut être facilement revendiqué par elle *erga omnes*. M. Jean Grave veut bien le reconnaître : « Plus que la société, plus que le père qui, somme toute, ne peut s'affirmer comme tel que par un acte de confiance,-- plus que quiconque, la mère seule a quelque raison d'arguer de ses droits sur l'enfant. » Elle sera donc libre de le conserver.[183] Il semble même que l'école anarchiste soit favorable au matriarcat. « Si jamais révolution troubla les esprits, dit-on, ce fut assurément celle qui substitua le patriarcat aux institutions matriarcales. »[184] Sans revenir à nouveau sur ces institutions hypothétiques (on a vu que beaucoup d'historiens n'y croient pas), il est constant que, durant de longs siècles, la filiation paternelle l'a emporté sur la filiation maternelle dans la détermination de l'état civil de

---

[183] *La Société future*, p. 347.

[184] *Souvenir du 14 octobre 1882*. Unions libres, p. 11.

l'enfant. Et tandis que nous voulons aujourd'hui que celui-ci soit,--grâce au mariage,--le fils du père aussi bien que le fils de la mère, l'esprit féministe tend à exagérer le matriarcat, au préjudice des influences paternelles, sous prétexte que la femme en sera grandie et libérée.

Mais point d'honneur sans charge. En éliminant le père du gouvernement de la famille, on aggrave inévitablement les responsabilités de la mère qui, seule chargée du fardeau de ses petits, ne manquera point le plus souvent d'en être écrasée. Émancipée du côté du mari, la femme sera donc plus gravement assujettie du côté des enfants.

Émile Henry, que l'attentat de l'hôtel Terminus a rendu tristement célèbre, a bien voulu s'inquiéter de cette situation. « Dans la société actuelle, nous dit-il ingénument, l'idée de famille est fondée sur l'union continue et parfois perpétuelle de l'homme et de la femme, en vue de la procréation et de l'éducation des enfants. Nous, les anarchistes, nous ne voyons dans le rapprochement des sexes qu'une crise d'amour. C'est la recherche naturelle et réciproque de l'homme et de la femme. Cela ne crée aucun devoir. Le mâle, après qu'il a fécondé la femelle, ne lui doit plus rien. S'il veut demeurer avec elle, tant mieux ; mais ce sera en vertu de l'amour qu'elle continue de lui inspirer, et non en vertu de je ne sais quel lien insupportable. Aucun devoir ne découle de la procréation, qui n'est qu'un acte momentané. La femme n'a pas même le devoir de l'allaitement vis-à-vis du petit qu'elle a engendré. Si la nature ne l'attache point à son produit rien ne saurait la retenir près de l'enfant. »[185] Ce régime est proprement celui des bêtes qui vaguent dans les champs et dans les bois. Rien n'est plus conforme à la « nature » que l'amour cynique. Je ne sais

---

[185] Document publié par le *Journal des Débats* du mardi soir 10 juillet 1894.

même qu'un gros mot pour qualifier convenablement un pareil dévergondage : c'est la « chiennerie » universelle.

Ainsi comprise, l'union libre nous ramènerait à cette animalité primitive dont Jean-Jacques Rousseau nous a donné une si charmante peinture : « Dans l'état primitif, n'ayant aucune espèce de propriété, les mâles et les femelles s'unissaient fortuitement, selon la rencontre, l'occasion et le désir : ils se quittaient avec la même facilité. La mère allaitait d'abord ses enfants pour son propre besoin ; puis, l'habitude les lui ayant rendus chers, elle les nourrissait ensuite pour le leur. » Cette aimable pastorale n'est-elle pas mille fois supérieure à la triste monogamie des modernes ? Plus de devoirs pour le père, plus d'obligations pour la mère. « Fais ce que tu veux ! » L'enfant poussera comme il pourra. Le développement de la nature humaine ne saurait se concevoir, au dire d'Émile Henry, que par « la libre éclosion de toutes les facultés physiques, morales et cérébrales. »

Rien n'oblige donc les individus à se charger de leur progéniture. Mais à défaut de la société politique, qui sera dissoute, et de la famille juridique, qui sera abolie, à quelles personnes reviendra le soin de les élever ? M. Jean Grave répond le plus sérieusement du monde : « À ceux qui aimeront le plus l'enfant. » Que de gens, en effet, sont au supplice d'avoir tout le jour des marmots dans les jambes, et combien répondent à leurs criailleries par des brutalités ! Qu'ils abandonnent leur marmaille : cela vaudra mieux pour tout le monde. Il en est d'autres, par contre, pour qui c'est un bonheur de choyer, de dorloter, de pouponner les bambins : laissez-leur donc la joie d'élever les enfants des autres. Au lieu de payer des poupées de carton à nos petites demoiselles, pourquoi ne pas leur donner tout de suite un bébé en chair et en os à mailloter et à entretenir ? Nul doute qu'on ne puisse former des bataillons de « nourrices volontaires », qui se dévoueront aux nouveau-nés « par goût et par amitié ». L'amour de l'enfance fera des prodiges.

« Plus de mercenaires rechignant sur le travail ; » plus de pédagogues « tortionnaires » ; plus de salariés « sans conviction ». Dans la société anarchique, « chacun se partageant la besogne au mieux de ses tendances et de ses aptitudes et y trouvant sa propre satisfaction, » les bonnes âmes auront toutes facilités de devenir les « parents intellectuels » des petits abandonnés.[186]

Que si tant de bonté vous étonne, on vous répondra que, les difficultés sociales étant aplanies, « le caractère des individus se modifiera certainement » sous la libre action des affinités naturelles. Sur la terre libérée des soucis de l'existence, la solidarité s'épanouira d'elle-même ; « une plus grande sincérité régnera dans les relations humaines. » Toute contrainte cessant, l' » affection » sera le lien des hommes. « Au lieu d'être une charge pour ceux qui l'adopteront, l'enfant ne sera plus qu'une jolie petite créature à aimer et à cajoler. » Décidément, nous aurions mauvaise grâce à nous inquiéter des générations à naître. Pour un père qui se dérobera, dix suppléants s'offriront à le remplacer. Et avec quel zèle ! Les substituts volontaires ne manqueront point. Ce sera le miracle de l'anarchie de susciter les plus admirables vocations. « Nul doute, affirme M. Jean Grave, que les individus ne s'acquittent à merveille de leur tâche. »[187]

Toutefois, malgré sa robuste confiance, l'écrivain libertaire laisse percer, ici ou là, quelques inquiétudes.

N'est-il pas à craindre que, profitant d'un régime d'absolue liberté, des parents « idiots ou abrutis », (c'est aux chrétiens que ce discours s'adresse), fassent « des crétins de leurs enfants. » Cela est infiniment grave ; car protestants et

---

[186] *La Société future*, chap. XXIII : L'enfant dans la société nouvelle, pp. 343, 344, 345, 350, *passim*.
[187] *La Société future*, eod. loc., pp. 343-344.

catholiques n'enseigneront vraisemblablement point le catéchisme anarchiste à leur progéniture. Ce qui rassure un peu M. Jean Grave, c'est que cette insanité « sera rendue impossible par la force même des choses. » N'oubliez pas que les États et les Églises seront supprimés ; que, ces retranchements opérés, les individus jouiront pleinement de toutes les béatitudes de la science et de la vie ; qu'il est donc inadmissible que l'idée saugrenue puisse venir à des parents « obscurantistes » de façonner des enfants « ignorantins » ; qu'en tout cas, ceux-ci n'hésiteraient point à échapper à l'influence de leurs indignes ascendants, pour se livrer aux nobles éducateurs qui sauront mieux respecter l' » intégral développement » de leur petite personne. Mais il faut tout prévoir. Si donc il arrivait, par hasard, que des parents oppresseurs eussent la mauvaise pensée de nourrir l'esprit de leur descendance d'absurdités rétrogrades, on se réserve de leur faire sentir que « la loi du plus fort est facilement déplaçable. »[188] Est-ce bien logique, M. Grave ? Comment ? Voilà des amants de la liberté qui proclament le droit pour chacun de faire ce qui lui plaît, et qui viennent dire aux catholiques, aux protestants, aux socialistes, à tous leurs adversaires : « Vous aurez mille facilités d'accomplir ce que nous voulons ; vous aurez les coudées franches pour développer, de toute façon, la solidarité telle que nous l'entendons. Mais s'il vous convient d'induire vos enfants en d'autres idées, sachez que le poing nous démange à la pensée de pareils abus. Vous ferez de petits anarchistes, ou nous vous casserons les reins. » Libertaires en théorie, autoritaires en action, les compagnons ne reconnaissent-ils donc qu'une autonomie,--la leur ?

---

[188] *La Société future, eod. loc.*, pp. 353 et 355.

V

On trouvera peut-être que nous avons accordé une bien large place à l'exposé des idées du féminisme révolutionnaire. A quoi bon s'occuper si longuement de pures utopies, qui ne prendront jamais corps dans l'humanité à venir ?--Qu'en sait-on ? L'esprit d'indépendance et de révolte fait au milieu de nos sociétés d'inquiétants progrès. Tout ce qui tend à affaiblir l'autorité de la famille et à ruiner le droit des parents trouve peu à peu créance dans les esprits. En veut-on un exemple ?

Par définition, la puissance paternelle n'est, de l'avis unanime des jurisconsultes, que le droit pour les père et mère de pourvoir à l'éducation de leurs enfants. Or, par défiance injurieuse, ou mieux par usurpation violente, le radicalisme jacobin conteste aujourd'hui ce droit suprême aux pères et aux mères de famille. Qu'on attache au devoir moral des parents une certaine sanction juridique : nous l'admettons volontiers. C'est ainsi que la loi du 28 mars 1882 a organisé un procédé spécial de coercition, pour les forcer à donner au moins l'instruction primaire à leurs enfants. Encore est-il qu'ils doivent être libres de choisir les maîtres auxquels ils délèguent leurs pouvoirs. Cela est tellement évident que si, nous, pères de famille, nous pouvions élever et instruire personnellement nos enfants, nul, je pense, n'aurait l'idée de nous l'interdire. L'État enseignant n'est donc, en principe, que le mandataire des parents.

Mais ce rôle ne suffit plus aux représentants de la politique révolutionnaire. A la liberté du père, on oppose hypocritement la « liberté de l'enfant ». Et cette formule n'est qu'un mot vide de sens, si l'on entend par là qu'il appartient à un petit être sans force, sans lumière et sans expérience, de choisir l'enseignement qui lui convient. Seulement, derrière le sophisme de la liberté de l'enfant, se cache sournoisement une prétention sectaire, celle d'accaparer l'enfant. On ne veut le soustraire à l'influence de la famille que pour le placer plus étroitement sous une autre contrainte. Et cependant, observe M. Brunetière, « s'il est désarmé contre ce qu'on appelle les préjugés paternels, à plus forte raison combien ne le serait-il pas contre ceux d'un maître du dehors ? »

Au fond, nos modernes jacobins se moquent du droit de l'enfant autant que du droit du père. Ils n'ont qu'une pensée : substituer à l'autorité familiale instituée par la nature et fondée sur l'amour, le maître sans âme, impersonnel et irresponsable, qui est l'État. Eux aussi admettent,--mais avec moins de franchise que les socialistes,--que l'enfant appartient à tous avant d'appartenir aux siens. A de telles prétentions, ouvertes ou dissimulées, les parents n'ont qu'une réponse à faire : il y a entre l'enfant et ses père et mère un lien de chair, un lien de sang, qu'il est criminel de trancher par la force. Nous arracher nos fils et nos filles, c'est nous prendre notre vie. Il n'est point de vol qui soit plus odieux et plus cruel. Toute violence faite au coeur des pères et des mères est un attentat contre les droits les plus sacrés de l'humanité.

Pour revenir à la mère, que peut-elle gagner à ces idées despotiques ? Une aggravation de sujétion et de misère. L'avènement du collectivisme, en particulier, lui réserve une existence extrêmement dure. Rendue à la liberté de l'amour, délivrée du devoir de fidélité, unie à l'homme par un bail à temps, et non plus par une convention à vie, elle devra renoncer aux charmes et aux sûretés du foyer domestique. Revendiqués par l'État, les enfants appartiendront moins à la mère ; élevés aux frais de l'État, les enfants s'attacheront moins à leur mère. Car la piété filiale est un fruit de l'esprit de famille ; et celui-ci ne pourrait subsister longtemps sous un régime qui se propose d'abolir le mariage.

Viennent donc les ans avec leurs disgrâces et leurs infirmités : et la mère, devenue étrangère au père et indifférente à ses fils et à ses filles, ne pourra compter que sur le secours des institutions banales de l'Assistance publique. Au lieu du foyer d'aujourd'hui, la solitude et l'abandon ; au lieu d'une vieillesse douce et tranquille au milieu des siens, une fin morne et lugubre dans quelque asile de l'État. Dès qu'on supprime la famille, la mère est condamnée à mourir tristement dans un lit d'hôpital. Voilà l'effrayante destinée que les écoles révolutionnaires préparent à la femme de l'avenir ! Les épouses et les mères seraient bien imprudentes de prêter l'oreille et d'ouvrir leur coeur à de si funestes doctrines.

Ici, de bonnes âmes nous accuseront peut-être d'avoir mis à la charge du féminisme des tendances et des idées qui ne sont point siennes. Il ne suffit pas qu'une nouveauté hardie figure au programme socialiste ou s'étale dans un livre anarchiste, pour en conclure que les femmes, même avancées, y sont acquises d'esprit et de coeur. Aussi bien devons-nous reconnaître que la question de la maternité a suscité un schisme grave, dont il est facile d'induire, avec quelque certitude, l'état d'âme des groupes rivaux qui marchent à l'avant-garde du féminisme français.

Au congrès de 1896, la citoyenne Rouzade avait réclamé « un budget spécial pour cette fonction qu'on appelle la maternité. » Providence nourricière des petits et des grands, l'État doit assurer, disait-elle, une pension honorable à « toute femme ayant charge d'enfants. » Mais cette motion, parfaitement logique dès qu'il n'y a plus de mariage et de légitimité, fut assez mal accueillie. Traiter les filles-mères comme des fonctionnaires parut quelque peu audacieux. Cette sorte de prime à la production ne manquerait point, d'ailleurs, d'encourager les naissances irrégulières, au grand profit de ces messieurs des boulevards extérieurs, qui pratiquent déjà si habilement « l'art de se faire des rentes (le mot deviendrait tout à fait exact) en traitant les femmes comme elles le méritent ».

Ces intéressants personnages ne bénéficieraient pas moins, semble-t-il, de l'abolition de la prostitution réglementée, que le même congrès eut la générosité imprudente de voter. En même temps, le célibat ecclésiastique était signalé à l'attention particulière des dames présentes comme « une cause très préjudiciable à l'ordre moral. » C'est alors que M. Robin, l'ancien directeur de Cempuis, renchérissant sur les déclarations les plus saugrenues, considérant notamment que « Dieu, c'est le mal, » qu'» il n'y a rien à faire avec la morale chrétienne », et que « la prostitution ne sera supprimée que par la liberté de l'amour, » réclama instamment « l'abolition de toute espèce de lois relatives à l'union des sexes ».

Cette proposition fit bondir la moitié de la salle. Ce fut un beau tapage. Et depuis cet événement, il semble que le parti féministe se soit partagé en deux camps, « les jupes de soie » et « les jupes de laine, » autrement dit les bourgeoises modérées et les révolutionnaires intransigeantes. Tandis que les premières s'attardent à pérorer sur le mariage, sur le divorce, sur la communauté, sur l'adultère, les secondes ne s'embarrassent point de ces subtilités juridiques qui ne doivent avoir aucune place dans leur société à venir. Pour les adeptes du féminisme intégral, les questions de sexe n'ont plus de sens. Aux temps heureux de la Révolution sociale, l'union libre résoudra tous les antagonismes. Qu'on ne s'inquiète donc point des enfants : on évitera d'en faire, s'il le faut. A ce propos, M. Robin, qui ne recule devant aucune audace, se proclama nettement malthusien, au grand scandale des mères présentes. Et le congrès se subdivisa, du coup, en « féministes purs » et en « robinistes impurs ».

Par suite, les modérées se contentèrent d'exprimer le voeu que, « de sa naissance à sa majorité, l'enfant, mis à la charge de la société, tant au point de vue de son entretien que de son éducation, fût constamment protégé et surveillé, autant dans l'intérêt de la société que dans le sien propre. »[189] C'est la négation formelle du droit des parents sur leur progéniture. Mais, du moment que la famille est appelée à disparaître, il faut bien que l'État la remplace ; et c'est pourquoi le féminisme, d'accord en cela avec le socialisme, met tous les enfants à la charge de l'Assistance publique.

Si jamais la société pouvait, suivant ce triste voeu, décharger les mères des soins, des épreuves, des tribulations même qui les attachent à leurs enfants, les sources de la tendresse humaine seraient bientôt appauvries et desséchées. L'élevage des enfants par l'État éteindrait vite au coeur des pères et des mères le dévouement et l'amour, c'est-à-dire nos plus belles vertus. Le jour où, effaçant toute responsabilité paternelle et maternelle, une loi aura décrété que les enfants naîtront comme ils pourront, et que l'État, prenant la place des parents, se chargera de les recueillir et de les élever, ce jour-là et l'imprévoyance des femmes et la licence des hommes n'auront plus de frein. C'est pourquoi nous ne verrions pas sans inquiétude (c'est une observation déjà faite) la création d'une « caisse de la maternité » alimentée par les deniers des contribuables. Sous prétexte de venir en aide aux mères pauvres, cette forme de l'assistance énerverait chez l'homme et chez la femme le sentiment des devoirs et des responsabilités de la famille. Mais on s'inquiète peu de cet amoindrissement des facultés affectives.

Reste à savoir si la société pourrait faire face aux devoirs de paternité universelle que, d'accord avec le socialisme, un certain féminisme met à sa charge. Que les divorces se multiplient et passent en habitude,--et nous savons que l'union libre n'est que le divorce pratiqué à

---

[189] *Journal des Débats* des 10, 11, 12 et 13 avril 1896.

volonté,--les enfants trouveront-ils auprès de la Commune ou de l'État les soins affectueux, la protection tendre et dévouée, dont ils jouissent aujourd'hui dans la famille ? Rien qu'au point de vue financier, l'Assistance publique plie déjà sous le faix de ses obligations. Pour que les communautés de l'avenir assument le rôle de tuteur, de nourrisseur, d'éleveur d'enfants, il leur faudrait, outre des ressources considérables, des trésors d'affection, de désintéressement, de sacrifice et d'amour, qui ne jaillissent que de l'âme des parents. Si parfait qu'on suppose le mécanisme d'une crèche municipale ou d'un refuge départemental, jamais il ne remplacera le coeur d'une mère. Malgré les brèches que le vent du siècle a creusées dans les vieux murs du foyer domestique, la famille française constitue un abri, un soutien, une défense, dont il serait inepte et criminel de priver l'enfance. Nulle part on ne trouvera pour celle-ci un asile plus sûr, plus chaud, plus gai, plus confortable. Ne la sevrons point cruellement du lait vivifiant de l'amour maternel ! Quelque perfectionnée qu'on la suppose, l'Assistance publique ne sera jamais qu'une nourrice sèche, très sèche, trop sèche. Mais soyons tranquilles : ce n'est pas demain que les parents abandonneront leurs enfants à cette marâtre. Remplacer le père par un fonctionnaire et la maternité par une administration, quelle idée ! Si jamais quelque dictature révolutionnaire exigeait violemment des familles françaises le corps et l'âme de leurs fils et de leurs filles, j'espère bien qu'un même cri d'indignation soulèverait toutes les poitrines : « Sus aux voleurs d'enfants ! »

CHAPITRE V

LE FÉMINISME ET LA NATALITÉ

I.--Conséquences extrêmes du féminisme « intégral ».--Ses craintes d'un excès de prolificité.--Pas trop d'enfants, s'il vous plaît!-- Raréfaction humaine a prévoir. II.--Diminution des naissances.-- Le féminisme intellectuel et la stérilité involontaire ou systématique.--Le droit a l'infécondité.--Luxe et libertinage. III.-- Calculs restrictifs de la natalité.--Inquiétantes perspectives.--Ou est le remède ? IV.--Coup d'oeil rétrospectif.--Quelle est la fin suprême du mariage ?--Nos devoirs envers l'enfant.--Appel aux mères.

Nous n'avons pas encore épuisé toutes les conséquences malfaisantes du « féminisme intégral ». Non content de poursuivre la ruine du mariage, il ne se gêne pas de porter la main sur l'auguste maternité pour la flétrir et la découronner. Après les libérations de l'amour, le débordement des mauvaises moeurs est inévitable. Socialement parlant, là où le mariage cesse, le libertinage commence. La femme, qui proclame l'émancipation du coeur, est une malheureuse désorbitée que n'arrête plus guère le respect d'elle-même. La maternité l'effraie. Elle a peur de l'enfant. C'est l'ennemie de la race.

I

Là encore, le féminisme révolutionnaire nous fournit de curieuses indications sur les déviations affligeantes du sentiment familial, en des âmes que l'individualisme orgueilleux et sensuel a touchées et perverties. Voici, d'abord, le singulier scrupule qui tourmente M. Jean Grave : dans une société vraiment libre, où « tous ne demanderont qu'à épancher leurs sentiments affectifs, »[190] où l'être humain pourra « satisfaire à tous ses besoins », où les pères et mères n'auront plus « ni capital à débourser ni privations à s'imposer pour élever leur progéniture, » dans ce Paradis reconquis, n'aurons-nous pas à redouter une multiplication excessive de l'espèce ? Ayant cessé d'être une charge, la reproduction ne sera plus qu'un plaisir. Et comme nulle obligation n'est imposée aux parents anarchistes de prendre souci de leur descendance, l'homme n'aura plus « aucune raison de craindre un accroissement de famille. » Et vous voyez la conséquence : les enfants vont pulluler « comme les petits lapins. » Nos ressources suffiront-elles pour nourrir cette surabondance de population ?

À cette question inquiétante, M. Jean Grave, qui ne manque pas d'imagination, oppose d'abord tous les progrès de l'agriculture anarchiste. Avec un outillage perfectionné, avec une connaissance plus approfondie de la nature des terres, avec une application plus savante des engrais, « l'humanité a de la marge devant elle avant de s'encombrer de ses enfants. » Et puis, dans le monde nouveau, chacun pourra se déplacer, émigrer, voyager « le plus facilement du monde, » sans frais et probablement sans accidents. Les poupons eux-mêmes s'élèveront tout seuls. Vous en doutez ? « Quelles facilités ne trouverait-on pas dans une société future où les produits ne seraient plus sophistiqués par des trafiquants rapaces, où la nourriture des animaux choisis pour l'allaitement de l'enfance serait appropriée à sa

[190] *La Société future*, p. 340.

destination, où les animaux eux-mêmes seraient placés dans des conditions de bien-être qui en feraient des animaux robustes et sains ? »[191] Heureux bétail ! Heureux poupons ! Plus d'anémie, plus de phtisie, plus de maladie. Un ruissellement de bon lait, une abondance intarissable de toutes choses, la plénitude de la vie et de la joie : tel est l'avenir que nous promet la divine anarchie ! Si, après cela, nos arrière-petits-neveux ne sont pas contents, il faudra vraiment désespérer de satisfaire le coeur humain.

Pourquoi M. Jean Grave, après avoir tracé ce joli tableau, nous rappelle-t-il que « la souffrance de l'enfantement et les incommodités de la grossesse seront toujours là pour apporter un frein modérateur à la prolification ? » Après avoir fait le bonheur des mioches, il ne lui en coûtait pas davantage de faire le bonheur des mères. Mais les générations futures s'acquitteront de ce soin. « Nos vues, dit-il en manière de conclusion, sont trop courtes pour que nous puissions faire les prophètes. » Il est de notoriété, en effet, que l'esprit anarchiste est l'esprit le plus positif qui se puisse imaginer ; les citations, qui précèdent, attestent suffisamment qu'il ne se paie ni de mots ni de chimères.

M. Kropotkine tient pourtant, sur le même sujet, un langage évasif qui prête aux plus fâcheuses interprétations. « Émanciper la femme, c'est s'organiser de manière à lui permettre de nourrir et d'élever ses enfants, si bon lui semble (nous savons que l'anarchisme ne saurait logiquement l'y obliger), tout en conservant assez de loisirs pour prendre sa part de vie sociale. »[192] Ainsi donc, la femme aura peu d'enfants pour les avoir beaux et forts, suivant les procédés de sélection scientifique. Elle se privera même de

---

[191] *La Société future*, pp. 343, 349, 355.

[192] *La Conquête du pain.* Le travail agréable, p. 164.

cette joie, si la maternité lui fait peur. Elle n'allaitera ses petits que si le coeur lui en dit, l'anarchisme s'abstenant de lui en faire une obligation. Il lui faut du « loisir ». Le bonheur individuel n'est-il pas l'idéal suprême ?

En réalité, tous les systèmes révolutionnaires préparent et escomptent une diminution de la natalité. Si l'enfant tient une si petite place dans les programmes socialistes ou anarchistes, c'est qu'il ne jouera, pense-t-on, qu'un rôle de plus en plus effacé dans les unions libres de l'avenir. On peut lire déjà, dans certains livres et certains journaux, cet aveu effronté qu'» on ne se marie plus pour avoir des enfants.» A quoi bon s'inquiéter, par conséquent, d'une postérité aussi accidentelle ?[193] Le libre amour, avec ses passions émancipées et ses réticences habiles, nous prépare une véritable raréfaction humaine. A qui prend la vie pour un amusement, les enfants sont une gêne, un fardeau, une sujétion. On en fera donc le moins possible. Après nous, la fin du monde ! Et puis, la maternité n'est-elle pas le « patriotisme des femmes » ? Et le patriotisme est une duperie ; il n'en faut plus ! *Ubi bene, ibi patria.*

Que si donc les unions libres se multiplient selon l'esprit et le voeu des écoles révolutionnaires, nous pouvons conjecturer sûrement que la population diminuera en nombre et en vigueur. A un affaiblissement de la moralité correspond toujours un affaiblissement de la natalité. Et lorsque l'enfant naîtra, par accident, d'un commerce purement passionnel, comment croire qu'il trouvera des soins aussi dévoués, une sollicitude aussi compatissante, qu'entre les mains de braves gens unis en justes noces devant Dieu et devant les hommes ? S'il naît un enfant naturel, l'expérience atteste que sa vie est plus menacée que celle de l'enfant légitime. On a vu que les avortements, les

---

[193] *La Petite République* des 8 et 9 avril 1895.

infanticides et les mauvais traitements sont pour beaucoup dans la mortalité infantile, et qu'ils sont presque toujours le fait de parents affranchis de tout préjugé et libres de tout scrupule. Que dire de ces dévergondées sans coeur, sans entrailles, sans moralité, qui, se contentant du lien fragile des « faux ménages », répugnent à la maternité parce qu'elle épaissit la taille, alourdit la marche et interrompt la fête ? Ces folles émancipées n'entendent point devenir filles-mères ; et cela, moins à cause des rigueurs de l'opinion publique dont elles se moquent comme d'une guigne, que des souffrances et des charges de la maternité qui, pourtant, lorsqu'elle est vaillamment acceptée, purifie les pires souillures et relève les plus viles créatures.

II

Pour le moment,--qu'il le veuille ou non,--le féminisme avancé conspire également à la diminution du nombre des enfants ; et c'est le grief le plus grave que l'on puisse formuler contre lui. La natalité faiblit : là est le péril d'aujourd'hui. Les économistes sont vraiment bien bons de se préoccuper d'une trop rapide propagation de l'espèce humaine : la femme « nouvelle » n'entend point devenir une mère « lapine ».

Le pourrait-elle, d'abord ? C'est douteux. Nos filles savantes ne nous préparent guère de robustes mères de famille. Chétives ou infécondes, voilà ce qu'en fera souvent le surmenage intellectuel. Mais n'est-il pas à craindre surtout que la maternité les effraie ou les importune ? Est-ce trop dire que beaucoup déjà ne se sentent plus grand coeur à cette sainte besogne ?

A force d'envisager les questions de morale d'un point de vue rigoureusement individualiste, nous risquons d'avilir et d'amoindrir en nous l'esprit de famille. Combien de gens

« cultivés » effacent délibérément de leur vie ce qui en est l'unique raison : l'enfant ? Combien de lettrés pensent tout bas de la paternité ce que Pétrarque en disait tout haut, avec le dédain vaniteux de l'égoïsme intellectuel ? « Qu'ils prennent femme ceux qui s'imaginent tirer grand honneur de leur postérité. Pour nous, ce n'est point du mariage que nous attendons la perpétuité de notre nom, mais de notre propre esprit. Nous ne la demandons pas à des enfants, mais à des livres. »

Dans le même esprit, certaines femmes d'aujourd'hui revendiquent le droit de disposer de leur personne. Mlle Chauvin, par exemple, n'admet pas que « toutes les femmes soient condamnées à exercer, de mère en fille, toujours la même profession, celle d'épouse et de mère. »[194] Et lorsque, d'aventure, elles se sont mariées, que de fois, pour parler comme Lady Henry Sommerset, « elles saluent d'un soupir de regret l'enfant non désiré ! » Combien « reçoivent le petit importun avec un sanglot au lieu d'un baiser ? » Chez les riches, comme chez les pauvres, la maternité est « l'incident le plus triste de la vie des femmes. » Et la noble Anglaise de conclure qu'elle ne doit pas leur être « imposée », et que, pour s'appartenir en pareil cas, l'épouse doit conquérir l' » indépendance personnelle. »[195] Stuart Mill, qui redoutait une multiplication excessive de la population, avait bien raison de compter sur le féminisme pour l'enrayer et la réduire.

De ce langage équivoque à la franche revendication pour la femme mariée du « droit à la stérilité », il n'y a pas loin ; et le féminisme mondain s'y achemine inconsciemment. Les unes, considérant le mariage comme

[194] Revue encyclopédique du 28 novembre 1896. *La Femme moderne par elle-même*, p. 853.
[195] *Op. cit.*, p. 889.

une duperie, refusent d'aller jusqu'au bout dans la voie du sacrifice. Les autres, supputant les charges et les humiliations de la médiocrité, calculent et fixent préventivement le chiffre de leur postérité. Où est le moyen, d'ailleurs, de mener de front les « obligations » du monde et les « corvées » de la famille ? Le premier devoir d'une femme « comme il faut » n'est-il pas de se faire voir à toutes les réunions où s'affiche la belle société ? C'est pourquoi les reines du monde où l'on s'amuse sacrifient, sans scrupule, les intérêts de la race aux superfluités ruineuses de la mode et des salons. On se donnera moins d'enfants, mais on pourra se payer de plus riches toilettes et de plus belles parures.

Si grave même est en quelques âmes la perversion du sentiment social, qu'il leur paraît tout simple d'insinuer que la femme, qui se refuse à être mère par quelque moyen que ce soit, est digne d'une indulgence plénière. Ainsi, on a poussé les subtilités de la casuistique jusqu'à plaider les circonstances atténuantes en faveur des enfantements prématurés. N'est-ce pas le malheur des grossesses de déformer la taille ? Et nos « chères belles » en sont si péniblement affectées, que de prétendus honnêtes gens osent à peine leur reprocher d'y remédier par un crime. Cette inconscience fait trembler. Sans le vouloir et, peut-être, sans le savoir, ce joli monde s'accorde, d'esprit et de coeur, avec les écoles les plus subversives.

III

Chose triste à dire : j'ai peur que certaines vues restrictives de stérilité égoïste ne s'insinuent peu à peu même dans les ménages réguliers. Pour comprendre ici toute ma pensée, on voudra bien lire entre les lignes.

A mesure que l'esprit humain deviendra plus instruit et plus éclairé, à mesure que les lois de la vie et de la reproduction seront mieux connues, il est à croire que la naissance des enfants et le peuplement de la terre seront assujettis plus étroitement à notre volonté. Au lieu d'être abandonnée à la merci d'un hasard aveugle ou aux caprices d'impulsions inconscientes, la génération sera soumise de plus en plus au contrôle de notre libre jugement. Tranchons le mot : un jour viendra,--et je le crois proche,--où n'auront d'enfants que ceux qui, de propos délibéré, voudront bien en faire.

Et il se pourrait que cette volonté fût de moins en moins active et générale. Avec l'excitation des mauvaises moeurs qui, dans les grandes villes surtout, inclinent la population à des habitudes physiologiques désordonnées, avec l'horreur croissante de certaines gens pour les soins, les tracas, les dépenses, les soucis d'une famille à nourrir et à élever,--n'est-il pas à redouter que la perversité humaine, servie par la science, ne se fasse un jeu d'appauvrir le pays de nouvelles existences ? N'est-il pas à prévoir que le goût du bien-être, du luxe et du confort, l'attachement aux jouissances personnelles, les calculs de l'amour-propre et les tentations de la vie facile, inclineront les âmes à sacrifier l'avenir au présent et la vie des enfants à l'égoïsme des parents ? L'abaissement de la natalité française est déjà, pour la plus large part, le résultat d'une limitation systématique et d'une infécondité volontaire. Que les restrictions préventives se propagent, et notre population ne cessera de décroître, inévitablement.

Oui ! plus nous irons, et plus les variations de la production humaine seront soumises à la souveraineté du libre arbitre individuel. Si donc les naissances augmentent ou diminuent, c'est que, les distractions et les surprises exceptées, nous l'aurons consciemment et délibérément voulu. A l'avenir, si habile que soit la nature à déjouer les calculs de la prudence conjugale, la conception sera de moins en moins accidentelle, de plus en plus raisonnée. Dès lors, ceux qu'affole la passion des jouissances et qu'épouvante la pensée du sacrifice, ne seront-ils point tentés trop souvent de cueillir la fleur du plaisir en supprimant préventivement le fruit du devoir ? Je le crains fort. Et cet égoïsme n'ira point, bien entendu, sans offenser plus ou moins gravement la moralité. *Vitio parentum rara juventus !* Et c'est pourquoi les siècles futurs seront, vraisemblablement, l'occasion de grandes vertus et de grands crimes. Encore une fois, avec la diffusion de l'instruction, qui sert à propager dans les deux sexes le mal comme le bien, il est à conjecturer que les restrictions de la natalité seront de plus en plus volontaires. Et qu'on ne se récrie point : elles le sont déjà. Conseillées ou imposées par l'un, acceptées ou subies par l'autre, il n'est pas rare même qu'elles soient concertées entre mari et femme. Des gens graves et pudiques font les étonnés : qu'ils entrent dans un ménage normand ou beauceron, et on leur dira, à demi-mot, qu'on a peu d'enfants, parce qu'on serait désolé d'en avoir beaucoup. Si les confesseurs pouvaient parler, ils nous édifieraient sur ce chapitre délicat.

Alors une grave question se pose : puisque la volonté de l'homme (et je n'excepte point la volonté de la femme, au contraire), ne cesse de s'exercer, avec plus d'assurance et d'efficacité, sur la transmission de la vie et la reproduction de l'espèce, comment pourrons-nous sauver notre patrie d'une dépopulation qui la diminue et d'une dépravation qui l'abaisse ? Je ne sais qu'un remède ; et c'est encore le vieux mariage chrétien avec ses sanctions légales et son frein religieux. Voulez-vous fonder une famille : mariez-vous, sinon soyez chaste. Ou le mariage fécond, ou le célibat vertueux. Honnête et prolifique, l'union bénie par le prêtre et enregistrée par le maire est la seule qui soit douée, à la fois, de noblesse morale et d'efficacité sociale.

Mais ce remède n'est-il point au-dessus de nos forces ? La discipline, qu'il suppose, n'est-elle pas trop pure, trop austère pour les âmes débilitées de nos contemporains ? Il est des malades qui ne veulent point guérir. En tout cas, n'oublions pas qu'une nation irrémédiablement démoralisée est vouée à une décadence prochaine.

IV

Résumons-nous. Les partisans de l'union libre reconnaissent à l'homme et à la femme le droit de chercher le bonheur ici-bas aux dépens de l'enfant. Pour eux, le mariage ne doit être qu'une communauté de jouissances, une association de plaisir assortie par l'amour. Ne permettre à deux êtres, brûlants de passion, de s'unir et de vivre que pour l'enfant, leur semble une abomination. Est-il juste, s'écrient-ils, de subordonner l'adulte à l'embryon, le papillon à la chenille, la fleur à la graine, l'individualité formée au germe qui, peut-être, ne le sera jamais ? « Deux amants, écrit Mme Camille Pert, doivent-ils briser leur vie, étouffer leurs aspirations, s'astreindre à un joug insupportable, uniquement à cause de cet être qui est né d'eux par hasard ? »

Assurément, hommes et femmes ne se marient que pour être heureux l'un par l'autre. L'espoir d'une félicité mutuelle les anime, les échauffe et les rapproche. Au fond du mariage, il y a une aspiration ardente vers le bonheur. Mais à côté de la volupté cherchée, il y a autre chose dans cette promesse solennelle échangée devant Dieu et devant les hommes. Il y a une pensée d'avenir et de perpétuité ; il y a l'auguste dessein de transmettre la vie, de se prolonger dans le temps, de continuer la création, de fonder une famille. La naissance de l'enfant est donc la fin suprême du mariage.

« L'enfant est une lourde charge, dit-on encore ; il est l'occasion de mille tourments, de mille sacrifices, de mille chagrins. ».--C'est vrai ; mais la nature a pris soin d'alléger ce fardeau et d'adoucir ces peines, en mettant la gaieté dans le regard espiègle et ingénu des enfants, la candeur sur leur front, la plus charmante musique sur leurs lèvres, la souplesse et la grâce dans leurs mouvements. Ils sont l'amusement, la joie et la vie du foyer, en attendant qu'ils deviennent l'orgueil et la consolation de leurs parents vieillis. Voyez les ménages sans enfants : leur tristesse fait songer aux nids abandonnés, qui ne connaîtront jamais le babil et la chaleur des jeunes couvées. Point de bonheur complet sans le doux lien de chair que font, autour du cou des père et mère, les bras caressants du nouveau-né. L'union des époux est comme scellée, rajeunie, renouvelée par la naissance des chers petits.

Mais l'enfant ne doit pas être accueilli seulement comme une bénédiction. C'est un dépôt sacré, source de nombreuses et graves obligations. Puisqu'il n'existerait pas si les parents ne lui avaient donné la vie, puisqu'il est leur oeuvre, le fruit de leur coopération, l'héritier de leur sang, rien de plus juste qu'ils en répondent ; d'autant mieux qu'ils ont pris l'engagement formel, devant eux-mêmes, de le chérir et de l'élever. L'abandonner serait une lâcheté ; le négliger, une faute ; le haïr, un crime. Dès que l'enfant paraît au jour, les époux ne s'appartiennent plus. Un devoir nouveau les lie l'un à l'autre, devoir voulu par anticipation, accepté dès le début du mariage, consenti sous serment devant l'autorité civile et l'autorité religieuse. Sans eux, l'enfant ne serait pas né ; sans eux, l'enfant ne pourrait pas vivre. A eux de compléter l'existence qu'ils ont créée. Ils l'ont promis : c'est le devoir. Tant pis si la passion satisfaite s'est refroidie, si la vie commune est douloureuse ! Les époux n'ont pas le droit de sacrifier un innocent à leur plaisir. On ne doit se résigner à une séparation qu'à la dernière extrémité. Ayons le respect de l'enfant ! Ayons pitié de l'enfance !

Dans un discours fameux prononcé au Reichstag le 6 février 1892, un des chefs du socialisme allemand, Bebel, a dit fort justement : « Là où se portera la femme pour le grand mouvement social, là sera la victoire. » Aujourd'hui donc, la femme a une option décisive à exercer, une détermination très grave à prendre. D'un côté, le féminisme révolutionnaire lui ouvre des perspectives infinies d'indépendance et d'égalité. De l'autre, la tradition sociale lui prêche l'accord, l'union, la paix avec l'homme dans la diversité des rôles et des fonctions. Qui écoutera-t-elle ? Qui suivra-t-elle ? Nous n'avons point qualité pour répondre. A elle de choisir ! L'avenir du monde est aux mains des femmes.

LIVRE V

PRÉVISIONS ET CONCLUSIONS

CHAPITRE I

LES RISQUES DU FÉMINISME

I.--Ou est le danger ?--Premier risque : le surmenage cérébral.--A quoi bon tout enseigner et tout apprendre ?--Les exigences des programmes et les exigences de la vie. I.--Doléances des maîtres.-- Appréhensions des médecins.--Exagérations à éviter. III.--Le célibat des intellectuelles.--Ses périls et ses souffrances.

Au cours de ce long ouvrage,--où notre constante préoccupation a été de rendre accessible à tous une question qui ne saurait être indifférente à personne,-- on a pu se convaincre que le féminisme, tel seulement qu'il se manifeste en France, est vraiment « tout un monde ».[196] Il s'étend à toutes les manifestations de la vie sociale ; il touche à tous les domaines de la pensée humaine,--psychologie, pédagogie, droit, politique, morale, économie ; et si grave est l'enjeu des problèmes qu'il soulève entre les sexes et entre les époux, que nous avons vu les écoles philosophiques les plus diverses et les partis politiques les plus opposés en évoquer l'examen et en revendiquer la solution. Dès maintenant, le Christianisme et la Révolution se disputent la femme, assurés qu'ils sont que la victoire est acquise d'avance à ceux qui auront l'habileté de conquérir ses bonnes grâces et son appui dans les luttes de l'avenir.

---

[196] Voyez l'*Avertissement au lecteur* de notre premier volume, p. III.

Arrivé au terme de notre tâche, nous voudrions, avant de clore cette double série d'études, non pas rappeler, même succinctement, les questions innombrables que nous y avons tour à tour abordées et résolues,--ce qui nous entraînerait en des redites inutiles et fastidieuses,--mais seulement remémorer, en les soulignant, les principaux dangers qu'un féminisme excessif et imprévoyant peut faire courir à la femme de demain. Ils sont inhérents aux trois choses qui tiennent le plus au coeur des féministes contemporains : nous avons nommé l'*instruction*, le *travail* et l'*indépendance*. Plus clairement, ce que nous redoutons surtout pour la femme « nouvelle », c'est le surmenage intellectuel, la concurrence économique et l'orgueil individualiste. Ces risques nous semblent si graves que nous tenons, avant de finir, à les mettre une dernière fois en pleine lumière.

I

On sait que les questions relatives à l'éducation des filles et à la condition des femmes sont au premier rang de nos préoccupations sociales ; cela est si vrai que le roman et le théâtre s'en sont emparés. De là un mouvement logique et en un certain sens, irrésistible, qui se manifeste autour de nous, et qu'il ne faut ni craindre ni regretter. N'est-ce pas le propre de la vie de faire germer et fleurir indéfiniment la nouveauté sur les ruines du passé ? Nous serions vraiment de pauvres philosophes et d'étranges démocrates, si nous fermions les yeux et les oreilles aux spectacles et aux bruits du temps présent.

Or, c'est un fait certain que, par le progrès des moeurs devenues plus douces et des lois devenues plus équitables, la condition des femmes s'est améliorée et tend, d'année en année, à s'améliorer davantage. Par suite, beaucoup de Françaises souhaitent de remplir un rôle plus actif dans la société, de tenir une place plus large dans la famille, de mener une vie plus libre dans le monde ; et à notre avis, tant que la modestie de leur sexe n'en souffre point, ni leur santé non plus, on aurait tort de refouler de tels sentiments, de combattre de si naturelles aspirations. Après avoir chanté leurs mérites, le moment est venu de reconnaître leurs droits. Libres et responsables comme nous, mais absolument distinctes de nous, nous avons conséquemment réclamé pour elles, suivant la formule même de M. Legouvé, « l'égalité dans la différence ».

Conformément à ce principe, nous n'avons pas hésité à réfuter vivement l'opinion impertinente, d'après laquelle les femmes sont de grands enfants frivoles, souvent malades, incapables de pensée suivie, vouées aux tâches subalternes de l'esprit. S'il est rare qu'elles soient douées d'une intelligence virile, elles possèdent en revanche des qualités propres, qui nous ont fait dire qu'elles sont *autres* que les hommes, sans être *inférieures* aux hommes. Les perfectionnements des deux sexes ne sauraient donc être *pareils*, mais seulement *parallèles*.

Que la jeune fille puisse invoquer le « droit à la connaissance » et réclamer une instruction plus complète et plus soignée, nous y avons souscrit de grand coeur. Mais il reste entendu que ce droit a des limites, et que cette instruction, par exemple, ne sera pas « intégrale ». En général, les travaux méthodiques, exigés pour la formation complète de l'esprit, conviennent mal à sa nature et à son rôle. Il serait fou de viser à faire de toute femme une institutrice, une savante, d'autant mieux que l'érudition lui sied moins que la grâce. Mme de Girardin disait malicieusement : « En France, toutes les femmes ont de l'esprit, sauf les bas-bleus. » Et de fait, la conversation d'une illettrée aura parfois plus de charme que celle d'une maîtresse d'école.

Joignez que les têtes féminines les mieux cultivées ne
sont pas toujours les plus raisonnables. Voyez les « vierges
fortes »,--pour employer un mot de M. Marcel Prévost :
l'instruction à haute dose, qu'elles ont reçue, les a-t-elle
toujours perfectionnées ? Ce qu'elles écrivent n'offre-t-il
point, généralement, quelque chose d'étrange, d'incomplet,
d'inquiétant ? Les idées qu'elles affirment sont-elles lucides
et pondérées ? N'y sent-on pas comme une âme tourmentée,
enfiévrée, désorbitée ?

C'est que les qualités propres à l'esprit féminin
procèdent moins d'une culture intensive que d'un fond
naturel. Elles lui viennent spontanément, comme à l'alouette
son gazouillement et sa légèreté. A vouloir élever les femmes
sur le modèle des hommes, on risquerait d'insinuer en leur
intelligence plus de prétention que de force, plus d'orgueil
que de sagesse, plus de pédantisme que d'élévation. Il y a
longtemps que Fénelon a dit, avec son admirable bon sens,
qu' « une femme curieuse et qui se pique de savoir
beaucoup, est plus éblouie qu'éclairée par ce qu'elle sait. »
Elle ne vise qu'à devenir un « bel esprit » ; elle n'a que du
dédain pour les bourgeoises qui préparent des conserves,
surveillent le blanchissage et soignent leur jardin et leur
basse-cour ; et comme elle a vite pris l'habitude de lire sans
cesse, elle néglige toutes ses affaires et souvent sa propre
toilette.

Combien d'études, même sérieuses, sont inutiles à la
très grande majorité des femmes ? Est-il une créature plus à
plaindre que la jeune fille chèrement pourvue des grâces
superflues d'une éducation de pensionnat, et qui, une fois
mariée, n'aura pas la moindre femme de chambre à son
service ? A quoi lui serviront les arts d'agrément ? et le
piano ? et l'aquarelle ? et son bagage littéraire ? et son brevet
supérieur ? Vienne son premier-né, et il lui faudra se
contenter de la musique, dont ce petit souverain la régalera
jour et nuit. Et si, par bonheur, il lui reste au coeur quelque

douce flamme, si l'instruction inutile, qu'elle a reçue, n'a pas appauvri et desséché en elle l'instinct maternel, elle aura vite fait d'oublier avec joie ses partitions, ses pinceaux et ses livres.

II

Pourquoi alors accabler nos jeunes filles de connaissances érudites qui ne sauraient être d'aucun secours dans la vie ? C'est une belle chose de faire pénétrer dans l'éducation féminine ce qu'on appelle « le large et vivifiant courant de la science moderne ; » c'est une tâche peu commune d'enseigner aux écolières « à prendre conscience de leur âme qui sommeille, à développer leurs énergies latentes, afin de les rendre capables de penser l'action juste et de la vouloir. » Certes, un pareil programme n'est pas banal. Est-ce une raison pourtant d'introduire, pêle-mêle et avec effort, dans la cervelle des jeunes patientes, les notions confuses de toutes les sciences humaines ? Or, voici, d'après les confidences d'une maîtresse, à quel supplice sont présentement soumis les professeurs de nos lycées de filles : « Il n'est pas rare de les voir faire, dans une même journée, le commentaire d'une églogue de Virgile, l'analyse du système de Kant, l'exposé des transformations du substantif dans la langue d'oïl et le tableau du régime parlementaire des Anglais au XVIII e siècle, ou expliquer le rôle du système nerveux périphérique, la structure de l'aéromètre de Nicholson, les relations métriques entre les côtés d'un triangle et la formation des carbures d'hydrogène,--*et reliqua* ! »

Sûrement, l'esprit de Molière n'habite pas ces maisons d'enseignement. De quel rire notre grand comique eût cinglé, lui vivant, cette pédagogie cruelle ! Et notez que je ne plains qu'à moitié les professeurs : si ces dames sont surmenées, c'est leur rôle, après tout, et presque leur devoir.

Ma compassion va surtout aux élèves condamnées à les écouter, les malheureuses !

Il n'est donc pas mauvais de rappeler, en passant, que le maître a pour fonction d'élaguer, de simplifier, de clarifier les programmes touffus et indigestes qui menacent d'écraser toute la jeunesse. Savoir se borner, telle est la première qualité du professeur, la plus précieuse et la plus rare. Et si désirable qu'il soit de faire instruire et éduquer les femmes par les femmes, j'ai déjà exprimé la crainte que peu de maîtresses satisfassent à cette condition essentielle d'un bon enseignement, la pente naturelle de l'esprit féminin devant les incliner beaucoup plus à la minutie détaillée de l'analyse, qu'aux vues larges et supérieures de la synthèse. Que si même les errements d'aujourd'hui devaient se généraliser, attendons-nous à ce qu'ils produisent une génération de jeunes femmes anémiées par la fièvre et dévorées par la névrose. Les médecins sont unanimes à déclarer que la tension excessive du cerveau a, sur l'organisme féminin, les plus graves répercussions. Quelle menace pour l'avenir de la race ! Surmener la jeune fille, c'est par avance épuiser la mère. Si donc nous continuons, comme les exagérations du féminisme intellectuel nous y poussent, à déprimer, à débiliter le tempérament de nos écolières par l'obligation d'un travail de tête exagéré, nous risquons de compromettre, de ruiner même, par anticipation, la santé des femmes. « Ce qu'il y a de très important, disait encore le tendre Fénelon, c'est de laisser affermir les organes en ne pressant pas l'instruction. »

Qu'on se rappelle donc une bonne fois que le but suprême de toute éducation, c'est de préparer des êtres utiles à l'humanité. Or, l'homme sera médecin, avocat, ingénieur, fonctionnaire ou soldat. Sa vie s'écoulera au dehors, se dispersera et se dépensera dans les occupations extérieures de sa carrière ou de son métier. Le travail le dispute et l'enlève à la famille. En lui, le professionnel l'emporte sur l'homme d'intérieur. « A la femme, au contraire, sauf exception, il ne sera jamais demandé que d'être une femme, c'est-à-dire une jeune fille, une épouse et une mère. » Et le charmant poète Auguste Dorchain, auquel j'emprunte cette citation, exprime absolument notre pensée, en ajoutant : « Que tout, dans son éducation, soit donc combiné pour que la Française se réalise pleinement sous ces trois aspects. Et pour cela, que faut-il ? Que son éducation soit avant tout esthétique, morale et, dans la plus large acception du mot, religieuse. »

N'en déplaise au « féminisme intégral », mieux vaut faire de nos filles des intelligences ouvertes à toutes les nobles pensées, mais aussi et surtout des âmes prudentes et modestes, convaincues que le peu qu'elles savent n'est rien auprès de ce qu'elles ignorent,--plutôt que des têtes bourrées d'érudition vaine, des êtres artificiels que leur fatuité pédante rendrait insupportables et que leur égoïsme savant rendrait dangereux ou inutiles. Et ce faisant, nous aurons préparé plus efficacement l'avenir et le bonheur de nos enfants.

III

Lors même qu'à force de talent, de chance ou d'énergie, une femme a réussi, avec ses seules ressources, à s'assurer une vie indépendante et honorable, franchement, son isolement nous fait peur. Car il n'y a pas à le nier : elle est hors de sa fonction véritable, hors de sa destinée. Mme Émile de Girardin la comparait à un rosier stérile. Et, en réalité, pour se faire un nom dans une carrière libérale, elle doit s'arracher le coeur et faire taire le cri de ses entrailles. Quel sacrifice ! Et si, renonçant au mariage, elle n'a point la force de renoncer à l'amour, quel sera cet amour sans dignité, sans sûreté, sans lendemain ? La femme éminente que je citais tout à l'heure a fait à cette question effrayante une réponse qui ne l'est pas moins : « La terreur de l'enfant, qui resterait à sa charge, glace ses baisers. »

C'est pourquoi nous avons entendu certaines féministes exaltées clamer, d'une voix furieuse, qu'il est injuste que l'homme ait les plaisirs de l'amour et la femme les douleurs de la maternité. Libre aux naïves et aux stupides de se résigner encore à enfanter : c'est leur affaire. Mais une « intellectuelle », digne de ce nom, doit imposer silence au cri obscur de l'instinct. L'horreur de l'enfant est une conséquence naturelle du féminisme intransigeant.

A tout prendre, je préfère à ces divagations le célibat ingénu, triste, farouche, des vierges froides et têtues qui repoussent, comme une souillure, tout contact avec l'homme. Et pourtant, elles devraient se dire qu'aucun livre, aucun chef-d'oeuvre, aucune science ne pourra jamais faire d'une jeune fille une véritable femme ; car c'est là, comme le remarque une Italienne spirituelle, Mme Neera, « un privilège que Dieu a transmis directement à l'homme » : ce dont je voudrais, pour ma part, qu'il se montrât plus conscient, plus reconnaissant et plus fier.

Ainsi donc, soit par le surmenage cérébral et la ruine de la santé qu'elles supposent chez les meilleures, soit par l'appréhension de la maternité et la peur de l'enfant qu'elles impliquent chez les pires, l'étude immodérée et l'émancipation excessive des femmes sont un vol commis au préjudice de l'humanité future. Voilà pourquoi les progrès du féminisme, lorsqu'ils outrepassent les limites de la raison, nous semblent périlleux et inquiétants.

CHAPITRE II

OÙ ALLONS-NOUS ?

I.--Deuxième risque : l'émancipation économique.--La concurrence féminine est un droit individuel.--Il faut la subir. II.--Ce que la femme peut faire.--Ce que l'État doit permettre.--Balance des profits et des pertes. III.--L'indépendance professionnelle de la femme lui vaudra-t-elle plus d'honneur et de considération ?--Les représailles possibles de l'homme. IV.--Contre le féminisme intransigeant.--En quoi ses extravagances peuvent nuire à la femme. V.--Encore la question de santé.--Par ou le féminisme risque de périr.

Après le surmenage cérébral, la concurrence sociale de l'homme et de la femme nous semble un des risques les plus redoutables du féminisme contemporain. Bien que la question économique et la question politique se tiennent par plus d'un côté, et quelque téméraire qu'il soit d'escompter à l'avance l'évolution probable d'un mouvement aussi complexe que le mouvement féministe, nous inclinons à croire que l'émancipation politique produirait plus de bien que de mal, et qu'en sens inverse, l'émancipation économique fera peut-être plus de mal que de bien.

C'est pourquoi nous avons dès maintenant revendiqué, pour la femme majeure, l'exercice du droit de suffrage, dont les Anglaises et les Américaines jouissent déjà en tout ce qui concerne les affaires communales et provinciales. Mais il nous a fallu constater, en même temps, que les Français d'aujourd'hui sont peu désireux d'en octroyer l'exercice aux femmes, et que les Françaises elles-mêmes se montrent peu empressées d'en réclamer la jouissance aux hommes : méfiance d'un côté, pusillanimité de l'autre, que les progrès de l'instruction et la marche des idées ne manqueront pas de vaincre tôt ou tard. N'est-ce pas un fait d'expérience que l'émancipation intellectuelle mène tout droit à l'émancipation politique ?

On a vu plus haut les raisons qui nous font augurer des bons effets de l'électoral féminin. Veut-on connaître maintenant celles qui nous font redouter l'envahissement graduel, et presque fatal, de nos emplois industriels par les femmes du peuple et de nos professions libérales par les femmes de la bourgeoisie ? Aussi bien faut-il que celles-ci sachent, par avance, où les excès inconsidérés du féminisme économique peuvent les conduire ; et qu'à s'y jeter à corps perdu, elles risquent de trouver, au bout du chemin, des réalités douloureuses, qui ne ressemblent guère aux rêves qu'elles caressent ni aux conquêtes qu'elles ambitionnent.

I

Le censeur Metellus Numidicus disait au peuple romain assemblé : « Si la nature avait pu nous donner l'existence sans le secours de la femme, nous serions délivrés d'une compagne fort importune. » Cette boutade insolente nous prouve que la misogynie n'est pas chose nouvelle. Que penserait aujourd'hui ce terrible homme, s'il lui était donné de voir aux États-Unis la formidable invasion de toutes les carrières viriles par les femmes américaines ? Il partagerait, j'imagine, le pessimisme d'un de nos contemporains, d'esprit très positif, qui nous assure que, « sitôt que la femme sera proclamée civilement l'égale de l'homme, il n'y aura plus d'égalité, l'homme alors devenant définitivement esclave. »[197]

Triste présage ! Où allons-nous donc ? Quoique notre pays soit moins immédiatement menacé que les pays anglo-saxons, M. Émile Bergerat annonçait récemment à ses compatriotes abrutis par l'absinthe, énervés par l'inconduite ou stupéfiés par le tabac, le jeu et la politique, que « la femme nouvelle est en train d'usurper la France. »[198] Est-il possible que notre République démocratique se transforme, un jour ou l'autre, en un royaume d'amazones ? Après avoir écrasé le serpent, la femme doit-elle encore écraser l'homme ? Le sexe fort court-il vraiment de sérieux dangers ? Est-il à prévoir qu'à force d'envahir les ateliers, de s'insinuer dans les magasins et les bureaux et de s'installer dans les professions libérales, le féminisme victorieux évincera les hommes des situations éminentes qu'ils occupent depuis des siècles, et que, de chute en chute, le roi de la création tombera misérablement au rôle de roi fainéant ?

Un fait n'est pas niable, à savoir que la femme d'Occident marque une tendance de plus en plus nette à devenir, comme on l'a dit, « l'antithèse absolue de la femme d'Orient. » Est-ce une raison pour que les nouveautés intellectuelles auxquelles l'Européenne aspire,--études universitaires et carrières libérales, égalité des sexes dans la famille, dans l'industrie, dans l'État,--lui donnent, comme elle l'espère, honneur et profit, bonheur et santé ? Faisons la balance des profits et des pertes, que l'homme et la femme peuvent retirer d'un mouvement d'opinion qui tend à

---

[197] J. Bourdeau, *L'Évolution de l'esclavage*. Feuilleton du *Journal des Débats* du 2 avril 1897.

[198] *Revue illustrée* du 1er mars 1897, p. 162.

égaliser leurs droits et leurs fonctions ; et demandons-nous premièrement si la société elle-même y trouvera son compte.

Pour celle-ci, assurément, le bénéfice serait nul et le préjudice certain, au cas où les revendications féminines en viendraient, d'exagération en exagération, à violenter l'ordre fondamental des choses. La dissemblance des sexes est de nécessité naturelle. En s'efforçant de réaliser entre l'homme et la femme une croissante identité d'attributions, on méconnaîtrait cette loi générale, d'un caractère vraiment scientifique, d'après laquelle le progrès normal des organismes supérieurs est lié à la division de mieux en mieux comprise et pratiquée des efforts et des travaux. Mais nous pouvons être sûrs que dame Nature ne se laissera pas violer impunément : quand le féminisme aura dépassé la limite des libertés permises, elle saura bien rappeler à l'ordre, avec une rudesse souveraine, les extravagantes qui s'en seront écartées. Encore est-il que, sans outrepasser ces frontières extrêmes, il ne serait pas bon que la concurrence, après s'être établie entre les hommes et les peuples, se glissât entre les sexes pour les désunir. Le « chacun pour soi » n'a point fait assez de bien dans nos sociétés, pour qu'on trouve excellent qu'il divise les familles et les ménages.

Quant à l'homme, il n'aurait qu'à se louer, d'après M. Georges Brandès,--le critique danois bien connu,--du « flot psychique » qui pousse les femmes vers les positions viriles. Ce mouvement le délivrera « des fatigues physiques et de l'affaissement moral occasionné par sa position actuelle de soutien unique et surmené de la famille, trop souvent victime d'une épouse exigeante, vaniteuse ou stupide. »[199] Mais un si beau résultat suppose évidemment que toutes les femmes de l'avenir seront parfaites. En êtes-vous bien sûr, M. Brandès ? Pour l'instant, l'homme risque très certainement d'être

---

[199] *Revue encyclopédique* du 28 novembre 1896, p. 829.

évincé, peu a peu, de certaines positions lucratives, qu'il a occupées jusqu'ici en maître indiscuté. Et comme l'entrée en scène de sa rivale permet de conjecturer pour lui, en plus d'un cas, une aggravation des difficultés de la vie, on conviendra qu'il n'a point tort de trouver cette perspective peu réjouissante. Est-ce une raison d'interdire aux femmes de nous disputer nos métiers et nos professions ? Cette prohibition serait inhumaine. Nous ne consentirons jamais à ériger en délit le travail féminin qui empiète sur les positions masculines. Imagine-t-on une loi martiale bannissant les femmes de tous nos emplois, sous le prétexte outrecuidant que, seuls, nous sommes capables d'y faire bonne figure ? Nous maintenons qu'en règle générale, elles ont le droit et le moyen de les remplir aussi bien que notre sexe.

Entre nous, faut-il une si haute capacité, une si sublime intelligence, des lumières si rares pour faire un avocat disert, un médecin estimable, un bon avoué, un huissier exact ou un parfait notaire ? Est-il si difficile de se créer une place honorable dans les carrières dites « libérales » ? Faut-il une vocation insigne et des dons particuliers pour faire un agent de change ou un commissaire priseur ? Évidemment non ; des qualités très moyennes nous suffisent pour occuper honnêtement ces ordinaires fonctions. Ne dites donc point que les femmes sont indignes de les briguer, sous prétexte qu'elles sont incapables de les remplir. La vérité est que beaucoup d'entre elles s'en acquitteraient avec autant d'application, de savoir et d'habileté que leurs maris. Nous avons l'idée, somme toute, que la femme ne rabaisserait aucune de nos professions, de même qu'elle aurait beaucoup de peine à voter plus mal que nous.

II

Mais n'exagérons point les profits possibles de son immixtion dans nos emplois. La moyenne des femmes pourra s'élever utilement aux fonctions d'importance secondaire qui lui procureront, sinon la gloire, dont il est facile de se passer, du moins le pain, qui leur est nécessaire pour vivre ; et la plupart n'ambitionnent rien de plus. A côté de quelques intrigantes qui bataillent pour la notoriété, les autres, qui sont légion, ne combattent que pour l'existence. Et c'est ce qui fait précisément que la société n'est point recevable à décliner leur requête et, encore moins à railler leurs doléances. Aussi bien conclurons-nous à nouveau que leur refuser les moyens de s'instruire, c'est leur refuser et les moyens de travailler et les moyens de vivre. En admettant même que la culture plus soignée de leur intelligence soit, pour le plus grand nombre, une très faible chance de réussite industrielle et d'élévation sociale, l'État n'est fondé, ni en justice ni en raison, à leur fermer telles ou telles écoles, à leur interdire tels ou tels emplois, à inscrire impérativement sur les portes qui donnent accès aux différentes carrières : « Compartiment des hommes, compartiment des femmes ! Ici, les messieurs ; ailleurs, les dames ! »

Hormis les restrictions d'utilité générale,--et par là nous entendons les exceptions nécessaires qui s'appuient sur un intérêt social de premier ordre,--dès qu'une femme a l'espoir de faire son chemin et de gagner sa vie en une position quelconque, si bien tenue qu'elle soit par les hommes, il serait cruel de lui dire : « Vous n'entrerez pas ici. Cette propriété est gardée. Défense vous est faite de braconner sur le domaine réservé au sexe masculin ! » Car elle serait en droit de nous répondre : « Je veux vivre ; et, à cet effet, j'ai le droit de travailler librement, à mes risques et périls, sous la seule sanction de ma responsabilité personnelle. Or, je me sens des goûts pour tel métier, des aptitudes pour telle fonction. Si vous m'en fermez l'accès, faites-moi des rentes. Si vous me refusez une situation indépendante, mariez-moi. Si vous m'empêchez de travailler, nourrissez-moi. Une dot ou du pain, s'il vous plaît ! »

Encore une fois, qu'une élite parvienne seulement à supplanter le sexe fort dans les professions ouvertes à la concurrence féminine, il y a probabilité ; que les nouveaux emplois sollicités par la femme soient maigrement rémunérateurs pour elle, il y a vraisemblance. Et pour cause : les hommes s'écrasent aux portes des carrières surabondamment pourvues. Tant pis pour les femmes qui s'obstineront à en forcer l'entrée ! Elles ne pourront s'en prendre qu'à elles-mêmes des déceptions qui les attendent. Mais l'État n'a pas le droit de les exproprier préventivement de ce qu'elles croient être leur gagne-pain.

Et puis, toute force sociale en disponibilité finit toujours par se créer un emploi. Qui oserait affirmer qu'après bien des tâtonnements, bien des épreuves, bien des souffrances, les femmes, en quête de nouvelles destinées, ne trouveront pas, dans les civilisations à venir, des occupations imprévues,--dont nos incessants progrès industriels nous donnent déjà, sinon une idée nette, du moins un vague pressentiment,--grâce à quoi leur activité débordante pourra s'épancher librement vers d'utiles et larges débouchés, pour leur profit et pour le nôtre ?

III

Quant à savoir maintenant si l'émancipation économique rapportera à la femme autant de considération et d'honneur que d'argent comptant, il y a pour le moins discussion. Si, d'un côté, on tient pour un profit certain le développement de son indépendance et de sa fierté, de son instruction et de son influence, c'est-à-dire un accroissement du vouloir et du pouvoir, il convient, d'autre part, d'inscrire à son passif tout ce qu'elle pourra perdre, hélas ! en tranquillité, en grâce, en bonté. Pour être plus homme, qui sait si elle ne sera pas moins femme ? Elle pourra se flatter sans doute d'être une activité productrice capable, autant que son compagnon, de « faire de l'argent » ; mais, devenue par cela même sa rivale plus ou moins acharnée, n'est-il pas à craindre que celui-ci ne lui marchande ou ne lui refuse les égards, les prévenances, les indulgences, qu'il accordait jadis à sa douceur aimable et pacifiante ?

Et ce sera perte nette pour son sexe. Que si, en effet, contrairement à la tradition, qui nous la montre se mouvant partout dans un cercle d'action différent de celui des hommes, elle s'efforce sans mesure d'envahir leur domaine et d'empiéter sur leurs attributions séculaires, il est à prévoir, qu'en même temps qu'elle oubliera sa faiblesse pour s'élever, son compagnon se souviendra de sa force pour la rabaisser ?

En aucun pays, le culte chevaleresque de la femme n'a pénétré aussi profondément le coeur de l'homme. Nul étranger n'égale, vis-à-vis des dames, cette politesse prévenante, cette bonne grâce empressée des Français, que nos pères ont désignée du joli nom de « galanterie ». Il n'est pas un peuple où la femme ait été,--je ne dis pas mieux comprise,--mais plus fêtée qu'en France, plus admirée des artistes, plus chantée par les poètes, plus flattée dans son amour-propre, plus excusée dans ses faiblesses, plus obéie dans ses caprices, plus recherchée pour sa grâce et sa beauté, « plus entourée, comme dit Mme Marie Dronsard, de tendresse audacieuse et de respect ému, »[200]--en un mot, plus aimée.

---

[200] *Le Mouvement féministe*. Le Correspondant du 10 septembre 1896, p. 862.

Or, est-il si difficile d'observer que, déjà ces prévenances deviennent moins générales ? Les hommes s'effacent-ils toujours devant les portes pour laisser la préséance aux dames ? Soulèvent-ils toujours leur chapeau, en s'introduisant dans un compartiment occupé par quelque voyageuse ? Offrent-ils toujours aux femmes leur place d'intérieur dans les tramways et les omnibus ? Le nivellement fait son chemin dans les relations de la vie. A part les vieux messieurs réactionnaires qui continuent les traditions polies de notre race, les nouvelles générations s'habituent, sans le moindre scrupule, à la règle facile de l'égalité des sexes. J'ai entendu des dames aux cheveux blancs se plaindre du sans-gêne de nos jeunes gens, qui paraissent s'inquiéter comme d'une guigne de mériter la réputation, autrefois si enviée, d'hommes bien élevés. Éviter à une voisine un courant d'air, une mauvaise place, un dérangement, une fatigue, leur est de nul souci. Le soin de leur chère petite personne l'emporte sur tout sentiment de déférence respectueuse ou d'obligeance serviable.

S'il faut se plaindre de cette indifférence, on aurait grand tort de s'en étonner. Il y a d'abord la concurrence, qui tend à effacer l'ancienne ligne de démarcation entre les deux sexes. Les femmes se flattant d'usurper nos positions, des hommes se trouvent qui les défendent rudement : quoi de plus naturel ? À Dieu ne plaise que nous excusions en quelque façon l'inconvenant charivari, dont les élèves de l'École des beaux-arts ont salué l'entrée des femmes dans les ateliers ! Si même cette concurrence n'avait pour effet que de renvoyer aux professions manuelles certains gaillards plus pourvus de vanité que de talent, il faudrait la bénir. Mais comment voulez-vous qu'ils voient d'un bon oeil l'introduction de rivales, qui leur disputeront les récompenses officielles ? Où l'antagonisme éclate, la galanterie cesse.

Et c'est de bonne guerre, après tout ! Vous réclamez l'égalité absolue, Mesdames : vous l'aurez. Impossible de prendre une part égale des profits et des libertés de notre sexe, sans subir une égale part de nos désagréments et de nos risques. Pas moyen d'être à l'honneur, sans être à la peine, à la lutte. Vos mères tenaient pour des charges douces et sacrées d'élever les enfants et de gouverner la maison ; et ces devoirs excitent votre pitié, offensent votre superbe individualisme. La vie extérieure vous tente ; les occupations viriles vous attirent. Mais à disputer au sexe fort les carrières et les offices qu'il occupe en monopole, à l'évincer des places où il gagne le pain de la famille, il faut que vous sachiez que vous courez au devant des représailles, et que votre concurrence risque de tourner en conflit.

Habitué à ne plus voir en la femme son complément, sa collaboratrice, son associée, mais une rivale qui s'applique à le supplanter dans ses fonctions et à l'expulser de son domaine, forcé de vous combattre puisqu'il vous répugne d'être protégées, et condamné à vous rendre coup pour coup puisqu'il vous sied de lui déclarer la guerre, l'homme vous fera regretter peut-être de l'avoir traité en ennemi au lieu de l'avoir accueilli en allié. Que peuvent devenir, je vous le demande, dans cette âpre mêlée pour la vie, et cette urbanité séculaire, qui s'efforçait de vous faire oublier votre faiblesse et votre subordination par les égards rendus à la maîtresse du logis et à la mère de famille, et cette courtoisie prévenante, qui s'appliquait à écarter de vos pas les soucis et les misères, à parer votre personne, à embellir votre vie ? Vous ne voulez plus être défendues, servies, honorées, gâtées : très bien. Provoqués imprudemment en combat singulier, vos chevaliers servants d'autrefois vous tireront la révérence et se mettront en garde. Que celles qui vont au devant des coups ne s'étonnent donc point de recevoir quelques horions ! A qui brûle de le combattre, l'homme aurait tort vraiment de faire des grâces et de prodiguer les fleurs et les bonbons.

490

IV

On pense bien que ce petit discours s'adresse surtout, dans notre pensée, à ce bataillon de femmes, d'humeur conquérante, qui nourrissent la prétention d'imposer aux hommes leurs vues, leurs goûts, leurs caprices ; à ces libres créatures, éprises d'une rage de domination, qui, pour de vagues raisons de vanité blessée, de cabotinage exaspéré ou même de méchanceté pure, ont pris en haine le sexe masculin tout entier. Entre nous, j'ai peine à les croire redoutables. Elles ont beau déclarer la guerre ouverte entre l'Homme et la Femme et prêcher la révolte en termes effrontés, comment les prendre au sérieux ? Qu'elles sachent pourtant qu'une réaction est possible : la misogynie fait des progrès parmi les lettrés, et certains d'entre eux ont la main lourde. A ce féminisme dément et pervers, au féminisme qui pédale, canote, fume, cavalcade, au féminisme nigaud qui compromet par ses extravagances les plus utiles réformes, nous devons, en toute occasion, prodiguer rudement les rappels à l'ordre et à la bienséance.

Comment conserver son sang-froid en voyant des femmes,--que je veux croire intelligentes,--repousser avec un dédain blessant les politesses des hommes, par ce motif qu'elles sont le signe d'une tutelle injurieuse exercée sur leur prétendue faiblesse ? Certaine école féministe en est venue à ne pas comprendre qu'une femme, qui se respecte, puisse se laisser complimenter par un honnête homme. N'a-t-on pas incriminé Mme Pognon d'avoir fait appel à la vieille galanterie française, pour ramener au silence les auditeurs irrespectueux du Congrès féministe de 1896 ? Afin de nous encourager sans doute à la courtoisie, Mme Potonié Pierre, qui ne redoutait point l'égalité du verbe et du poing, tenait toutes nos marques de condescendance pour des manifestations de mépris, interprétant les moindres égards rendus à son sexe comme un signe de servage et l'affirmation d'une infériorité sociale. Quoi d'étonnant, après cela, que certains mâles, amis de leurs aises, prennent la femme au mot et lui prodiguent l'égalité qu'elle désire ? Si même au lieu de coups de chapeau, ils échangent avec leurs voisines, dans une réunion publique, des coups de coude ou des coups de parapluie, celles-ci devront, pour être logiques, les en remercier, comme d'un touchant hommage à leur indépendance virile et batailleuse.

Aux femmes qui seraient tentées de l'oublier, rappelons donc que, vis-à-vis du sexe masculin, elles ne sont vraiment fortes que par leur faiblesse ; qu'il est de leur intérêt d'agréer nos ménagements et nos politesses ; et qu'à souffrir d'être gâtées par ces vilains hommes, elles conserveront sur eux leur influence et leur empire plus sûrement qu'en réclamant contre eux une égalité chimérique.

Certains écrivains semblent craindre qu'une fois affranchie légalement de ses traditionnelles sujétions, la femme aura tôt fait d'accabler l'homme de sa prééminence. C'est même une opinion très répandue que les relations publiques et privées ne peuvent être transformées par l'évolution du féminisme, qu'au préjudice des maîtres d'aujourd'hui. Mais, à notre avis, ce pessimisme est vain. Nous sommes convaincu, au contraire, que la femme émancipée souffrira beaucoup plus que nous de ses libertés conquises. Humble servante, en théorie, n'est-elle pas aujourd'hui, pour peu qu'elle sache le vouloir avec intelligence, la souveraine maîtresse de l'a famille et de la maison ? Supposez qu'elle brise les liens légaux dont elle sait si bien, quand elle est habile, nous faire des chaînes : est-elle sûre qu'on lui laissera partout la préséance ? A se poser en rivale, elle risque de ne plus être traitée en amie. Faites donc que toutes ses obligations actuelles soient rompues ou relâchées, que tous ses actes soient émancipés, que toute sa personnalité soit libérée,--faute de pouvoir s'appuyer, comme à présent, sur l'époux que notre loi civile constitue, pour la vie, son pourvoyeur et son gardien,--elle aura perdu ce qui fait en notre société son honneur et sa sécurité. Aux femmes que la bicyclette ou le vagabondage des moeurs mondaines arrache à leur mari, à leurs enfants, à leurs devoirs, il faut avoir le courage de répéter que deux calamités les guettent : l'irrévérence des hommes et l'exaspération des nerfs. Ce qui menace la femme, dont c'est le rêve de s'affranchir et de se « masculiniser » outre mesure, c'est l'abaissement moral et la dégénérescence physique. Au bout du féminisme excentrique, il y a la déconsidération et la névrose.

V

Nous voici ramenés encore une fois à l'inévitable question de santé. Il n'en est point qui intéresse davantage l'avenir de la femme, ni qui marque mieux les limites intangibles que les outrances du féminisme ne doivent point dépasser. Or, de même que l'émancipation intellectuelle met en péril le développement normal de la jeune fille, ainsi encore l'émancipation économique risque de détourner la jeune femme de sa vocation naturelle et d'appauvrir les sources mêmes de la natalité.

Et d'abord, les prétentions féminines aux tâches et aux emplois des hommes sont grosses de périls pour la santé des femmes. Tout en souscrivant à leurs revendications, pour ce qu'elles ont de rationnel et d'humain, tout en reconnaissant que certaines exigences économiques leur font parfois une nécessité de marcher sur nos brisées,--on ne peut s'empêcher de trembler pour leur complexion plus délicate et plus fragile que la nôtre. Qu'elles choisissent bien leur voie ! Plus d'une occupation virile leur serait meurtrière. Qu'elles ne se flattent point d'avoir, en tout et partout, la force de nous imiter, de nous suppléer, de nous évincer sans dommage ! Pour ne parler que des fonctions libérales, douces en apparence et si enviables en fait, sont-elles nombreuses les têtes féminines capables de résister aux fatigues, à l'énervement des recherches et des travaux intellectuels ? La plupart des carrières scientifiques et professorales, par l'application continue, par la tension cérébrale et même l'endurance corporelle qu'elles supposent, exigent de quiconque veut s'y élever et s'y maintenir une certaine robustesse générale, un solide équilibre mental, une très forte santé physique et morale. Que de vies l'effort intellectuel a brisées prématurément parmi nous ! Que sera-ce parmi les femmes ? Ne risquent-elles point de payer d'un épuisement prématuré l'ambition d'égaler et d'imiter le sexe fort ? N'ont-elles rien à craindre du surmenage ?

Un exemple, en passant : il concerne une fonction à laquelle, pourtant, nous avons montré que la femme semble appelée par de nombreuses convenances sociales. De l'avis des médecins allemands, « une femme ne peut pas affronter les fatigues médicales sans de sérieux dangers pour sa santé : son organisme est trop délicat pour des travaux aussi rudes et aussi prolongés. » Et Mme Arvède Barine, à laquelle j'emprunte ce témoignage, ajoute : « Je dois dire que les lettres des médecins, que j'ai sous les yeux, sont presque unanimes à mettre le public en garde contre l'influence pernicieuse du travail cérébral à haute dose pour les jeunes filles. Qu'elles ne commencent au moins qu'après vingt ans, écrit l'un d'eux. Autant dire qu'elles doivent renoncer aux carrières libérales. »[201] Les médecins français que j'ai pu consulter ne pensent pas autrement.

Et ce n'est rien d'étudier en vue d'une profession virile : il faut plus tard l'exercer. Pour une femme dont la tête et le corps résisteront vaillamment aux fatigues et aux veilles,

---

[201] *Progrès du féminisme en Allemagne.* Feuilleton du *Journal des Débats* du 2 décembre 1896.

combien tomberont le long du chemin ou n'apporteront au mariage qu'une fécondité appauvrie, une constitution débilitée, pour le plus grand malheur des enfants ? Sans compter que le féminisme intégral se soucie peu des devoirs encombrants de la maternité ; et c'est là le troisième péril qu'il fait courir à l'humanité future.

CHAPITRE III

FEMMES D'AUJOURD'HUI

ET FEMMES DE DEMAIN

I.--Troisième risque : l'orgueil individualiste.--Du devoir maternel.--L'écueil du féminisme absolu.--Les tentations de l'amour libre. II.--Ce qu'est la puissance de la femme sur l'homme.--La « Grande Féministe » de l'avenir.--Une créature a gifler.--Avis aux honnêtes femmes. III.--Ce qu'elles doivent défendre : la famille, le mariage et l'enfant--Pourquoi ? IV.--Dernier conseil.--Appel en faveur de la paix domestique et de la paix sociale.--Pax nobiscum !

Après le *surmenage intellectuel*, qui risque d'épuiser prématurément en la jeune fille les énergies et les grâces de la vie, après la *concurrence économique*, dont l'âpreté croissante peut compromettre gravement le repos et la dignité de la femme, nous redoutons pour l'épouse l'*orgueil individualiste*, qui dessèche et tarit toutes les sources de l'amour et du sacrifice.

I

En affirmant que la femme est quelqu'un au même titre que l'homme, et que nous devons respecter en elle, comme en nous-même, la personnalité, la dignité humaine, notre intention n'est point de déposséder le mari, et encore

497

moins le père, de tous leurs pouvoirs traditionnels. Nous convenons seulement qu'ils ne sont pas des monarques absolus ; que, sans être supprimée, leur autorité peut être adoucie ; et qu'enfin, s'ils ont charge d'âmes, ils ne sauraient jamais opérer de mainmise sur les âmes. En un mot, l'exercice de leurs droits est inséparable, à nos yeux, de l'accomplissement de leurs devoirs. C'est pourquoi, en vue d'élargir les prérogatives de l'épouse et de la mère, nous n'avons pas hésité à tempérer, à restreindre même l'autorité maritale et paternelle, toutes les fois que les revendications de la femme nous ont paru d'accord avec les intérêts de la famille.

Faut-il aller plus loin ? Des esprits, qui se piquent d'être scientifiques, nous assurent que l'évolution de l'industrie et la division du travail, la rapidité des communications et surtout les progrès de l'instruction, auront pour effet certain de déraciner peu à peu l'homme et la femme du sol et du foyer ; que la bonne vie familiale d'autrefois est condamnée à disparaître un jour sous la poussée des forces dissolvantes qui travaillent le monde ; que la dislocation de la communauté domestique est fatale ; qu'en résumé, suivant un aphorisme tranchant répété à satiété, si « la famille est le centre du monde actuel, l'individu sera l'unité sociale du monde futur. » Certes, ceux qui partagent ces vues doivent craindre l'avènement de l'union libre et, avec lui, un nouvel esclavage pour la femme, puisqu'il est d'expérience que des mœurs sans règle conduisent au chaos, à la sauvagerie et à l'exploitation odieuse des faibles par les forts.

Mais, heureusement, ces prévisions attristantes ne tiennent pas un compte suffisant des résistances inévitables de la nature. L'émancipation de la femme a des limites qui ne seront point franchies sans souffrance et sans dommage. Après être sorti imprudemment de sa sphère traditionnelle, le sexe féminin sera, tôt ou tard, impérieusement ramené à ses fonctions conjugales et maternelles. Il n'en est point d'ailleurs de plus élevées, puisque de ce double rôle dépendent la conservation et l'élévation de l'espèce humaine. Au père d'assurer des ressources à la famille ; à la mère d'en surveiller l'emploi. Il serait fou de tourner leur collaboration nécessaire en concurrence jalouse. Compagne des bons et des mauvais jours, ménagère économe et diligente, soutien et consolation des enfants, l'épouse doit être, en plus, une éducatrice accomplie. Nous dirions même volontiers que le but de l'éducation féminine consiste surtout à préparer les jeunes filles à la maternité réelle ou suppléante.

Que pourrait bien être, en effet, une société dépossédée du saint idéal de la mère ? C'est même du point de vue élevé de la maternité, qu'il nous est le plus facile d'apercevoir que les occupations viriles ne peuvent être, toutes indistinctement, le fait des femmes. Mettons-les à nos places : elles n'y seront pas absolument déplacées. Intellectuellement parlant, nous ne les croyons nécessairement impropres à aucun service administratif ou privé. Beaucoup même y seraient peut-être plus ponctuelles que les hommes, plus attentives, plus zélées (je n'ose dire moins nerveuses ou moins maussades,--le public ayant trop à se plaindre des demoiselles du téléphone !) Ouvrons-leur donc, par hypothèse, tous nos métiers. Alors une question se pose : comment feront-elles leur métier de femmes ? Il est loisible à une fille majeure d'occuper une fonction masculine ; à une mère, non. Qui gardera le foyer ? Qui veillera sur les enfants ? Aujourd'hui, une femme se fait une position en se mariant, car elle épouse véritablement la position du mari. Mais forcée de se créer elle-même une position indépendante, occupée aux devoirs de sa charge, assujettie aux exigences de sa clientèle, comment pourra-t-elle fonder, allaiter, soigner, élever une famille ?

On répond à cela que l'homme et la femme feront une paire d'excellents amis. Et des écrivains éthérés ont célébré, en style charmant, tout ce qui peut résulter de beau, de bon et de sain d'un commerce idéal entre les deux sexes. Une Italienne de distinction, qui signe ses livres du pseudonyme de Neera, écrit ceci : « On dirait presque que les personnes d'esprit et de coeur très subtils préfèrent l'amitié à l'amour proprement dit, par ce même raffinement de sensation qui rend quelquefois préférable aux fleurs des plates-bandes le parfum des plantes nuisibles, dans certains jardins remplis d'ombre et de mystère. » Voilà certes un sentiment qui n'est pas à la portée du vulgaire ! Si ces « amitiés très nobles » ont le don d'élever les hommes et les femmes au-dessus de la matière, il faut tout de même reconnaître qu'en se généralisant, elles ne serviraient guère les fins de la nature.

Et ce qu'il y a de pis, c'est que l'amour platonique a moins de chances que l'amour libre de régner sur les âmes à venir. Pour une originale qui ne se mariera point du tout, il en sera vingt plus positives qui se marieront de temps en temps. L'union libre et stérile est la fin inéluctable du féminisme absolu ; et cette perspective réjouit et enchante l'individualisme anarchique. Qu'est-ce, après tout, que le féminisme « intégral », sinon l'anarchisme des femmes ? De là une plaie possible et redoutable, sur laquelle M. Émile Faguet a mis fortement le doigt. « Toute femme exerçant une profession masculine, a-t-il dit, sera une quantité perdue pour la propagation de l'espèce ; car elle cessera d'être la femme dont la société a besoin pour se perpétuer, dont la nation a besoin pour s'augmenter, ou pour ne pas diminuer, ou pour ne pas périr. » Le féminisme est donc lié dans ses progrès,--comme dans ses origines,--au célibat féminin. Et l'on imagine aisément combien la moralité risque d'en souffrir,--un célibat féminin aggravé, généralisé, émancipé, comme on s'en flatte, ne pouvant que difficilement rester vertueux et chaste. Conclusion à méditer : « La nation forte, la nation d'avenir sera, parmi les nations, celle où les femmes n'exerceront point de métier, si ce n'est le leur. L'accession des femmes aux emplois masculins est d'abord le signe, puis devient la cause d'une formidable dégénérescence nationale. »[202]

II

Au fond des plus ardentes revendications féministes, on sent percer vaguement un insatiable besoin d'activité et d'influence. Mais où voit-on que l'une et l'autre manquent aux femmes honnêtes ? Que la société d'aujourd'hui nous réserve certaines carrières, soit ! Elle n'en sollicite pas moins nos contemporaines à l'action. Sans parler des livres qu'elles inspirent, des fleurs de poésie qu'elles sèment sur leurs pas, des arts qu'elles soutiennent de leur grâce et qu'elles encouragent et récompensent de leur suffrage, est-ce que toute oeuvre humaine ne laisse pas transparaître un nom de femme ? Est-ce qu'en toute maison fortunée, en tout ménage bien tenu, dans l'ordre, la paix et la joie du foyer, on ne retrouve pas l'activité vigilante de l'épouse et la tendresse attentive de la mère ? Est-ce qu'en toute vieillesse tranquille, on ne reconnaît pas le dévouement d'une fille, comme aussi dans toute enfance heureuse, les caresses d'une aïeule ? La femme est la gardienne de nos moeurs, l'éducatrice des petits, la consolation des affligés. Son coeur s'ouvre à tous les élans de charité, et sa main à toutes les oeuvres d'assistance. Rien ne se fait de grand et de bon, dans la famille et dans là société, d'où sa pensée soit absente. Elle est capable de toutes les initiatives, de toutes les générosités, de tous les héroïsmes ;--et l'on prétend qu'elle ne sera utilement agissante qu'en ouvrant un cabinet d'affaires ou de consultations !

Et ces dames se remuent, s'agitent, se groupent, se syndiquent, afin d'accroître et d'étendre leur prépondérance.

---

[202] Émile Faguet, *La Femme devant la science*. Feuilleton du *Journal des Débats* du jeudi 12 décembre 1895.

Elles s'imaginent de très bonne foi que leur union fera leur force, que leur action concertée multipliera leur prestige et leur influence, sans se douter que l'homme, qui se laisse conquérir volontiers par le charme d'une femme, ne manquera pas de réagir instinctivement contre les tentatives d'intimidation d'un comité hostile. Je ne sais qui a dit que, pour en arriver à ses fins, la femme doit être seule. Sa puissance est en raison inverse du nombre. Elle est faite, des pieds à la tête, pour l'action individuelle, pour l'ascendant individuel, pour le triomphe individuel. Là où, seule, elle peut vaincre, une coalition a mille chances d'être battue ; car celle-ci n'est plus qu'une machine de guerre, contre les entreprises de laquelle la combativité de l'homme se réveille et se hérisse. Le féminisme syndical n'augmentera point si facilement qu'on le croit l'action et la prééminence de la femme.

Mais c'est peine perdue d'opposer la femme de nos jours à la femme des temps nouveaux. Celle-ci prendra sûrement nos raisonnements en pitié. Très libre dans ses manières, dans ses relations, dans ses habitudes, entourée d'hommes qui ne seront jamais que des camarades, rebelle au mariage, ennemie de toutes les conventions sociales, guérie de toutes les illusions de jeunesse, froide, sèche, dure, amoureuse d'elle-même, égoïste et méprisante, telle on nous dépeint déjà la « grande féministe » de l'avenir. Il ne faudra point lui parler d'amour familial ou de dévouement domestique : une femme de son espèce ne saurait être que la noble amie d'un sublime esthète ou d'un grand homme.

En vérité, une créature aussi bouffie d'orgueil et d'ambition ne mériterait que des « gifles », comme disait Sarcey. Si la femme du XXe siècle doit ressembler à ce type singulier, la vie sera gaie ! Plus de ménage tenable, plus de famille possible. A moins que cette anarchie ne finisse, comme tous les bouleversements sociaux, par l'intervention du maître, c'est-à-dire par la victoire brutale du sexe fort sur le sexe faible. Nous avons parlé plus haut de la possibilité d'une réaction masculine : à constater certains faits, à lire certains livres, on la croirait presque commencée. Déjà les ouvriers syndiqués repoussent les femmes de l'usine et de l'atelier. C'est un concert unanime, à gauche et à droite, pour les renvoyer à leur pot-au-feu et à leurs mioches. Et dans les classes lettrées, s'il est encore des écrivains pour prôner, à l'exemple d'Ibsen, l'émancipation féminine, il en est d'autres qui, à la suite de Strindberg, prêchent la croisade sainte contre l'éternelle Dalila ; et c'est un emportement furieux contre l'» être perfide ». Bref, chez certains hommes, la misogynie est en progrès.

Et si jamais les hostilités éclatent et se généralisent entre les deux sexes, on peut conjecturer que la lutte sera cruelle et inique, comme le sont inévitablement les grands mouvements de passion. En cette bataille lamentable, toutes les haines se croiseront : haine de la femme nouvelle contre l'homme, contre la maîtrise de la force brutale, contre la tyrannie persévérante du mâle ; haine exaspérée de l'homme contre la femme indépendante, contre les effronteries des demi-vierges, contre les ambitions comiques de ces lettrées prétentieuses que Nietzsche appelait, injurieusement, « des vaches écrivassières aux mamelles gonflées d'encre. » A entendre ces dames et ces demoiselles en voie de libération, le devoir d'obéissance est un « esclavage avilissant ». Impossible à ces fières créatures de voir un homme, sans qu'elles se sentent « supérieures à lui en lumières et en vertus. » L'existence d'un mari leur « pèse sur la poitrine comme un rocher. » Du côté des hommes, mêmes récriminations farouches. La plus élémentaire prudence nous conseillerait, paraît-il, de tenir à distance ces « félins perfides », qui cachent leurs griffes sous les gants blancs. Devenir maîtresse de sa destinée n'est pour la femme, en rupture d'obéissance, qu'un moyen de devenir maîtresse de notre propre liberté.

Au total, l'union des sexes n'est plus, dans un certain monde, qu'un prétexte à des sensations agréables, à moins que les conjoints ne voient, l'un dans l'autre, un instrument malheureusement nécessaire de procréation et d'avilissement. Pourquoi faut-il, je vous le demande, que la nature ait exigé la collaboration de l'homme et de la femme pour assurer la reproduction de l'espèce ? Et puis, à quoi bon faire des enfants ? On s'y résignerait peut-être « si tous les nouveau-nés étaient garçons », dira Monsieur, « si tous les nouveau-nés étaient filles », dira Madame. Ô l'harmonieuse famille ! Adieu le doux et simple unisson des bons ménages !

« Vous exagérez, » dira-t-on.--Pas beaucoup. Que les sceptiques veuillent bien se reporter aux pages où nous avons établi qu'après l'émancipation intellectuelle, pédagogique, sociale et politique,--à laquelle nous croyons équitable de souscrire en une sage mesure,--les féministes les plus hardis et les plus exaltés réclament, sans le moindre scrupule, l'abolition de la puissance paternelle et maritale, la suppression du mariage monogame et de la famille légitime : ils y verront qu'en affichant ces revendications extrêmes, l'anarchisme féminin nous menace, tant par les sophismes qu'il étale que par les réactions qu'il encourage, d'anéantir tout ce que la loi, la religion, la morale, la civilisation, ont fait depuis des siècles pour élever notre pauvre humanité au-dessus des appétits de la brutalité animale, pour corriger l'instinct par le devoir, pour ennoblir le père et honorer la mère, pour discipliner la chair et spiritualiser la bête.

C'est pourquoi tous ceux qui ont à coeur la paix publique et le progrès humain, estimeront sans doute qu'il est nécessaire de rappeler une dernière fois à la femme honnête, à la femme chrétienne, à nos mères, à nos soeurs, que le devoir leur incombe,--plus qu'aux hommes,--de défendre les saintes traditions de la famille française contre le dévergondage des idées et des moeurs, et de crier avec nous au féminisme tenté de franchir la limite des revendications permises : « Tu iras jusqu'ici, mais pas plus loin ! »

III

De grâce, Mesdames, faites bonne garde autour du mariage, autour de l'enfant ; défendez le foyer, défendez la famille.

La famille ! Chose inconcevable : nos diverses écoles révolutionnaires n'ont à la bouche que le mot « solidarité » ; et elles conspirent, avec une effrayante unanimité, à décrier, à détruire la famille qui est le berceau des premières affections, la source vive de cette tendresse d'âme qui seule est capable de sauver l'homme de la dureté et de la barbarie. Mais il suffit que la pierre du foyer soit le premier fondement de la morale, la raison d'être du patrimoine, la clef de voûte de la propriété, pour qu'ils s'acharnent à l'ébranler. Ils devraient se dire, pourtant, que le respect de la famille est le soutien des devoirs plus généraux qui nous lient à tous nos frères en souffrance ; qu'un peuple n'est qu'un groupement de familles, comme l'humanité elle-même n'est que l'ensemble des peuples, et que ces vastes unions ne sauraient être fortes, prospères et bienfaisantes, si l'unité première, qui en est l'âme, se disloque et se désagrège.

Mais non ! Faute peut-être d'avoir goûté les joies du foyer, faute d'avoir connu la douce affection d'une bonne mère et la forte et paternelle direction d'un brave homme, ils s'appliquent furieusement à effacer de la conscience publique le respect des parents et les obligations de la piété filiale. Ils savent maintenant que, pour renverser l'ordre social, il ne suffit pas de renverser le gouvernement. Les prétendants et les ministres ne manqueront jamais en France. Dès que l'un tombe, quelque autre se relève. Seulement la famille ne se refait pas comme un ministère. Et

comme cette vieille puissance domestique est le dernier
refuge de l'autorité sociale, on la tient pour la grande
ennemie qu'il faut à tout prix miner et abattre, en aiguisant
contre elle l'ironie des gens d'esprit, en troublant la paix des
ménages, en exaltant la passion, en ridiculisant la vertu, en
excusant l'adultère, en prônant le divorce, en obscurcissant
dans l'âme des époux et des enfants la notion de leurs
devoirs respectifs, en affaiblissant chez tous le respect de la
foi jurée, le respect du mariage, le respect de la vie, le respect
de l'amour.

Et les femmes se prêteraient complaisamment à ces
démolitions anarchiques ? Je ne veux pas le croire. Car tout
serait perdu,--la morale, la patrie et l'honneur. Si, par hasard,
ces grandes choses cessaient de leur tenir au coeur, qu'elles
songent du moins à elles-mêmes et à leurs enfants. Qu'elles
sachent que jamais l'union libre ne pourra faire le bonheur
des femmes et des mères. Tous les révolutionnaires du
monde ne parviendront pas à démontrer que la félicité
consiste, pour celles-ci, à retourner en arrière, à la polygamie
païenne, à ces époques de naturalisme barbare où le mâle et
la femelle se prenaient et se quittaient au gré de la passion ou
de l'instinct. L'union sexuelle met face à face un fort :
l'homme,--et deux faibles : la femme et l'enfant. Or, le
mariage a été créé pour l'enfant, auquel il donne un père
« certain », et aussi pour la femme, qu'il a, non sans peine,
arrachée à la dégradation de la sauvagerie primitive en la
constituant reine du foyer. Oui, le mariage est tout profit et
tout honneur pour la femme. C'est à quoi, encore une fois,
nous prions instamment les Françaises de réfléchir.

En tout cas, le mariage est beaucoup moins
avantageux pour l'homme. C'est un frein très dur qui bride
toutes les convoitises de l'instinct et du plaisir, qui refoule et
comprime tous les appétits de changement et de nouveauté.
A vrai dire, la monogamie est, pour le sexe fort, un
instrument de perpétuel renoncement. Lié pour toujours à la

femme de son choix, l'époux doit s'interdire, s'il est honnête homme, d'effleurer du moindre désir les femmes des autres. Il n'est que la polygamie qui lui permette l'assouvissement de ses passions et lui assure la pleine satisfaction de ses caprices. Parlez-moi d'un pacha : voilà un véritable souverain. Lui, au moins, est le maître de son harem. Dans la chrétienté, plus d'autocratie maritale. Qui dit mariage, dit partage. Là où la famille monogame existe, le roi de la création a renoncé à la monarchie absolue. Élevant la femme jusqu'à lui, il s'est contenté d'un dualisme constitutionnel qui associe l'épouse au gouvernement du foyer et à la dignité du pouvoir.

Et maintenant, dénouez le lien matrimonial, rompez le noeud sacramentel, supprimez les obligations civiles, relevez les époux de leurs serments : et l'homme, délivré du mariage qui le gêne, retournera bien vite au plaisir, aux libres amours, aux jouissances despotiques, méprisantes et méprisables. C'est faire le jeu du mâle que d'affaiblir la discipline conjugale. Le jour où, de relâchement en relâchement, l'union des sexes ne sera plus qu'une association temporaire, l'homme aura reconquis sa souveraineté absolue ; et la femme, déchue de son ancienne grandeur, s'apercevra, mais un peu tard, que la liberté ne profite qu'aux forts et aux brutes.

Dieu veuille donc qu'elle ferme l'oreille aux doctrines de ceux en qui s'oblitère et défaille le sens moral ! Préconisée surtout par des hommes, exclusivement avantageuse aux hommes, l'union libre est, comme l'a écrit M. Jules Bois, « une duperie bien plus cruelle que le mariage le moins bien assorti. »[203] Puissent les femmes s'en tenir au vieux mariage ! Là est, pour elles, la sécurité, l'honneur, le salut. Et j'imagine que cette résolution leur sera facile à prendre, si elles veulent

---

[203] Lettre citée par M. Joseph Renaud dans la *Faillite du mariage*, p. 159.

bien se rappeler, qu'à part quelques respectables exceptions, le libre amour n'est préconisé que par des viveurs ou des dévergondées.

Souhaitons enfin que les mères sachent défendre leurs enfants contre les entreprises des partis révolutionnaires, dont c'est le mot d'ordre de substituer les prétendus droits de l'État au droit sacré des parents sur la personne de leurs fils et de leurs filles. Et défendre l'enfant, n'est-ce pas encore défendre le mariage et la famille ? Or, il nous paraît impossible, qu'en réponse aux voleurs sournois ou effrontés qui rôdent autour de nos berceaux, les mères françaises ne sentent tout à coup, lorqu'elles contemplent leur fils endormi sous les rideaux blancs, un même cri de colère et de passion leur monter instinctivement du coeur aux lèvres : « Cher petit corps, fruit béni de mes entrailles, tu n'es pas leur enfant, mais le mien. Ton père et moi, nous t'avons donné la vie pour perpétuer la nôtre. Tu es notre joie et notre parure. Nous t'avons fait, par la grâce de Dieu, à notre image et à notre ressemblance ; et sur ton visage, notre paternité s'est gravée comme un sceau. Quelque chose de nous transparaît sur ton front, dans tes yeux, dans tes gestes, dans ton sourire. Nous vivons pour t'aimer, pour t'aider, pour faire ton bonheur. Moi qui te parles, je donnerais tout mon sang pour t'épargner une larme. Car tu es mon chef-d'oeuvre, toi, dont le corps est ma chair, toi, dont mon sang et mon lait sont la vie. Qui oserait se glisser entre ton père et moi pour nous prendre ton âme ? Tu n'es pas un trésor abandonné par hasard sur le bord du chemin, une chose sans maître que le premier venu puisse ramasser en passant. Je ne veux pas que l'État te traite comme un vil métal qu'on jette au creuset pour le frapper au coin d'une effigie commune. Nous avons mis en toi toutes nos complaisances, toutes nos ressemblances, et j'entends que tu les gardes ainsi qu'un dépôt sacré. Plus tard, lorsque la patrie te demandera ton sang, j'espère, mon fils, que, devenu homme, tu le donneras bravement, sans hésiter, sans compter, avec joie, avec orgueil. Mais si jamais la société révolutionnaire, cette marâtre anonyme au sein aride, osait porter une main impie sur ta frêle adolescence, tout mon sang crierait vers elle : « Mon enfant n'est pas orphelin. Je suis sa mère : je le garde. Qui l'aimerait davantage ? Lui dérober son âme, c'est m'arracher la mienne. Je ne vous le livrerai point. Je ne le dois pas, je ne le peux pas ! »

IV

Il faut finir. *Droit au respect, droit à la vérité, droit à la science, sans exception ni restriction ; droit au travail, droit au suffrage, droit à l'autorité familiale elle-même, dans la mesure où ces droits s'accordent avec l'intérêt social et l'unité du gouvernement domestique !* tel est l'élargissement de puissance et de dignité que nous avons revendiqué pour la femme. Mais, en revanche, nous croyons avoir démontré que, poussé plus loin, le féminisme la découronnerait des privilèges de son sexe et affranchirait l'homme de ses devoirs de traditionnelle protection. Les Françaises commettraient donc une grave imprudence en épousant tous ces excès. Elles n'y gagneraient aucun profit honnête et perdraient, du même coup, bien des honneurs appréciables.

Jamais, en effet, la femme n'a tenu tant de place qu'aujourd'hui dans nos hommages et dans nos préoccupations. Il semble même que notre société soit organisée principalement pour son plaisir et pour son avantage. Cela est vrai surtout de la femme riche qui gouverne le monde comme une reine. Les hommes l'adulent et l'exaltent. On la célèbre en prose et en vers. Elle est l'idole des artistes et des poètes. Le roman et le théâtre nous attendrissent sur ses qualités, sur ses malheurs et jusque sur ses défauts. C'est pour parer sa beauté et satisfaire ses caprices que nos plus précieuses industries tissent la laine, le lin et la soie. La mode va au-devant de ses désirs et multiplie pour elle ses créations et ses nouveautés. On rencontre partout son influence, dans les intrigues de la politique, dans les cénacles littéraires, dans les succès de salon et d'académie. Rien ne se fait sans qu'on la consulte. Elle inspire les oeuvres, elle dispense la renommée, elle consacre ou renverse les réputations, elle élève ou affolle ou pervertit les hommes. Tout conspire à son ornement, à sa puissance et à sa glorification. Son empire est souverain. Est-il croyable que, lasse des honneurs où l'ont portée l'esprit chrétien, le sentiment chevaleresque et la politesse des moeurs, elle aspire à descendre ?

Que s'il lui plaît,--ce dont je la louerai fort,--de mener une vie plus sérieuse, plus agissante et surtout plus bienfaisante, sans s'exposer à être moins fêtée et moins honorée, qu'elle nous permette de lui indiquer un champ largement et indéfiniment ouvert à ses besoins d'expansion, à sa fièvre de mouvement et d'apostolat. Au lieu de s'acharner à établir entre les deux sexes une égalité absolue, une égalité chimérique, ne serait-il pas logique, autant que désirable, que la femme heureuse, intelligente et fortunée, s'efforçât de diminuer les inégalités qui la séparent de ses soeurs indigentes et déshéritées ?

Vous voulez l'égalité, Mesdames ? Commencez donc par la réaliser entre les femmes, avant de la poursuivre contre les hommes. Puisque l'égalité est un si grand bienfait, faites-en d'abord la charité à votre sexe. Ne soyez point méprisantes pour celles qui peinent, ni indifférentes pour celles qui souffrent. Tendez affectueusement votre main blanche et fine à l'apprentie, à l'ouvrière, à la paysanne. Compatissez à leurs épreuves, secourez leur misère, partagez leurs chagrins. Sans abdiquer votre autorité sur vos domestiques, rendez-la plus douce, plus calme, plus digne. Faites-vous aimer de vos inférieures ; c'est le meilleur moyen de vous en faire respecter. Multipliez les oeuvres d'assistance : ouvrez des crèches, des asiles, des patronages.

Visitez les pauvres, visitez les malades. Prenez soin des orphelins et des veuves. Que votre sollicitude s'étende à toutes les souffrances ! Que votre pitié pénètre dans les prisons, dans les hôpitaux, dans les mansardes ! Vous, femme du monde, soyez l'amie de la femme du peuple. Faites-lui l'aumône de votre aristocratique bonté ; rendez l'amour pour la haine. Rapprochez les distances, dissipez les préjugés, désarmez l'envie. Les mères sont faites pour se comprendre et s'estimer. Et lorsque plus d'égalité régnera entre les femmes, combien vous sera-t-il plus aisé de la revendiquer,--si vous y tenez,--entre les sexes !

Même alors, Mesdames, quelles que soient vos aspirations de liberté, ne renoncez point (c'est ma dernière prière) à cette rayonnante bonté féminine qui nous console des tristesses et des horreurs de la vie présente. Entre les peuples, l'antagonisme s'avive, la lutte s'exaspère ; lutte pour la suprématie du côté des forts, lutte pour l'existence du côté des faibles. Les petits États en appellent vainement à la justice et à la pitié du monde civilisé. Les grandes nations poursuivent leurs fins ambitieuses par le fer et par le feu. Sur tous les continents, la force écrase le droit. C'est l'universel triomphe de la mauvaise foi. Et pendant ce temps-là, des hommes se lèvent au-dedans du pays, qui, attisant la haine et soufflant la révolte, fondent le bonheur du peuple sur la discorde et la violence, et menacent de jeter à bas notre société pour la refaire à leur image et à leur ressemblance. En ce triste monde qui retentit du bruit des grèves incessantes et du tumulte furieux des guerres, au milieu des clameurs du prolétariat révolutionnaire, dans le fracas des régiments en marche et des canons qui roulent vers les frontières, dans le concert formidable des lamentations de ceux qui tombent et des malédictions de ceux qui souffrent, au milieu des plaintes et des blasphèmes, des cris de colère et des appels de vengeance qui se croisent à travers l'espace, troublant les vaillants, terrifiant les timides, déconcertant les sages, affligeant, navrant, désespérant toutes les âmes,--une seule voix parle encore de compassion et d'amour. Et cette voix, Mesdames, c'est la vôtre.

Que les menaces de guerre ne remplacent point sur vos lèvres les paroles de grâce et de bonté ! Vous êtes le sourire de la terre. Déjà nous souffrons de trop de divisions : n'y joignez pas ce conflit suprême qui s'appelle le « divorce des sexes ». Que la paix soit avec nous ! Que la paix soit entre nous ! Retenez et méditez le conseil d'ami que vous donne M. Jules Lemaître, et dont nous faisons notre conclusion, assuré qu'en le suivant à la lettre, vous travaillerez plus sûrement à votre bonheur et à celui de votre entourage, qu'en émancipant à outrance votre personnalité : « Le meilleur moyen pour la femme de s'élever et de se maintenir en dignité, ce n'est pas de faire l'homme, c'est, au contraire, d'être très femme, non par le caprice, la coquetterie, mais par l'acceptation totale des fonctions bienfaisantes de son sexe, par cette faculté de dévouement et ce don de consolation qui sont en elle ; de prendre très au sérieux son ministère féminin et d'en chérir les devoirs. »[204] Veut-on, pour terminer, que nous enfermions en une formule brève l'esprit essentiel de ce livre ? *Reconnaître à la femme tous ses droits, ne l'émanciper d'aucun de ses devoirs*, tel est pour nous, le premier et le dernier mot du féminisme honnête et sage.

---

[204] Opinions à répandre : *Féminisme*, p. 161.